DAS GROSSE BUCH DER ENGEL

DAS GROSSE BUCH DER ENGEL

HERAUSGEGEBEN UND BEGLEITET
VON UWE WOLFF

HERDER

FREIBURG · BASEL · WIEN

Merkwürdig ist die Erwartung fremder Gäste
gerade heute, wo die astronautische Erkundung
nicht nur die Unbewohntheit, sondern auch die
Unbewohnbarkeit der Sterne erwiesen zu haben
scheint. Hier eben deutet sich die Tiefe der
Sehnsucht an. Immer stärker wird gefühlt, daß die
reine Macht und der Genuß der Technik nicht
befriedigen. Was früher Engel waren und was
Engel gaben, wird vermißt.

ERNST JÜNGER

Für Karl-Heinz Streb

DRITTE AUFLAGE 2002 ALS SONDERAUSGABE

Umschlaggestaltung: Finken & Bumiller, Stuttgart
Umschlagmotiv aus: Giotto di Bondone; um 1266–1337.
„Der Traum des Joachim", um 1303/05.
Ausschnitt: Engel.
Aus dem Zyklus mit Szenen aus dem Leben Mariae
und Christi.
Padua, Arenakapelle (Cappella degli Scrovegni)
Foto: akg-images / Cameraphoto

Alle Rechte vorbehalten – Gedruckt in Tschechien
© Verlag Herder Freiburg im Breisgau 1994
Satz: G. Scheydecker, Freiburg im Breisgau
Reproduktionen: Graficas Santamaria, Vitoria
Druck und Bindung: Těšínska Tiskárna, 2002
ISBN 3-451-27988-6

INHALT

9

PRÄLUDIUM

„Engel des Hauses kommt!" rief Friedrich Hölderlin vor zweihundert Jahren. Jetzt sind sie zur himmlischen Freude der Kinder und Künstler in großer Zahl erschienen. ‚Das große Buch der Engel' ist ein vielstimmiger Hymnus auf das Leben und die erste umfassende Dokumentation einer unendlichen Liebesgeschichte der himmlischen Art.

Mit heiterem Ernst begleiten Engel das menschliche Leben von seinem Ursprung durch die Welt ins Ewige Leben. Sichtbar oder unsichtbar: Engel stehen uns zur Seite. Sie sind Boten von Gottes Gegenwart und bringen das menschliche Leben zur Sprache.

Ein großes Buch der Engel ist mehr als eine Anthologie, versammelt nicht nur Gedichte, Geschichten, Lieder und Bilder über Engel. Es leistet Aufklärung über eine von Kirche und Theologie oftmals verdrängte, verschwiegene oder verkannte Form anschaulicher, erfahrungsoffener und lebenspraller Religiosität. Seine Leser und Leserinnen will es in leidenschaftliche himmlische Affären verstricken.

‚Das große Buch der Engel' ist ein spirituelles Meditationsbuch, eine Einübung in die verdichtete Theologie, eine Sehschule für die Wirklichkeit hinter und in den Dingen. Es ist zugleich ein kultur- und religionsgeschichtliches Lesebuch, das in weitgespanntem Bogen den ‚himmlischen Flugverkehr' als Hauptstrom der abendländischen Überlieferung in Bibel, Kunst und Weltliteratur aufzeigt. Zu vielstimmigem Gesang sind hier in exemplarischer Auswahl alle Dichter und Gottesfreundinnen versammelt, die „englische" Beziehungen gehabt haben.

In Gottes Haus ist Platz für viele Wohnungen. Die Hausbegehung führt von Augustin zur Anthroposophie, von der Esoterik zu Hildegard von Bingen, von Rose Ausländer zu Garcia Marquez, von Hans Henny Jahnn zu Charles Bukowski, von Borges zu Chagall, von Heine zu Benn, von Marius Müller-Westernhagen zu Martin Luther, von Goethes „Faust" zu Rilkes „Duineser Elegien", von Walter Benjamin zu Peter Härtling. So wird erfahrbar, wie Dichter und religiöse Genies, Künstler und Künder das menschliche Leben im Angesicht der Engel zur Sprache gebracht haben.

Engel sind Boten der Jahrtausendwende. In Zeiten des geistigen und religiösen Umbruchs erscheinen sie, um Menschen neue Orientierung zu schenken. Sie sind Begleiter auf dem Lebensweg. Der Erzengel Gabriel kündigte die Geburt Jesu an. Jetzt, unmittelbar vor der zweitausendsten Wiederkehr des Geburtstages Jesu öffnen sich viele Menschen den himmlischen Boten. Eine neue Zeit steht bevor.

Engel sind von Berufs wegen Pendler zwischen den Welten. Als Gottes direkte Eingreiftruppe bringen sie Menschen in Bewegung. In ihrer himmlischen Heimat lieben sie jedoch die Ordnung. In neun Chören erklingt dort ihr Singen und Sagen. Deshalb spiegelt der Aufbau dieses Buches die himmlische Gesangsordnung in neun Kapiteln wieder. Sie orientieren sich am Lebenslauf des Menschen und den Lebensaltern der Welt.

Die Gestalt der Engel, ihr schillerndes Wesen, ihr Grenzgängertum zwischen Himmel und Erde hat zu allen Zeiten die großen Künstler des Abendlandes herausgefordert. Jedes Bild ist der Versuch einer Annäherung an die Gestalt der Engel, in jedem Bild verbirgt sich ein Lebensschicksal. Deshalb sind die Farbtafeln mehr als Illustration von Texten. Im Bild verborgen ist das Geheimnis der Gotteserfahrung, ins Bild gesetzt ein Augenblick, als sich der Himmel öffnete und der Grund des Lebens aufschien.

Solschen, im Marienmonat Mai 1994

Uwe Wolff

11

ERSTER CHOR
DER ENGEL: IM ANFANG

GOTT, ENGEL, MENSCH –
WELTEN IM WERDEN

„Kor, der Engel, erwacht"

Karla Schneider

Erinnerung an den Morgenglanz der Geistesfrühe. Ein deutsches Weihnachtslied, darin der Vers: „Bald ist Heilige Nacht, Chor der Engel erwacht." Was ist ein Chor der Engel? denkt das Mädchen. Vom himmlischen Gesang der Engelchöre hat ihm die Mutter nichts zu erzählen gewußt. Es hört einen Namen aus dem Lied heraus: Kor, der Engel, sei erwacht.

Engel singen im Chor. Vielleicht gibt es unter ihnen einen mit dem Namen Kor. Wer weiß es? Im Chorgesang ist jede Stimme wichtig, keine darf fehlen, und nur alle zusammen bilden eine Einheit, bringen die Vielfalt der Schöpfung zum Klingen. Vielstimmigkeit bedeutet Toleranz, geistige Beweglichkeit statt dogmatischer Erstarrung, Vielstimmigkeit ist Einheit in der Vielfalt, aber auch Ordnungssinn, Orientierung und ein Gespür für den rechten Augenblick, wo der Einsatz der eigenen Stimme gefragt ist. Neun Chöre haben Mystikerinnen geschaut, und jeder Engelchor war ihnen ein Gleichnis für Gottes Schöpfung.

Der erste Chor der Engel bringt Stimmen zu Gehör, die vom Anfang der Welt, der Erschaffung der Engel und Menschen singen. Fromme und fröhliche, kirchliche und ketzerische: der folgenschwere Mythos vom Sturz der Engel, Engel als Geburtshelfer und Kosmonauten, als Wächter vor dem verlorenen Paradies. Anfang, eine Welt im Werden, die Zeit läuft, der Raum öffnet sich. Paradies und Uterus werden verlassen. Das Leben jenseits von Eden beginnt …

1 FLAMMEND IN HEILIGER LIEBE

DIE SCHÜLERENGEL

RAFAEL ALBERTI

Keiner von uns verstand das nächtliche Geheimnis
   der Wandtafeln
noch warum das Sphäroid der Himmelskörper
   in Begeisterung geriet wenn wir es nur
   anblickten.
Wir wußten einzig daß eine Kreislinie nicht
   rundlich sein kann
und daß eine Mondfinsternis die Blumen verwirrte
und die Uhr der Vögel beschleunigte.

Keiner von uns verstand etwas:
nicht warum unsere Finger aus chinesischer
   Tusche waren
und der Abend die Zirkel zusammenlegte um in
   der Frühe Bücher aufzuschlagen.
Wir wußten einzig daß eine Gerade, wenn sie nur
   will, krumm sein kann oder gebrochen
und daß die umherirrenden Sterne Kinder sind die
   die Arithmetik ignorieren.

DIE SONNE TÖNT NACH ALTER WEISE

JOHANN WOLFGANG VON GOETHE

Raphael:
Die Sonne tönt nach alter Weise
In Brudersphären Wettgesang,
Und ihre vorgeschriebne Reise
Vollendet sie mit Donnergang.
Ihr Anblick gibt den Engeln Stärke,
Wenn keiner sie ergründen mag;
Die unbegreiflich hohen Werke
Sind herrlich wie am ersten Tag.

Gabriel:
Und schnell und unbegreiflich schnelle
Dreht sich umher der Erde Pracht,
Es wechselt Paradieseshelle
Mit tiefer, schauervoller Nacht;
Es schäumt das Meer in breiten Flüssen
Am tiefen Grund der Felsen auf,
Und Fels und Meer wird fortgerissen
In ewig schnellem Sphärenlauf.

Michael:
Und Stürme brausen um die Wette,
Vom Meer aufs Land, vom Land aufs Meer,
Und bilden wütend eine Kette
Der tiefsten Wirkung ringsumher.
Da flammt ein blitzendes Verheeren
Dem Pfade vor des Donnerschlags;
Doch Deine Boten, Herr, verehren
Das sanfte Wandeln Deines Tags.

Zu drei:
Der Anblick gibt den Engeln Stärke,
Da keiner Dich ergründen mag,
Und alle Deine hohen Werke
Sind herrlich wie am ersten Tag

ERSCHAFFUNG UND FALL DER ENGEL

AURELIUS AUGUSTIN

Ich möchte nunmehr vom Ursprung der heiligen Stadt sprechen. Da wird zunächst, meine ich, von den heiligen Engeln zu handeln sein, die einen großen Teil ihrer Bewohner ausmachen und deshalb um so seliger sind, weil sie niemals in der Fremde pilgern mußten. Ich will, was die göttlichen Zeugnisse hierfür an die Hand geben, soweit es nötig zu sein scheint, mit Gottes Hilfe zu erläutern suchen. Wo die Heilige Schrift von der Erschaffung der Welt spricht, teilt sie nicht unzweideutig mit, ob und wann die Engel geschaffen sind. Doch wenn sie nicht überhaupt übergangen sind, dann sind sie entweder mit dem Worte „Himmel" gemeint, nämlich da, wo es heißt: „Im Anfang schuf Gott Himmel und Erde", oder wohl noch eher mit jenem Lichte, von dem ich schon sprach. Daß sie aber nicht übergangen sind, schließe ich daraus, daß geschrieben steht, Gott habe am siebten Tage von allen seinen Werken geruht, während das Buch selber mit den Worten beginnt: „Im Anfang schuf Gott Himmel und Erde", so daß angenommen werden muß, er habe vor Himmel und Erde nichts anderes geschaffen. Da er also mit Himmel und Erde anfing und die Erde, wie er sie ursprünglich schuf, nach den folgenden Worten der Schrift „wüst und leer" war und vor Erschaffung des Lichtes Finsternis über dem „Abgrund", das heißt einer ungesonderten Mischung von Erde und Wasser, lag – denn wo kein Licht, da ist notwendig Finsternis –, und da sodann alles nacheinander hervorgebracht wurde, was nach dem Schöpfungsbericht in den sechs Tagen vollendet wurde, wie sollten da wohl die Engel übergangen sein, als gehörten sie nicht zu den Werken Gottes, von denen er am siebten Tag ruhte?

Daß aber die Engel Gottes Werk sind, ist an dieser Stelle zwar wohl nicht übergangen, aber doch auch

15

nicht ausdrücklich gesagt. Anderswo jedoch bezeugt es die Schrift mit klarsten Worten. Denn in dem Lobgesang der drei Männer im feurigen Ofen heißt es zunächst: „Preiset den Herrn, alle seine Werke", und bei Aufzählung dieser Werke werden auch die Engel genannt, und im Psalme singt man: „Lobet im Himmel den Herrn, lobet ihn in der Höhe! Lobet ihn, alle seine Engel, lobet ihn, all sein Heer! Lobet ihn, Sonne und Mond, lobet ihn, alle leuchtenden Sterne! Lobet ihn, Himmel der Himmel, und die Wasser, die überm Himmel sind! Die sollen loben den Namen des Herrn, denn er sprach, da entstanden sie; er gebot, da wurden sie geschaffen."

Auch hier also ein offenkundiges göttliches Zeugnis, daß die Engel von Gott geschaffen sind. Denn sie werden unter den übrigen himmlischen Wesen erwähnt, und dann heißt es von allen: „Er sprach, da entstanden sie." Wer wird auch auf die Vermutung kommen, die Engel seien erst nach alledem, was im Sechstagewerk aufgezählt wird, erschaffen worden? Auch wenn jemand so töricht wäre, wird doch dieser Unverstand durch ein Schriftwort von gleichem Gewicht zurückgewiesen, wo nämlich Gott erklärt: „Als die Sterne geschaffen wurden, da lobten mich mit lauter Stimme alle meine Engel." Die Engel waren also schon da, als die Sterne geschaffen wurden. Diese aber wurden am vierten Tage geschaffen. Sollen wir also sagen, sie seien am dritten Tage geschaffen? Keineswegs. Denn wir hören ja, was an jenem erschaffen worden ist. Da ward von dem Wasser die Erde geschieden, nahmen diese beiden Elemente ihre besondere Gestalt an und brachte die Erde die in ihr wurzelnden Gewächse hervor. Oder am zweiten? Auch das nicht. Denn an ihm ward die Feste geschaffen zwischen den oberen und unteren Wassern und Himmel genannt, an welcher dann am vierten Tage die Gestirne erschaffen wurden. Wenn also die Engel zu den Gotteswerken jener Tage gehören, dann sind sie das Licht, das den Namen Tag empfing, dessen Einmaligkeit dadurch hervorgehoben wird, daß er nicht der erste Tag heißt, sondern „der eine". So ist denn der zweite Tag nicht etwa ein anderer, oder der dritte und die übrigen, sondern jener eine wurde, um die Sechs- oder Siebenzahl vollzumachen, wiederholt, um der siebenmaligen Erkenntnis willen, nämlich der sechsmaligen der Werke Gottes und einer siebten der Ruhe Gottes. Denn als Gott sprach: „Es werde Licht", und es ward Licht, sind die Engel, falls mit Recht bei diesem Licht an ihre Erschaffung zu denken ist, unfraglich des ewigen Lichtes teilhaftig geworden, nämlich der unwandelbaren Weisheit Gottes, durch welche alles geschaffen ward, die wir den eingeborenen Sohn Gottes nennen.

So wurden sie, erleuchtet von dem Lichte, das sie schuf, selbst Licht und hießen Tag, da sie an dem unwandelbaren Lichte und Tage Anteil haben, nämlich dem Worte Gottes, durch welches sie selbst und alles übrige erschaffen wurden. Denn „das wahre Licht, welches alle Menschen erleuchtet, die in diese Welt kommen", erleuchtet auch alle reinen Engel, so daß sie ein Licht sind, nicht in sich selbst, sondern in Gott. Wenden sich die Engel von ihm ab, werden sie unrein wie alle die, welche man unreine Geister nennt, und sind nun nicht mehr ein Licht in dem Herrn, sondern in sich selbst Finsternis und von der Teilnahme am ewigen Licht geschieden. Denn das Böse hat kein Wesen, vielmehr wird der Verlust des Guten böse genannt. (...) Die Dunkelheit des göttlichen Wortes ist auch insofern nutzbringend, als sie mehrere wahre Auffassungen hervorruft und ins Licht der Erkenntnis treten läßt, da der eine es so, der andere anders versteht. Dabei muß freilich der Sinn, den man in dunklen Stellen findet, entweder durch das Zeugnis offenkundiger Tatsachen oder durch andere unzweideutige Schriftstellen bestätigt werden. Dann wird entweder eine der vielen vorgebrachten Deutungen die Meinung des Schriftstellers treffen, oder, wenn diese auch verborgen bleibt, werden doch beim Eindringen in das tiefe Dunkel andere Wahrheiten ans Licht gezogen. So scheint es mir eine Auslegung zu sein, die den Werken Gottes gerecht wird, wenn man, wie bereits dargelegt, bei dem ersterschaffenen Lichte an die Erschaffung der Engel denkt und bei den Worten „Gott schied das Licht von der Finsternis und nannte das Licht Tag und die Finsternis Nacht" an die Scheidung zwischen den heiligen und unreinen Engeln. Denn diese Scheidung konnte nur er vornehmen, der schon vor ihrem Fall vorherzusehen vermochte, daß sie fallen und, des Lichtes der Wahrheit beraubt, in der Finsternis des Hochmutes verharren würden. Denn zwischen dem Tage und der Nacht, wie sie uns vertraut sind, also zwischen irdischem Licht und irdischer Finsternis, sollten nach seinem Befehlswort die unsern Sinnen wahrnehmbaren Himmelslichter unterscheiden.

2   „IM ANFANG SCHUF GOTT …"
Aus der Bibel des Matteo de Planisio, um 1362.

„Es seien", sprach Gott, „Lichter an der Feste des Himmels, daß sie leuchten auf Erden und scheiden zwischen Tag und Nacht", und ein wenig später: „Und Gott machte zwei große Lichter, ein größeres Licht, das den Tag regiere, und ein kleineres Licht, das die Nacht regiere, dazu auch Sterne. Und Gott setzte sie an die Feste des Himmels, daß sie leuchteten auf Erden und den Tag und die Nacht regierten und schieden Licht und Finsternis." Zwischen jenem Lichte aber, nämlich der heiligen Schar der Engel, die im Glanze der Wahrheit überirdisch leuchtet, und der ihr entgegengesetzten Finsternis, nämlich den verdüsterten Geistern der vom Licht abgefallenen bösen Engel, konnte nur er scheiden, dem auch das künftige, nicht durch die Natur, sondern den Willen verursachte Böse weder verborgen noch ungewiß sein konnte. (…)

Daß aber manche Engel gesündigt haben und in diese untere Welt verstoßen wurden, die für sie eine Art Kerker ist, bis sie künftig am Tage des Gerichts endgültig verdammt werden, das hat der Apostel Petrus klar verkündet, wo er sagt, daß Gott die sündigen Engel nicht verschont, sondern sie verstoßen und den finsteren Kerkern der Unterwelt übergeben hat, um sie zur Strafe des Gerichts aufzubewahren. Wer zweifelt daran, daß Gott zwischen diesen und den anderen in Voraussicht und Tat geschieden hat? Wer bestreitet, daß die letzteren mit Recht Licht genannt werden? Werden doch auch wir, die wir noch im Glauben leben und Gleichheit mit ihnen erhoffen, aber noch nicht erlangt haben, vom Apostel bereits ein Licht genannt. „Denn ihr waret", spricht er, „einstmals Finsternis, nun aber seid ihr ein Licht in dem Herrn." Daß aber jene abtrünnigen Engel treffend Finsternis genannt werden, muß jeder zugeben, der begreift oder doch glaubt, daß sie noch schlechter sind als ungläubige Menschen. Mag also immerhin an jener Stelle, wo wir lesen: „Gott sprach: Es werde Licht, und es ward Licht", ein anderes Licht gemeint sein, und eine andere Finsternis, wo es heißt: „Gott schied zwischen dem Licht und der Finsternis", so sehen wir sie doch vor uns, die beiden Engelscharen, die eine zum Genusse Gottes erhöht, die andere von Hochmut aufgebläht; die eine, zu der gesagt wird: „Betet ihn an, alle seine Engel", die andere, deren Fürst spricht: „Das alles will ich dir geben, so du niederfällst und mich anbetest"; die eine flammend in heiliger Gottesliebe, die andere qualmend in unreiner Gier nach eigener Größe; die eine, dem Wort entsprechend: „Gott widersteht den Hoffärtigen, aber den Demütigen gibt er Gnade", in des Himmels Himmel wohnend, die andere von da herabgeworfen und im niederen Lufthimmel sich herumtreibend; die eine in der Ruhe lichtheller Frömmigkeit, die andere im Aufruhr finsterer Leidenschaften; die eine auf Gottes Wink bald freundlich helfend, bald gerecht strafend, die andere auf eigene Faust erpicht, zu unterjochen und Schaden anzustiften; die eine, der Güte Gottes dienstbar, um voll Eifer Heil zu wirken, die andere von Gottes Macht im Zaun gehalten, um nicht voll Eifer Unheil anzurichten; die eine der andern spottend, weil deren Verfolgungen wider Willen bloß nützen, die andere den Spott mit Neid erwidernd, wenn jene ihre pilgernden Freunde heimholt.

Wir sehen sie vor uns, diese beiden Engelscharen, einander zu ungleich und entgegengesetzt, die eine in ihrem Wesen und Willen gut und recht, die andere wohl in ihrem Wesen gut, aber in ihrem Willen schlecht; wir sehen sie, wie sie in anderen helleren Zeugnissen der Schrift geschildert sind und wie wir sie auch in dem Genesis genannten Buche unter der Bezeichnung von Licht und Finsternis zu finden glaubten. Auch wenn vielleicht der Schriftsteller hier etwas anderes im Sinne hatte, war doch der Versuch, in die Dunkelheit seiner Rede einzudringen, nicht nutzlos, da wir ja, auch wenn wir die Absicht des Urhebers dieses Buches nicht ergründen konnten, von der Glaubensregel nicht abwichen, die den Gläubigern aus anderen dasselbe Ansehen genießenden Teilen der Heiligen Schrift hinreichend bekannt ist. Denn wenn hier auch bloß körperliche Werke Gottes erwähnt sein sollten, so haben sie doch unzweifelhaft mit den geistigen einige Ähnlichkeit, derzufolge der Apostel sagen kann: „Ihr seid allzumal Kinder des Lichtes und Kinder des Tages; wir sind nicht von der Nacht noch von der Finsternis." Wenn aber der Schriftsteller dasselbe gemeint hat wie wir, nun so hat unsere Untersuchung zu einem um so günstigeren Ergebnis geführt. Denn dann gewinnt man die Überzeugung, daß dieser mit solch überragender göttlicher Weisheit begabte Gottesmann, vielmehr der durch ihn redende Gottesgeist, bei Aufzählung der göttlichen Werke, die, wie er sagt, alle am sechsten Tage vollendet wurden, die Engel keineswegs übergangen hat, und es kommt auf dasselbe hinaus, ob man bei den Worten: „Im Anfang schuf Gott Himmel und Erde" das „im Anfang" als „zu-

3 „UND SIEHE, ES WAR ALLES SEHR GUT …"
Aus der Bibel des Matteo de Planisio, um 1362.

erst" versteht, oder, was zutreffender sein dürfte, in dem Sinne, daß Gott in seinem eingeborenen Worte schuf. Mit den Worten Himmel und Erde aber ist die ganze Schöpfung bezeichnet, entweder, was wahrscheinlicher ist, die geistige und körperliche, oder nur die beiden großen Teile der irdischen Welt, in denen alles, was geschaffen ward, enthalten ist. In diesem Falle wäre zuerst das Ganze genannt, sodann auch seine Teile nach der geheimnisvollen Zahl der Tage aufgeführt. (…)

Jene Unsterblichen und Seligen aber auf himmlischen Thronen, die an ihrem Schöpfer teilhaben und durch seine Ewigkeit gefestigt, durch seine Wahrheit gewiß, durch seine Gnadengabe heilig sind, sie wollen es mit Recht nicht, da sie uns Sterbliche und Elende mitleidig lieben und uns gleichfalls Unsterblichkeit und Seligkeit wünschen, daß wir ihnen opfern. Sondern dem sollen wir opfern, dessen Opfer sie, wie sie wissen, selber sind samt uns. Denn zusammen mit ihnen bilden wir den einen Gottesstaat, von dem es im Psalm heißt: „Herrliche Dinge werden von dir gepredigt, du Stadt Gottes." Davon sind wir der eine Teil, der noch auf Erden pilgert, jene der andere, der uns hilfreich beisteht. Denn aus der oberen Stadt, wo Gottes Wille das geistige und unwandelbare Gesetz ist, aus jener oberen Ratsversammlung, wie man sie nennen kann – denn von dort soll uns Rat kommen – stieg hernieder zu uns durch den Dienst der Engel die Heilige Schrift, in der wir lesen: „Wer den Göttern opfert und nicht dem Herrn allein, der soll ausgerottet werden." Diese Schrift, dies Gesetz, diese Gebote werden durch so große Wunder bezeugt, daß klar genug zutage tritt, wem wir nach dem Willen der Unsterblichen und Seligen, die uns das gleiche wünschen wie sich selber, opfern sollen.

19

2 OB ENGEL MIT WEIBERN FLEISCHLICHEN UMGANG HABEN KÖNNEN

ENGLISCHE KÜSSE IM SCHATTEN DER ÖLBÄUME

LEO PERUTZ

In den Nächten des Neumonds stieg aus den himmlischen Bereichen ein „Maggid", ein lehrender Engel, nieder und trat in die Kammer des hohen Rabbi, den man die Krone und das Diadem nannte und den Feuerbrand und den Einzigen seiner Zeit. Er war gesandt, dem hohen Rabbi die verborgenen Dinge der oberen Welt zu offenbaren, die kein Lebender zu ergründen vermag. Und ihrer sind viele. Der Engel kam nicht in menschlicher Gestalt. Nichts an ihm war so geschaffen, wie es die Augen der Menschen zu sehen gewohnt sind. Doch war er von großer Schönheit.

„In den Zeichen, aus denen Ihr die Worte formt", belehrte er den hohen Rabbi, „sind die großen Kräfte und die Gewalten beschlossen, die die Welt in ihrem Gang erhalten. Und wisse, daß alles, was auf Erden zu Worten geformt wird, seine Spuren in der oberen Welt hinterläßt. Aleph, das erste der Zeichen, trägt die Wahrheit in sich. Beth, das zweite, die Größe. Ihr folgt die Erhebung. Die Herrlichkeit der Gotteswelt birgt das vierte Zeichen in sich und das fünfte die Kraft des Opfers. Das sechste ist das Erbarmen. Nach ihm kommt die Reinheit, dann das Licht. Das Eindringen und Erkennen. Die Gerechtigkeit. Die Ordnung in den Dingen. Die ewige Bewegung. Doch das letzte in der Reihe der Zeichen ist das erhabenste. Es ist das Taph, mit dem der Sabbat scheidet. In ihm ist das Gleichgewicht der Welt beschlossen, zu dessen Hütern die fünf Engel der höchsten Heiligkeit bestellt sind: Michael, der Herr des Gesteins und der Metalle, Gabriel, der über Mensch und Tier gesetzt ist, Rafael, dem die Gewässer gehorchen, Feliel, dem das Gras und alle Gewächse überantwortet sind, und Uriel, der über das Feuer gebietet. Sie wachen über das Gleichgewicht der Welt, und du, Leichtfertiger, ein Sandkorn, ein Sohn des Staubes, hast es dereinst gestört."

„Ich weiß es, Asael", sagte der hohe Rabbi zu dem lehrenden Engel, und seine Gedanken flogen zu dem Tag zurück, an dem der römische Kaiser auf seinem weißen Zelter in die Judenstadt geritten war. Er, der hohe Rabbi, hatte ihn mit der Thora in den Händen erwartet und die Worte des Priestersegens über ihn gesprochen. Und just diesen Ort und diese Stunde hatte ein Vertrauter des Kaisers, der Wuk von Rosenberg, der dem höchsten böhmischen Adel angehörte, ausersehen, um einen Anschlag auf das Leben des Kaisers zu verüben, denn er mißgönnte ihm die böhmische Krone. Einer seiner Diener hielt sich auf dem Dach eines Judenhauses verborgen. Er hatte aus dem Gemäuer einen schweren Stein gelöst, den ließ er, als die Trompeten erklangen und ringsum Jubel ausbrach, auf solche Art aus der Höhe fallen, daß er das Haupt des Kaisers treffen mußte. Und ohne sich zu vergewissern, welchen Ausgang die Sache nahm, eilte er sogleich hinab, um sich in Sicherheit zu bringen und um in den Gassen der Altstadt auszusprengen, die Juden hätten einen verräterischen und meuchlerischen Anschlag auf die Majestät verübt.

Doch der hohe Rabbi hatte den Stein, der aus der Höhe fiel, gewahrt. Und mit der Gewalt, die ihm verliehen war, hatte er ihn in ein Schwalbenpaar verwandelt, das über dem Haupt des Kaisers dahinglitt, sich in die Höhe schwang und in den Lüften sich verlor.

Der Engel war den Gedanken des hohen Rabbi vorausgeeilt. Er sprach:

„Als du aus einem toten Stein die Schwalben schufst, hast du in den Plan der Schöpfung eingegriffen und das Gleichgewicht der Welt gestört. Das Lebende in der Welt überwog das Tote. Du hast Michaels Herrschaftsbereich gemindert und den des Engels Gabriel gemehrt. So ist unter den fünf Engeln der höchsten Heiligkeit Zwietracht entstanden, denn auch die Engel Rafael, Uriel und Feliel ergriffen Partei und mengten sich in den Streit. Und hätte dieser Streit um ein weniges länger gewährt, dann hätten sich auf Erden die Flüsse und Ströme wider ihren Lauf erhoben, die Wälder hätten vor ihren Stätten und Gründen sich bewegt, und die Berge wären in Trümmer gefallen. Die Welt wäre untergegangen wie Sodom, das der Finger Gottes berührt hat."

Er nannte Gott bei dem neunten seiner Namen, der da lautet: Shadai.

„Doch der Streit nahm ein Ende", fuhr der Engel fort. „Denn die Erzväter, Abraham, Isak und Jakob, erhoben sich und traten zusammen und vereinigten sich in einem Gebet. Und dieses Gebet, zu dritt verrichtet, hat solche Urkraft, daß es das Ungeschehene geschehen und das Geschehene ungeschehen zu machen vermag. So war das Gleichgewicht der Welt wiederhergestellt, und die Eintracht kehrte in den Chor der Engel zurück."

„Ich weiß es, Asael. Ich trage das Joch meiner zwiefachen Schuld", sagte der hohe Rabbi, und er gedachte des Tages, an dem er, um des Kaisers willen, ein zweites Mal in Schuld gefallen war.

Auf seinem Ritt in das Judenquartier hatte der Kaiser in der Menschenmenge, die sich rechts und links von ihm in den Gassen drängte, ein Gesicht gesehen, das nahm ihn gefangen und ließ ihn nicht frei, und er wußte, daß es immer in seinem Herzen bleiben werde. Es war, so schien es ihm, eines jungen Kindes, eines Judenmädchens Antlitz. Sie stand an die Säule eines Portals geschmiegt, ihre großen Augen waren auf ihn gerichtet, ihr Mund war halb geöffnet, die braunen Locken fielen ihr in die Stirne. Und wie seine Augen sich von den ihren lösten, wie er weiterritt und sie zurückblieb, kam eine Traurigkeit über ihn, und er wußte, daß er in Liebe gefallen war.

Er wandte sich und gab seinem Diener, der hinter ihm im Zuge ritt, den Auftrag, zurückzubleiben, sich in der Nähe dieses Mädchens zu halten und ihr zu folgen, wohin immer sie ginge, denn er war entschlossen, zu erfahren, wer diese Schöne war und wo sie wiederzufinden sei.

Der Diener tat, wie ihm geheißen war. Er blieb zurück, versorgte sein Pferd und ging dann, als die Menge sich zu verlaufen begann, hinter dem Mädchen her in das Judenquartier. Sie ging, als hätte sie es eilig, nach Hause zu kommen, sie blickte nicht nach rechts und links, sie sah sich auch nicht um, und da es zu dunkeln begann, hielt sich der Diener dicht hinter ihr. Doch in einer der

4   HIMMLISCHER HOFSTAAT
Aus dem Visconti-Stundenbuch, um 1430.

Gassen, die zum Dreibrunnenplatz führten, wollte es sein Mißgeschick, daß sich etliche Straßenhändler, die jetzt mit ihren Lichtern und Lämpchen durch die Judenstadt zogen, ihm in den Weg stellten, um ihm ihre Waren anzupreisen, und als er sich von ihnen losgemacht hatte, sah er das Mädchen nicht mehr vor sich, sie war verschwunden, und sein Suchen nach ihr blieb vergeblich. Und so vermochte er dem Kaiser nichts Besseres zu berichten, als daß er sie in der Judenstadt aus den Augen verloren habe.

Anfangs meinte der Kaiser, es könne nicht schwer sein, das Mädchen wiederzufinden, gelänge es nicht heute, so werde es morgen gelingen, und so ging der Diener auf sein Geheiß alle Tage in die Judenstadt, strich durch die Gassen und spähte umher, doch das schöne Mädchen ließ sich nicht mehr sehen.

Und wie die Zeit dahinlief, schwand die Hoffnung des Kaisers, daß er die Geliebte wiederfinden werde. Es schien ihm, als wäre sie ihm für immer verloren. Doch konnte er ihr Antlitz nicht vergessen und nicht die Augen, die die seinen gesucht hatten. Schwermut kam über ihn, und nicht tagsüber und nicht des Nachts fand er Ruhe und Trost. Und da er keinen Rat wußte, wie ihm geholfen werden könnte, ließ er den hohen Rabbi zu sich rufen.

Ihm berichtete er von dem Judenmädchen, das er auf seinem Weg ins Judenquartier gesehen habe. Er wisse nicht – klagte er –, wie ihm geschehen sei, er könne sie nicht vergessen, Tag und Nacht sei sie in seinem Sinn. Er malte mit Worten das Antlitz, das ihn bedrängte, und der hohe Rabbi erkannte, daß der Kaiser die junge Esther gesehen hatte, die Frau des Mordechai Meisl, die über alle Maßen schön war.

Er riet dem Kaiser, nicht länger an sie zu denken, denn es gäbe in dieser Sache keine Hoffnung für ihn. Sie sei eines Juden Eheweib und werde niemals eines anderen Mannes schuldig werden.

Doch der Kaiser achtete auf diese Worte nicht.

„Du wirst sie", befahl er dem hohen Rabbi, „zu mir auf die Burg bringen. Sie wird meine Liebste sein. Und laß mich nicht lange warten, das könnt' ich nicht ertragen. Allzulange schon hat sie mich warten lassen. Und ich will keine andere, ich will nur sie."

„Es kann nicht sein", sagte der hohe Rabbi. „Sie wird sich nicht gegen Gottes Gebot vergehen. Sie ist eines Juden Weib und wird keines anderen Mannes Liebste werden."

Als der Kaiser sah, daß der hohe Rabbi ihm wiederum widersprach und ihm nicht helfen wollt', kam wie ein Gewittersturm der Zorn über ihn, und er schwur einen Eid:

„Wenn ich bei dir keinen Gehorsam finde und keine Liebe bei der, an die ich immer denke, dann will ich die Juden allesamt als ein ungetreues Volk aus meinen Königreichen und Ländern vertreiben, das ist mein Wille und mein Beschluß, und das werde ich tun, so wahr mir Gott helfe!"

Da ging der hohe Rabbi, und er pflanzte am Ufer der Moldau unter der steinernen Brücke, vor den Blicken der Menschen verborgen, einen Rosenstrauch und einen Rosmarin. Und über beide sprach er die Worte des Zaubers. Da öffnete sich eine rote Rose an dem Rosenstrauch, und die Blüte des Rosmarins strebte zu ihr hin und schmiegte sich an sie. Und jede Nacht flog die Seele des Kaisers in die rote Rose und die Seele der Jüdin in die Blüte des Rosmarins.

Und Nacht für Nacht träumte der Kaiser, er halte seine Geliebte, die schöne Jüdin, umschlungen, und Nacht für Nacht träumte die Esther, die Frau des Mordechai Meisl, sie läge in den Armen des Kaisers.

Die Stimme des Engels rief den hohen Rabbi aus seinem Sinnen. In ihr klang Unwille und Vorwurf.

„Du hast", sprach der Engel, „die Blüte des Rosmarins gebrochen. Doch die rote Rose brachst du nicht!"

Der hohe Rabbi erhob sein Angesicht.

„Nicht an mir ist es", sagte er, „das Herz der Könige zu wägen, nicht an mir, zu prüfen, welche Schuld in ihm ist. Nicht ich habe in die Hände der Könige die Macht gelegt. Wäre David ein Mörder und Ehebrecher geworden, wenn Er, der Heilige, ihm verstattet hätte, ein Hirte zu bleiben?"

„Ihr Menschenkinder", sprach der Engel weiter, „gar arm und voll von Kümmernissen ist euer Leben. Warum beschwert ihr es mit der Liebe, die euch den Sinn verstört und eure Herzen elend macht?"

Der hohe Rabbi blickte mit einem Lächeln zu dem Engel auf, der die geheimen Wege und Pfade der oberen Welt kannte, aber die Wege des Menschenherzens waren ihm fremd geworden.

„Sind nicht", sprach er zu ihm, „die Kinder Gottes,

als die Zeiten begannen, mit den Töchtern der Menschen in Liebe gewesen? Haben sie sie nicht an den Brunnen und Quellen erwartet und sie im Schatten der Ölbäume und Eichen mit dem Kuß ihres Mundes geküßt? War nicht Naema schön, die Schwester des Tubalkain, sahst du je wieder ihresgleichen?"

Der Engel Asael senkte sein Haupt, und seine Gedanken flogen zurück durch die Jahrtausende zum Urbeginn der Zeiten.

„Ja, sie war schön, Naema, die Schwester des Tubalkain, der die Spangen schmiedete und die goldenen Ketten", sagte er leise. „Schön war sie und lieblich. Schön war sie wie ein Garten in der Frühlingszeit um die Stunde, da der Morgen anbricht. Ja, sie war schön, die Tochter des Lameth und der Silla."

Und wie er der Geliebten seiner fernen Jugend gedachte, fielen zwei Tränen aus den Augen des Engels, die waren den Menschentränen gleich.

DIE ERZEUGUNG DER RIESEN

GENESIS 6,1–4

Als aber die Menschen sich zu mehren begannen auf Erden und ihnen Töchter geboren wurden,
da sahen die Gottessöhne, wie schön die Töchter der Menschen waren, und nahmen sich zu Frauen, welche sie wollten.

Da sprach der HERR: Mein Geist soll nicht immerdar im Menschen walten, denn auch der Mensch ist Fleisch. Ich will ihm als Lebenszeit geben hundertundzwanzig Jahre.

Zu der Zeit und auch später noch, als die Gottessöhne zu den Töchtern der Menschen eingingen und sie ihnen Kinder gebaren, wurden daraus die Riesen auf Erden. Das sind die Helden der Vorzeit, die hochberühmten.

DER BASEBALL-ENGEL

CHARLES BUKOWSKI

Wir hockten in unserem Büro, die Mannschaft hatte wieder 7:1 verloren, die Saison war bereits zur Hälfte rum und wir mit 25 Spielen im Keller, und ich wußte, dies würde meine letzte Saison als Manager der „Blues" sein. Unser erster *hitter* schaffte ganze 234, und unser erster *home-run*-Mann war bisher über 6 nicht hinausgekommen. Unser erster *pitcher* stand bei 7:10 mit einer durchschnittlichen Trefferquote von 3,95.

Old Man Henderson holte die Flasche aus der Schublade, goß sich seine Ration hinter die Binde und schob mir den Rest herüber.

„Und um den Braten fett zu machen", sagte er, „hab' ich mir vor 2 Wochen auch noch die Krätze geholt."

„Oje. Tut mir leid für Sie, Boß."

„Und Boß wirst du mich auch bald nicht mehr zu nennen brauchen."

„Ich weiß. Aber kein Baseball-Manager auf der Welt kann *diese* lahmen Krücken vor dem Abstieg retten", sagte ich und nahm einen langen Schluck aus der Flasche.

„Und was noch viel schlimmer ist", sagte Henderson, „ich glaub', meine eigene Frau hat mir die Krätze angehängt."

Ich wußte nicht, ob ich darüber lachen sollte oder nicht, also verhielt ich mich mal ruhig.

Jemand klopfte leicht an die Tür zu unserem Büro. Die Tür ging auf, und da stand dieser komische Typ mit Papierflügeln auf dem Rücken. Es war ein Junge von vielleicht 18 oder so. „Ich bin gekommen, um Ihrem Club zu helfen", sagte er.

Er hatte diese enormen Papierflügel an. Ein irres Huhn. Zwei Löcher hinten in seinem Anzug, da wo sie rauskamen. Die Flügel, meine ich. Sie waren auf seinem Rücken angeklebt. Oder angeschnallt, oder was weiß ich.

23

5 EIN RÄTSEL IST REINENTSPRUNGENES …
Gisela Röhn: Der Rhein, 1973.

„Hör mal", sagte Henderson, „mach bloß, daß du hier verschwindest! Wir haben schon beim normalen Spiel mehr als genug Affentheater auf dem Spielfeld, die Mannschaft ist uns heute komplett aus dem Stadion gelacht worden. Also raus mit dir, und zwar dalli!"

Der Junge griff sich die Flasche, nahm einen langen Schluck, stellte sie wieder vor uns hin und sagte: „Mr. Henderson, ich bin die Antwort auf all Ihre Probleme."

„Junge", sagte Henderson, „für das Gesöff hier bist du noch 'n bißchen zu jung."

„Ich bin älter, als ich aussehe", sagte der Junge.

„Und ich hab' was, da siehst du danach *noch* 'n bißchen älter aus!"

Henderson drückte auf den kleinen Knopf unter seiner Schreibtischplatte. Das bedeutete Bull Kronkite. Ich will nicht sagen, daß Bull schon mal richtig einen umgebracht hat, aber Sie können von Glück sagen, wenn Sie Ihren Krüllschnitt noch aus einem synthetischen Arschloch schmauchen können, nachdem er mit Ihnen fertig ist. Der Bull kam nach wenigen Sekunden rein & nahm gleich die halbe Türfüllung mit.

„Welcher isses, Boß?" fragte er, und seine klobigen Finger zuckten, während er sich im Zimmer umsah.

„Der schräge Vogel da mit den Papierflügeln", sagte Henderson.

Bull machte eine Bewegung.

„Rühr mich nicht an", sagte der Typ mit den Flügeln.

24

Bull stürzte sich auf ihn, UND SO WAHR MIR GOTT HELFE, der Kerl fing an zu FLIEGEN! Er flatterte im Zimmer rum, oben an der Decke entlang. Henderson und ich langten gleichzeitig nach der Flasche, aber der Alte war schneller als ich. Bull fiel auf die Knie: „Gott im Himmel steh mir bei! Ein Engel! EIN ENGEL!"

„Red keinen Stuß", sagte der Engel. „Ich bin kein Engel. Ich will einfach den Blues helfen. Bin schon immer ein Blues-Fan gewesen."

„Also gut. Komm runter. Reden wir mal über die Sache", sagte Henderson.

Der Engel (oder was immer es war) kam heruntergeflattert und landete auf einem Stuhl. Der Bull zog ihm mit zitternden Fingern Schuhe und Socken aus und fing an, ihm die Füße zu küssen.

Henderson beugte sich mit einem angewiderten Gesichtsausdruck nach vorn und spuckte dem Bull ins Gesicht: „Zieh Leine, du Knallkopp! Wenn ich eins nicht ausstehen kann, dann deine weinerliche Sentimentalität!" Bull wischte sich das Gesicht ab und verdrückte sich wortlos.

Henderson durchwühlte seine Schubladen.

„Shit, ich hab' doch hier mal Vertragsformulare gehabt …!"

Beim Stöbern stieß er auf eine weitere Halbliterflasche, und während er die Zellophanhülle abriß, warf er dem Jungen einen Blick zu und fragte:

„Sag mal, kannst du 'ne Einwärtskurve schmettern? 'ne Auswärts –? Und wie steht's mit 'nem *slider*?"

„Keine Ahnung", sagte der Kerl mit den Flügeln, „ich hab' mich die letzten Jahre 'n bißchen rar gemacht. Was ich weiß, hab' ich aus den Zeitungen und vom Fernsehen. Aber ich bin immer ein Blues-Fan gewesen, und diese Saison haben sie mir einfach leid getan."

„Dich rar gemacht, hm? WIE DENN? Ein Typ mit Flügeln kann sich doch nicht mal innem Fahrstuhl in der Bronx rar machen! Wie hast du denn das angestellt? Was für 'ne Masche hast du denn da geritten?"

„Mr. Henderson, ich möchte Sie mit den Einzelheiten nicht langweilen …"

„Übrigens, wie heißt du eigentlich?"

„Jimmy. Jimmy Crispin. Oder einfach J. C."*

„Hey, was soll das? Willst du mich VERARSCHEN?"

„Aber nein, ganz bestimmt nicht, Mr. Henderson."

„Also. Die Hand drauf." Sie schüttelten sich die Hände.

* „Jaycee", gängige Abkürzung für *Jesus Christus*.

„Verdammt, du hast aber elend kalte Pfoten. Wann hast du denn zum letztenmal was gegessen?"

„Wieso? Heute mittag um vier. Hähnchen, Pommes frites und 'n Bier."

„Hm. Hier, nimm noch 'n Schluck."

Henderson wandte sich an mich. „Bailey?"

„Yeh?"

„Die komplette bescheuerte Mannschaft ist mir morgen früh Punkt zehn auf dem Spielfeld. Ohne Ausnahme. Ich hab' das Gefühl, wir haben hier das größte Ding seit der Atombombe. Und jetzt hauen wir uns erst mals aufs Ohr. Hast du was, wo du unterkriechen kannst, Junge?"

„Klar", sagte J. C., flatterte die Treppe runter und war verschwunden.

Wir hatten das Stadion dichtgemacht. Niemand drin außer dem Team. Und die, total verkatert, guckten den Kerl mit den Flügeln an und dachten, es handle sich um einen Werbegag. Oder 'ne Probe für einen. Die erste Mannschaft kam aufs Feld und der Junge auf die Platte. Ihr hättet sehen sollen, wie die ihre entzündeten Augen aufrissen, als der Junge einen *roller* die Third-Base-Linie runterschmetterte und dann zur First Base rüberFLOG! Dort machte er *touchdown*, und ehe der Third-Base-Mann den Ball aus den Händen kriegte, war der Junge schon weiter zur Second Base geflogen. Alles schwankte und torkelte durcheinander an diesem heißen Morgen. Um für ein Team wie die Blues zu spielen, mußte man schon ziemlich behämmert sein, aber das hier war noch mal was anderes.

Dann machte sich der *pitcher* fertig, um dem *bathoy*, den wir auf die Platte gestellt hatten, einen Ball zu verpassen, und J. C. flog runter zur Third Base! Er peste runter! Ihr hättet die Flügel nicht mal *gesehen*, selbst wenn ihr an dem Morgen noch Zeit gefunden hättet, zwei Alka Seltzer zu kippen. Und bis der Ball bei der Platte ankam, war unser Junge schon wieder eingeschwebt und hatte *home plate* berührt.

Wir fanden heraus, daß der Junge das *ganze* Outfield spielen konnte. Seine Geschwindigkeit war einfach unvorstellbar. Wir nahmen also die zwei anderen Outfielder einfach herein und stellten sie ins Infield. Damit hatten wir zwei *shortstops* und zwei Spieler auf Second Base. Und schlecht wie wir waren: *damit* waren wir ein irrer Gegner.

An diesem Abend sollten wir unser erstes Spiel mit Jimmy Crispin im Outfield abziehen.

Zu Hause hängte ich mich sofort ans Telefon und rief Bugsy Malone an.

„Bugsy, wie stehen die Wetten auf einen Pokalsieg der Blues?"

„Gibt keine Wetten. Die Tafel ist leer. Selbst bei 10 000 : 1 würde nicht mal der größte Idiot auch nur einen Cent auf die Blues setzen."

„Was gibst du mir?"

„Ist das dein Ernst?"

„Yeah."

„250 : 1. Was willst du setzen? Einen Dollar?"

„Tausend."

„TAUSEND? Also Menschenskind … Moment mal … ich ruf' dich in zwei Stunden zurück."

Das Telefon läutete nach einer Stunde und 45 Minuten.

„In Ordnung, ich nehm' dich rein, 'n Tausender kann ich immer brauchen."

„Thanks, Bugsy."

„Keine Ursache."

Das Spiel an jenem Abend werde ich nie vergessen. Alles dachte, wir hätten einen Affenzirkus auf die Beine gestellt, um die Ränge zu füllen; aber als sie sahen, wie Jimmy Crispin aufstieg und einen todsicheren *home run* einfing, der 5 Meter über den Zaun am linken *centerfield* gegangen wäre, da fing der Laden an zu laufen. Bugsy war neugierig geworden und runtergekommen, um sich die Geschichte anzusehen, und ich beobachtete ihn in seiner Loge. Als er sah, wie J. C. diesen Ball aus dem Himmel holte, fiel ihm seine Fünf-Dollar-Zigarre aus dem Mund. Aber in den Bestimmungen stand nichts, was es einem Mann mit Flügeln verbot, Baseball zu spielen; und damit hatten wir sie bei den Eiern. Und wie. Wir gewannen das Spiel mit der linken Hand. Crispin holte allein 4 Punkte. Die anderen kriegten aus unserem Infield nichts raus, und im Outfield gab's sowieso nichts für sie zu holen.

Und die Spiele danach. Die Zuschauermassen. Einen Spieler durch die Luft fliegen zu sehen, war an sich schon Anreiz genug; dazu kam noch, daß wir mit 25 Spielen im Keller waren und die Zeit langsam knapp wurde. Die Menge sieht es gern, wenn einer wieder von den Brettern hochkommt. Und die Blues waren groß im Kommen. Es war die Schau des Jahrhunderts.

LIFE kam an und bat Jimmy um ein Interview. TIME. LIFE. LOOK. Er hatte ihnen nichts zu erzählen. „Ich möchte bloß, daß die Blues die Meisterschaft gewinnen", sagte er.

Aber das war immer noch ein harter Brocken, allein von der mathematischen Seite, wenn man sich das Punktverhältnis ansah. Und wie im Illustriertenroman kam es am Ende auf das letzte Spiel der Saison an, wir lagen auf dem zweiten Platz, punktgleich mit den Bengals, und im Endspiel hieß es die Bengals oder wir. Für mich war die Sache ganz klar. Wir hatten, seit Jimmy in die Mannschaft gekommen war, kein einziges Spiel verloren. Und meine 250 000 Tausend Dollar waren zum Greifen nah.

Am Abend des Endspiels hockten wir im Büro, Old Man Henderson und ich. Wir hörten was draußen auf der Treppe, und dann fiel einer zur Tür rein, voll wie tausend Mann. J. C. Seine Flügel waren weg. Nur noch Stummel waren zu sehen.

„Sie ham mir meine gottverdammten Flügel abgesägt, die Drecksäcke! Sie ham 'ne Frau auf mich angesetzt, im Hotel. Und was für eine! Mann, was 'n Koffer! Und dann ham sie mir was in meine Drinks getan. Ich steig' also drüber, und da ham sie mir DIE FLÜGEL ABGESÄGT. Mann, ich konnt' mich doch da nicht mehr wehren. Was 'n Scheißspiel. Und die ganze Zeit hockt da dieser Typ im Zimmer, dicke Zigarre und so, und grient und kichert in einer Tour … Gott, was 'n Klasseweib … und ich konnte sie nicht mal … oh, SHIT! …"

„Na ja, Baby, du bist nicht der erste, dem 'ne Frau einen reingedrückt hat. Blutet das übrigens?" fragte Henderson.

„Nee, ist nur Knorpel und Knochen. Aber es tut mir so leid, daß ich euch so was angetan hab', daß ich die Blues im Stich gelassen hab'. Herrgott, ich könnt' mich dafür in den Arsch beißen …"

Der tat sich leid, hm? Und mir waren gerade 250 Mille durch die Lappen gegangen.

Ich langte nach der Flasche und machte sie leer. J. C. war sowieso schon zu voll, um noch spielen zu können, egal ob mit oder ohne Flügel. Henderson legte einfach seinen Kopf auf den Tisch und fing an zu heulen. Ich fand seine Luger im untersten Schubfach. Ich steckte sie in den Mantel, verließ das Büro und ging rüber auf die Tribüne. Ich setzte mich in die Box hinter Bugsy Malone, der heute ein elegantes Flittchen dabeihatte. Es war Hendersons Box, aber Henderson soff sich jetzt wohl mit seinem gefallenen Engel zu Tode. Er würde seine Box nicht mehr brauchen. Und das Team würde mich nicht mehr brauchen. Ich rief drunten im Spielergraben an und sagte ihnen, sie sollten dem *batboy* die Regie übergeben, oder sonst einem.

„Hallo, Bugsy", sagte ich.

„Wo ist denn euer *center fielder?* Ich kann ihn nirgends sehen", sagte Bugsy und zündete sich eine seiner 5-Dollar-Zigarren an.

„Unser *center fielder* hat sich wieder in seinen Himmel verzogen. Und das verdankt er einem deiner Strichjungen und einer 3-Dollar-50-Knochensäge."

Bugsy lachte. „Ein Mann wie ich kann es sich leisten, einem alten Maultier ins Auge zu pissen und das Zeug hinterher als Pfefferminz-Cocktail rumgehen zu lassen. Nur so hab' ich's zu dem gebracht, was ich heute bin."

„Wer ist die bezaubernde Lady?" fragte ich.

„Oh, das ist Helena. Helena, das hier ist Tim Bailey, die größte Niete von Manager, die der Baseballsport je gesehen hat."

Helena schlug diese Nylondinger übereinander, die sich Beine nennen, und ich war bereit, J.C. alles zu vergeben.

„Nett, Sie kenn'zulern, Mr. Bailey."

„Yeah."

Das Spiel ging an. Es war wie in alten Zeiten. Beim siebten *inning* lagen wir mit 10:1 im Rückstand. Bugsy war in glänzender Laune, er fummelte seiner Nutte an den Beinen rum und rieb sich an ihr, als ob ihm die ganze Welt gehörte. Er drehte sich zu mir um und steckte mir eine Fünf-Dollar-Zigarre zu. Ich zündete sie mir an.

„War dieser Typ wirklich 'n Engel?" fragte er mich mit einem amüsierten Lächeln.

„Er sagte, wir sollten ihn einfach J.C. nennen, aber ich will verdammt sein, wenn ich's weiß."

„Sieht so aus, als ob der Mensch dem lieben Gott jedesmal eins ausgewischt hat, wenn sie einander ins Gehege kamen."

„Kann ich nicht beurteilen", sagte ich, „aber ich seh' die Dinge so: wenn man einem die Flügel kappt, dann ist das so, als wenn man ihm den Schwanz abschneidet."

„Mag sein. Aber so wie ich die Dinge sehe, hat der Stärkere eben das Recht auf seiner Seite."

„Was in diesem Fall der Tod ist."

Ich holte die Luger raus und drückte sie ihm an den Hinterkopf. „Um Himmels willen, Bailey! Komm wieder zu Dir! Ich geb' dir die Hälfte von allem, was ich hab'! Nein, ich geb' dir alles, was ich hab' – sogar die Tante hier, alles – bloß nimm das Ding wieder von meinem Kopf weg!"

„Wenn du denkst, daß Killen was Starkes ist, dann PROBIER mal, wie das schmeckt!"

Ich drückte ab. Es war schauderhaft. 'ne Luger. Sein Schädel flog in Fetzen, und überall Gehirn und Blut, auf mir, auf ihren Nylonbeinen, auf ihrem Kleid …

Das Spiel wurde für eine Stunde unterbrochen, während sie uns da rausschafften – den toten Bugsy, seine kreischende hysterische Alte, und mich. Und dann spielten sie die restlichen *innings*. Am nächsten Tag in meiner Zelle kriegte ich vom Schließer die Zeitung:

BLUES ENTSCHEIDEN DAS SPIEL IM 14. INNING, GEWINNEN DIE MEISTERSCHAFT MIT 12:11.

Ich ging zum Fenster meiner Zelle im 8. Stock. Ich knüllte die Zeitung zusammen, ich ballerte sie in die Gitterstäbe und boxte sie durch und sah ihr nach, wie sie durch die Luft fiel, und es sah aus, als hätte sie Flügel, na ja, scheiß drauf, sie flatterte runter wie jedes andere Stück Papier, runter ins Meer, diese weißen und blauen Wellen da unten, so nah, zum Greifen nah, Gott hatte eben doch immer den Finger als erster am Drücker, egal in welcher Gestalt – ob in Form eines verdammten Maschinengewehrs oder eines Gemäldes von Klee, na ja, und jetzt, diese Nylonbeine umklammerten inzwischen einen anderen gottverdammten Narren, Malone schuldete mir 250 Tausender und konnte nicht mehr zahlen, J.C. mit Flügeln, J.C. ohne Flügel, J.C. am Kreuz, ich lebte immer noch ein bißchen, und ich drehte mich um und ging zurück in die andere Ecke, hockte mich auf den kalten Knastpott und fing an zu scheißen, Ex-Erste-Liga-Manager, Ex-Mann, und ein leichter Wind kam durch die Gitterstäbe, und ich hatte nicht mehr weit.

ÜBER DEN FALL DER ENGEL

ÄTHIOPISCHES HENOCHBUCH

Nachdem die Menschenkinder sich gemehrt hatten, wurden ihnen in jenen Tagen schöne und liebliche Töchter geboren. Als aber die Engel, die Himmelssöhne, sie sahen, gelüstete es sie nach ihnen, und sie sprachen untereinander: Wohlan, wir wollen uns Weiber unter den Menschentöchtern wählen und uns Kinder zeugen. Semjasa aber, ihr Oberster, sprach zu ihnen: Ich fürchte, ihr werdet wohl diese Tat nicht ausführen wollen, so daß ich allein eine große Sünde zu büßen haben werde. Da antworteten ihm alle und sprachen: Wir wollen alle einen Eid schwören und durch Verwünschungen uns untereinander verpflichten, diesen Plan nicht aufzugeben, sondern dies beabsichtigte Werk auszuführen. Da schwuren alle zusammen und verpflichteten sich untereinander durch Verwünschungen dazu. Es waren ihrer im Ganzen 200, die in den Tagen Jareds auf den Gipfel des Berges Hermon herabstiegen. Sie nannten aber den Berg Hermon, weil sie auf ihm geschworen und durch Verwünschungen sich untereinander verpflichtet hatten. Dies sind die Namen ihrer Anführer: Semjasa, ihr Oberster, Urakib, Arameel, Sammael, Akibeel, Tamiel, Ramuel, Danel, Ezeqeel, Saraqujal, Asael, Armers, Batraal, Anani, Zaqebe, Samsaveel, Sartael, Tumael, Turel, Jomjael, Arasjal. Dies sind ihre Dekarchen.

Diese und alle übrigen mit ihnen nahmen sich Weiber, jeder von ihnen wählte sich eine aus, und sie begannen zu ihnen hineinzugehen und sich an ihnen zu verunreinigen; sie lehrten sie Zaubermittel, Beschwörungsformeln und das Schneiden von Wurzeln und offenbarten ihnen die heilkräftigen Pflanzen. Sie wurden aber schwanger und gebaren 3000 Ellen lange Riesen, die den Erwerb der Menschen aufzehrten. Als aber die Menschen ihnen nichts mehr gewähren konnten, wandten sich die Riesen gegen sie und fraßen sie auf, und die Menschen begannen sich an den Vögeln, Tieren, Repti-

lien und Fischen zu versündigen, das Fleisch voneinander aufzufressen, und tranken das Blut. Da klagte die Erde über die Ungerechten.

Asasel lehrte die Menschen Schlachtmesser, Waffen, Schilde und Brustpanzer verfertigen und zeigte ihnen die Metalle samt ihrer Verarbeitung und die Armspangen und Schmucksachen, den Gebrauch der Augenschminke und das Verschönern der Augenlider, die kostbarsten und auserlesensten Steine und allerlei Färbemittel. So herrschte viel Gottlosigkeit, und sie trieben Unzucht, gerieten auf Abwege und alle ihre Pfade wurden verdorben. Semjasa lehrte die Beschwörungen und das Schneiden der Wurzeln, Armaros die Lösung der Beschwörungen, Baraqel das Sternschauen, Kokabeel die Astrologie, Ezeqeel die Wolkenkunde, Arakiel die Zeichen der Erde, Samsaveel die Zeichen der Sonne, Seriel die Zeichen des Mondes. Als nun die Menschen umkamen, schrieen sie, und ihre Stimme drang zum Himmel.

Da blickten Michael, Uriel, Raphael und Gabriel vom Himmel und sahen das viele Blut, das auf Erden vergossen wurde, und all das Unrecht, das auf Erden geschah. Sie sprachen untereinander: Von der Stimme ihres und der Menschen Geschrei hallt die menschenleere Erde bis zu den Pforten des Himmels wider.

Die Seelen der Menschen klagen, indem sie sprechen: Bringt unsere Streitsache vor den Höchsten! Da sprachen sie, die Erzengel, zum Herrn: Du bist der Herr der Herren, der Gott der Götter und der König der Könige; der Thron deiner Herrlichkeit besteht durch alle Geschlechter der Welt; dein Name ist heilig und in aller Welt gepriesen. Denn du hast alles gemacht und die Herrlichkeit über alles ist bei dir. Alles ist vor dir aufgedeckt und offenbar; du siehst alles, und nichts kann sich vor dir verbergen. Du hast gesehen, was Asasel getan hat, wie er allerlei Ungerechtigkeit auf Erden gelehrt und die himmlischen Geheimnisse der Urzeit geoffenbart hat, die die Menschen kennenzulernen sich haben angelegen sein lassen. Die Beschwörungen hat Semjasa gelehrt, dem du die Vollmacht gegeben hast, die Herrschaft über seine Genossen zu üben. Sie sind zu den Menschentöchtern auf der Erde gegangen, haben bei ihnen geschlafen und mit den Weibern sich verunreinigt und haben ihnen alle Sünden geoffenbart. Die Weiber aber gebaren Riesen, und dadurch wurde die ganze Erde von Blut und Ungerechtigkeit voll. Nun, siehe,

6 HIMMLISCHE VERSAMMLUNG DER ERZENGEL
Ikone der Palecher Schule, Moskau 18. Jh.

schreien die Seelengeister der Verstorbenen und klagen bis zu den Pforten des Himmels. Ihr Geseufze ist emporgestiegen und kann angesichts der auf Erden verübten Gottlosigkeit nicht aufhören. Du aber weißt alles, bevor es geschieht. Du siehst dies und lassest sie gewähren und sagst uns nicht, was wir deswegen mit ihnen tun sollen.

Darauf sprach der Höchste, und der große Heilige ergriff das Wort und sandte Uriel zu dem Sohne Lamechs und sprach zu ihm: Sage ihm in meinem Namen: Verbirg dich! und offenbare ihm das bevorstehende Ende. Denn die ganze Erde wird untergehen und eine Wasserflut ist im Begriff, über die ganze Erde zu kommen, und alles auf ihr Befindliche wird untergehen. Belehre ihn, damit er entrinne, und seine Nachkommenschaft für alle Geschlechter der Welt erhalten bleibe. Zu Raphael sprach der Herr: Feßle den Asasel an Händen und Füßen und wirf ihn in die Finsternis; mache in der Wüste in Dudael ein Loch und wirf ihn hinein. Lege unter ihn scharfe und spitze Steine und bedecke ihn mit Finsternis. Er soll für ewig dort wohnen, und bedecke sein Angesicht mit Finsternis, damit er kein Licht schaue. Aber am Tage des großen Gerichts soll er in den Feuerpfuhl geworfen werden. Heile die Erde, welche die Engel verdorben haben, und tue die Heilung des Schlages kund, damit sie hinsichtlich des Schlages geheilt werden [?], und nicht alle Menschenkinder durch das ganze Geheimnis umkommen, das die Wächter verbreitet und ihren Söhnen gelehrt haben. Die ganze Erde wurde durch die Werke der Lehre Asasels verdorben, und ihm schreibe alle Sünden zu. Zu Gabriel sprach der Herr: Ziehe los gegen die Bastarde, die Verworfenen und die Hurenkinder, tilge die Söhne der Wächter von den Menschen hinweg und lasse sie gegeneinander los, daß sie sich untereinander im Kampfe vernichten; denn langes Leben soll ihnen nicht zuteil werden. Jede Bitte soll ihren Vätern für ihre Kinder nicht gewährt werden, obwohl sie hoffen, ein ewiges Leben zu leben, und daß ein jeder von ihnen 500 Jahre lebe. Zu Michael sprach der Herr: Geh, binde Semjasa und seine übrigen Genossen, die sich mit den Weibern vermischt haben, um sich bei ihnen durch ihre Unreinheit zu beflecken. Wenn sich ihre Söhne untereinander erschlagen, und wenn sie, die Väter, den Untergang ihrer geliebten Söhne gesehen haben werden, so binde sie für 70 Geschlechter unter die Hügel der Erde bis zum Tag ihres Ge-

richts und ihrer Vollendung, bis das ewige Endgericht vollzogen wird.

In jenen Tagen wird man sie in den Abgrund des Feuers abführen, und sie werden in der Qual und im Gefängnis immerdar eingeschlossen werden. Wer immer verurteilt und von jetzt an mit ihnen zusammen vernichtet wird, wird bis zum Ende aller Geschlechter gebunden gehalten werden. Vernichte alle Geister der Verworfenen und die Söhne der Wächter, weil sie die Menschen mißhandelt haben. Tilge alle Gewalttat von der Erde hinweg; jedes schlechte Werk soll ein Ende nehmen, und erscheinen soll die Pflanze der Gerechtigkeit und der Wahrheit, und die Arbeit wird zum Segen gereichen. Gerechtigkeit und Wahrheit werden in Freuden für immer gepflanzt werden. Und nun werden alle Gerechten entfliehen und sie werden leben, bis sie 1000 Kinder zeugen, und alle Tage ihrer Jugend und ihres Alters werden sie in Frieden vollenden. In jenen Tagen wird die ganze Erde in Gerechtigkeit bestellt, ganz mit Bäumen bepflanzt werden und voll von Segensgaben sein. Allerlei liebliche Bäume werden auf ihr gepflanzt werden; Weinstöcke wird man auf ihr pflanzen, und die auf ihr gepflanzten Weinstöcke werden Wein in Überfluß tragen, und von allem Samen, der auf ihr gesät wird, wird ein Maß tausend tragen, und *ein* Maß Oliven wird zehn Kufen Öl geben. Und du reinige die Erde von aller Gewalttat, von aller Ungerechtigkeit, von aller Sünde, von aller Gottlosigkeit und von aller Unreinigkeit, die auf der Erde verübt wird; vertilge sie von der Erde. Alle Menschenkinder sollen gerecht sein, alle Völker sollen mich verehren, mich preisen und sie alle werden mich anbeten. Die Erde wird rein sein von aller Verderbnis, von aller Sünde, von aller Plage und von aller Qual, und ich werde nicht abermals eine Flut über sie senden von Geschlecht zu Geschlecht und bis in Ewigkeit.

In jenen Tagen werde ich die himmlischen Vorratskammern des Segens öffnen, um sie auf die Erde, auf das Werk und die Arbeit der Menschenkinder herabkommen zu lassen. Und dann werden Heil und Recht alle Tage der Welt und alle Geschlechter der Menschen hindurch sich paaren.

Vor diesen Begebenheiten war Henoch verborgen, und niemand von den Menschenkindern wußte, wo er verborgen war, wo er sich aufhielt, und was mit ihm geworden war. Alles, was er während seines Lebens unternahm, geschah mit den Wächtern und mit den Heiligen. Da erhob ich, Henoch, mich, indem ich den Herrn der Erhabenheit und den König der Welt pries. Siehe, da riefen die Wächter des großen Heiligen mich, Henoch, den Schreiber, und sagten zu mir: Henoch, du Schreiber der Gerechtigkeit, geh hin, verkünde den Wächtern des Himmels, die den hohen Himmel, die heilige ewige Stätte verlassen, mit den Weibern sich verdorben, wie die Menschenkinder tun, getan, sich Weiber genommen und sich in großes Verderben auf der Erde gestürzt haben: Sie werden keinen Frieden noch Vergebung finden. So oft sie sich über ihre Kinder freuen, werden sie die Ermordung ihrer geliebten Söhne sehen und über den Untergang ihrer Kinder seufzen; sie werden immerdar bitten, aber weder Barmherzigkeit noch Frieden erlangen.

Henoch aber ging hin und sagte zu Asael: Du wirst keinen Frieden haben; ein großer Urteilsspruch ist über dich ergangen, dich zu binden. Du wirst keine Nachsicht und Fürbitte erlangen, wegen der Gewalttaten, die du gelehrt, und wegen all der Werke der Lästerung, Gewalttat und Sünde, die du den Menschen gezeigt hast. Dann ging ich hin und redete zu ihnen allen insgesamt, und sie fürchteten sich alle, und Furcht und Zittern ergriff sie. Da baten sie mich, eine Bittschrift für sie zu schreiben, damit ihnen Vergebung zuteil werde, und ihre Bittschrift vor dem Herrn des Himmels vorzulesen. Denn sie konnten nicht mehr mit ihm reden, noch ihre Augen zum Himmel erheben aus Scham über ihre Sünden, derentwegen sie gestraft wurden. Darauf verfaßte ich ihre Bitt- und Flehschrift in betreff ihrer Geister und ihrer einzelnen Handlungen und in betreff dessen, worum sie baten, damit ihnen Vergebung und Nachsicht zuteil würde. Und ich ging hin und setzte mich an die Wasser von Dan im Lande Dan, das südlich von der Westseite des Hermon liegt, und ich las ihre Bittschrift Gott vor, bis ich einschlief. Siehe da überkamen mich Träume, und Gesichte überfielen mich; ich sah Gesichte eines Strafgerichts, und eine Stimme drang zu mir und rief, daß ich es den Söhnen des Himmels anzeigen und sie schelten solle. Als ich erwacht war, kam ich zu ihnen, und sie saßen alle versammelt in Abel, das zwischen dem Libanon und Senir liegt, trauernd, mit verhüllten Gesichtern. Da erzählte ich vor ihnen alle Gesichte, die ich im Schlafe gesehen hatte, und ich begann jene Worte der Gerechtigkeit zu reden und die himmlischen Wächter zu schelten.

Dies Buch ist das Wort der Gerechtigkeit und der Zurechtweisung der ewigen Wächter, wie der große Heilige in jenem Gesichte befohlen hatte. Ich sah in meinem Schlafe, was ich jetzt mit Fleischeszunge und mit dem Odem meines Mundes erzählen werde, den der Große den Menschen verliehen hat, daß sie damit reden und mit dem Herzen es verstehen sollen. Wie er die Menschen geschaffen und ihnen verliehen hat, die Worte der Erkenntnis zu verstehen, so hat er auch mich geschaffen und mir verliehen, die Wächter, die Söhne des Himmels zu rügen. Ich hatte eure Bitte aufgeschrieben, aber in meinem Gesichte wurde mir dies gezeigt, daß eure Bitte nimmermehr erfüllt werden wird, daß das Gericht über euch vollzogen ist, und euch nichts gewährt werden wird. Fortan werdet ihr nimmermehr in den Himmel hinaufsteigen, und es ist befohlen, euch mit Fesseln auf der Erde für alle Geschlechter der Welt zu binden. Zuvor aber sollt ihr die Vernichtung eurer geliebten Söhne ansehen. Es wird euch keiner von ihnen übrig bleiben, sondern sie werden vor euch durchs Schwert fallen. Eure Bitte für sie wird euch nicht gewährt werden, noch auch jener Bitte für euch; trotz Weinen und Bitten sollt ihr auch nicht die Erfüllung eines Wortes aus der Schrift erlangen, die ich verfaßt habe. Mir wurde im Gesichte folgende Erscheinung: Siehe, Wolken luden mich ein im Gesicht, und ein Nebel forderte mich auf; der Lauf der Sterne und Blitze trieb und drängte mich, und Winde gaben mir Flügel im Gesicht und hoben mich empor. Sie trugen mich hinein in den Himmel. Ich trat ein, bis ich mich einer Mauer näherte, die aus Kristallsteinen gebaut und von feurigen Zungen umgeben war; und sie begann mir Furcht einzujagen. Ich trat in die feurigen Zungen hinein und näherte mich einem großen, aus Kristallsteinen gebauten Hause. Die Wände jenes Hauses glichen einem mit Kristallsteinen getäfelten Fußboden, und sein Grund war von Kristall. Seine Decke war wie die Bahn der Sterne und Blitze, dazwischen feurige Kerube, und ihr Himmel bestand aus Wasser. Ein Feuermeer umgab seine Wände, und seine Türen brannten von Feuer. Ich trat ein in jenes Haus, das heiß wie Feuer und kalt wie Schnee war. Da war keine Lebensluft vorhanden; Furcht umhüllte mich, und Zittern erfaßte mich. Da ich erschüttert war und zitterte, fiel ich auf mein Angesicht und schaute Folgendes im Gesichte: Siehe, da war ein anderes Haus, größer als jenes; alle seine Türen standen vor mir offen, und es war aus feurigen Zungen ge-baut. In jeder Hinsicht, durch Herrlichkeit, Pracht und Größe zeichnete es sich so aus, daß ich euch keine Beschreibung von seiner Herrlichkeit und Größe geben kann. Sein Boden war von Feuer; sei-nen oberen Teil bildeten Blitze und kreisende Sterne, und seine Decke war loderndes Feuer. Ich schaute hin und gewahrte darin einen hohen Thron. Sein Aussehen war wie Reif; um ihn herum war etwas, das der leuchtenden Sonne glich und das Aussehen von Keruben hatte. Unterhalb des Throns kamen Ströme lodernden Feuers hervor, und ich konnte nicht hinsehen. Die große Majestät saß darauf; ihr Gewand war glänzender als die Sonne und weißer als lauter Schnee. Keiner der Engel konnte in dieses Haus eintreten und ihr Antlitz vor Herrlichkeit und Majestät schauen. Kein Fleisch konnte sie sehen. Loderndes Feuer war rings um sie; ein großes Feuer verbreitete sich vor ihr, und keiner der Engel näherte sich ihr. Rings-herum standen zehntausendmal Zehntausende vor ihr, und alles, was ihr beliebt, das tut sie. Und die Heiligen der Heiligen, die in ihrer Nähe stehen, entfernten sich nicht bei Nacht oder bei Tage, noch gingen sie weg von ihr. Bis dahin war ich auf mein Angesicht gefallen und zitterte. Da rief mich der Herr mit seinem Mund und sprach zu mir: Komm hierher, Henoch, und höre mein Wort! Da kam einer von den Heiligen zu mir, weckte mich auf, ließ mich aufstehen und brachte mich bis zu dem Tor; ich aber senkte mein Antlitz.

Da versetzte er und sprach zu mir, und ich hörte seine Stimme: Fürchte dich nicht, Henoch, du ge-rechter Mann und Schreiber der Gerechtigkeit; tritt herzu und höre meine Rede. Geh hin und sprich zu den Wächtern des Himmels, die dich gesandt ha-ben, um für sie zu bitten: Ihr solltet eigentlich für die Menschen bitten, und nicht die Menschen für euch. Warum habt ihr den hohen, heiligen und ewi-gen Himmel verlassen, bei den Weibern geschlafen, euch mit den Menschentöchtern verunreinigt, euch Weiber genommen und wie die Erdenkinder getan und Riesensöhne gezeugt? Obwohl ihr heilig und ewig lebende Geister wart, habt ihr durch das Blut der Weiber euch befleckt, mit dem Blute des Flei-sches Kinder gezeugt, nach dem Blute der Men-schen begehrt und Fleisch und Blut hervorge-bracht, wie jene tun, die sterblich und vergänglich sind. Deshalb habe ich ihnen Weiber gegeben, da-mit sie sie besamen und mit ihnen Kinder zeugen,

so daß ihnen also nichts auf Erden fehlt. Ihr aber seid zuvor ewig lebende Geister gewesen, die alle Geschlechter der Welt hindurch unsterblich sein sollten. Darum habe ich für euch keine Weiber ge-schaffen, denn die Geister des Himmels haben im Himmel ihre Wohnung. Aber die Riesen nun, die von den Geistern und Fleisch gezeugt worden sind, wird man böse Geister auf Erden nennen, und auf der Erde werden sie ihre Wohnung haben. Böse Geister gingen aus ihrem Leibe hervor, weil sie von Menschen geschaffen wurden, und von den heiligen Wächtern ihr Ursprung und erste Grund-lage herrührt; böse Geister werden sie auf Erden sein und böse Geister genannt werden. Die Geister des Himmels haben im Himmel ihre Wohnung, und die Geister der Erde, die auf der Erde geboren wurden, haben auf der Erde ihre Wohnung. Die Geister der Riesen werden böse handeln, Gewalt-taten begehen, Verderben stiften, angreifen, kämp-fen, Zertrümmerung auf Erden anrichten und Kum-mer bereiten; sie werden nicht essen, sondern hun-gern und dürsten und Anstoß erregen. Und diese Geister werden sich gegen die Söhne der Men-schen und gegen die Weiber erheben, weil sie von ihnen ausgegangen sind.

Seit den Tagen der Niedermetzelung, des Verder-bens und des Todes der Riesen, als die Geister aus der Seele ihres Fleisches herausgingen, um Verder-ben anzurichten, ohne daß ein Gericht sie trifft, – in solcher Weise werden sie Verderben anrichten bis zum Tage des großen Endgerichts, an dem der große Weltlauf sich vollendet. Und nun sprich zu den früher im Himmel befindlichen Wächtern, die dich gesandt haben, um für sie zu bitten: Ihr seid im Himmel gewesen, und obwohl euch alle Ge-heimnisse noch nicht geoffenbart waren, wußtet ihr ein nichtswürdiges Geheimnis und habt dies in eu-rer Herzenshärtigkeit den Weibern erzählt; durch dieses Geheimnis richten die Weiber und Männer viel Übel auf Erden an. Sage ihnen also: Ihr werdet keinen Frieden haben!

ES WIRD EINE GESCHICHTE VON RIESEN SEIN

WIM WENDERS / PETER HANDKE

Cassiel:

In den Rehbergen las ein alter Mann einem Kind aus der Odyssee vor,

und der kleine Zuhörer, der dabei ganz zu blinzeln aufhörte …

Und du, was hast du zu erzählen?

Damiel:

Eine Passantin, die mitten im Regen den Schirm zusammenklappte und sich naß werden ließ … Ein Schüler, der seinem Lehrer beschrieb, wie ein Farn aus der Erde wächst, und der staunende Lehrer … Eine Blinde, die nach ihrer Uhr tastete, als sie mich spürte … Es ist herrlich, nur geistig zu leben und Tag für Tag für die Ewigkeit von den Leuten rein, was geistig ist, zu bezeugen – aber manchmal wird mir meine ewige Geistesexistenz zuviel.

Ich möchte dann nicht mehr so ewig drüberschweben, ich möchte ein Gewicht an mir spüren, das die Grenzenlosigkeit an mir aufhebt und mich erdfest macht.

Ich möchte bei jedem Schritt oder Windstoß „Jetzt“, und …

„Jetzt“ und „Jetzt“ sagen können und nicht wie immer „seit je“ und „in Ewigkeit“. Sich an den …

freien Platz am Kartentisch setzen, begrüßt werden, auch bloß mit einem Nicken.

Die ganze Zeit, wenn wir schon einmal mittaten, war es doch nur zum Schein: haben uns im nächtlichen Ringkampf mit einem von denen zum Schein die Hüfte ausrenken lassen, haben zum Schein einen Fisch mitgefangen, haben zum Schein an den Tafeln gesessen, haben getrunken …

und gegessen zum Schein, haben uns Lämmer braten und Wein aufwarten lassen

… draußen bei den Zelten in der Wüste, nur zum Schein!

Nicht, daß ich ja gleich ein Kind zeugen oder einen Baum pflanzen möchte, aber es wäre doch schon etwas, beim Nachhausekommen nach einem langen Tag

… wie Philip Marlowe die Katze zu füttern.

Fieber haben, schwarze Finger vom Zeitungslesen, sich nicht immer nur am Geist begeistern, sondern endlich an einer Mahlzeit, einer Nackenlinie, … einem Ohr.

Lügen! Wie gedruckt!

Beim Gehen das Knochengerüst an sich mitgehen spüren.

Endlich ahnen, statt immer alles zu wissen. „Ach“ und „Oh“ und „Ah“ und „Weh“ sagen können, statt „Ja und amen“!

Cassiel:

Ja, und sich einmal auch begeistern können am Bösen. Von den Passanten im Vorbeigehen alle Dämonen der Erde auf sich übertragen und endlich hinaus in die Welt jagen …

ein Wilder sein!

Damiel:

Oder endlich zu spüren, wie es ist, unter dem Tisch die Schuhe auszuziehen und die Zehen auszustrecken, barfuß, so.

Cassiel:

Allein bleiben! Geschehen lassen! Ernst bleiben! Wild können wir nur in dem Maß sein, wie wir unbedingt ernst bleiben.

Nichts weiter tun als anschauen, sammeln, bezeugen, beglaubigen, wahren! Geist bleiben!

Im Abstand bleiben! Im Wort bleiben!

(…)

Cassiel:

Und du willst wirklich? …

Damiel:

Ja. Mir selber eine Geschichte erstreiten. Was ich weiß von meinem zeitlosen Herabschauen verwandeln ins Aushalten eines jähen Anblicks, eines kurzen Aufschreis, eines stechenden Geruchs.

Ich bin schließlich lang genug draußen gewesen, lang genug abwesend,

lang genug aus der Welt!

Hinein in die Weltgeschichte!

Oder auch nur einen …

33

7/8   HINEIN IN DIE WELTGESCHICHTE

Aus dem Film von Wim Wenders
„Himmel über Berlin".

Apfel in die Hand genommen. Schau, die Feder …
dort auf dem Wasser,
schon verschwunden!
Schau, die Brennspuren auf dem Asphalt.
Und jetzt, die Zigarettenkippe,
wie sie dahinrollt,
und wie der vorzeitliche Fluß versiegt
und nur noch die heutigen Regenlachen zittern.
Weg mit der Welt hinter der Welt!

Cassiel:
Und?

Damiel:
Ich werde in den Fluß steigen. Alter menschlicher
Spruch, oft gehört, den ich heute erst verstehe.
Jetzt oder nie: Augenblick der Furt. Aber es wird
kein anderes Ufer geben: die Furt gibt es nur, so-

lange wir drinnen im Fluß sind. Hinein in die Furt
der Zeit, die Furt des Todes! Herab von unserem
Ausguck der Ungeborenen! Zuschauen ist nicht
herabschauen, es geschieht auf Augenhöhe.
Zuerst werde ich ein Bad nehmen.
(…)

Marion:
Es muß einmal ernst werden. Ich war viel allein,
aber ich habe nie allein gelebt. Wenn ich mit jemandem war, war ich oft froh, aber zugleich hielt
ich alles für Zufall. Diese Leute waren meine Eltern, aber es hätten auch andere sein können.
Warum war der mit den braunen Augen mein Bruder und nicht der mit den grünen Augen vom
Bahnsteig gegenüber? Die Tochter des Taxifahrers
war meine Freundin, aber ebensogut hätte ich
doch den Arm um den Kopf eines Pferdes legen
können. Ich war mit einem Mann, war verliebt und
hätte ebensogut ihn stehenlassen und mit dem
Fremden, der uns auf der Straße entgegenkam,
weitergehen können. Schau mich an oder nicht.
Gib mir die Hand oder nicht. Nein, gib mir nicht die
Hand und schau weg von mir.
Ich glaube, heute ist Neumond, keine ruhigere
Nacht, kein Blut wird fließen in der ganzen Stadt.
Ich habe nie mit jemandem gespielt und trotzdem
habe ich nie die Augen geöffnet und gedacht: Jetzt
ist es ernst. Endlich wird es ernst.
So bin ich älter geworden. War ich allein so un-
ernst? Ist die Zeit so unernst?
Einsam war ich nie, weder allein noch mit jemand
anderem. Aber ich wäre gern endlich einsam ge-
wesen. Einsamkeit heißt ja: Ich bin endlich ganz.
Jetzt kann ich das sagen, denn ich bin heute end-
lich einsam.
Mit dem Zufall muß es nun aufhören! Neumond der
Entscheidung! Ich weiß nicht, ob es eine Bestim-
mung gibt, aber es gibt eine Entscheidung! Ent-
scheide dich! Wir sind jetzt die Zeit.
Nicht nur die ganze Stadt, die ganze Welt …
nimmt gerade teil an unserer Entscheidung.
Wir zwei sind jetzt mehr als nur zwei.
Wir verkörpern etwas.
Wir sitzen auf dem Platz des Volkes, und der ganze
Platz ist voll von Leuten, die sich dasselbe wün-
schen wie wir.
Wir bestimmen das Spiel für alle!
Ich bin bereit.
Nun bist du dran.

34

Du hast das Spiel in der Hand.
Jetzt oder nie.

Du brauchst mich. Du wirst mich brauchen. Es gibt keine größere Geschichte als die von uns beiden, von Mann und Frau. Es wird eine Geschichte von Riesen sein, unsichtbaren, übertragbaren, eine Geschichte neuer Stammeltern. Schau, meine Augen! Sie sind das Bild der Notwendigkeit, der Zukunft aller auf dem Platz. Letzte Nacht träumte ich von einem Unbekannten, meinem Mann. Nur mit ihm konnte ich einsam sein, offen werden für ihn, ganz offen, ganz für ihn, ihn ganz als Ganzen in mich einlassen, ihn umschließen mit dem Labyrinth der gemeinsamen Seligkeit.
Ich weiß, du bist es.

Damiels Stimme:
Etwas ist geschehen,
es geschieht immer noch.
Es ist verbindlich!

Es war in der Nacht,
und es ist jetzt am Tag.
Jetzt erst recht.
Wer war wer?
Ich war in ihr …
und sie war um mich.
Wer auf der Welt kann
von sich behaupten,
er war je mit einem anderen
Menschen zusammen?
Ich bin zusammen.
Kein sterbliches Kind
wurde gezeugt,
sondern ein unsterbliches
gemeinsames Bild.
Ich habe in dieser Nacht
das Staunen gelernt.
Sie hat mich heimgeholt,
und ich habe
heimgefunden.
Es war einmal.

Es war einmal,
und also wird es sein.
Das Bild, das wir gezeugt haben,
wird das Begleitbild
meines Sterbens sein.
Ich werde darin gelebt haben.

Erst das Staunen
über uns zwei,
das Staunen
über den Mann und die Frau
hat mich zum Menschen gemacht.
Ich … weiß … jetzt,
was … kein … Engel … weiß.

UND DEINE LIPPEN FIELEN ÜBER MICH

HERTA KRÄFTNER

Oh, du verlorener Engel!
Hast du dich mir zulieb mit Haut bedeckt
und mir zulieb mit Haar?
Nun bist du ein Geschmack auf meinem Gaumen
in allen Speisen schmecke ich dich;
ich bin betrunken von deinem Wein.
Du warst ein Engelleib aus Glas
und hattest ein Gesicht aus Tüll.
Als ich dich angriff, brachst du auf
und fielst herab: in Gras und Sand und Weinlaub.
Und deine Lippen fielen über mich.
Als Zeichen brachtest du den roten Mond
mit dir und zogst ihn nach,
durch Hecken und über windige Wege.
Der sah uns zu, dir und mir,
wie wir den Engel leicht verloren.

ES WAREN KEINE ENGEL

AURELIUS AUGUSTIN

Diese Frage wurde schon im dritten Buche dieses Werkes im Vorbeigehen berührt, aber ungelöst gelassen, die Frage nämlich, ob Engel, die doch Geister sind, mit Weibern fleischlichen Umgang haben können. Es steht geschrieben: „Er macht Geister zu seinen Engeln", das ist, er macht Wesen, die von Natur Geister sind, zu seinen Engeln, indem er ihnen Botendienste aufträgt. Denn was auf griechisch „Angelos", mit lateinischer Endung „Angelus", auf deutsch Engel heißt, bedeutet soviel wie Bote! Aber ob mit den folgenden Worten: „Und zu seinen Dienern flammendes Feuer" Engelleiber gemeint sind, oder ob damit gesagt sein soll, daß seine Diener von Liebe wie von geistlichem Feuer brennen sollen, ist fraglich. Daß jedoch Engel den Menschen in solchen Leibern erschienen sind, die nicht nur sichtbar, sondern auch tastbar waren, wird von derselben untrüglichen Schrift bezeugt. Da nun die häufige Rede geht und viele versichern, es selbst erlebt oder von glaubwürdigen Leuten, die es erlebt, vernommen zu haben, daß Silvane und Pane, die im Volksmund „incubi" heißen, Frauen belästigt und mit ihnen in Geschlechtsverkehr zu treten begehrt und es auch erreicht haben, da ferner gewisse Dämonen, von den Galliern „Dusii" geheißen, unablässig solch unzüchtigem Treiben ergeben sind – so viele und gewichtige Stimmen bekräftigen es, daß Leugnung hier Dreistigkeit wäre –, wage ich nicht zu entscheiden, ob wirklich irgendwelche mit einem Luftleib bekleideten Geister – dies Element wird ja, wenn auch nur mit einem Fächer bewegt, von dem leiblichen Gefühls- und Tastsinn wahrgenommen – solche Leidenschaften hegen und sich irgendwie mit Frauen, so daß diese Empfindungen davon haben, verbinden können. Doch ich bin der Meinung, daß die heiligen Engel Gottes zu jener Zeit schlechterdings nicht auf solche Weise fallen konnten, und glaube nicht, daß der Apostel Petrus von ihnen gesprochen hat, wenn er sagt: „Gott hat die sündigen Engel nicht verschont, sondern sie verstoßen und den finsteren Kerkern der Unterwelt übergeben, um sie zur Strafe aufzubewahren am Tage des Gerichts", sondern von denen, die gleich anfangs von Gott abtrünnig wurden und mit ihrem Fürsten, dem Teufel, abfielen, der seinerseits den ersten Menschen aus Neid durch Schlangentrug zu Fall brachte. Daß aber auch Gottesmenschen Engel genannt wurden, bezeugt dieselbe Heilige Schrift vielfältig. Denn von Johannes steht geschrieben: „Siehe, ich sende meinen Engel vor dir her, der deinen Weg bereiten soll". und auch der Prophet Maleachi ward wegen einer besonderen, das heißt nur ihm verliehenen Gnade Engel genannt.

Aber manche werden dadurch bedenklich, daß von denen, die Engel Gottes heißen, und den Weibern, die sie liebten, nicht Menschen unserer Art, sondern Riesen erzeugt wurden. Als ob nicht auch zu unseren Zeiten, wie ich vorhin bereits erwähnte, Menschen, deren Körpergröße unser Maß weit überschreitet, geboren würden! War nicht erst vor wenigen Jahren, als die Zerstörung der Stadt durch die Goten herannahte, eine Frau mit ihrem Vater und ihrer Mutter in Rom, die durch ihren sozusagen riesenhaften Wuchs alle übrigen in den Schatten stellte? Sie zu sehen, lief von allen Seiten das Volk in Massen zusammen. Und das merkwürdigste war, daß beide Eltern keineswegs sehr große Leute waren, wie wir sie auch sonst wohl sehen. Es mochten also auch schon vorher Riesen geboren sein, ehe die Gottessöhne, die Engel Gottes genannt wurden, sich mit den Töchtern der Menschen, das heißt derer, die nach Menschenweise lebten, einließen, also die Söhne Seths mit den Töchtern Kains. Das sagt ja auch die kanonische Schrift an derselben Stelle des Buches, wo wir dies lesen. Ihre Worte lauten: „Da sich aber die Menschen begannen zu mehren auf Erden und ihnen Töchter geboren wurden, sahen die Engel Gottes nach den Töchtern der Menschen, wie sie gut waren, und nahmen zu Weibern, welche sie wollten. Da sprach der Herr: Mein Geist wird nicht ewig in diesen Menschen bleiben, denn sie sind Fleisch. Ihre Tage sollen sein hundertundzwanzig Jahre. Es waren aber Riesen auf Erden in jenen Tagen und auch nachher, als die Gottessöhne zu den Menschentöchtern eingingen und mit ihnen für sich Kinder erzeugten. Das waren die Riesen, von alters her berühmte Männer." Diese Worte des göttlichen Buches lassen klar genug erkennen, daß es zu jenen Zeiten schon Riesen auf Erden gab, als die Gottessöhne sich die Menschentöchter zu Weibern nahmen, die sie liebten, da sie gut, das heißt schön waren. Denn die Schrift hat die Gewohnheit, auch Menschen von leiblicher Wohlgestalt gut zu nennen. Aber auch noch nachher wurden Riesen geboren; heißt es doch: „Es waren aber Riesen auf Erden in jenen Tagen und auch nachher, als die Gottessöhne zu den Menschentöchtern eingingen." Also sowohl vorher als auch nachher. Wenn es aber heißt „sie erzeugten Kinder für sich", ersieht man daraus, daß die Gottessöhne vor ihrem Fall für Gott und nicht für sich Kinder erzeugten, also nicht von übermächtiger Wollust getrieben, sondern im Dienst der Fortpflanzung, nicht eine Familie, um selbst damit groß zu tun, sondern Bürger des Gottesstaates. Ihnen verkündeten sie als Engel Gottes, sie sollten auf Gott ihre Hoffnung setzen gleich dem Sprößling Seths, dem Sohn der Auferstehung, welcher darauf hoffte, anzurufen den Namen Gottes, des Herrn. In dieser Hoffnung wären sie mit ihren Nachkommen Miterben der ewigen Güter und unter Gott, dem Vater, ihrer Söhne Brüder gewesen.

Doch waren sie nicht insofern Engel Gottes, daß sie keine Menschen hätten sein können, wie manche meinen; sondern zweifellos waren es Menschen. Die Schrift selbst spricht das unzweideutig aus. Denn nach den voraufgehenden Worten: „Die Engel Gottes sahen nach den Töchtern der Menschen, wie sie gut waren, und nahmen zu Weibern, welche sie wollten" heißt es alsbald: „Da sprach der Herr: Mein Geist wird nicht ewig in diesen Menschen bleiben, denn sie sind Fleisch." Durch Gottes Geist waren sie nämlich Engel Gottes und Gottessöhne geworden. Aber nun, zum Niederen herabgesunken, heißen sie als Natur- nicht Gnadenkinder Menschen. Abtrünnig vom Geist und als Abtrünnige selbst vom Geist verlassen, heißen sie auch Fleisch. Die siebzig Dolmetscher nennen sie übrigens sowohl Engel Gottes als auch Gottessöhne, doch nicht in allen Handschriften. Denn in einigen liest man bloß von Gottessöhnen. Aquila aber, den die Juden den anderen Übersetzern vorziehen, übersetzte nicht „Engel Gottes" oder „Gottessöhne", sondern „Göttersöhne". Beides aber ist richtig. Denn sie waren sowohl Gottessöhne und unter diesem Vater auch Brüder ihrer Väter, als auch Göttersöhne, da sie von Göttern erzeugt und ebenso wie diese selbst Götter waren, nach jenem

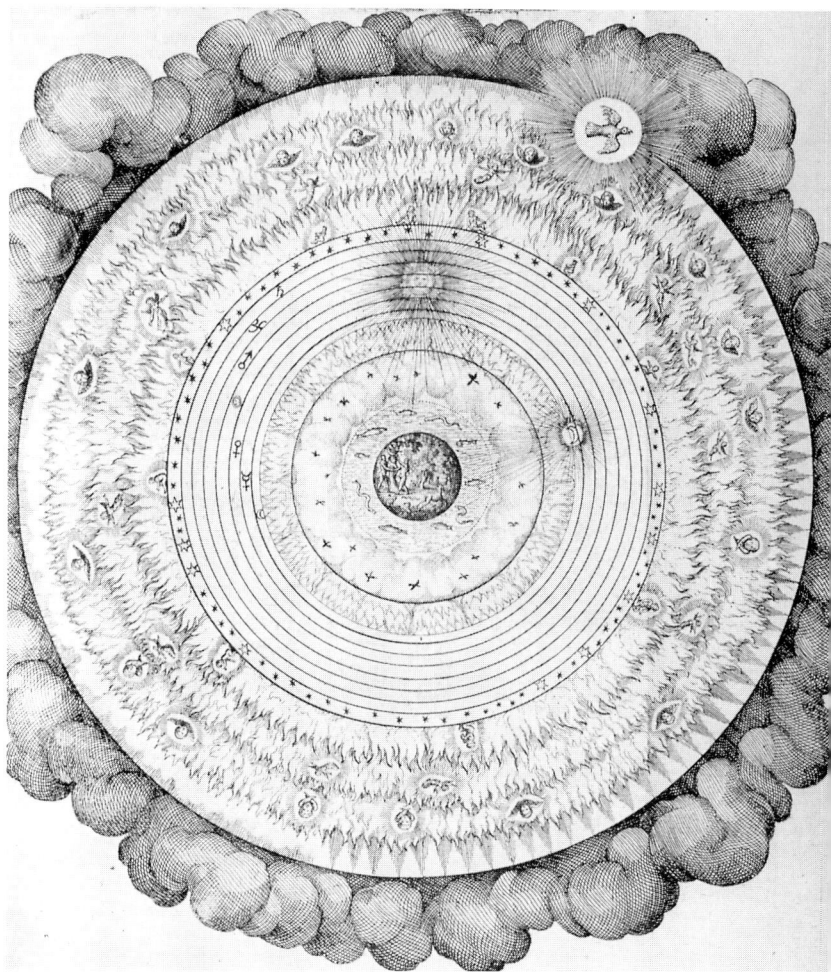

9   ES WAREN KEINE ENGEL?
Das Ptolemäische Weltbild.
Aus einer Schrift des 17. Jh.

Psalmwort: „Ich habe gesagt: Ihr seid Götter und allzumal Kinder des Höchsten." Denn mit Recht nimmt man an, daß die siebzig Dolmetscher den prophetischen Geist empfangen haben, so daß man überzeugt sein darf, was sie unter seiner Einwirkung änderten und worin sie vom Urtext abwichen, sei gleichfalls Gottes Wort. Doch soll das hebräische Wort hier zweideutig sein, so daß man sowohl „Gottessöhne" als auch „Göttersöhne" übersetzen kann.

Lassen wir also die Fabeln beiseite, die sich in apokryphen Schriften finden, sogenannt, weil ihre dunkle Herkunft durch die Väter nicht aufgeklärt werden konnte, von denen in gesicherter und bekannter Abfolge die Autorität der wahren Schriften bis zu uns gelangte. Wenn sich auch in diesen Apokryphen manches Wahre findet, besitzen sie doch wegen ihrer vielen Irrtümer kein kanonisches Ansehen. Daß jedoch jener Henoch, der siebte von Adam, einiges geschrieben hat, was göttlich ist, können wir nicht leugnen, da es der Apostel Judas in seinem kanonischen Briefe sagt. Doch nicht ohne Grund gehört Henochs Schrifttum nicht zu dem Schriftenkanon, der im Tempel des hebräischen Volkes von aufeinanderfolgenden Priestern sorgfältig aufbewahrt wurde. Man hielt die Glaubwürdigkeit dieses Schrifttums wohl wegen seines Alters für zweifelhaft und konnte nicht feststellen, ob Henoch wirklich der Verfasser war, da es nicht von solchen Leuten empfohlen wurde, von denen man annehmen konnte, daß sie es in fortlaufender Reihe vorschriftsmäßig aufbewahrt hatten. Darum stammen die Fabelgeschichten von Riesen, die keine Menschen zu Vätern gehabt haben sollen, welche unter Henochs Namen gehen, nach dem zutreffenden Urteil der Verständigen schwerlich von ihm. Bringen doch die Ketzer viel dergleichen unter dem Namen auch anderer Propheten, dazu Neueres unter dem Namen der Apostel, auf den Plan, was bei sorgfältiger Prüfung als apokryphes Schrifttum samt und sonders von kanonischer Geltung ausgeschlossen ward. Demnach hat es nach den kanonischen, hebräischen und christlichen Schriften ohne Zweifel schon vor der Sündflut viele Riesen gegeben, die Bürger der erdgeborenen Genossenschaft waren; die nach dem Fleisch von Seth abstammenden Gottessöhne aber haben unter Preisgabe der Gerechtigkeit sich ihr angeschlossen. Und es ist nicht zu verwundern, daß auch sie Riesen erzeugen konnten. Denn wenn es auch nicht lauter Riesen waren, so gab es doch damals deren viel mehr als in den späteren Zeiten nach der Sündflut. Es gefiel dem Schöpfer, sie zu schaffen, um auch dadurch darauf hinzuweisen, daß Körpergröße und Kraft ebensowenig wie Schönheit dem Weisen großen Eindruck machen sollen. Denn er wird von geistlichen, unvergänglichen, weit besseren und sichereren, nur den Guten eignenden, nicht den Guten und Bösen gemeinsamen Gütern beseligt. Das legt uns ein anderer Prophet ans Herz und sagt: „Es waren vor Zeiten Riesen, große berühmte Leute und gute Krieger. Die hat der Herr nicht erwählt, noch ihnen den Weg der Erkenntnis offenbart, sondern sie sind untergegangen. Weil sie keine Weisheit hatten, sind sie zugrunde gegangen in ihrem Übermut.“

TROST

ROSE AUSLÄNDER

Erzengel Luzifer
ich will deinen
Ungehorsam liebkosen
die gefallenen Flügel
mit meinen gebrochenen
umarmen
dich trösten mit meinem
verwundeten Wort

10   DIE GEFALLENEN FLÜGEL UMARMEN
William Blake: Lucifer, um 1810.

3 GEBURTSWEGE

DER ENGEL

MICHAIL LERMONTOW

Um Mitternacht flog, flog am Himmel entlang
Ein Engel und leise er sang.
Und Sterne und Mond und die Wolken all,
Sie lauschten dem heiligen Hall.

Von seligen, sündlosen Seelen er sang
Im Schatten von Eden; so erklang
Das Lob des allmächtigen Gottes fürwahr
Im Lied ungeheuchelt und klar.

Er trug eine junge Seele im Arm
Zur Welt, hin zu Trauer und Harm.
Der Klang dieses Liedes, er blieb für und für
Ganz wortlos lebendig in ihr.

Sie quält sich auf Erden in bitterem Los.
Wie war ihr Verlangen so groß!
Vergaß sie beim irdischen Trauergesang
Doch nie jenen himmlischen Klang.

DER ENGEL

CHRISTIAN MORGENSTERN

„Wo bist du hin? Noch eben warst du da –
Was wandtest du dich wieder abwärts, wehe,
nach jenem Leben, das ich nicht verstehe,
und warst mir jüngst doch noch so innig nah.

Ich soll hinab mit dir in deine Welt,
aus der die Schauer der Verwesung hauchen,
ins Reich des Todes soll ich mit dir tauchen,
das wie ein Leichnam fort und fort zerfällt?

Wohl gibt es meinesgleichen, eingeweiht
in eure fürchterlichen Daseinsstufen …
Doch ich bin's nicht. Nur wie verworrnes Rufen
erschreckt das Wort mich Eurer Zeitlichkeit.

Laß mich mein Haupt verhüllen, bis du neu
mir wiederkehrst, so rein, wie ich dich liebe,
von nichts erfüllt als süßem Geistestriebe
und deinem Urbild wieder strahlend treu."

GABRIEL

LUKAS 1,5–2,21

Zu der Zeit des Herodes, des Königs von Judäa, lebte ein Priester von der Ordnung Abija, mit Namen Zacharias, und seine Frau war aus dem Geschlecht Aaron und hieß Elisabeth.

Sie waren aber alle beide fromm vor Gott und lebten in allen Geboten und Satzungen des Herrn untadelig.

Und sie hatten kein Kind; denn Elisabeth war unfruchtbar, und beide waren hochbetagt.

Und es begab sich, als Zacharias den Priesterdienst vor Gott versah, da seine Ordnung an der Reihe war,

daß ihn nach dem Brauch der Priesterschaft das Los traf, das Räucheropfer darzubringen; und er ging in den Tempel des Herrn.

Und die ganze Menge des Volkes stand draußen und betete zur Stunde des Räucheropfers.

Da erschien ihm der Engel des Herrn und stand an der rechten Seite des Räucheraltars.

Und als Zacharias ihn sah, erschrak er, und es kam Furcht über ihn.

Aber der Engel sprach zu ihm: Fürchte dich nicht, Zacharias, denn dein Gebet ist erhört, und deine Frau Elisabeth wird dir einen Sohn gebären, und du sollst ihm den Namen Johannes geben.

Und du wirst Freude und Wonne haben, und viele werden sich über seine Geburt freuen.

Denn er wird groß sein vor dem Herrn; Wein und starkes Getränk wird er nicht trinken und wird schon von Mutterleib an erfüllt werden mit dem heiligen Geist.

Und er wird vom Volk Israel viele zu dem Herrn, ihrem Gott, bekehren.

Und er wird vor ihm hergehen im Geist und in der Kraft Elias, zu bekehren die Herzen der Väter zu den Kindern und die Ungehorsamen zu der Klugheit der Gerechten, zuzurichten dem Herrn ein Volk, das wohl vorbereitet ist.

Und Zacharias sprach zu dem Engel: Woran soll ich das erkennen? Denn ich bin alt, und meine Frau ist betagt.

Der Engel antwortete und sprach zu ihm: Ich bin Gabriel, der vor Gott steht, und bin gesandt, mit dir zu reden und dir dies zu verkündigen.

Und siehe, du wirst stumm werden und nicht reden können bis zu dem Tag, an dem dies geschehen wird, weil du meinen Worten nicht geglaubt hast, die erfüllt werden sollen zu ihrer Zeit.

Und das Volk wartete auf Zacharias und wunderte sich, daß er so lange im Tempel blieb.

Als er aber herauskam, konnte er nicht mit ihnen reden; und sie merkten, daß er eine Erscheinung gehabt hatte im Tempel. Und er winkte ihnen und blieb stumm.

Und es begab sich, als die Zeit seines Dienstes um war, da ging er heim in sein Haus.

Nach diesen Tagen wurde seine Frau Elisabeth schwanger und hielt sich fünf Monate verborgen und sprach:

So hat der Herr an mir getan in den Tagen, als er mich angesehen hat, um meine Schmach unter den Menschen von mir zu nehmen.

Und im sechsten Monat wurde der Engel Gabriel von Gott gesandt in eine Stadt in Galiläa, die heißt Nazareth, zu einer Jungfrau, die vertraut war einem Mann mit Namen Josef vom Hause David; und die Jungfrau hieß Maria.

Und der Engel kam zu ihr hinein und sprach: Sei gegrüßt, du Begnadete! Der Herr ist mit dir!

Sie aber erschrak über die Rede und dachte: Welch ein Gruß ist das?

Und der Engel sprach zu ihr: Fürchte dich nicht, Maria, du hast Gnade bei Gott gefunden.

Siehe, du wirst schwanger werden und einen Sohn gebären, und du sollst ihm den Namen Jesus geben.

Der wird groß sein und Sohn des Höchsten genannt werden; und Gott der Herr wird ihm den Thron seines Vaters David geben,

und er wird König sein über das Haus Jakob in Ewigkeit, und sein Reich wird kein Ende haben.

Da sprach Maria zu dem Engel: Wie soll das zugehen, da ich doch von keinem Mann weiß?

Der Engel antwortete und sprach zu ihr: Der heilige Geist wird über dich kommen, und die Kraft des Höchsten wird dich überschatten; darum wird auch das Heilige, das geboren wird, Gottes Sohn genannt werden.

Und siehe, Elisabeth, deine Verwandte, ist auch schwanger mit einem Sohn, in ihrem Alter, und ist

11 DER ENGEL GABRIEL, VON GOTT GESANDT …
Fra Angelico: Die Verkündigung, um 1443.

jetzt im sechsten Monat, von der man sagt, daß sie
unfruchtbar sei.

Denn bei Gott ist kein Ding unmöglich.

Maria aber sprach: Siehe, ich bin des Herrn Magd;
mir geschehe, wie du gesagt hast. Und der Engel
schied von ihr.

Maria aber machte sich auf in diesen Tagen und
ging eilends in das Gebirge zu einer Stadt in Juda
und kam in das Haus des Zacharias und begrüßte
Elisabeth.

Und es begab sich, als Elisabeth den Gruß Marias
hörte, hüpfte das Kind in ihrem Leibe. Und Elisa-

12   WIE SOLL DAS ZUGEHEN…?
Leiko Ikemura: Verkündigung, 1885.

beth wurde vom heiligen Geist erfüllt und rief laut und sprach: Gepriesen bist du unter den Frauen, und gepriesen ist die Frucht deines Leibes!

Und wie geschieht mir das, daß die Mutter meines Herrn zu mir kommt?

Denn siehe, als ich die Stimme deines Grußes hörte, hüpfte das Kind vor Freude in meinem Leibe.

Und selig bist du, die du geglaubt hast! Denn es wird vollendet werden, was dir gesagt ist von dem Herrn.

Und Maria sprach: Meine Seele erhebt den Herrn, und mein Geist freut sich Gottes, meines Heilandes; denn er hat die Niedrigkeit seiner Magd angesehen. Siehe, von nun an werden mich selig preisen alle Kindeskinder.

Denn er hat große Dinge an mir getan, der da mächtig ist und dessen Name heilig ist.

Und seine Barmherzigkeit währt von Geschlecht zu Geschlecht bei denen, die ihn fürchten.

Er übt Gewalt mit seinem Arm und zerstreut, die hoffärtig sind in ihres Herzens Sinn.

Er stößt die Gewaltigen vom Thron und erhebt die Niedrigen.

Die Hungrigen füllt er mit Gütern und läßt die Reichen leer ausgehen.

Er gedenkt der Barmherzigkeit und hilft seinem Diener Israel auf, wie er geredet hat zu unsern Vätern, Abraham und seinen Kindern in Ewigkeit.

Und Maria blieb bei ihr etwa drei Monate; danach kehrte sie wieder heim.

Und für Elisabeth kam die Zeit, daß sie gebären sollte; und sie gebar einen Sohn.

Und ihre Nachbarn und Verwandten hörten, daß der Herr große Barmherzigkeit an ihr getan hatte, und freuten sich mit ihr.

Und es begab sich am achten Tag, da kamen sie, das Kindlein zu beschneiden, und wollten es nach seinem Vater Zacharias nennen.

Aber seine Mutter antwortete und sprach: Nein, sondern er soll Johannes heißen.

Und sie sprachen zu ihr: Ist doch niemand in deiner Verwandtschaft, der so heißt.

Und sie winkten seinem Vater, wie er ihn nennen lassen wollte.

Und er forderte eine kleine Tafel und schrieb: Er heißt Johannes. Und sie wunderten sich alle.

Und sogleich wurde sein Mund aufgetan und seine Zunge gelöst, und er redete und lobte Gott.

Und es kam Furcht über alle Nachbarn; und diese ganze Geschichte wurde bekannt auf dem ganzen Gebirge Judäas.

Und alle, die es hörten, nahmen's zu Herzen und sprachen: Was meinst du, will aus diesem Kindlein werden? Denn die Hand des Herrn war mit ihm.

Und sein Vater Zacharias wurde vom heiligen Geist erfüllt, weissagte und sprach: Gelobt sei der Herr, der Gott Israels! Denn er hat besucht und erlöst sein Volk und hat uns aufgerichtet eine Macht des Heils im Hause seines Dieners David

– wie er vorzeiten geredet hat durch den Mund seiner heiligen Propheten –,

daß er uns errettete von unsern Feinden und aus der Hand aller, die uns hassen,

und Barmherzigkeit erzeigte unsern Vätern und gedächte an seinen heiligen Bund

und an den Eid, den er geschworen hat unserm Vater Abraham, uns zu geben,

daß wir, erlöst aus der Hand unsrer Feinde,

ihm dienten ohne Furcht unser Leben lang in Heiligkeit und Gerechtigkeit vor seinen Augen.

Und du, Kindlein, wirst ein Prophet des Höchsten heißen. Denn du wirst dem Herrn vorangehen, daß du seinen Weg bereitest,

und Erkenntnis des Heils gebest seinem Volk in der Vergebung ihrer Sünden,

durch die herzliche Barmherzigkeit unseres Gottes durch die uns besuchen wird das aufgehende Licht aus der Höhe, damit es erscheine denen, die sitzen in Finsternis und Schatten des Todes, und richte unsere Füße auf den Weg des Friedens.

Und das Kindlein wuchs und wurde stark im Geist. Und er war in der Wüste bis zu dem Tag, an dem er vor das Volk Israel treten sollte.

Es begab sich aber zu der Zeit, daß ein Gebot von dem Kaiser Augustus ausging, daß alle Welt geschätzt würde.

Und diese Schätzung war die allererste und geschah zur Zeit, da Quirinius Statthalter in Syrien war.

Und jedermann ging, daß er sich schätzen ließe, ein jeder in seine Stadt.

Da machte sich auf auch Josef aus Galiläa, aus der Stadt Nazareth, in das jüdische Land zur Stadt Davids, die da heißt Bethlehem, weil er aus dem Hause und Geschlechte Davids war, damit er sich schätzen ließe mit Maria, seinem vertrauten Weibe; die war schwanger.

Und als sie dort waren, kam die Zeit, daß sie gebären sollte.

Und sie gebar ihren ersten Sohn und wickelte ihn in Windeln und legte ihn in eine Krippe; denn sie hatten sonst keinen Raum in der Herberge.

Und es waren Hirten in derselben Gegend auf dem Felde bei den Hürden, die hüteten des Nachts ihre Herde.

Und der Engel des Herrn trat zu ihnen, und die Klarheit des Herrn leuchtete um sie; und sie fürchteten sich sehr.

Und der Engel sprach zu ihnen: Fürchtet euch nicht! Siehe, ich verkündige euch große Freude, die allem Volk widerfahren wird;

denn euch ist heute der Heiland geboren, welcher ist Christus, der Herr, in der Stadt Davids.

Und das habt zum Zeichen: ihr werdet finden das

Kind in Windeln gewickelt und in einer Krippe liegen.

Und alsbald war da bei dem Engel die Menge der himmlischen Heerscharen, die lobten Gott und sprachen:

Ehre sei Gott in der Höhe und Friede auf Erden bei den Menschen seines Wohlgefallens.

Und als die Engel von ihnen gen Himmel fuhren, sprachen die Hirten untereinander: Laßt uns nun gehen nach Bethlehem und die Geschichte sehen, die da geschehen ist, die uns der Herr kundgetan hat.

Und sie kamen eilend und fanden beide, Maria und Josef, dazu das Kind in der Krippe liegen.

Als sie es aber gesehen hatten, breiteten sie das Wort aus, das zu ihnen von diesem Kinde gesagt war.

Und alle, vor die es kam, wunderten sich über das, was ihnen die Hirten gesagt hatten.

Maria aber behielt alle diese Worte und bewegte sie in ihrem Herzen.

Und die Hirten kehrten wieder um, priesen und lobten Gott für alles, was sie gehört und gesehen hatten, wie denn zu ihnen gesagt war.

Und als acht Tage um waren und man das Kind beschneiden mußte, gab man ihm den Namen Jesus, wie er genannt war von dem Engel, ehe er im Mutterleib empfangen war.

13   ICH VERKÜNDIGE EUCH GROSSE FREUDE …
William Blake: Die Engelglorie, 1809.

VERLORENES PARADIES

RAFAEL ALBERTI

Durch die Jahrhunderte,
hin durch das Nichts der Welt
ohne Schlaf suche ich dich.

Hinter mir, nicht zu erkennen,
ohne meine Schultern zu streifen,
mein toter Engel wacht.

Das Paradies, wo ist es,
Schattenbild, das du gewesen?
Frage in Schweigen.

Städte ohne Antwort,
Flüsse ohne Sprache, Gipfel
echolos, Meere stumm.

Keiner weiß es. Menschen
stehen am Ufer unbewegt,
eine Gräberparade,

sie wollen mich nicht kennen. Trübsinnige Vögel,
steingewordner Gesang,
die verzückte Flugbahn,

Blinde! Sie wissen von nichts.
Uralte Winde, sonnenlose,
am Rand der Städte, zu kraftlos,

um zu wehen, erheben sich,
ausgeglüht, und stürzen
rücklings hin, sprechen kaum.

Aufgelöst und die Wahrheit
gestaltlos in sich verborgen,
fliehen mir die Himmel.

Schon am Ende der Welt,
auf dem letzten Rand,
gleiten die Augen hin,

erstorben in mir die Hoffnung,
suche ich jenen grünen Portikus
in den schwarzen Schlünden.

O Schatten-Spalt!
Gebrodel der Welt!
Von Jahrhunderten welche Wirrnis!

Zurück! Zurück! Welch ein Bedrohen
lautloser Finsternis!
Welch Untergang meiner Seele!

Wach auf, toter Engel.
Wo bist du? Erhelle
mit deinem Strahl die Rückkehr.

Schweigen. Tieferes Schweigen.
Unbewegt die Pulse
der Endlosigkeit der Nacht.

Verlorenes Paradies!
Verloren, da ich dich suchte,
ich, ohne Licht für immer.

ZWEITER CHOR DER ENGEL

VON FLÜGELN ZUGEDECKT – LIEBEN UND LEIDEN UNTER ENGELN

„So lieb, wie Schwabens Mägdelein
Giebts keine weit und breit.
Die Engel in dem Himmel freu'n
Sich ihrer Herzlichkeit."

Friedrich Hölderlin

Die Liebe begleitet den Menschen vom Anfang her. Sie rief ihn ins Leben. Denn Gott ist Liebe, wissen die, die um Jesus waren, wissen die Propheten und Mystiker. Jesus lebte das Ideal der Nächsten- und Feindesliebe. Menschen lieben die Umwelt, die Tiere, den Mann, die Frau. Kennen Engel auch den zitternden Flügelschlag der Liebe?
Wir unterscheiden Sexualität, Eros und Agape. Nach kirchlicher Lehre leben Engel streng zölibatär. Sie sind Vorbild der geschlechtsfreien religiösen Liebe. Keusch wie ein Engel soll der Mönch leben. Gottfried Benn besingt die reine Stirn der Engel. Das sind zwei Stimmen in diesem Chor voll Liebeslust und Liebesleid. Lyrikerinnen entdecken den Engel als Gleichnis der Liebe zwischen Mann und Frau. Der homosexuelle Dichter Hans Henny Jahnn preist die reife Männlichkeit seines Engels.

1 DECK' MICH MIT DEINEN FLÜGELN ZU

ENGEL, LASS DIE ZEIT STILLSTEHN

MARIUS MÜLLER-WESTERNHAGEN

DECK MICH MIT DEINEN
FLÜGELN ZU
UND LASS MICH EINE WEILE
RUHN
DER WEG WAR WEIT
DER WEG WAR WEIT

ALS DIE GÖTTER DICH
GESANDT
HAB' ICH DICH NICHT EINMAL
ERKANNT
DU BIST ZU WAHR
UM WAHR ZU SEIN

ENGEL, LASS DIE ZEIT
STILLSTEHN
LEHR MICH ZU VERSTEHN
LEHR MICH DANKBAR SEIN
ENGEL, LASS UNS EIN WUNDER
TUN
DIE WELT SOLL WISSEN, WARUM
SICH ZU LIEBEN LOHNT
ENGEL, DAS WÄR SCHÖN

MEINE SEELE WAR VEREIST
UND MEIN HERZ WAR LÄNGST
VERGREIST
ALLES, WAS ICH DACHTE
WAR WARUM

DU HAST MICH IN LICHT
GETAUCHT
HAST MIR GEZEIGT, DASS,
WENN ICH GLAUB'
MEINE SEHNSUCHT
STERNE SCHMELZEN KANN

ENGEL, LASS DIE ZEIT
STILLSTEHN
LEHR MICH ZU VERSTEHN
LEHR MICH DANKBAR SEIN
ENGEL, LASS UNS EIN WUNDER
TUN
DIE WELT SOLL WISSEN, WARUM
SICH ZU LIEBEN LOHNT
ENGEL, DAS WÄR SCHÖN

DECK MICH MIT DEINEN
FLÜGELN ZU
UND LASS MICH EINE WEILE
RUHN
DER WEG WAR WEIT
DER WEG WAR WEIT

NUN RUHEN ALLE WÄLDER

PAUL GERHARDT

Nun ruhen alle Wälder,
Vieh, Menschen, Städt und Felder,
es schläft die ganze Welt;
ihr aber, meine Sinnen,
auf, auf, ihr sollt beginnen,
was eurem Schöpfer wohlgefällt.

Wo bist du, Sonne, blieben?
Die Nacht hat dich vertrieben,
die Nacht, des Tages Feind.
Fahr hin; ein andre Sonne,
mein Jesus, meine Wonne,
gar hell in meinem Herzen scheint.

Der Tag ist nun vergangen,
die güldnen Sternlein prangen
am blauen Himmelssaal;
also werd ich auch stehen,
wann mich wird heißen gehen
mein Gott aus diesem Jammertal.

Der Leib eilt nun zur Ruhe,
legt ab das Kleid und Schuhe,
das Bild der Sterblichkeit;
die zieh ich aus, dagegen
wird Christus mir anlegen
den Rock der Ehr und Herrlichkeit.

Das Haupt, die Füß und Hände
sind froh, daß nun zum Ende
die Arbeit kommen sei.
Herz, freu dich, du sollst werden
vom Elend dieser Erden
und von der Sünden Arbeit frei.

Nun geht, ihr matten Glieder,
geht hin und legt euch nieder,
der Betten ihr begehrt.

Es kommen Stund und Zeiten,
da man euch wird bereiten
zur Ruh ein Bettlein in der Erd.

Mein Augen stehn verdrossen,
im Nu sind sie geschlossen.
Wo bleibt dann Leib und Seel?
Nimm sie zu deinen Gnaden,
sei gut für allen Schaden,
du Aug und Wächter Israel'.

Breit aus die Flügel beide,
o Jesu, meine Freude,
und nimm dein Küchlein ein.
Will Satan mich verschlingen,
so laß die Englein singen:
„Dies Kind soll unverletzet sein."

Auch euch, ihr meine Lieben,
soll heute nicht betrüben
kein Unfall noch Gefahr.
Gott laß euch selig schlafen,
stell euch die güldnen Waffen
ums Bett und seiner Engel Schar.

AUSZUG AUS: SCHNEE

MARIE LUISE KASCHNITZ

Sagt mir doch nicht
Es gäbe keine Engel mehr
Wenn Ihr die Liebe gekannt habt
Ihre rosigen Flügelspitzen
Ihre eherne Strenge.

PARADIES

HEIMO SCHWILK

von sonne gesüßt
wiegen gelbe
birnen im
winde sich

lichtgedeckt
wartet der
tisch marmorn
im ölbaumschatten
zikaden
zirpen das
tischgebet

brich'
eine bresche
in die mauer
cherubim
und laß'
uns ein!

„KOMM ENGEL..."

ROSE AUSLÄNDER

Komm Engel
treib uns
ins Paradies

Dort sind wir
zwei winzig
kleine Blumen

15　WENN IHR DIE LIEBE GEKANNT HABT …
Marc Chagall: Meiner Frau, 1933.

EIN FAULER HUND

USCHI NEUHAUSER

Ich habe ihn gesehen. Ich weiß es ganz genau, es war in der Hamburger U-Bahn, da saß er mir gegenüber. Männlich. Und ohne Flügel. Das weitere ist schon schwerer zu beschreiben. Aber ich erinnere mich, daß alles stimmte. Die Gesichtszüge, die Gestalt, die Haltung, Größe, Kleidung.
In seiner Nähe fühlte ich mich gut. Wohltemperiert. Entspannt. Totale Harmonie. Seine Augen strahlten derart, daß sie eigenartig farblos waren. Ich fixierte ihn, ohne verlegen zu werden. Nichts beunruhigte mich an ihm, störte mich. Ich war weder steif vor Schreck noch angeturnt. Ich befand mich in völliger Balance. Wir schwiegen sanft. Landungsbrücken stieg er aus.
Er hat nichts getan, was man von Engeln sonst erwarten darf: Er hat mich nicht gerettet. Er hat mich auch nicht auf den rechten Pfad geführt. Er hat meine dringendsten Probleme nicht gelöst. Ein fauler Hund. Für einen Flügelschlag lang bescherte er nichts als ein himmlisches Gefühl.

IHR SEHT SIE NICHT

NELLY SACHS

Ihr Ungeübten, die in den Nächten
nichts lernen.
Viele Engel sind euch gegeben
Aber ihr seht sie nicht.

GEOGRAPHIE DER LUST

JÜRG FEDERSPIEL

Drei Stunden später, es war fast Mitternacht, stand O'Hara selber, nicht Lucia, wieder vor dem Bett Lauras, die noch immer wie ein Murmeltier überwinterte. Sie glaubte Schneeflocken auf der Haut zu spüren, als die Bandagen abgelöst, die Konturen gekühlt und von sanften Tüchelchen bedeckt wurden; sie atmete glücklich. „Es herrscht noch immer Winter, mein Kind", flüsterte O'Hara, „schlaf weiter, weiter, weiter."
Er ging zum Fenster und sah in die Nacht hinaus. Der Mond über den sanften Hügeln war zunehmend, und Omai O'Hara erkannte die drei ersten Engel des Mondes: Yahriel, Ichadiel, Elimiel; – er konnte ihre Gesichter genau unterscheiden. Bis zur Nacht des Vollmondes würden auch die vier andern Engelsgesichter für ihn sichtbar werden: das Gesicht Gabriels, Tsaphiels, Zechariels und Iaqwiels.
Sie waren seine Freunde.
Omai O'Hara pflegte seit seinem dreizehnten Lebensjahr jede Vollmondnacht nackt und bewegungslos auf dem Dach eines Hauses oder auf freiem Feld zu verbringen und, ohne einmal zu blinzeln, den Mond zu betrachten.
Seine nackte, wirkliche Haut war während der einundvierzig Lebensjahre mondfarbig geworden. Er hatte sie mit Gold oder Silber, oft nur mit fettem kalifornischem Sonnenöl eingerieben. In Vietnam pflegte er im Mondlicht nackt bis in den frühen Morgen zu warten, zum Entsetzen und Gelächter seiner Mannschaft, die die Nächte mit Wetten verbrachte. Nicht ein einziges Mal wurde auf ihn geschossen.
Er wurde schließlich frühzeitig, aber ehrenvoll entlassen, als seelisch und geistig unzurechnungsfähiger Mensch.
Die Engel des Mondes waren seine Freunde geworden. Zwar sprachen sie nie mit ihm - Engel sprechen Menschen nur im Schlaf an –, dennoch

wußte O'Hara, daß sie ihn erkannt und zumindest ihm die Schimpflichkeit der menschlichen Mondlandung verziehen hatten.

Er hatte einen großen Plan, einen ganz und gar konkreten Plan. Einen geistigen Plan, der nichts zu tun hatte mit dem stupiden und nutzlos ultratechnischen Versuch zur Eroberung des Mondes, der ja erloschen und tot war. Omai O'Hara wollte den Mond verschönern, nicht erobern. Und dieser Gedanke gefiel den Engeln des Mondes.

Nach einer Stunde der Meditation kehrte er in sein Zimmer zurück, blieb wach liegen und ließ sich von Lucia, vom warmen Glanz ihrer Haut, wärmen wie von der Sonne des Mittelmeeres.

Drei Stunden später erhob er sich. Drei Stunden entsprechen der Zeitdauer, die nach einer Studie der Universität von Indiana sieben siebenjährige Knaben benötigen, um siebenmal einen Orgasmus zu erreichen. Lucia seufzte tief.

Laura schlief noch immer. O'Hara entblößte ihren Hintern und studierte mit seinem Lupenmonokel die Verkrustungen der tätowierten Linien, die ausgetrocknet waren. Dennoch wollte er nichts dem Zufall überlassen, obschon ihn sein Drang, mit der Ausübung seiner Kunst zu beginnen, quälte.

Er beschloß, drei weitere Stunden zu warten.

Der Engel, zuständig für die Zeit, besitzt keinen Namen. Dennoch existiert dieser Engel, und er wird von Engel-Forschern so beschrieben: „Er steht zwischen Himmel und Erde, trägt eine weiße Robe mit Flügeln aus Flammen und einen goldenen Heiligenschein um das Haupt … Ein Fuß bedeckt das Land, der andere das Meer, die Sonne geht hinter ihm auf, und auf seiner Stirn blendet das Zeichen für Ewigkeit und Leben: der Kreis."

Omai O'Hara erkannte seine Anwesenheit, betete und bat ihn um zwei Tage Zeit. Nur zwei Tage, um alles zu vollenden. Alles.

Dieser Wunsch, wie wir vernehmen müssen, wurde erfüllt. Allerdings nicht im Sinne Omai O'Haras, dem die Astrologen wie üblich ein langes Leben vorausgesagt hatten.

Drei Stunden später, der Morgen dämmerte, begann er sein Werk.

Laura erwachte nicht aus ihrer Hypnose.

Afrika, damit begann er nach langer Reflexion, im Herzen Afrikas, das die Europäer Kongo genannt hatten, wo die finsteren Missionare die hellen Seelen der sogenannten Eingeborenen verdunkelt hatten.

Blut überall, Brutalität. Er sah alles vor sich, wie Ausschnitte aus einem Film vor der Erfindung der Kinematographie. Gewalt.

Nach einer Weile bepinselte er sämtliche Kontinente mit roter Wasserfarbe, Blut, ließ einzelne Stellen wieder weiß werden auf der wunderbaren Mädchenhaut, tupfte grüne Flecken von Wasserfarbe auf, entfernte sie sorgsam wieder, trug Gelb auf im Norden, Wüsteneien, das Grau des Hungers und des Hoggar-Massivs.

Omai O'Hara fiel in Trance, aufrecht kniend, leer wie das Universum im fetten Bauche Buddhas, in dem ein Lichtstrahl acht Milliarden Lichtjahre – von Bauchwand zu Bauchwand – durchwandert: Buddha, der Hochstapler des Nichts.

Endlich begannen sich Finger und Hände O'Haras wieder in Bewegung zu setzen, wie im Puppentheater gelenkt.

In zwei Stunden schuf er Afrika, das vergangene, das neue und das künftige Afrika, das nun hübsch und attraktiv aussah, wenn man es nur wenige Minuten betrachtete.

Und so hatte es O'Hara beabsichtigt: hübsch und attraktiv, wenn man es nur oberflächlich betrachtete. Für den, der es länger betrachtete, würde es die schreckliche Ausstrahlung eines Medusenhauptes haben.

Als Laura erwachte, die Körpermitte wie die eines Säuglings verpackt und zugeschnürt, saß Lucia neben ihr und streichelte sanft ihren Nacken.

Laura öffnete langsam die Augen, betrachtete die Räumlichkeit wie eine unbekannte Gegend und hob den Kopf zu Lucia.

„Du? Gut, daß du da bist. Ich war die ganze Nacht in Afrika. Nie, nie, nie mehr möchte ich nach Afrika", lallte sie.

Lucia hatte ihr das Frühstück mitgebracht, Früchte, Brötchen und Butter, Capuccino und Süßigkeiten und begann sie liebevoll zu füttern.

Lauras Augenlider waren wie von Bienenstichen angeschwollen. Sie suchte nach Erinnerungsfetzen.

„Signore Robusti ist nach Mailand gefahren", schwatzte Lucia. „Er sah aus, als dürfte er einer Hinrichtung beiwohnen, einer privaten natürlich.

16   VIELE ENGEL SIND EUCH GEGEBEN …
Marc Chagall: Die Hochzeit, 1918.

Er komme erst zurück, wenn der Meister das Werk beendet habe."

„Und er?" fragte Laura.

„Omai schläft", antwortete Lucia und verbesserte sich sogleich: „Mister O'Hara schläft. Und nun soll ich dich auspacken, abkühlen und all das, ja?"

Laura nickte, schob sich kleine Bissen in den Mund und ließ sich verarzten.

Als Lucia die Tätowierung der linken Hinterbacke erblickte, stockte ihr der Atem vor Bewunderung und Neid. Dann faßte sie sich: Der Meister hatte ihr befohlen, Lauras Haut nicht länger als nötig freizulegen, alles abzukühlen und sofort wieder mit frischen Tüchelchen zu bedecken. Und so geschah es auch.

Omai O'Hara erschien erst am späten Nachmittag. Er grüßte Laura kurz, winkte jedoch mit einer energischen Handbewegung ab, als sie zu reden begann. Er befahl Lucia, Tücher zu holen, möglichst dunkle Tücher, um die Fenster zu verdunkeln. Kein Lichtstrahl, kein Lichtschimmer sollte eindringen. Lucia fand sogar schwarze Leintücher, sargschwarze; O'Hara verdeckte die drei hohen Fenster und schickte Lucia hinaus.

„Klopf in drei Stunden an die Tür", sagte O'Hara mit seltsam leiser Stimme, „aber leise, ja leise. Und schließe die Tür sorgfältig hinter dir ab. Ich danke dir."

Sie verließ das Zimmer.

O'Hara entfernte die Tücher von Lauras Rückenende, betrachtete und betastete die Tätowierung. Ohne daß er sie dazu aufforderte, begab sich Laura in Kniestellung. Sie vernahm die Geräusche, die so sanften, wenn jemand sich auszieht.

Dann erblickte sie die nackte Gestalt eines Mannes, mondlichtglänzend, phosphoreszierend, winzige Lichtstrahlen auf den Fingerspitzen, mit denen er ihre geschlossenen Augenlider streichelte.

Laura schlief sofort ein.

Omai O'Hara begann mit der Arbeit: Südamerika, Europa, Australien.

Die winzigen Nadeln, die er von Zeit zu Zeit austauschte, surrten, setzten, dank seiner Ambidextrie, mit der Perfektion zweier Computer Punkt neben Punkt auf die Haut, so rasch, daß er Australien und Südamerika in derselben Minute vollendete.

Schweißtropfen, die sich zu kleinen Bächen zusammenfanden, näßten seinen mondhellen Körper, verschwanden in Gruben und Falten der Haut und flossen auf den Teppich.

Dann Europa: das herzlose Hirn, und dahinter die Endlosigkeit Asiens.

O'Hara ließ sich zurückfallen, ruhte aus, ohne die Augen zu schließen.

Eine Stunde verging: So lange benötigt ein Samen, um das wartende weibliche Ei zu erreichen, dort an die Tür zu klopfen und um Einlaß zu bitten, der besonders in unnötigen Fällen gewährt wird. In den meisten Fällen ist es unnötig.

Nein – das eigentliche Werk begann erst jetzt.

Omai O'Hara hatte in jahrelangen Experimenten eine Flüssigkeit herzustellen versucht, die bei innigem, verzehrendem Verlangen Töne, Musik aus der menschlichen Haut hervorzaubern sollte.

Ja, Musik.

Die Haut, so hatte er immer geahnt, ist das Tiefste am Menschen. Wenn die Haut tatsächlich das Tiefste war, so wußte sie Musik nicht nur zu empfangen, sondern auch auszusenden.

Omai O'Haras Lieblingskomponist war Vivaldi und dessen Werk *Die vier Jahreszeiten*.

Der Engel Salius, ein Dämon der siebten Stunde, ist in seinem persönlichen universellen Kreis und unter seinen Kollegen als ein Schalk bekannt, der besonders den Erdlingen Wahnvorstellungen eingab. So etwa die synthetische Herstellung von Gold, die Quadratur des Kreises, die allgemeine Liebe von Mensch zu Mensch, den ewigen Frieden auf Erden, das Perpetuum mobile, die unwiderlegbare Beweisführung der Existenz Gottes und viele andere alberne Dinge.

Es war jedoch tatsächlich dieser Engel, der alle geschlossenen und versiegelten Türen zu öffnen vermochte; er war Herr und Meister aller magischen Künste. Vor allem liebte er die von Menschen als verrückt bezeichneten Genies. Er war allerdings launisch und unberechenbar und ließ verrückte Genies zuweilen einfach als verrückte Genies im Stich, gab sie dem Gelächter der Zeitgenossen gnadenlos preis, weshalb sie meist im Irrenhaus ihre letzten Jahre verbrachten. Ganz im Stich jedoch ließ der Engel Salius seine einstigen Günstlinge nie. Er besuchte sie in den Irrenhäusern und tröstete sie, indem er den Wahn in ihren Seelen aufrechterhielt.

O'Hara hatte die himmlische Existenz des Engels Salius vor vielen Jahren ausfindig gemacht und ihn um Hilfe gebeten. Immer und immer wieder.

Und der Engel half ihm.

Eines Morgens verfärbte sich die Flüssigkeit im Reagenzgläschen wie ein Kaleidoskop. Omai O'Hara stand davor, sang leise, dann etwas lauter vor sich hin, wartete atemlos: die Flüssigkeit begann ihm nachzusingen, kaum hörbar zuerst. Alles will gelernt sein. Und die Flüssigkeit lernte tatsächlich.

Nämlich zu singen, nicht nur zu singen, nachzusingen, sondern zu musizieren!

Das Element Flüssigkeit als Musik.

Und an jenem Tag, da O'Hara die Gnade des Engels Salius widerfuhr, rief ihn Signore Antonio Robusti aus Mailand an.

Mit einer Nadel tupfte O'Hara die *Vier Jahreszeiten* Antonio Vivaldis auf den prachtvollen Globus Laura Granatis, hörte die Musik ab Band, *I Musici di Roma*, tätowierte mit der Flüssigkeit des Engels Salius die Noten in die Haut und ließ Klang für Klang eindringen.

55

Nach weiteren drei Stunden ließ er Lucia kommen: Man möge einen Chauffeur nach Mailand schicken, um Signore Robusti abzuholen: das Werk sei nun beendet.

Lucia strahlte vor Glück. Nicht weil das Werk Laura nun vollendet war, sondern weil ihr der Meister in einer Liebesstunde eine Gazelle auf den Klumpfuß tätowiert hatte. Nicht als Belohnung für die Liebesstunden: Lucia wußte mehr über Robusti, als O'Hara hatte ahnen können. Sie kannte Namen, Verbindungen, Hintermänner und wußte sogar Bescheid über Robustis Direktverbindungen zu Kardinälen des Vatikans. Sie war die geborene Mata Hari, der Klumpfuß ihre raffinierte Tarnung. [...]

„Kehre zurück, mein Kind Laura", sprach O'Hara, „kehre zurück!"
Sie öffnete die Augen, verharrte jedoch in ihrer Kniestellung. Omai O'Hara hob einen schweren goldgerahmten Spiegel von der Wand und stellte ihn auf den Boden, unmittelbar vor die Rückseite des Mädchens.
„Schau zurück."
Laura gehorchte, starrte hinter sich, ungläubig, verträumt, bis Freude und Entsetzen zugleich ihr Gesicht in eine stierende Maske verwandelten, als wäre sie das erste Katzenwesen, das sich in einem Spiegel als Katze erkennt.
Sie weinte vor Glück.

Der Engel Shekinah, eine weibliche Manifestation Gottes in der himmlischen Engelheit, weilte hinter dem Spiegel und träumte vor sich hin. Zum ersten Mal beneidete sie einen Erdling und stellte sich vor, wie zum Beispiel die Milchstraße ihren Körper schmücken würde: lauter Sterne in anthrazitfarbigem Dunkel mit Blautönen, die zu ihren wunderbar blauen Augen passen würden.
Es wäre zu schön gewesen, doch die Ewigkeit hatte Shekinah allmählich eingeschüchtert, und sie wollte nicht zu den mehr als zehntausend gefallenen Engeln gehören, die laut Talmud in der Hölle schmoren.
Sie gab ihren Segen und verzog sich melancholisch. Die Ewigkeit ist manchmal zu ewig.

O'Hara sagte zu Laura: „Du gehörst dir. Ich war und bin nur ein Instrument der Mondengel, demütig und dankbar." Er räusperte sich. „Andererseits darf es kein Mißverständnis darüber geben, daß du mir gehörst wie ich dir. Heirat wäre das Naheliegendste, da ja Gatte und Gattin sozusagen gegenseitiger Besitz sind. Einverstanden?"
Laura antwortete nicht.
„Wir fahren morgen früh nach Mailand und fliegen nach Santa Fe", fügte er hinzu. „Noch heute nacht rufe ich meine Familie und meine Freunde an. Sie werden der Presse mitteilen, daß ich mit meinem großartigsten Kunstwerk zurückkehre."
Laura nickte.
„Da ich zur Zeit verheiratet bin, wird mein Bruder die Scheidung einleiten und sogleich vollziehen. Und nun hypnotisiere ich dich noch einmal und präge dir eine geheime Nummer ein, eine Telephonnummer. Bloß eine Sicherheitsmaßnahme. Alle andern Informationen gibt dir Lucia. Sie wird dich auch begleiten. Schlaf nun gut. Wir sehen uns morgen früh wieder."
Aber es sollte alles anders werden. [...]

Das Geräusch, das sie am nächsten Morgen im Hotelzimmer weckte, war das leichte Klacken des tastenden Blindenstocks, mit dem David eine leere Blumenvase berührte.
„Wo gehst du hin?" fragte sie ängstlich.
Er tastete sich zur Bettkante, setzte sich und legte die Hand auf ihr Knie.
„Avenue A."
„Was tust du dort?"
„Die Tauben füttern."
„Du hast Tauben?"
„Ich nicht. Gallagher."
„Und wer ist Gallagher?"
„Ein Freund. Er war in Vietnam."
Sie küßte ihn.
„Du bist reich?" fragte er. „Warum bist du reich?"
„Erbschaft", antwortete sie, „hast du etwas dagegen?"
„Geld ist immer Erbschaft", sagte er, „selbst wenn man eine Bank ausgeraubt hat, ist es Erbschaft."
„Ist es Sünde, Geld zu haben?" fragte Laura.
„Das können nur die Reichen beurteilen. Man hat Geld oder hat keins. Man kann weder gescheit noch dumm darüber reden."
David zog sich an und stieg in die Regenklamotten.
„Ich liebe dich", sagte Laura.
„Du hast zu viele amerikanische Filme gesehen", sagte David, nicht bemerkend – natürlich nicht –, wie ein mächtiger Engel an ihm vorbeiging, der Engel Sandalphon, auch Mitbruder genannt. San-

dalphon geht oft und fast immer zufällig durch Räume, in denen Menschen zu Liebenden geworden sind. Er ist der Engel, so besagt die jüdische Geheimlehre, dessen Erscheinen über das Geschlecht des eben gezeugten Embryos im Schoß einer Frau entscheidet.

Der Engel Sandalphon übte seine Funktion ziemlich gelangweilt aus. Kopf oder Zahl? Er warf eine Münze in die Luft und ließ sie auf den Handrücken fallen, gähnte. Er war am Fenster stehengeblieben, um während dieses für ihn unerheblichen Ereignisses einen Blick auf das idiotische Bild einer von Lichtern gleißenden, von Menschenwürmern belebten Großstadt zu werfen. Die Münze zeigte Kopf.

Ein Mädchen sollt ihr haben, sagte er zu sich. Bei einem blinden Vater ist ein Mädchen ohnehin besser aufgehoben.

Dann hob er sich und flog – ohne eine Bewegung der Flügel – zum nächsten Planeten. […]

Robusti wohnte mit Gelassenheit dem Abtransport von O'Haras Leiche bei, hob das Tuch, das dessen Gesicht bedeckte, noch einmal hoch, um sicher zu sein, zwängte die Spitzen von Zeigefinger und Daumen zwischen eines der geschlossenen Augenlider und war beruhigt. Er war wie alle Ästheten grundsätzlich ein Gegner der Feuerbestattung, ja er beanspruchte für den Fall seines eigenen Todes, der ja nur ein Scheintod hätte sein können, den sogenannten Herzstich, der alle Überprüfungen, wie zum Beispiel leichter Niederschlag des Atems auf einem Spiegel, erübrigte.

O'Hara war tot. Die beiden Silberköfferchen ruhten bereits in einem Safe Robustis.

Die Siegesnacht, anders konnte man sie nicht bezeichnen, brachte viel Arbeit mit sich.

Robusti mußte sich telephonisch versichern, daß Omai O'Haras Leiche in Mailand gut angekommen war und für eine Obduktion am folgenden Tag bereitlag. Es war alles in Ordnung. Man dankte mit exquisiter Höflichkeit – *Grazie mille, Professore Robusti* –, Robusti war sonst nicht dafür bekannt, daß er um eine Leiche persönlich besorgt war. Man wußte es zu schätzen.

Während er schlief, schlich Lucia zu Laura, und erzählte ihr, was geschehen war.

Laura weinte, und Lucia weinte mit ihr. Lucia weinte wegen ihres Klumpfußes, eine ehrliche Trauer.

Ruman, ein Engel der unteren Ordnung, legte Laura seine rechte Hand auf die Stirn. Seine Hand bestand aus sechs Fingern, die gefächert waren wie drei Stimmgabeln. Die Hand des Engels Ruman zitterte. Lauras Trauer war also echt.

Rumans Aufgabe war es, die Verstorbenen zu sich zu rufen und alle ihre üblen Taten aufzuzeichnen, bevor er sie zu seinen Kollegen-Engeln Munkar und Nakir schickte. Beide Engel sind schwarz wie Kohle. Selbst die Flügel sind schwarz. Doch die Augen sind blau wie die eines Sees im Gebirge, kalt und hell. So besagt es die arabische Dämonologie.

Munkar und Nakir sind Meister im Kreuzverhör wie amerikanische Staatsanwälte im Film. Unschuld interessiert sie nicht. Wer interessiert sich schon für Unschuld? Schuld also. Der tote Omai O'Hara stand stolz, aufgerichtet wie ein Grenadier vor den Engeln Munkar und Nakir.

Er verurteilte sich selbst für seine Eitelkeit.

Da laut den Propheten alles eitel ist, alles, nickten ihm die beiden Engel Munkar und Nakir wohlwollend zu.

MENSCHEN GETROFFEN

GOTTFRIED BENN

Ich habe Menschen getroffen, die,
wenn man sie nach ihrem Namen fragte,
schüchtern – als ob sie gar nicht beanspruchen
könnten,
auch noch eine Benennung zu haben –
„Fräulein Christian" antworteten und dann:
„wie der Vorname", sie wollten einem die
Erfassung erleichtern,

kein schwieriger Name wie „Popiol" oder
„Babendererde" –
„wie der Vorname" – Bitte, belasten Sie Ihr
Erinnerungsvermögen nicht!

Ich habe Menschen getroffen, die
mit Eltern und vier Geschwistern in einer Stube
aufwuchsen, nachts, die Finger in den Ohren,
am Küchenherde lernten,
hochkamen, äußerlich schön und ladylike wie
Gräfinnen –
und innerlich sanft und fleißig wie Nausikaa,
die reine Stirn der Engel trugen.

Ich habe mich oft gefragt und keine Antwort
gefunden,
woher das Sanfte und das Gute kommt,
weiß es auch heute nicht und muß nun gehn.

DREI ENGEL BESUCHEN ABRAHAM UND SARA

GENESIS 18,1–15

Und der HERR erschien ihm im Hain Mamre, während er an der Tür seines Zeltes saß, als der Tag am heißesten war.
Und als er seine Augen aufhob und sah, siehe, da standen drei Männer vor ihm. Und als er sie sah, lief er ihnen entgegen von der Tür seines Zeltes und neigte sich zur Erde
und sprach: Herr, hab ich Gnade gefunden vor deinen Augen, so geh nicht an deinem Knecht vorüber.

Man soll euch ein wenig Wasser bringen, eure Füße zu waschen, und laßt euch nieder unter dem Baum.
Und ich will euch einen Bissen Brot bringen, daß ihr euer Herz labet; danach mögt ihr weiterziehen. Denn darum seid ihr bei eurem Knecht vorübergekommen. Sie sprachen: Tu, wie du gesagt hast.
Abraham eilte in das Zelt zu Sara und sprach: Eile und menge drei Maß feinstes Mehl, knete und backe Kuchen.
Er aber lief zu den Rindern und holte ein zartes gutes Kalb und gab's dem Knechte; der eilte und bereitete es zu.
Und er trug Butter und Milch auf und von dem Kalbe, das er zubereitet hatte, und setzte es ihnen vor und blieb stehen vor ihnen unter dem Baum, und sie aßen.
Da sprachen sie zu ihm: Wo ist Sara, deine Frau? Er antwortete: Drinnen im Zelt.
Da sprach er: Ich will wieder zu dir kommen übers Jahr; siehe, dann soll Sara, deine Frau, einen Sohn haben. Das hörte Sara hinter ihm, hinter der Tür des Zeltes.
Und sie waren beide, Abraham und Sara, alt und hochbetagt, so daß es Sara nicht mehr ging nach der Frauen Weise.
Darum lachte sie bei sich selbst und sprach: Nun ich alt bin, soll ich noch der Liebe pflegen, und mein Herr ist auch alt!
Da sprach der HERR zu Abraham: Warum lacht Sara und spricht: Meinst du, daß es wahr sei, daß ich noch gebären werde, die ich doch alt bin?
Sollte dem HERRN etwas unmöglich sein? Um diese Zeit will ich wieder zu dir kommen übers Jahr; dann soll Sara einen Sohn haben.
Da leugnete Sara und sprach: Ich habe nicht gelacht –, denn sich fürchtete sich. Aber er sprach: Es ist nicht so, du hast gelacht.

17   DA STANDEN DREI MÄNNER VOR IHM …
Andrej Rublev: Heilige Dreifaltigkeit, 1411.

2   SCHWULE UND HUREN

JEDEN EREILT ES

HANNS HENNY JAHNN

Der 17. November. Ein trüber Tag, voller leerer Schatten. Die Wolken haben keine Gestalt; sie hängen wie ein dichtgewebtes grobes Tuch vor dem Himmel. Der Abend kommt früh, dunstig, taub, doch ohne Nebelschwaden. Die Welt ist still; nur der Lärm der Menschen ist laut. Man geht umher, man fragt sich etwas; man fragt sich, ob dieser Tag jemals seines gleichen haben wird – genau so unbestimmt dunkel – mit den gleichen Anfängen, den Geburten von heute, den Todesfällen, dem ungezählten lustvollen Zeugen, den Rechenstücken des Schicksals, diesen Zufällen und gerade vorkommenden Unternehmungen und Entschlüssen. – Man erhält keine Antwort. Man antwortet sich selbst nicht. Man begegnet einem Menschen und sagt von ihm: „Welch hübscher Mensch!" oder „Welch abstoßender Mensch!" Und es ist unwichtig, daß man den anderen sieht und dies von ihm sagt, denn den einen umarmt und küßt man nicht, und den anderen schlägt man nicht oder speit ihn an. – Und doch sind wir dazu da, um zu umarmen, zu küssen, zu prügeln und anzugreifen. – Wir haben die Wildheit verlernt – vor allem die Wildheit der Liebe. Vergeblich ermahnen uns die Engel, die uns zuweilen stumm berühren, nicht mit uns zu kargen. Auch die dunkleren Dämonen vermögen fast nichts über uns. Aber sie sind da. Zuweilen sind sie da, in unserer Nähe – in der Nähe dessen, der ihnen gefällt, den sie, die Ungleichen, lieben – und lieber vernichten, als daß sie ihn nicht liebten. – Oh, sie haben sich nicht gewandelt in den Jahrtausenden. Auch sie lieben die süße Vereinigung, Fleisch an Fleisch – und sei das ihre dünner als der Mondschein. Ihre Namen sind noch immer Utukku und Lamassu. Wenn wir sie sähen, wir würden uns ihnen hingeben und nicht klagen, daß so viel Übles mit uns geschieht. Da wir blind sind, verfehlen wir die Freude – und die Berührung begreifen wir nur langsam – gleichsam wie wir unser Blut fühlen, einen fernen roten Dampf – wenn es verschüttet vom Boden getrunken wird – und uns nur die Ohnmacht des Sterbens bleibt – ganz zuletzt, wenn wir alles versäumt haben. – Wenn wir sie auch nicht mehr sehen, nicht ihre starke männliche Zärtlichkeit empfinden – wenn wir nur den euphorisch-orphischen Ton vernehmen, der von ihren Lippen fällt – den Gesang von ihren herrlichen Lippen, dies junge Lied, die neueste Weise der Weltenpolyphonie – ! – Wen sie einmal an sich drücken und sich seiner erfreuen – er erfahre es oder vergesse es – den lassen sie nicht wieder und segnen und verfluchen ihn. (…)

Nach geraumer Zeit erkannten sie, daß sie nicht alleine auf der Straße waren. Vor ihnen schritten zwei Gestalten, die sich genau wie sie selbst untergehakt hielten. Die Gangart der beiden Wesen vor ihnen mußte sehr langsam sein, denn sie näherten sich ihnen sehr schnell, obgleich sie die gleiche Richtung hatten. Gari und Mathias erkannten bald, daß die beiden Gestalten vor ihnen nackt waren. Sie verwunderten sich darüber nicht; sie fanden es beinahe selbstverständlich, aber sie waren doch neugierig, welcher Art Wandersgefährten das vor ihnen sein mochten. Als sie nahe herangekommen waren, sagte Mathias: „Gari, es sind die Engel. Ich erkenne Dich in dem einen." „Ja", antwortete Gari, „Du hast Recht; ich erkenne Dich in dem anderen." Die vor ihnen Schreitenden schienen das Herannahen der Freunde überhaupt nicht zu bemerken. Als sie einander sozusagen an den Fersen waren, beschlossen sie, ihre unnahbaren Lebensgefährten von einst von hinten zu berühren. Sie streckten die Arme raus, senkten sie auf die Schultern der Engel. Aber im gleichen Augenblick waren diese verschwunden. Man hätte auch sagen können, Gari und Mathias waren verschwunden, denn auf der Straße schritten jetzt Arm in Arm Gari und Mathias, doch nackt wie vorher die Engel.

Lange Zeit sprachen die Freunde kein Wort. Von ihrem Verwundern sagten sie nichts; vielleicht waren sie nicht verwundert. Endlich stellte Mathias fest: „Wir sind wieder allein." An ihrem Wohlbehagen hatte sich nichts geändert. Es fror sie nicht, sie fühlten sich in ihrer Gestalt nicht unbehaglich, sie betrachteten einander nur flüchtig mit einem leichten Lächeln. „Das sind wir also", sagte Gari, „das ist das Unveränderbare – das sich nur langsam Verändernde."

ENGEL HABEN SCHWÄNZE

HANNS HENNY JAHNN

Ich glaube an Engel, ich glaube auch an Geister des Ortes, denn sie sind vernichtbar … [ich hatte] in meiner Jugend … etwas vom Asketen, vom Gottsucher. Freilich, von einem gewissen Augenblick an wußte ich, daß alles menschliche Bemühen darauf beschränkt bleibt, die schwarzen und weißen Engel zu suchen und sogar zu finden, vor etwas niederknien, was real männlich, jung und schön ist – ein heidnischer Abglanz einer gottbevölkerten Idee. IHN kann es nicht geben, gibt es nicht, nicht für uns und nicht um SEINER SELBST willen … alle Engel sind männlich … Engel und Dämonen haben Schwänze. Darum kennen sie das Reich des Eros und der Kunst … Engel sind nichts Moralisches. Sie sind männlich und damit an der Grenze des Anrüchigen. Sie suchen eine Befriedigung; ob sie sie finden, weiß ich nicht. Ihre Lehren sind immer zufällig – und ohne Wirkung. Ihre Existenz greift nicht in den Ablauf, sie bleiben Randfiguren.

DIE BEGEGNUNG

HANNS HENNY JAHNN

„Werden der Herr zu Abend essen?" fragte sie, ohne Beteiligung ihrer Gedanken, ein höfliches Ritual hersagend.

„Ja", antwortete Nikolaj zögernd. Er wollte hinzufügen, daß er sehr hungrig sei, unterließ es aber. Die junge Frau führte ihn nun in den Salon. Es war eine ungewöhnlich große Stube, die mit Blattpflanzen aller Art vollgestellt war. Zimmerlinden reichten vom Fußboden bis an die Decke, einzelne Gummibäume schienen so alt, daß man sie für hundertjährig halten konnte. Jedenfalls wuchs und grünte es hier wie im Sommer. In zwei großen runden Öfen aus weißen Kacheln mit messingenen Türen brannten gewaltige Feuer, als ob das Brennholz mehr als wohlfeil wäre (und so war es wohl auch). Er wurde aufgefordert, sich zu setzen, und er wählte einen bequemen Lehnstuhl. Die Frau entfernte sich. Einen Augenblick lang glaubte sich Nikolaj allein. Dann aber bemerkte er, hinter Zimmerlinden verborgen, einen Mann, der eifrig in einem Buche las und offenbar keinerlei Anteil daran genommen hatte, daß ein neuer Gast angekommen war. Da jener (man mußte sein Verhalten so auffassen) nicht gestört werden wollte, rückte Nikolaj an seinem Sessel, so daß er dem Fremden den Rücken zukehrte.

Es war angenehm warm und zugleich fremdartig in diesem großen Raum, so daß Nikolaj sich glücklich pries, hier angelangt zu sein. „Vielleicht ist die ganze Welt voll solcher Gaststätten", dachte er, „aber man kommt niemals dorthin, weil man sich nicht entschließt, auf unbekannten Stationen auszusteigen."

Er war nun am Ziel seiner Reise; aber er wußte es nicht. Wie hätte er wissen sollen, daß sich sein Schicksal entscheiden sollte – daß er hier die Rolle für ein langes Leben zugeteilt bekam. Während er so saß, in Wohlbehagen getaucht, und der Fremde versteckt in seinem Buche las, schritten zwei männliche Gestalten mitten im Raume behutsam aufeinander zu: ein Engel und ein dunkler Engel von jener Art, die man gemeinhin und etwas herabsetzend Dämonen nennt. Sie wechselten kein Wort miteinander. Aber der Dämon fand, daß es ein hübscher Engel sei, recht nach seiner Neigung, feierlich schön, mit mädchenhaft niedergeschlagenen Augenlidern, doch einem kräftigen jünglinghaften Mund und bebenden Nasenflügeln, wie aus einem Bilde Botticellis. Auch der Engel betrachtete verstohlen den dunkleren feurigen Kameraden und war überrascht, wie jung er war, wie wohlgewachsen, mit einer hohen Stirn voller Gedanken. Er hätte ihn für seinesgleichen, für ununterschieden von sich selbst gehalten, wenn jener nicht, das sah er erst, als der andere sich abwandte, einen winzigen Schwanz wie den eines Hasen, gleich einer Blume aus Fell, besessen hätte. Der Engel fand, daß dies Zeichen der Abgründigkeit dem Dämon zur Zierde gereiche, seine Würde und Kraft mit einer unnennbaren Verheißung betone. Beide beschlossen, jeder für sich, Freunde zu werden. Nach dieser ersten kurzen Begegnung entfernten sie sich, jeder nach seiner Seite.

Als die junge Frau zum Essen bat, schien diese Aufforderung dem Fremden eine arge Störung in seiner Lektüre zu sein. Nikolaj, da er die Absicht des Fremden nicht erraten konnte, entschloß sich nach einigen Bedenken, als erster ins Speisezimmer zu gehen. Er hatte schon seine Suppe ausgelöffelt, als der zweite Gast erschien; aber er brachte sein Buch mit an die Tafel und las darin weiter, während er mechanisch von seinem Teller aß. Die Mahlzeit würde schweigsam verlaufen, das war zu erkennen. Nicht einmal einander vorgestellt hatten sich die beiden. Nikolaj trank, aus Bescheidenheit und Sparsamkeit, Wasser zu den Speisen. Diese Tugend oder Zurückhaltung übte auch der Fremde. Er schaute beständig auf seinen Teller oder in sein Buch. Nur einmal, die Mahlzeit war

schon beinahe beendet, blickte er auf und Nikolaj voll ins Antlitz. Er senkte sogleich wieder die Augen, den Mund verziehend, als ob er seine Lippen gebrannt hätte. Er machte auch jetzt noch nicht den Versuch, zu sprechen oder sich vorzustellen. Er winkte nur die junge Frau heran und bat sie, ihm Branntwein zu bringen. Er trank drei große Gläser davon nacheinander. Dann aß er hastig weiter. Seine Hände zitterten; aber der dunkle Engel berührte flüchtig sein Haupthaar, und alsbald war die Erregung in ihm vorüber. Er las weiter in seinem Buche.

Im Speisezimmer war es recht kühl; deshalb beeilten sich beide, Nikolaj und der Fremde, nach beendetem Mahl in den Salon zurückzukehren. Dort standen, stumm, der Engel und der Dämon mitten im Raume einander gegenüber; aber niemand sah sie. Der Fremde zog sich wieder hinter die hohen Pflanzen zurück. Nikolaj rückte seinen Lehnstuhl näher an den einen der Öfen heran, so daß der Abstand zwischen Mann und Jüngling wuchs.

Nun war es so still im Raum – nur ein Knistern drang von Zeit zu Zeit aus den Feuerlöchern der Öfen –, daß man die Schritte der beiden, Engel und Dämon, hätte vernehmen können. Doch wer hätte diesen Laut zu deuten gewußt?

Nach geraumer Zeit erschien die junge Frau in der Tür und fragte: „Wünschen die Herren den Kaffee getrennt oder am gleichen Tisch?" Nikolaj wagte keine Antwort zu geben und wartete, wie der Fremde sich entscheiden würde. Auch der schien zu zögern. Man konnte glauben, er habe die Frage gar nicht gehört. Als die junge Frau sich schon abwenden wollte, weil keiner ihrer Gäste Auskunft gab, kam die Stimme des Fremden.

„Ich habe nichts dagegen, daß der junge Mann sich zu mir setzt, wenn es ihm beliebt."

Nikolaj erschrak beinahe vor dieser Stimme. Sie klang dunkel und traurig, mit fremdem Akzent, doch verlockend. Aber was sie verhieß, war nicht die Freude. Er rührte sich von seinem Stuhle nicht, als wäre gar nicht von ihm gesprochen worden. Die Frau brachte den Kaffee auf einem Tablett und setzte zwei Tassen auf den kleinen Tisch, an dem der Fremde saß. Sie entfernte sich. Nikolaj wartete, was nun geschehen würde. Seltsamerweise pochte sein Herz unruhig.

„Kommen Sie doch heran, bitte", sagte die Stimme, „wenn es Ihnen nicht lästig ist, hier zu sitzen."

„Ich komme", antwortete Nikolaj.

18 MIT EINER UNNENNBAREN VERHEISSUNG …
Giovanni di Paolo: Die Vertreibung aus dem Paradies, um 1445.

VERGEWALTIGUNGS-VERSUCH AN ZWEI ENGELN

GENESIS 19,1–19

Die zwei Engel kamen nach Sodom am Abend; Lot aber saß zu Sodom unter dem Tor. Und als er sie sah, stand er auf, ging ihnen entgegen und neigte sich bis zur Erde

und sprach: Siehe, liebe Herren, kehrt doch ein im Hause eures Knechts und bleibt über Nacht; laßt eure Füße waschen und brecht frühmorgens auf und zieht eure Straße. Aber sie sprachen: Nein, wir wollen über Nacht im Freien bleiben.

Da nötigte er sie sehr, und sie kehrten zu ihm ein und kamen in sein Haus. Und er machte ihnen ein Mahl und backte ungesäuerte Kuchen, und sie aßen.

Aber ehe sie sich legten, kamen die Männer der Stadt Sodom und umgaben das Haus, jung und alt, das ganze Volk aus allen Enden,

und riefen Lot und sprachen zu ihm: Wo sind die Männer, die zu dir gekommen sind diese Nacht? Führe sie heraus zu uns, daß wir uns über sie hermachen.

Lot ging heraus zu ihnen vor die Tür und schloß die Tür hinter sich zu

und sprach: Ach, liebe Brüder, tut nicht so übel!

Siehe, ich habe zwei Töchter, die wissen noch von keinem Manne; die will ich herausgeben unter euch, und tut mit ihnen, was euch gefällt; aber diesen Männern tut nichts, denn darum sind sie unter den Schatten meines Dachs gekommen.

Sie aber sprachen: Weg mit dir! Und sprachen auch: Du bist der einzige Fremdling hier und willst regieren? Wohlan, wir wollen dich noch übler plagen als jene. Und sie drangen hart ein auf den Mann Lot. Doch als sie hinzuliefen und die Tür aufbrechen wollten,

griffen die Männer hinaus und zogen Lot herein zu sich ins Haus und schlossen die Tür zu.

Und sie schlugen die Leute vor der Tür des Hauses, klein und groß, mit Blindheit, so daß sie es aufgaben, die Tür zu finden.

Und die Männer sprachen zu Lot: Hast du hier noch einen Schwiegersohn und Söhne und Töchter und wer dir sonst angehört in der Stadt, den führe weg von dieser Stätte.

Denn wir werden diese Stätte verderben, weil das Geschrei über sie groß ist vor dem HERRN; der hat uns gesandt, sie zu verderben.

Da ging Lot hinaus und redete mit den Männern, die seine Töchter heiraten sollten: Macht euch auf und geht aus diesem Ort, denn der HERR wird diese Stadt verderben. Aber es war ihnen lächerlich.

Als nun die Morgenröte aufging, drängten die Engel Lot zur Eile und sprachen: Mach dich auf, nimm deine Frau und deine beiden Töchter, die hier sind, damit du nicht auch umkommst in der Missetat dieser Stadt.

Als er aber zögerte, ergriffen die Männer ihn und seine Frau und seine beiden Töchter bei der Hand, weil der HERR ihn verschonen wollte, und führten ihn hinaus und ließen ihn erst draußen vor der Stadt wieder los.

Und als sie ihn hinausgebracht hatten, sprach der eine: Rette dein Leben und sieh nicht hinter dich, bleib auch nicht stehen in dieser ganzen Gegend. Auf das Gebirge rette dich, damit du nicht umkommst!

Aber Lot sprach zu ihnen: Ach nein, Herr!

Siehe, dein Knecht hat Gnade gefunden vor deinen Augen, und du hast deine Barmherzigkeit groß gemacht, die du an mir getan hast, als du mich am Leben erhieltest. Ich kann mich nicht auf das Gebirge retten; es könnte mich sonst das Unheil ereilen, so daß ich stürbe.

Siehe, da ist eine Stadt nahe, in die ich fliehen kann, und sie ist klein; dahin will ich mich retten – ist die doch klein –, damit ich am Leben bleibe.

Da sprach er zu ihm: Siehe, ich habe auch darin dich angesehen, daß ich die Stadt nicht zerstöre, von der du geredet hast.

Eile und rette dich dahin; denn ich kann nichts tun, bis du hineinkommst. Daher ist diese Stadt Zoar genannt.

Und die Sonne war aufgegangen auf Erden, als Lot nach Zoar kam.

Da ließ der HERR Schwefel und Feuer regnen vom Himmel herab auf Sodom und Gomorra

und vernichtete die Städte und die ganze Gegend

und alle Einwohner der Städte und was auf dem Lande gewachsen war. Und Lots Weib sah hinter sich und ward zur Salzsäule.

Abraham aber machte sich früh am Morgen auf an den Ort, wo er vor dem HERRN gestanden hatte,

und wandte sein Angesicht gegen Sodom und Gomorra und alles Land dieser Gegend und schaute, und siehe, da ging ein Rauch auf vom Lande wie der Rauch von einem Ofen.

Und es geschah, als Gott die Städte in der Gegend vernichtete, gedachte er an Abraham und geleitete Lot aus den Städten, die er zerstörte, in denen Lot gewohnt hatte.

Und Lot zog weg von Zoar und blieb auf dem Gebirge mit seinen beiden Töchtern; denn er fürchtete sich, in Zoar zu bleiben; und so blieb er in einer Höhle mit seinen beiden Töchtern.

Da sprach die ältere zu der jüngeren: Unser Vater ist alt, und kein Mann ist mehr im Lande, der zu uns eingehen könnte nach aller Welt Weise.

So komm, laß uns unserm Vater Wein zu trinken geben und uns zu ihm legen, daß wir uns Nachkommen schaffen von unserm Vater.

Da gaben sie ihrem Vater Wein zu trinken in derselben Nacht. Und die erste ging hinein und legte sich zu ihrem Vater; und er ward's nicht gewahr, als sie sich legte noch als sie aufstand.

Am Morgen sprach die ältere zu der jüngeren: Siehe, ich habe gestern bei meinem Vater gelegen. Laß uns ihm auch diese Nacht Wein zu trinken geben, daß du hineingehst und dich zu ihm legst, damit wir uns Nachkommen schaffen von unserm Vater.

Da gaben sie ihrem Vater auch diese Nacht Wein zu trinken. Und die jüngere machte sich auch auf und legte sich zu ihm; und er ward's nicht gewahr, als sie sich legte noch als sie aufstand.

So wurden die beiden Töchter Lots schwanger von ihrem Vater.

Und die ältere gebar einen Sohn, den nannte sie Moab. Von dem kommen her die Moabiter bis auf den heutigen Tag.

Und die jüngere gebar auch einen Sohn, den nannte sie Ben-Ammi. Von dem kommen her die Ammoniter bis auf den heutigen Tag.

19   ZWEI ENGEL KAMEN …
Gisela Röhn:
T-Zeichnung, 1979.

ENGEL IN GESTALT EINER HURE

ERNST BLOCH

Ob es irgendwie oder irgendwo noch spukt, stehe dahin. Wo immer aber davon berichtet wird, fällt auf, wie nichtssagend dies Unheimliche ist. Wie bei noch so aufwendigem Chok dann meist nur Langweiliges dahinter ist – falls er nicht erzählend aufgebessert wird. Selbst ein sogenanntes zweites Gesicht, auf Kommendes bezogen, ist selten so beschaffen, daß es nicht auch einfacher zu haben wäre, ganz nüchtern vorahnend. Und auch das Unvermutete darin ist meist banal oder aber es geht uns überhaupt nichts an. Es sei denn eben, ein Dichter macht sich darüber her, Poe'sches, Hoffmann'sches kommen ausfabelnd, umfabelnd hinzu. Die Spukgeschichte mit literarischem Samtkragen ist halluzinatorischer geworden als der meiste „tatsächlich" berichtete Spuk. Wozu uns nachfolgend, aus den selbstgemachten Erinnerungen des Wiener Schauspielers Girardi, sogar ein graziöses Beispiel entgegenblickt, nachträglich sinngebend.

Der Fall selber hebt sehr alltäglich oder auch allnächtlich an. Girardi war spät, doch nüchtern von Freunden in einem Wiener Außenbezirk aufgebrochen. Ruhigen Gemütes überlegte er draußen, ob er, da die Stadtbahn nicht mehr lief, ein teures Taxi oder einen gesunden Fußweg heim nach Hitzing nehmen sollte. Entschied sich für letzteren, geriet dabei in eine hübsche, enge Altwienergasse, die er vorher nie gesehen hatte. Von den Fenstern her gut beleuchtet, und aus vielen hingen einladende Mädchen heraus, schnalzten ihm zu. Besonders anregend tat das eine in ganz schmalem Haus, je nur ein Fenster übereinander, altösterreichischgelb um die weißen Fensterrahmen, sie selber entzückend anzusehen. „Danke dir sehr", sagte der höfliche Mann, „ein andermal, bin jetzt zu müde, aber morgen nacht vielleicht, merke mir dein Haus."

Er war schon weitergegangen, als sie ihm noch nachrief: „Schau, sei net blöd, komm doch her, i mach dirs mexikanisch." Der Mann lief aber weiter in die Nacht, durch immer bekanntere Gegend, Rotenturmstraße, Kärntnerstraße, Ring, heimwärts durch die Mariahilferstraße, hielt plötzlich an, „was hat dös Madl bloß gmaant mit dem mexikanisch?" Lange stand er still wie ein Schiff von streitenden Winden bewegt, riß sich los, kehrte um, Ring, Kärntnerstraße, Rotenturmstraße und so fort, bis er endlich die kleine alte Gasse wiederfindet, nur nirgends dort das so auffallend gewesene schmale Haus und das Mädchen in seinem einen Fenster. Hin und her die Gasse, fragte die sonst überall noch heraushängenden Huren nach dem verschwundenen Haus, „du Depp du blöder, brauchst a Haus oder a Hur", riefen die schnalzenden Weiber und schimpften noch hinter ihm her, als der Mann endlich abzog. Mehr als kopfschüttelnd, sehr enttäuscht, wegverspukt ihm beides, Haus und junge Hure. Der Fall selber war doch ganz läppisch, und über eine kleine Erzählung am gewohnten Kaffehaustisch den nächsten Nachmittag oder Abend reichte das Pech doch kaum hinaus, ein allzu dünner Chok, aus sehr wenig Nicht-Geheurem, ganz ohne Salz. Bis ihn plötzlich, schon mitten in der Mariahilferstraße, die Erleuchtung, der Schlüssel, gleichsam die wahre, nun erst vollendete Spukgeschichte traf. Das so (wir setzen die Erklärung, die nun erst fabulöse Ausspinnung des Schauspielers Girardi wörtlich hierher): „Es gibt einen Engel, der kann es nicht länger mitansehen, wie falsch es die Menschen machen. Hat aber die Erlaubnis, alle hundert Jahre in Gestalt einer Hure auf die Erde, in die Wiener Gasse, in das sonst nicht vorhandene schmale, feine Haus zu kommen. Darf indes nur ein einziges Mal mit einem Mann, der vorübergeht, anbandeln, *um ihm das ganz anders zu machende Glück zu offenbaren.* Und das verschlüsselte Wort lautet: Schau, i mach dirs mexikanisch. Kommt dann keiner auf den nur einmal vergönnten Ruf hin, dann muß der Engel wieder verschwinden, hundert Jahre lang. Noch keiner aber hat den Ruf bisher verstanden, als noch Zeit dazu war, auch ich nicht, der Letzte bisher, und vielleicht der Letzte überhaupt. Denn wenn niemand folgt, wird der Engel sich sagen: Die Menschen verdienens halt nit besser, und kehrt niemals wieder". Damit endete der innere Monolog; mit seiner kuriosen Reue ging der sympathische Girardi nach Hitzing in sein unverwunschenes Haus. Doch Nestroy hätte an dieser kleinen erfundenen Post-Magie Freude gehabt, obwohl, ja gerade weil sie nicht auf der Bühne geschah.

3 KEUSCH WIE DIE ENGEL

EIN STREITGESPRÄCH

MATTHÄUS 22,23–33

An demselben Tage traten die Sadduzäer zu ihm, die lehren, es gebe keine Auferstehung, und fragten ihn
und sprachen: Meister, Mose hat gesagt (5. Mose 25,5,6): „Wenn einer stirbt und hat keine Kinder, so soll sein Bruder die Frau heiraten und seinem Bruder Nachkommen erwecken."
Nun waren bei uns sieben Brüder. Der erste heiratete und starb; und weil er keine Nachkommen hatte, hinterließ er seine Frau seinem Bruder;
desgleichen der zweite und der dritte bis zum siebenten.
Zuletzt nach allen starb die Frau.
Nun in der Auferstehung: wessen Frau wird sie sein von diesen sieben? Sie haben sie ja alle gehabt.
Jesus aber antwortete und sprach zu ihnen: Ihr irrt, weil ihr weder die Schrift kennt noch die Kraft Gottes.
Denn in der Auferstehung werden sie weder heiraten noch sich heiraten lassen, sondern sie sind wie Engel im Himmel.
Habt ihr denn nicht gelesen von der Auferstehung der Toten, was euch gesagt ist von Gott, der da spricht (2. Mose 3,6):
„Ich bin der Gott Abrahams und der Gott Isaaks und der Gott Jakobs"? Gott ist nicht ein Gott der Toten, sondern der Lebenden.
Und als das Volk das hörte, entsetzten sie sich über seine Lehre.

CAECILIAS RÖMISCHE BRAUT-NACHT

FERDINAND HOLBÖCK

Mag sein, daß die „Passio" (Märtyrerakten) dieser römischen, im ersten, römischen Hochgebet der hl. Messe ausdrücklich genannten Heiligen sehr viel Legendäres enthält; was aber den dabei auftauchenden *Engel* betrifft, ist es jedenfalls ein Hinweis auf den festen Schutzengelglauben der frühchristlichen Zeit.
Caecilia erscheint in der nach 486 entstandenen „Passio" als jungfräuliche Tochter einer christlichen Senatorenfamilie Roms aus dem römischen Adelsgeschlecht der Caecilier. Sie wird mit einem heidnischen Jungmann namens Valerianus vermählt. In der Hochzeitsnacht erklärt Caecilia ihrem heidnischen Gemahl, daß ein *Engel* ihre Jungfräulichkeit, die sie Christus geweiht habe, beschütze. Valerian wünscht diesen *Engel* zu sehen, sonst glaube er ihren Worten nicht. Er erhält von Caecilia den Bescheid, er könne den *Engel* sehen, müsse zuvor aber Christ werden. Er geht darauf ein, läßt sich von Papst Urban unterrichten und taufen.
Als Christ kehrt Valerian zu seiner edlen Gattin zurück. Nun erscheint der *Engel* den beiden und krönt sie mit Lilien und Rosen.
Valerian gewinnt nun auch seinen Bruder *Tiburtius* für den wahren Glauben. Die beiden Brüder betätigen sich fortan als wahre Jünger Christi, vor allem im Spenden von Almosen an die Armen und im Begraben der Märtyrer. Darauf verurteilt sie der Präfekt Turcius Almachius zum Tod. Maximus, der

das Todesurteil vollziehen soll, bekehrt sich und stirbt mit ihnen den Märtyrertod.

Nun wird auch Caecilia ergriffen. Sie bestimmt ihr väterliches Haus zur Abhaltung des christlichen Gottesdienstes. Nach einem glorreichen Bekenntnis ihres Glaubens soll sie im Bad ihres eigenen Hauses erstickt werden. Sie bleibt aber unversehrt und soll auf Befehl des Präfekten enthauptet werden. Selbst mit dreimaligem Schwertschlag gelingt es dem Henker nicht, ihr Haupt vom Leib völlig zu trennen. Caecilia lebt noch drei Tage und trifft verschiedene Anordnungen zu Gunsten der Armen und der Kirche. Papst Urban setzt die Glaubensheldin dann bei unter den Bischöfen und Bekennern in den Katakomben von San Callisto in Rom. Später wurde die Heilige in ihrem in eine Kirche verwandelten Haus, in der Kirche Santa Caecilia in Trastevere in Rom, beigesetzt.

Mag sein, daß in der „Passio" der hl. Caecilia das Legendäre neben dem Historischen überwiegt, aber was hinter dem Legendären als historische Wirklichkeit aufleuchtet, ist die Tatsache, daß man in der frühchristlichen Zeit die gottgeweihte Jungfräulichkeit über alles schätzte und dabei wußte, daß zur Bewahrung der Jungfräulichkeit in allen Gefahren und Schwierigkeiten die heiligen Engel kostbare Helfer sein können.

Das hat J. Dillersberger in seinem Buch „Wer es fassen kann" in fast dichterischer Sprache so zur Darstellung gebracht:

„Eja, milites Christi! (Auf, Soldaten Christi!) Wie hell tönender Schlag auf silberblankem Schilde erklingt am Morgen des St. Caecilien-Tages diese der Heiligen in den Mund gelegte Antiphon zum ‚Benedictus'. Römische Jungfrau und Märtyrerin ist Caecilia. Als die Zeit der Morgenröte zu Ende ging, rief Caecilia mit heller Stimme: ‚Auf, Streiter Christi, werft ab die Werke der Finsternis und ziehet an die Waffen des Lichtes!' Das ist Tagesbeginn, das ist Kampflosung für den Tag! Wie das aufrüttelt, wie das alle Mattigkeit und Schläfrigkeit auf einmal hell wach macht! Losung der Jungfrau-Märtyrerin, die ihren Schutzengel an ihrer Seite weiß, ist dieses Wort. Sie hat ihre Brautnacht anders verbracht, als es bei Heiden und auch bei vielen Christen üblich war und ist. Jungfräulich hat sie das Brautgemach am Morgen mit Hilfe ihres Schutzengels wieder verlassen können. Ihre Brautnacht hat sie dazu benützt, um den Bräutigam Valerianus für Christus zu gewinnen. Er und sein Bruder wurden, als sie nach Empfang der Taufe ihren Schutzengel geschaut hatten, Blutzeugen für Christus, gewonnen durch die jungfräuliche Macht der Worte Caecilias. ‚Wie eine emsige Biene', heißt es, hat sie dem Herrn gedient – das sind römische Brautnächte des Frühchristentums! Damals wehte dieser herbe, keusche Frühlingswind des christlichen Glaubens so frisch und herrlich in den Straßen der Ewigen Stadt, hinein in die Häuser der alten Patriziergeschlechter – verscheuchend alles, was nach Sinnlichkeit und Schwüle schmeckte. Was hat dieses christliche Früh-Rom jungfräuliche Blüten hervorgebracht! Caecilia und Agnes – wären es nur diese zwei, es wäre genug, um sich immer wieder nach diesen Zeiten zu sehnen! Mit unvergleichlich packender Gewalt hat die Kirche es verstanden, in dieser Antiphon ‚Eja, milites Christi!' das drängende Beispiel jungfräulicher Tugend, die den Menschen den Engeln ähnlich macht, aufleuchten zu lassen. Geht nicht von diesen römischen Heldenjungfrauen frischer, kampfesfroher Mut zur Reinheit aus in die ganze christliche Welt?! Das ist der Sinn dieses hellen Rufes in der Morgenstunde des Caecilientages. Einst ist sie am Morgen nach ihrer Brautnacht aus dem Gemach getreten, strahlend in ihrer unbesieglichen lichten Tugend. Waffen des Lichtes an ihrem reinen Leib, einen mächtigen Kampfgefährten an ihrer Seite."

MATHIA BEN CHERESCH

BORN JUDAS

Es wird von Mathia ben Cheresch, dem Sohne des Zimmermannes, erzählt, daß er fromm und gottesfürchtig gewesen sei und alle seine Tage im Gotteshaus über der Schrift gesessen habe. Es ging ein Leuchten von seinem Angesicht aus, daß es der

20 ENGEL DER ANKUNFT
Aus dem Visconti-Stundenbuch, um 1430.

Sonne glich, und nie noch hatte er sein Auge zu einem Weibe erhoben.

Eines Tages, als er so in die Lehre versenkt war, ging der Satan vorbei, erblickte den Frommen und ward voll Neid über ihn. Er sprach bei sich: Ist wohl ein Mensch auf Erden, der der Sünde nicht anheimfiele? Und er stieg in den Himmel, trat vor den Herrn und sprach: Herr der Welt! Mathia, der Sohn Chereschs, was ist der vor dir? Der Herr erwiderte: Er ist ein Gerechter ohne Fehl. Darauf sprach der Satan: Gib mir die Freiheit, daß ich ihn verderbe. Der Herr antwortete: Du vermagst nichts gegen ihn. Aber der Satan sprach: Dennoch, Herr, will ich es versuchen. Da sprach Gott: So magst du hingehen.

Also begab sich der Satan zu Mathia ben Cheresch und fand ihn abermals vor der Schrift sitzend. Was tat er? Er nahm die Gestalt eines Weibes an, das war so schön, daß es ihresgleichen nicht auf Erden gab seit den Tagen Naemas, der Schwester Tubal-Kains, der selbst die himmlischen Heerscharen gefolgt sind. Und das Weib kam und stellte sich hin gerade vor Mathia. Da der sie aber erblickte, wandte er sein Angesicht von ihr ab und drehte den Kopf nach rückwärts, da erschien sie ihm sogleich von der andern Seite; er drehte seinen Kopf nach rechts, und der Satan war bald an der rechten Seite; er drehte den Kopf nach links, und das Weib stand wieder vor ihm. Da sprach Mathia: Wehe, daß der Satan nicht über mich siege und mich zur Sünde bringe. Was tat der Heilige? Er rief einen Jünger, der ihm alles darreichte, und sprach zu ihm: Geh hin, hole mir Feuer und Nägel. Der brachte das Gewünschte. Da nahm Mathia zwei Nägel, legte sie ins Feuer, und als sie zu glühen anfingen, stach er sich beide Augen aus. Da nun der Satan dies sah, erschauerte er und fiel rücklings nieder. Alsdann erhob er sich, kehrte in den Himmel zurück, stellte sich wieder vor den Herrn und sprach: Herr der Welt! So und so erging es mir mit Mathia. Da sprach der Herr. Sagte ich's dir nicht, daß du gegen ihn nichts ausrichten würdest?

In dieser Stunde rief der Allmächtige den Engel Raphael und sprach zu ihm: Geh hin und heile die Augen des Mathia. Und der Engel kam alsobald vor den Erblindeten. Da fragte ben Cheresch: Wer bist du, der da herkommt? Der Sendbote sprach: Ich bin Raphael, der Engel, den der Herr entsandt hat, daß er dir dein Augenlicht wiedergebe. Mathia

ben Cheresch antwortete: Laß ab von mir, was nun geschehen ist, ist geschehen.

Da kehrte Raphael zurück, trat vor den Herrn und berichtete: Das und das gab mir Mathia zur Antwort. Da sprach der Herr: Geh hin und sage ihm: Ich bürge ihm dafür, nie wird der Satan über ihn Herrschaft haben. Alsbald ging Raphael und heilte den Mathia.

NICHT DER SINNE WÜSTE LUST

JORGE LUIS BORGES

Es sei der Mensch nicht unwürdig des Engels
dessen Schwert ihn hütet
seit ihn jene Liebe zeugte
die Sonne und Sterne bewegt
bis zum Jüngsten Tag da der Donner
in der Trompete dröhnt.
Er zerre ihn nicht in rote Bordelle
noch in Paläste errichtet von Hochmut
noch in besinnungslose Schänken.
Er erniedrige sich nicht zum Flehen
noch zur Schande des Jammerns
noch zu märchenhafter Hoffnung
noch zu den kleinen Magien der Angst
noch zum Trugbild des Gauklers;
der Andere sieht ihn.
Er bedenke, daß er nie allein sein wird.
Im offenen Tag oder im Schatten
bezeugt ihn der unablässige Spiegel;
keine Träne besudle dessen Glas.

Herr, möge ich am Ende meiner Tage auf Erden
den Engel nicht entehren.

4 DIE REINE STIRN DER ENGEL

ES MÜSSEN NICHT MÄNNER MIT FLÜGELN SEIN

RUDOLF OTTO WIEMER

Es müssen nicht
Männer mit Flügeln sein,
die Engel.
Sie gehen leise,
sie müssen nicht schrein,
oft sind sie alt
und häßlich und klein,
die Engel.
Sie haben kein Schwert,
kein weißes Gewand,
die Engel.
Vielleicht ist einer,
der gibt dir die Hand,
oder er wohnt neben dir,
Wand an Wand,
der Engel.
Dem Hungernden
hat er das Brot gebracht,
der Engel.
Dem Kranken
hat er das Bett gemacht,
und er hört, wenn du ihn rufst,
in der Nacht,
der Engel.
Er steht im Weg und er sagt: Nein,
der Engel,
groß wie ein Pfahl
und hart wie ein Stein –
es müssen nicht Männer
mit Flügeln sein,
die Engel.

JA, MEIN ENGEL

MARIE LUISE KASCHNITZ

Genau heute vor fünf Jahren habe ich die Anzeige in die Zeitung gesetzt. Ich war damals noch gut zu Fuß, also ging ich zu Fuß den ganzen langen Weg bis zum Schillerplatz, wo sich die Annahmestelle der Zeitung befindet. Der junge Herr, der am Schalter saß, hat mich sehr freundlich beraten. Es sollte nicht zu teuer werden und doch sollte alles darinstehen, was ich suchte, nämlich eine ruhige, gebildete Mieterin für mein zweites, eigentlich drittes Zimmer, es blieben mir dann noch das Wohnzimmer und ein kleiner Schlafraum, also Platz genug.

Die Anzeige erschien am folgenden Samstag und den ganzen Samstag und Sonntag über klingelte es bei mir, und es kamen Frauen, die sich das Zimmer ansahen, mehrere alte, die ich aber nicht haben wollte, und einige junge, aber auch zu diesen sagte ich, ich stünde schon in Verhandlungen und würde Bescheid geben, weil ich immer meinte, es könnte noch eine kommen, die mir besser gefiele. Ich war darüber später sehr froh, weil das Fräulein, dem ich das Zimmer schließlich vermietet habe, erst am Sonntagabend gekommen ist und weil es mir sehr leid getan hätte, gerade diese Dame wieder wegzuschicken; denn sie war freundlich und bescheiden und schön wie ein Engel, sie erinnerte mich an meine kleine Schwester, die auch einmal so zart und fein war, die aber jetzt vier erwachsene Kinder hat und in die Breite gegangen ist.

Das Zimmer, das nach Süden lag und einen kleinen Balkon hatte, gefiel dem Fräulein sehr gut, und es hatte auch nichts daran auszusetzen, daß es so vollgestellt war. Das Fräulein hat sich genau angesehen, was an der Wand hing, den Meisterbrief meines Mannes und die zwei Urkunden mit den goldenen Medaillen von den Wettbewerben, und, schade, hat das Fräulein gesagt, daß Ihr Mann nicht mehr lebt, ich würde mich von ihm frisieren lassen, das kann nicht jeder, ich habe so widerspenstiges Haar, und ich habe gedacht, ja, Engelshaar, ich habe aber nichts gesagt.

Das Fräulein, das an der Universität studierte, ist bald darauf eingezogen, und ich habe ihm geholfen auszupacken, es hat viele Bücher gehabt und die Bücher haben wir in einer langen Reihe auf den Schreibtisch gestellt. Schon an diesem Tag habe ich meine Mieterin gefragt, ob ich sie beim Vornamen nennen dürfe, und sie hat gelacht und genickt, sie hat Eva geheißen, ich habe aber dann doch lieber Fräulein Eva gesagt. Es ist mir zuerst sehr merkwürdig vorgekommen, auf dem Korridor Schritte zu hören und auch, daß jemand zu meiner Wohnung die Schlüssel besaß. Ich habe mich aber daran rasch gewöhnt und nach einer Weile habe ich angefangen, abends darauf zu warten, daß das Fräulein heimkam, und wenn es einmal später wurde, habe ich mir Sorgen gemacht. Das Fräulein führte aber ein sehr regelmäßiges Leben, es saß sogar am Abend noch über den Büchern und nahm sich zum Essen so gut wie gar keine Zeit. Einmal bin ich mit einer Tasse Suppe zu meiner Mieterin ins Zimmer gegangen, und weil sie die Suppe so gierig gegessen hat, habe ich das danach fast alle Tage getan. Während das Fräulein gegessen hat, haben wir uns unterhalten, das Fräulein hat nach meinem Mann und nach meinem Leben gefragt, und wenn ich richtig ins Erzählen gekommen bin, hat es angefangen, ganz verstohlen wieder in seine Bücher zu sehen. Dann habe ich das Tablett genommen und bin aus dem Zimmer gegangen, und wenn ich irgendwo ein Paar Strümpfe oder einen Unterrock gesehen habe, habe ich die Sachen mitgenommen und sie ausgewaschen, und das hat das Fräulein gar nicht gemerkt.

Beim Aufräumen morgens habe ich mich umgesehen, ob das Fräulein nicht ein paar Photographien hätte, Aufnahmen der Eltern oder der Geschwister oder des Bräutigams, aber es waren gar keine Photographien da. Einmal habe ich mir ein Herz gefaßt und habe gefragt, wie steht es denn da, und auf meine linke Brust gedeutet, aber das Fräulein hat nur gelacht und gesagt, nichts, rein gar nichts, und es ist auch immer allein heimgekommen, wenigstens in der ersten Zeit. Ich habe das nicht recht in Ordnung gefunden, weil das Fräulein so ein hübsches Mädchen war, aber es war mir doch lieber so, als wenn es sich die Fingernägel und sogar die Fußnägel feuerrot angemalt und jeden Augenblick einen neuen Verehrer mit nach Hause gebracht hätte, wie das andere Mädchen tun. Ich glaube, daß ich mich schon damals in Gedanken sehr viel mit dem Fräulein Eva beschäftigt und daß ich es von Anfang an liebgehabt habe. *Meine* Eva, sagte ich zu meiner Bekannten, meine Eva ist erkältet, meiner Eva geht es besser, gerade als spräche ich von meinem eigenen Kind. Meine Bekannte zog dann immer ein Gesicht, das sieht man doch auf hundert Schritte, sagte sie, daß Ihre Eva Sie nur ausnützt und sich nicht das geringste aus Ihnen macht. Sie hatte aber damit unrecht und alle, die später dasselbe behauptet haben, haben ebenfalls unrecht gehabt. Das Fräulein konnte doch nichts dafür, daß es oft zerstreut war und manchmal kaum guten Abend oder danke sagte, wenn ich bei seinem Heimkommen schon mit dem Tablett dastand, und daß es über die frisch gewaschene und gebügelte Wäsche auf seinem Bett hinwegsah, als läge da weniger als nichts. Sie mußte so viel lernen, meine Eva, mein Engel, wie ich sie auch manchmal, aber natürlich nur in Gedanken, nannte, verschiedene fremde Sprachen und darunter auch solche, die kein Mensch mehr spricht. Ich weiß das, weil sie sich einmal von mir die Vokabeln hat abhören lassen, nur daß ich, wenn sie nicht weiter wußte, das betreffende Wort nicht richtig aussprechen konnte, und das hat sie ungeduldig gemacht.

Das war im Juni, also schon über ein halbes Jahr, nachdem das Fräulein eingezogen ist, und Anfang Juli, an einem schönen heißen Abend hat es an der Haustür unten dreimal geklingelt, und die Eva ist, was sie noch nie getan hatte, aus ihrem Zimmer gekommen und hat gesagt, lassen Sie nur, das ist für mich. Sie hat nicht erlaubt, daß ich auf den Knopf drücke, sondern ist die Treppe hinuntergelaufen, ihre Tasche und ihre Handschuhe in der Hand. Das Klingeln hat sich am nächsten Abend und am übernächsten und beinahe alle Abende wiederholt, und jedesmal ist die Eva ganz schnell weggelaufen, sie ist aber keineswegs spät nach Hause gekommen, sondern schon kurz nach zehn Uhr, und niemals hat sie ihren Verehrer mit in die Wohnung gebracht. Nur daß sie sich jetzt ein bißchen mehr Mühe mit ihren Kleidern gegeben hat, oder, um die Wahrheit zu sagen, *ich* habe mir die Mühe gegeben, jeden Tag habe ich ihr ein Sommerkleid ausgewaschen und es ihr aufs Bett gelegt, und einmal hat sie so etwas gemurmelt wie, das ist ja rührend, aber natürlich, um den Hals gefallen ist sie mir nicht.

Bitte, habe ich einmal gesagt, wenn Sie mit Ihrem Bekannten auf dem Balkon zu Abend essen wollen, ich könnte ein paar Schnittchen machen, aber sie hat nur gelacht und gesagt, was ist denn das, Schnittchen, so als ob das ein ganz ausgefallenes Wort wäre, ein komisches Wort. Es war ihr offensichtlich nichts daran gelegen, ihren Freund heraufzubringen, jedenfalls nicht, bis sie mit ihm verlobt war, also nicht vor dem Herbst. Ich habe mich darüber sehr gewundert, weil ich ja nicht die einzige Frau war, die Zimmer vermietete und weil ich schon viel gehört hatte, wie es jetzt bei den jungen Leuten zugeht, und wie sie zusammenlaufen und wieder auseinanderlaufen, und indessen ist schon alles geschehen.

Im Herbst dann teilte mir die Eva eines Tages mit, daß sie sich verlobt habe, sie wolle jetzt noch ihr Examen machen und dann heiraten, und noch am selben Abend stellte sie mir ihren Bräutigam vor. Ich hatte in meinem Zimmer einen kleinen Imbiß gerichtet, ein Fläschchen Ponysekt und ein paar Pralinen, ich dachte, die jungen Leute würden zu mir kommen, und wir würden anstoßen, ich konnte mir an dem Abend so gut vorstellen, wie einer Mutter zumute ist. Ich sah aber den jungen Mann nur im Korridor, wo es ziemlich dunkel ist, er gab mir die Hand und sagte, angenehm, ja, wirklich, nur dieses einzige Wort. Er war klein und gedrungen und eigentlich gar nicht so, wie ich ihn mir vorgestellt hatte, jedenfalls kein bißchen lustig, obwohl er noch jung und kaum älter als meine Eva war. Die beiden sind an dem Abend gleich weggegangen und das Fräulein Eva ist wieder kurz nach zehn Uhr allein nach Hause gekommen. In der Zeit bis zu ihrem Examen ist sie dann abends nicht mehr ausgegangen, sondern hat ihren Bräutigam heraufkommen lassen. Er ist aber nie lange geblieben, nur ein oder zwei Stunden lang. Wenn ich von meinem Zimmer in die Küche oder ins Badezimmer gegangen bin, habe ich die beiden reden hören und gemerkt, daß sie sich jetzt von ihm die Vokabeln abhören ließ. Niemals habe ich so etwas wie Späße oder Zärtlichkeiten oder Küsse gehört, und ich habe das ein wenig traurig gefunden. Ich habe mich aber dann daran erinnert, daß mein

Mann und ich, als wir verlobt waren, meiner Mutter auch nicht genug verliebt getan haben, und ich habe gedacht, daß vielleicht die jungen Leute mit der Zeit kühler werden, ein bißchen kühler mit jeder Generation.

Gleich nach dem Examen, das die Eva sehr gut bestanden hat, ist sie zu mir gekommen, um etwas mit mir zu besprechen, sie ist in mein Zimmer gekommen und hat da gesessen und sich überall umgesehen, wie jemand, der sich alle Maße genau einprägen will. Ich habe gedacht, sie würde mir jetzt kündigen, wogegen ich natürlich nichts hätte einwenden können. Sie hatte aber etwas ganz anderes im Sinn, vielmehr der junge Mann hatte es im Sinn, und kurz gesagt, wollten sie mir außer dem Zimmer des Fräuleins noch mein Schlafzimmer abmieten, ich sollte mein Bett ins Wohnzimmer stellen, und Küche und Bad sollten wir gemeinsam benützen. Ich habe zuerst einen Schrecken bekommen, alte Leute sind ja von Natur umständlich, und ich habe auch nicht gewußt, was ich mit all den Sachen anfangen sollte, die in meinen Kommoden und im Schrank im Schlafzimmer waren. Aber dann habe ich mich gefreut, daß die jungen Leute überhaupt Lust hatten, bei mir zu wohnen, und daß ich nicht alleine zurückbleiben würde.

Ein paar Tage darauf haben die Eva und ihr Verlobter mir das Zimmer umgeräumt, das am Ende ziemlich voll, aber doch ganz gemütlich war. In die anderen Zimmer sind die Handwerker gekommen, sie haben die alten Blumentapeten heruntergerissen und die Wände weiß getüncht, den Meisterbrief meines Mannes und alles, was vorher da an der Wand hing, haben die jungen Leute nicht mehr haben wollen, der Eva wäre es wahrscheinlich egal gewesen, aber der junge Mann wollte es nicht. Als sie mit allem fertig waren, sind die beiden weggefahren, sie haben von unterwegs eine Heiratsanzeige geschickt.

Daß ich in dem großen Zimmer gewohnt habe, mit Bett und Nachttisch und Sofa und Eßtisch und Kredenz, hat ungefähr ein Jahr gedauert, nein, etwas länger als ein Jahr. Es war in dieser Zeit noch ziemlich ruhig in der Wohnung, weil der junge Mann den Tag über weg war und weil auch die Eva noch arbeiten gegangen ist. Ich habe für sie eingekauft und ihr das Gemüse gerichtet, und am Abend, wenn die beiden nach Hause gekommen sind, habe ich mich nicht mehr blicken lassen. Ich wäre der Eva gern im Anfang noch ein bißchen

21 UMGEBEN VOM LICHT DER ENGEL
Gustave Doré (✝ 1883): Dante und Beatrice unter dem Reigen der Engel.

zur Hand gegangen und ich hatte auch oft am Abend das Bedürfnis, noch ein paar Worte zu sprechen, wenigstens so viele, wie ich mit der Eva gewechselt hatte, als sie noch nicht verheiratet war. Ich habe aber gleich gemerkt, daß es dem jungen Mann nicht recht sein würde. Er war nicht ausgesprochen unfreundlich, aber wenn ich ihm auf dem Korridor begegnete, hatte er eine Art, durch mich hindurchzuschauen, als wäre ich gar nicht vorhanden, oder als wäre da etwas, das ihm unangenehm oder sogar unappetitlich war. Es ging mir damals schon nicht mehr sehr gut, meine Haut war grau und faltig und meine Haare, die ich, besonders solange mein Mann noch lebte, immer hübsch frisiert getragen hatte, hingen in Strähnen herab. Das Gehen machte mir Mühe und es fiel mir nicht leicht, alle Zimmer aufzuräumen und zu putzen, was aber in dem Kontrakt stand, den der junge Mann aufgesetzt hatte, und sie bezahlten mich ja auch dafür. Ich hatte dadurch jetzt ganz schöne Einnahmen und konnte am Samstag einen Blumenstrauß kaufen, den ich meinen Mietern ins Zimmer stellte, und einen Kuchen backen, den sie ebenfalls von mir geschenkt bekamen.

Auch mit Geld habe ich den jungen Leuten einmal aushelfen können. Nur bis zum Ersten, hatte die Eva gesagt, die bei dieser Gelegenheit einmal wieder bei mir im Zimmer saß, so hübsch und fein mit ihrem rosigen Gesicht und ihren hellen Haaren, ich habe das Geld herausgekramt und sie hat mir zum erstenmal einen Kuß gegeben. Am Ersten pünktlich hat der junge Mann die Miete gezahlt, er hat mich die Quittung unterschreiben lassen und beobachtet, wie meine Hände dabei zitterten, von dem geliehenen Geld war die Rede nicht mehr. Als die Eva das nächste Mal zu mir ins Zimmer kam, teilte sie mir mit, daß sie ein Kind bekommen würde, und ich muß sagen, ich hatte mir das schon gedacht. Sie war in der letzten Zeit sehr blaß gewesen, und als sie bei mir im Zimmer saß, fing sie gleich an, Zigaretten zu rauchen, und sagte, ich krieg ein Kind, ganz ohne Gefühl, so wie man sagt, ich krieg einen Furunkel oder ein Gerstenkorn, und ich glaube, es paßte ihr nicht. Ich freute mich aber sehr, ich fing gleich an zu stricken, Jäckchen und Höschen und kleine Schuhe, und jedesmal, wenn ich wieder etwas fertig hatte, rief ich die Eva in mein Zimmer und sie bedankte sich, aber es interessierte sie nicht. Die beiden jungen Leute gingen jetzt viel öfter als früher am Abend aus, und ich konnte der

Eva am Morgen ansehen, wie müde sie war, und daß ihr das Tanzen und Trinken nicht bekam. Eines Abends faßte ich mir ein Herz und ging in die Küche, wo der junge Ehemann das Geschirr abwusch und eine Jazzplatte dazu spielte. Er bot mir keinen Stuhl an und stellte das Grammophon nicht ab. Als ich gesagt hatte, was ich sagen wollte, nämlich daß die Eva sich mehr schonen müsse, wurde er zum erstenmal richtig unangenehm und schrie mich an. Ich habe mir aber nachher gedacht, daß er vielleicht über meinen Anblick erschrocken ist, er bekam mich ja sehr selten zu sehen, und wie ich da an meinem Stock hereinhumpelte, sah ich wahrscheinlich wie ein alter häßlicher Vogel aus.

Die Eva hat diesen Zwischenfall niemals erwähnt. Sie ist weiter arbeiten und weiter am Abend ausgegangen, das Kind ist aber trotzdem gesund zur Welt gekommen. Ich habe der Eva all mein Gestricktes, schön in buntes Seidenpapier gewickelt, in die Klinik gebracht und ein Zettelchen daran geheftet, auf dem die Worte „von der alten Oma" standen. Das kleine Mädchen habe ich nicht zu sehen bekommen, und ich habe auch mit der Eva nicht richtig reden können, weil ein paar ihrer Freunde am Bett saßen und Likör tranken, und wie ich wieder gegangen bin und die Tür hinter mir zugemacht habe, haben sie alle laut gelacht. Die Eva hat mich aber während der paar Minuten einmal sehr lieb angesehen und gesagt, ich solle ihr später das Kind hüten und pflegen, die kleine Gudrun, daß sie groß würde und schön.

So ist es dann auch gekommen, und weil sie so glücklich darüber war, habe ich mich zusammengenommen und nicht gezeigt, daß ich zum Kinderhüten und Wickeln und Breikochen eigentlich schon gar nicht mehr imstande war. Was die Ihnen alles aufladen, hat meine Bekannte gesagt, aber ich war froh darüber, das Kind war sehr niedlich und wir stellten jetzt doch so etwas wie eine richtige Familie vor.

Bald nach der Entbindung wollte Eva durchaus wieder arbeiten gehen. Sie war ja nicht, wie sie es zuerst vorgehabt hatte, Lehrerin geworden, sondern hatte eine Bürostellung angenommen, die ihr sehr behagte, und die beiden hatten schon ziemlich viel, wie sie sagte, zur Anschaffung eines Wagens gespart. Das Kind war den ganzen Tag bei mir, abends holten sie sich das Körbchen ins Zimmer, aber manchmal, wenn sie sehr müde waren und ausschlafen wollten, ließen sie es auch stehen. Die kleine Gudrun schrie zuweilen in der Nacht, und weil ich Angst hatte, daß die Eva von dem Geschrei aufwachen könnte, trug ich das Kind im Zimmer hin und her. Einmal nahm ich es, weil es sich gar nicht beruhigen wollte, zu mir ins Bett, und dort hat es dann so fest geschlafen, daß ich mich nicht traute, es aufzunehmen. Am Morgen schlief es länger als gewöhnlich, und ich lag ganz still und rührte mich nicht. Ich weiß nicht, was Evas Mann an dem Morgen in den Sinn gekommen ist, meistens stand er zu spät auf und hatte es eilig wegzukommen. Aber an dem Tag trat er, ohne anzuklopfen, in mein Zimmer und wollte das Kind holen, er sah uns zusammen im Bett liegen und ich machte nur „psst" und legte den Finger auf den Mund. Er fing aber gleich an zu schreien und so laut, daß ich kein Wort verstehen konnte, und erst nach einer Weile habe ich gemerkt, warum er so böse auf mich war. Ein kleines Kind bei einer alten Frau im Bett, er fand das unhygienisch und unappetitlich, und wahrscheinlich hatte er damit recht.

Von dem Tag an brachte die Eva das Kind morgens zu einer Freundin, einer jungen Person, die selbst ein kleines Kind hatte, und wenn die beiden abends ausgehen wollten, ließen sie die kleine Gudrun dort, auch während der Nacht. Es muß da aber nicht sehr gut gegangen sein, denn eines Tages, schon ein paar Wochen später, kamen sie beide, Eva und ihr Mann, abends zu mir und wollten wieder etwas mit mir besprechen, sie waren beide sehr höflich und freundlich, und ich dachte schon, jetzt geben sie mir das Kind zurück. Es stellte sich aber heraus, daß sie ganz etwas anderes planten. Wie sie sagten, hatte die Eva die Absicht, ihre Stellung aufzugeben, sie wollte von jetzt an zu Hause arbeiten, Übersetzungen und dergleichen. Sie brauchte da einen Raum, in dem sie ihre Kunden empfangen könne, die kämen unter Umständen auch am Abend, ihr Mann wolle nicht gestört werden und man könne ihm auch nicht zumuten, daß er in dem kleinen Schlafzimmer sitze mit dem Kind. Ich verstand schon, worauf sie hinauswollten, ich sagte, ich würde ja gern in das kleine Schlafzimmer ziehen, wenn ich nur nicht so viele Sachen hätte. Aber auch das hatten sie sich schon überlegt. Es gehörte zu der Wohnung noch eine kleine Mansarde, in die könne man die Möbel stellen, – nein, sie selber wollten sie nicht haben, und ich wußte schon, sie gefielen ihnen nicht. Das Kind sollte ich nicht wieder versorgen und aufräumen

sollte ich auch nicht mehr, ich konnte mich ja so schlecht bücken und kam nicht mehr mit dem Besen unter die Schränke und Betten, und einmal, als ich die Kommode abzustauben vergessen hatte, hatte jemand, wahrscheinlich Evas Mann, in die feine Staubschicht ein großes Fragezeichen gemalt. Ich zog also in das kleine Schlafzimmer und räumte nicht mehr auf, aber das Kind bekam ich jetzt ab und zu wieder zu sehen, nämlich, wenn meine Mieter am Abend Gäste hatten, da wußten sie nicht wohin mit der Kleinen und schoben sie mir ins Zimmer und sagten, aber nicht ins Bett. Ich ließ in diesen Nächten meine Nachttischlampe brennen und betrachtete das Kind, das sehr gewachsen war und das jetzt ruhig schlief, mit den Fäustchen rechts und links vom Kopf. Wahrscheinlich hätte ich ohnehin nicht schlafen können, weil es drüben in den Zimmern sehr laut herging. Grammophon und Radio und Spiele, und auch darüber freute ich mich, weil es für eine alte Frau schön ist, junge Stimmen und junges Gelächter zu hören. Obwohl ich es in dem kleinen Zimmer sehr eng hatte, war ich doch nicht unzufrieden. Die Eva war jetzt den ganzen Tag zu Hause und schrieb auf der Schreibmaschine und ich richtete ihr manchmal einen kleinen Imbiß, Kaffee oder Himbeersaft und ein Brötchen und trug ihr das ins Zimmer, und das war fast wie in der alten Zeit. Nur daß es mir in diesen Wintermonaten nicht gutging, ich bekam einen schlimmen Husten und hustete manchmal die ganze Nacht. Das Zimmer, in dem die Eva und ihr Mann schliefen, lag neben meinem Zimmer, und weil ich so große Angst hatte, sie zu stören, traute ich mich manchmal gar nicht ins Bett zu gehen, sondern blieb im Stuhl sitzen, weil man dann viel weniger husten muß. Sie haben es aber doch gehört, und die Eva hat mir eine Hustenmedizin gebracht und gesagt, das ist ja schrecklich, und dann hat sie gefragt, ob es ansteckend wäre, dann solle ich doch lieber nicht mehr in die Küche gehen, wegen der Bazillen und wegen dem Kind. Ich bin also in meinem Zimmer geblieben und die Eva hat mir mittags das Essen gebracht, ein paar Tage lang richtiges Essen und dann noch einen Teller Suppe, aber das war für mich genug.

Im Frühjahr haben sie dann das Auto gekauft, das Geld hatten sie noch nicht ganz beisammen, aber ich habe ihnen etwas von meinem Sparbuch gegeben. Dafür fahren Sie mit uns, hat die Eva gesagt, wir machen schöne Ausflüge zusammen. Aber dazu ist es nicht mehr gekommen, ich war schon zu krank, und ich glaube, sie waren darüber froh. Die Gudrun lief jetzt schon und saß ganz stolz zwischen ihren Eltern in dem roten Wagen. Ich schleppte mich, wenn sie wegfuhren, immer zum Fenster, und manchmal winkte die Eva mir zu. Sie fuhren im Sommer gelegentlich auch zwei oder drei Tage fort, das lange Wochenende, und dann, als sie in Urlaub fahren wollten, beunruhigte sich die Eva, daß jetzt niemand mir meine Suppe kochen würde, und sie schlug darum vor, ich solle in die Mansarde ziehen. Ich habe mich dagegen gesträubt, erstens weil die Mansarde doch voller Möbel war, und zweitens, weil es im Sommer dort unter dem Dach zum Ersticken ist. Ich habe mich aber schließlich überreden lassen, weil in einer anderen Mansarde nebenan eine Frau wohnte, die versprochen hatte, für mich zu sorgen, und weil die Eva gesagt hat, wenn ich allein in der Wohnung bliebe, hätte sie keine ruhige Minute und der ganze Urlaub mache ihr keinen Spaß. Es war ein sehr heißer Sommer, und ich habe die ganze Zeit gut überstanden und einmal habe ich auch eine Karte bekommen mit einer Palme vor einem blauen Meer. Mit der Frau, die für mich gekocht hat, bin ich ziemlich gut ausgekommen, sie war mir nicht gerade sympathisch, aber man kann keine großen Ansprüche stellen, wenn man sich bedienen lassen muß. Ich habe auch gewußt, daß die Zeit vorbeigehen und ich bald wieder in meiner Wohnung sein würde, es war ja mit dem Husten auch besser geworden, nur mein Herz war schwach. Anfang September ist die kleine Familie, meine Familie, zurückgekommen. Von meinem Mansardenfenster habe ich nicht auf die Straße hinuntersehen können, aber ich habe doch immer gewartet, und eines Abends ist es mir vorgekommen, als ob ich Evas Stimme und das Geplapper der kleinen Gudrun hörte.

Es ist aber niemand heraufgekommen und erst ein paar Tage später habe ich von meiner Bekannten erfahren, daß die drei wirklich heimgekommen waren.

Da sehen Sie es, hat meine Bekannte gesagt, ganz gleichgültig sind Sie denen, und überhaupt wollen sie Sie nur los sein, Sie werden schon sehen, in Ihre Wohnung kommen Sie nicht mehr zurück. Gerade an dem Tag aber ist die Eva heraufgekommen, ganz braungebrannt und lustig, und hat mir etwas mitgebracht, was sie unterwegs für mich gekauft hatte, eine Einkaufstasche aus buntem Stroh

mit Strohblümchen, und ich habe mich sehr gefreut und habe nicht daran gedacht, daß ich ja nicht mehr einkaufen gehen kann. Wie ich die Eva eine Weile betrachtet habe, habe ich bemerkt, daß sie wieder in anderen Umständen ist. Sie hat das auch bestätigt und hat gesagt, bei der Gelegenheit könnten wir gleich etwas besprechen, nämlich ob es mir nicht hier oben ganz gut gefiele und ob sie nicht die ganze Wohnung haben könnten, die zwei Zimmer würden ihnen, wenn das neue Kind erst da wäre, doch zu eng. Ich bin ein bißchen erschrocken, aber weil die Eva dann etwas gesagt hat von Wegziehenmüssen, bin ich noch mehr erschrocken und habe gedacht, das ist doch nicht möglich, daß ich die Eva und die Gudrun nicht mehr sehe. Die Eva war auch sehr lieb und hat versprochen, sie wird jeden Tag mit dem Kind heraufkommen, und wenn mich die Treppe nicht mehr so anstrengte, sollte ich herunterkommen und bei ihnen sitzen, wenigstens wenn ihr Mann nicht zu Hause wäre, der sei so nervös.

Wir haben es dann so abgemacht und am nächsten Tag ist der Mann von Eva heraufgekommen und hat etwas zum Unterschreiben mitgebracht, weil aber meine Gläser schon lange nicht mehr paßten, habe ich das, was ich unterschrieben habe, gar nicht richtig gelesen. Ich habe eine kleine Summe bekommen für die Möbel, die sie für mich verkauft haben, was, wie der junge Mann sagte, noch ein Glücksfall war, weil den alten Plunder heute niemand mehr will. Ich habe das ganz gut verstanden und auch, daß die beiden von nun an viel weniger Miete zahlen wollten, weil die Zimmer jetzt sogenannte Leerzimmer waren. Das Geld für die Möbel hat noch auf dem Tisch gelegen, und ich habe etwas davon gesagt, daß ich es der Gudrun in die Sparkasse geben wollte. Ich habe noch ein bißchen gezögert, weil ich daran gedacht habe, daß ich es vielleicht für den Arzt brauchen würde, aber der junge Mann hat ganz schnell die Hand darauf gelegt und dann war es weg. Ich habe plötzlich Tränen in den Augen gehabt, aber nicht wegen dem Geld, sondern weil ich mit einem Male daran gezweifelt habe, daß die Eva jeden Tag heraufkommen und das Kind mitbringen würde. Ich habe den jungen Mann gebeten, sie daran zu erinnern, aber er hat nur gesagt, jeden Tag, ist das nicht ein wenig unbescheiden, und hat gelacht. Er hat natürlich recht gehabt, es war wirklich unbescheiden von mir und wahrscheinlich hat sich die Eva auch darüber geärgert, denn sie ist höchstens jede Woche einmal gekommen und das Kind hat sie auch nicht immer mitgebracht. Sie ist auch nie lange geblieben, weil es nun schon Herbst und in der Mansarde recht kalt war, und später, als sie den dicken Leib hatte, habe ich ihr selber gesagt, sie solle die steile Treppe nicht mehr gehen. Ich war in der Zeit auch wieder krank, der alte Husten, und die Nachbarin war auch krank, oder es war ihr zuviel geworden, für mich zu kochen und mein Bett zu machen und nach mir zu schauen. Mitte November, als ich die Eva schon drei Wochen lang nicht gesehen hatte, ist an einem Samstagmorgen der junge Mann zu mir gekommen und hat einen Arzt mitgebracht und der Arzt hat mir eine Überweisung ins Krankenhaus geschrieben. Ich war damit ganz zufrieden, weil ich schon drei Tage kein warmes Essen mehr bekommen hatte, und auch weil ich dachte, daß im Krankenhaus gewiß ein Aufzug ist, so daß mich die Eva besuchen könne, ohne Mühe davon zu haben. Ich bin dann am nächsten Tag auf einer Tragbahre die Treppe hinuntergeschafft worden, und ich habe gedacht, unten wird meine Wohnungstür offenstehen. Die Eva wird da sein, und wenn ich schön bitte, tragen mich die Männer auch für einen Augenblick in meine alte Wohnung hinein.

Die Tür war aber zu und es ist mir eingefallen, daß es gerade die Zeit war, in der die Eva das Kind in den Kindergarten bringt. Ich habe also nur einen Blick auf die Tür geworfen, das Schild mit meinem Namen war nicht mehr da, und das hat mir ein merkwürdiges Gefühl gegeben, so als sei ich selbst schon gar nicht mehr da. Das Auto, in das sie mich geschoben haben, ist ganz schnell durch die Stadt gefahren, und der Wärter, der neben mir gesessen hat, hat Späßchen gemacht und mich gefragt, ob ich denn durchaus schon sterben wolle. Das hat mich auf einen Gedanken gebracht und kaum, daß ich im Krankenhaus in meinem Bett lag, habe ich die Schwester um Briefpapier gebeten und habe eine Art von Testament gemacht. Die Schwester hat mir sehr freundlich dabei geholfen, aber wie sie gemerkt hat, daß ich alles, was ich gespart habe, der Eva hinterlassen wollte, hat sie den Kopf geschüttelt und gefragt, ob ich denn keine Verwandte habe. Die Eva, habe ich gesagt, das ist mein Kind, und die Schwester hat mir das Fieberthermometer eingelegt.

Ich bin jetzt seit vier Wochen im Krankenhaus. Ich lag zuerst in einem großen Zimmer mit vier anderen Frauen, erst vor kurzem haben sie mich in diese kleine Kammer gebracht. Die Frauen haben sich beständig beklagt und nie hat ihnen jemand etwas recht machen können. Ich habe ihnen aber ganz geduldig zugehört, weil sie dann auch geduldig zuhören mußten, wenn ich ihnen von meiner Familie erzählte. Meine Tochter, habe ich gesagt, und mein Schwiegersohn, und mein Enkelkind, und an den Besuchstagen habe ich jeden Augenblick nach der Tür geschaut, ob sie nicht hereinkommen, große Blumensträuße im Arm. Das ist so lange gegangen, daß die Frauen angefangen haben, sich lustig zu machen, und weil ich mich auch manchmal versprochen und statt von meiner Eva von meinem Engel geredet habe, haben sie angefangen, sich mit dem Finger an die Schläfe zu tippen. Aber daraus habe ich mir nichts gemacht. Ich habe ja gewußt, daß junge Leute nicht viel Zeit haben, und daß es sehr unbescheiden von mir war, zu erwarten, daß sie ihre Feiertage in einem Krankenhaus verbringen. Nur meine Bekannte, die selbst alt ist und nichts zu tun hat, ist jeden Sonntag gekommen. Aber von mir aus hätte sie auch wegbleiben können, weil sie die ganze Zeit nichts anderes getan hat als auf die Eva und ihren Mann zu schimpfen und zu sagen, daß sie mich schon ganz vergessen haben und ich sie überhaupt nicht mehr wiedersehen werde. Ich will sie aber wiedersehen, schon um ihnen zu sagen, daß sie alles von mir erben, und ich weiß auch, daß sie vor meinem Tode noch einmal kommen werden. Besonders in den letzten Tagen, die ich noch in dem großen Zimmer verbracht habe, habe ich sie immer wieder ganz deutlich vor mir gesehen. Da standen sie in der Tür, die Eva hatte das Neugeborene, einen Jungen, auf dem Arm, und die kleine Gudrun riß sich von der Hand ihres Vaters los und lief auf mich zu. Die Frauen in ihren Betten waren ganz still, weil sie so etwas noch nicht gesehen hatten, so etwas Schönes wie meine Familie, die jetzt langsam näher kam und Blumensträuße auf mein Bett legte, so viele Blumen, sie deckten mich damit zu. Aber Fräulein Eva, habe ich gesagt, was machen Sie denn, weil sie mir die Blumen nun auch aufs Gesicht legte, und dann waren es gar keine Blumen mehr, sondern es war Erde und die Erde fiel mir in die Augen und in den Mund.

Jetzt haben sie mich hierhergebracht, vielleicht weil ich nachts so laut spreche und immer dieselbe

22   SO ETWAS SCHÖNES NIE GESEHEN …
Gisela Röhn: Kraft, Anmut, Harmonie, 1971.

lange Geschichte erzähle. So ein kleines Loch ist
das, mehr als ein Besucher kann da gar nicht eintreten und darum, wenn die Eva jetzt kommt,
kommt sie allein. Ja, allein ist sie, und was hat sie
für ein seltsames Kleid an, schwarz mit silbernen
Flügelärmeln, nichts für den Vormittag, aber ist
denn noch Vormittag, es ist Abend, es ist Nacht. An
mein Bett tritt die Eva und stampft ungeduldig mit
dem Fuße auf, was aber nichts anderes sein kann
als ein Scherz. Sie hat wieder Blumen mitgebracht
und wieder legt sie sie mir aufs Gesicht. Ja, mein
Engel, sage ich, sobald ich ein wenig Luft bekomme, und erschrecke, weil ich sie jetzt bei ihrem
richtigen Namen genannt habe und zum ersten
Male. Die Eva ist aber darüber nicht böse. Sie
lächelt und legt ihre Hand auf die Blumen, sie ist
so schön wie damals, als sie aus Italien zurückgekommen ist, schön wie ein Engel, und langsam,
langsam drückt sie mich immer tiefer hinab.

GABRIEL ALS LIEBESBOTE

MECHTHILD VON MAGDEBURG

Helig engel *gabriel*, gedenk min!
Miner gerunge botschaft bevilhe ich dir.
Sage minem lieben herre Jesu cristo,
Wie miñesiech ich sie nach ime.
Sol ich jemerme genesen,
So mus er selber min arzat wesen.
Du maht ime in trúwen sagen,
Die wunden die er mir selber gesclagen,
Die mag ich nit langer vngesalbet tragen
Und ungebunden.
Er hat mich gewunden
Untz in den tot;
Lat er mich nu ungesalbet ligen,
So mag ich niemer genesen.

Weren alle berge ein wuntsalbe
Und alle wasser ein arzatin trank
Und alle bome mit blumen ein heilsam wunden-
bant,
Damitte mohte ich niemer genesen.
Er mus sich selber in miner sele wunden legen.
Helig engel gabriel, gedenk min!
Dise minne-botschaft bevilhe ich dir.
Swer got liep haben welle,
Diser minnebrief erweket sine sinne,
Ob er got volgen welle.
Ich habe die warheit in mime geiste wol vernomen,
Min botschaft ist zu gotte komen.
Die antwort die mir da wider sol komen,
Die ist so gros,
So creftig, so grundelos,
So manigvaltig, so wunnerich und so vberclar,
Dc ich si nit mag enpfân,
Diewile ich irdensche wesen sol,
Ich entscheide aller ein cleine wile
Von diseme armen leben.
Also de ich da niemer blibe.
Nu mus ich beswinde der rede geswigen;
Ich enmohte nit me davon enpfân,
Dc man offenlich davon sprechen sol.
Mer ich sach sant Gabrielen in wunnenklicher ere
In der himmelschen hohin vor gotte stân,
Als ich arme es mohte enpfân.
Im waren angetan
Núwi minnevurige cleider, die wurden ime ze lone,
Dc er ware botschaft so erlich werben kan.
Sin antliz sach ich minnevurig spilende clar.
Er was mit der gotheit vmbevangen und
durgangen.
Sine wort mohte ich noch verstân noch gehoren,
Wan ich bin noch glich einem irdenschen toren.

80

DRITTER CHOR DER ENGEL

WELT DES KINDES – SCHUTZENGEL

„Gebt dem Engel zwei warme Pantoffeln
und ’n Teller mit Bratkartoffeln.“

Italienisches Weihnachtslied

Die *Bild*-Zeitung hatte mit ihrer Schlagzeile „Himmelsforscher Uwe Wolff behauptet: Engel essen gerne Bratkartoffeln“ (6.9.1993) den wahren Sachverhalt verzerrt wiedergegeben. Leichtgläubig kommentierte einen Tag später die *Tageszeitung:* „Ob’s stimmt? Klar stimmt’s! Stand schließlich in der *Bild*“ (7.9.1993). Nicht alle Engel essen Bratkartoffeln, sondern nur die Weihnachtsengel italienischer Kinder. Zumindest behauptet dies das beliebte Lied „Jarivato l’ambasciadore“.
Ernst und Heiterkeit erheben im dritten Chor der Engel die Stimme. Erinnerungen an Kinderwelten und Schutzengelerfahrungen erklingen. Urerfahrung von Geborgenheit, Nachhall einer Gottesunmittelbarkeit aus frühester Zeit, Wegbegleitung durchs erwachende Selbstbewußtsein.

1 ERFAHRUNGEN UND ERINNERUNGEN

DIE BEGEGNUNG
MIT DEM ENGEL

ERWIN WICKERT

Ich erinnere mich.
Am Anfang war die Begegnung mit dem Engel. Alles, was vorher war, liegt in durchsonntem Nebel. Es bewegt sich etwas darin, aber es bleibt undeutlich, und ich kann nichts erkennen; ich höre Stimmen, aber sie sind gedämpft, und ich kann sie nicht verstehen.
Ich kam aus diesem Licht, war darin warm und behütet, und ich war ohne Zeit. Aber was da war und wer da war, ich habe es vergessen, ich weiß es nicht mehr. Doch an den Engel erinnere ich mich. Damals konnte ich schon laufen, die Klinken herunterdrücken und die Türen öffnen. Ich spielte mit der Puppe im Kinderzimmer, und das lag im ersten Stock. Ich wollte hinuntergehen, vielleicht zu meiner Mutter.
Ich konnte Treppen auf allen vieren hinauf- und notfalls auch rückwärts hinabkriechen; aber jetzt wollte ich sie hinuntergehen wie die Erwachsenen. Mit einer Hand hielt ich mich am Geländer fest. Da kam Polen-Irma, das Kindermädchen, das eigentlich auf mich hatte aufpassen sollen, aus dem Bügelzimmer, sah mich und schrie, weil sie glaubte, ich fiele jetzt die Treppe hinunter.

Aber ein Engel hob mich sanft auf, trug mich und setzte mich sechs oder sieben Stufen tiefer auf dem nächsten Absatz sanft nieder, sanft wie eine Feder. Ich fühle noch heute, wie behutsam er mich aufnahm, mit mir hinabschwebte und mich wieder hinstellte.

Gesehen habe ich ihn nicht, und er sprach auch nicht, aber ich hatte ihn doch gefühlt. Polen-Irma aber, oben an der Treppe stehend, schrie immer noch schrill und hob die Hände verzweifelt in die Höhe, auch ein anderes Dienstmädchen kam aus einer Tür und schrie. Dann sprangen sie endlich die paar Stufen herab und hielten mich fest, obwohl ich starr und sprachlos dastand und weder weitergehen wollte noch konnte.

„Es war ein Engel", sagten die Mädchen, „der hat dich getragen."

Meine Mutter hatte das Geschrei gehört und kam schnell herauf. Sie fürchtete ein entsetzliches Unglück.

„Was ist ein Engel?" fragte ich, und sie erklärte es mir. Polen-Irma, mit der ich polnisch sprach, redete noch oft von dem Schutzengel. Sie war die einzige von uns, die ihn auch gesehen hatte.

Noch Jahrzehnte später, als ich den Glauben an die Wunder der Bibel, leider auch an die Auferstehung Christi, längst verloren hatte, wollte ich doch nicht von dem Glauben an den Engel lassen, der mich einst getragen hatte. Ich fühlte ja immer noch, wie er mich sanft die Treppenstufen hinabtrug.

Dabei war er später durchaus nicht immer auf seinem Posten. Schon einige Jahre nach seinem Erscheinen zum Beispiel, da ließ er zu, daß ich den rechten Mittelfinger, als ich in einem leeren Eisenbahnwagen spielte und die Tür zuknallte, so quetschte, daß der Fingernagel abgenommen werden mußte. Und später, in Schanghai, als ich dort bei meinem zweiten Aufenthalt zu Boden gegangen war, hat er mir keinen Finger gereicht. Etwa mit Absicht? Vielleicht um meinen Übermut zu dämpfen?

Aber wenn später im Leben größeres Unglück dicht an meinen Ohren vorbeipfiff oder wenn Unheil wie ein Blitz dicht neben mir einschlug, fragte ich mich doch, ob er es wohl gewesen war, der den Blitz eine Handbreit abgelenkt hatte. Ob ich wirklich an ihn glaubte? Wohl nicht im Ernst. Ich ließ die Frage jedoch offen, ließ sie auch vor mir selbst im Zwielicht und fand das ganz amüsant. Man wird mich deshalb tadeln müssen. Ernsthaften,

entschiedenen Menschen wie, sagen wir, Kierkegaard, wäre dieser Unernst ein Greuel gewesen. Auch Karl Jaspers hätte schweigend mißbilligt, wenn ich ihm von diesem nur halb geglaubten Engel erzählt hätte.

Das habe ich aber natürlich nicht getan. Ich habe überhaupt nie und mit niemand von dem Engel gesprochen, habe das Geheimnis in mir verborgen, habe manchmal selbst den Kopf darüber geschüttelt wie über eine unschuldige Marotte, die ich mir aus ästhetischem Leichtsinn leistete, aber ich hielt lange an ihm fest. Sprach nie von ihm. Denn ich wußte, wenn ich von ihm spreche, ist er mir verloren. Über ihn lächeln? Nein. Er hatte mich doch ausgezeichnet.

JUGEND-ERINNERUNGEN EINES ALTEN MANNES

WILHELM VON KÜGELGEN

Die neunziger Jahre des vorigen Jahrhunderts waren für das Rheinland verhängnisvoll geworden. Unter den Hammerschlägen der französischen Revolution begannen die Stützen des alten Staatenbaus zu sinken. Unordnung und wüster Streit erfüllten das schöne Land, und mancher Mann, der dort zu Hause war, entfremdete seiner Heimat.

So auch mein Vater. Von Rom, wo er als Maler seine Studien beendet hatte, zog es ihn nicht zurück nach seinem Vaterlande, vielmehr wandte er sich infolge der Einladung eines Freundes dem Norden zu. Da lernte er in Reval meine Mutter kennen, gewann ihre Hand und zog mit ihr nach Petersburg, wo er viel Arbeit fand.

Aus dieser Ehe bin ich das zweite Kind, da meine Eltern kurz vor meiner Geburt ein älteres Töchterchen verloren hatten. Nach den Erzählungen der Mutter und noch vorhandenen Bildern glich die verstorbene Schwester einem überirdischen kleinen Wesen, wie man das wohl bei Kindern findet, denen ein kurzes Lebensziel gesteckt ist. Sie ist auf dem ländlichen Gottesacker bei Pawlosky begraben, und auf den kleinen Hügel setzten die Eltern ein Kreuz mit dem Nanem „Maria".

Doch war ihr Gedächtnis nicht mitbegraben und lebte namentlich in der Erinnerung der Mutter so lebhaft fort, als sei sie nie gestorben. Ja mehr als ihr Gedächtnis: die selige Schwester selbst soll ab und zu noch segnend in den Kreis der Familie eingetreten sein. Wenigstens erzählte meine Mutter des öftern, wie bald nach der Geburt ihrer jüngeren Kinder eine Lichtgestalt erschienen sei und die neuen Ankömmlinge umleuchtet und begrüßt habe. Diese Erscheinung hatte in der sichtbaren Welt nichts Analoges, dennoch erkannte die Mutter ihr heimgegangenes Kind. Sie hatte sich ja die Selige als Schutzengel erbeten für die Kinder, die durch Gottes Gnade etwa folgen sollten und zweifelte an der Erhörung ihrer Bitte nicht.

Dem sei nun wie ihm wolle, die Mutter hatte nach der Geburt meiner jüngeren Schwester sogar noch eine Zeugin für dieses liebliche Erlebnis, indem die Wärterin, die allein mit ihr im Zimmer war, dasselbe sah. So war denn oft die Rede von der Dahingeschiedenen und wohl erinnere ich mich, daß ich als kleiner Junge manche Übertretung mied, um den Engel nicht zu betrüben, der mir beigegeben war.

Wenn wir im Garten spielten, schloß sich uns häufig als Dritter im Bunde noch ein kleiner Barfüßler von unserem Alter, der Sohn des Gärtners, an. Er hieß Fritz Pezold und gewann durch folgenden Vorfall für mich Bedeutung.

Eines schönen Morgens nämlich weiß ich nicht, wo Frau Benus hingekommen war, genug, sie ließ uns ohne Aufsicht; wir aber amüsierten uns mit einigen zugelaufenen Nachbarskindern, welkes Laub aufzulesen und dieses über das Geländer der kleinen Brücke in die Katzbach zu werfen. Dann liefen wir einige dreißig Schritte abwärts, wo zum Behuf des Wasserschöpfens an tiefer Stelle ein schmales Brett über den Bach gelegt war, um auf diesem lauernd, die kleinen goldenen Schiffchen wieder aufzufangen. Mit welchem Eifer wir dies trieben und wie

wir dabei schrieen und uns erhitzten, wird jeder ermessen können, der auch einmal ein kleiner Junge war. Ich war den anderen vorausgeeilt und hockte bereits jubelnd auf dem schwanken Stege, als dieser umschlug und ich kopfüber ins Wasser schoß. Die erschrockenen Freunde stoben auseinander, verschwanden durch Hecken und Zäune, wo sie hergekommen waren, und ich selbst gab mich sogleich verloren.

Nicht so Fritz Pezold. In dem Augenblicke, als ich versank, sprang er entschlossen auf den Steg, griff in die Tiefe, packte meine Haare und schrie, daß ihm die Lungen bersten wollten, nach seinem Vater. Zwar brachte er mich mit dem Kopfe übers Wasser, doch nicht weiter, und ich dachte jeden Augenblick, samt meinem Freunde zu ertrinken, denn das kleine Brettchen schwankte hin und wieder wie eine Schaukel.

Dennoch erinnere ich mich sehr deutlich, daß ich keine Angst empfand, mich vielmehr freute, nun allsogleich in den Himmel einzugehen und mit meiner lieblichen Schwester Maria vereint zu werden. Fast glaube ich, daß ich bereits Wasser geschluckt hatte und halb tot war, denn ich verhielt mich völlig leidend und tat selbst nicht das geringste zu meiner Rettung. Aber das weiß ich, daß mir's zu Mute war wie Kindern, die am Weihnachtsabend in dunkler Kammer an der Türe drängen: Gleich wird sie aufgehen und der Baum in seinem Glanze stehen.

Indessen sollten mir die Paradiespforten noch verschlossen bleiben, und der Cherub, der den Eintritt wehrte, war Fritz Pezold. Sein Mark und Bein durchdringendes Zetergeschrei hatte endlich das Ohr des Vaters erreicht, der nun wie ein angeschossener Kater mit weiten Sätzen über seine Gemüsebeete herbeiflog und mich herauszog. Triefend und mit schwarzem Schlamm überzogen hing ich wie ein erschlagener kleiner Maulwurf in seinen Händen, als er mich den Eltern brachte.

Ob diese Lebensrettung ein Glück für mich gewesen, muß ich dahingestellt sein lassen, da allerdings Fritz Pezold die Regel meiner Mutter gröblich übertreten hatte; denn nicht nur hatte er überlaut geschrieen bei einem Sterbenden, sondern diesen sogar bei den Haaren gerauft. Die Mutter war freilich deshalb nichts weniger als ungehalten, beschenkte vielmehr den guten Jungen nach ihren Kräften, und unsere Kinderherzen blieben lange treu verbunden.

GOTTES GEGENWART

HERMANN SUDERMANN

Zu derselben Zeit war es auch, daß ich Gott zum ersten Male erlebte. Natürlich sprach ich schon lange in Mutters gefaltete Hände hinein mein Abendgebet, auch sonst hatte ich mancherlei vom lieben Gott erfahren, doch ohne mir etwas Rechtes dabei denken zu können. Über Papas Macht ging nichts, und wie der Mann beschaffen war, der immer da war und den man doch nie zu sehen bekam, ließ sich nicht vorstellen. Furcht hatte ich nicht vor ihm, aber neugierig war ich.

Eines Sonnabendabends – es war ein Sonnabend, das weiß ich ganz genau – da saß ich am Fenster über einem Bande „Gartenlaube" und besah Bilder. (...) Da blieb mein Blick an einer Zeichnung – wenn ich nicht irre, von Ludwig Richter – hängen, ein Engelsgärtchen darstellend, und in mir erwachte eine nicht zu bändigende Sehnsucht, mit unter den spielenden Engeln zu sein. Und da sah ich zum Himmel hinauf, über den das Abendrot einen lichtdurchwirkten Vorhang breitete. Der Vorhang tat sich auseinander, und auf den Strahlen, die bis zur Erde herabreichten, kletterten leibhaftig die kleinen Engelchen in ganzen Reihen lustig hernieder. Daß sie in Wirklichkeit kämen, mit mir zu spielen, das glaubte ich nicht mehr, dazu war ich schon zu groß, aber daß ich sie schauen durfte, war Wonne genug. Und plötzlich streckte sich eine Hand aus dem Himmelsfenster, nicht drohend, nur mahnend – und dann war es auch keine Hand mehr, sondern war ein Auge, ein Gottesauge, und paßte auf, daß den Engelchen unten kein Leid geschah.

Und nun wußte ich mit einem Male, wie es zugehen konnte, daß Gott da war und *nicht* da war und daß ich immer unter seiner Obhut stand. Und in mich zog ein tiefer Friede, wie wenn ich auf der Mutter Schoße saß und an ihrer Brust einschlafen durfte. An jenem Abend bin ich fromm geworden und blieb es lange.

24 EIN TIEFER FRIEDE
Ein Engel trägt einen Prinzen davon,
türkisch (?).

85

JEMAND NAHM MICH BEI DER HAND

WINFRIED MAAS

Im Sommer 1944, ich war damals Luftwaffenhelfer, half ich nach einem schweren Bombenangriff in meiner Heimatstadt Stettin zusammen mit meinem Klassenkameraden Manfred Farnung bei Löscharbeiten. Der Dachstuhl eines Verwaltungsgebäudes stand in Flammen. Mit Sand und Wasser gelang es uns, sie fast zu ersticken. Doch dann wurden sie durch den Feuersturm über der Stadt erneut angefacht und erfaßten bald das ganze Obergeschoß. Es war nichts mehr zu machen.

Manfred Farnung, der als Fernmelder ausgebildet war, sagte, er werde jetzt auf Leitungssuche gehen, und verschwand. Auch ich wollte aus dem brennenden Gebäude fort, wurde aber vom Hausmeister aufgehalten. Der Mann, ein Kriegsversehrter mit nur einem Bein, bat mich, Sachen aus seiner Dachgeschoßwohnung zu retten. Ich ging hinein, konnte aber vor lauter Rauch nichts sehen, so daß ich bald orientierungslos durch die Zimmer torkelte.

Da tauchte neben mir eine Gestalt auf. Jemand nahm mich bei der Hand und führte mich zu einer hellen Stelle. Eine Tür ging auf, ich wankte ins Treppenhaus und stolperte nach draußen.

Abends wurde Manfred Farnung in der Flakbatterie vermißt. Ich entschuldigte ihn mit dem Hinweis, daß er vermutlich noch mit dem Überprüfen von Telefonleitungen beschäftigt sei.

Vier oder fünf Wochen später wurden in der Ruine des Hauses, das wir zu löschen versucht hatten, die verkohlten Reste eines Menschen und die Erkennungsmarke gefunden, die Manfred Farnung um den Hals getragen hatte. Er muß mir unbemerkt in die brennende Wohnung gefolgt sein. Nur er kann es gewesen sein, der mich zur rettenden Tür führte, bevor er in dem Rauch selber zusammenbrach. Er war 15, als er starb, genauso alt wie ich.

DREI MÄNNER UND EIN ENGEL IM FEUEROFEN

DANIEL 3,1–30

Der König Nebukadnezar ließ ein goldenes Bild machen sechzig Ellen hoch und sechs Ellen breit und ließ es aufrichten in der Ebene Dura im Lande Babel.

Und der König Nebukadnezar sandte nach den Fürsten, Würdenträgern, Statthaltern, Richtern, Schatzmeistern, Räten, Amtleuten und allen Mächtigen im Lande, daß sie zusammenkommen sollten, um das Bild zu weihen, das der König Nebukadnezar hatte aufrichten lassen.

Da kamen zusammen die Fürsten, Würdenträger, Statthalter, Richter, Schatzmeister, Räte, Amtleute und alle Mächtigen im Lande, um das Bild zu weihen, das der König Nebukadnezar hatte aufrichten lassen. Und sie mußten sich vor dem Bild aufstellen, das Nebukadnezar hatte aufrichten lassen.

Und der Herold rief laut: Es wird euch befohlen, ihr Völker und Leute aus so vielen verschiedenen Sprachen:

Wenn ihr hören werdet den Schall der Posaunen, Trompeten, Harfen, Zithern, Flöten, Lauten und aller andern Instrumente, dann sollt ihr niederfallen und das goldene Bild anbeten, das der König Nebukadnezar hat aufrichten lassen.

Wer aber dann nicht niederfällt und anbetet, der soll sofort in den glühenden Ofen geworfen werden.

Als sie nun hörten den Schall der Posaunen, Trompeten, Harfen, Zithern, Flöten und aller andern Instrumente, fielen nieder alle Völker und Leute aus so vielen verschiedenen Sprachen und beteten an das goldene Bild, das der König Nebukadnezar hatte aufrichten lassen.

Da kamen einige chaldäische Männer und verklagten die Juden, fingen an und sprachen zum König Nebukadnezar: Der König lebe ewig!

Du hast ein Gebot ergehen lassen, daß alle Menschen niederfallen und das goldene Bild anbeten sollten, wenn sie den Schall der Posaunen, Trompeten, Harfen, Zithern, Flöten, Lauten und aller andern Instrumente hören würden; wer aber nicht niederfiele und anbetete, sollte in den glühenden Ofen geworfen werden.

Nun sind da jüdische Männer, die du über die einzelnen Bezirke im Lande Babel gesetzt hast, nämlich Schadrach, Meschach und Abed-Nego; die verachten dein Gebot und ehren deinen Gott nicht und beten das goldene Bild nicht an, das du hast aufrichten lassen.

Da befahl Nebukadnezar mit Grimm und Zorn, Schadrach, Meschach und Abed-Nego vor ihn zu bringen. Und die Männer wurden vor den König gebracht.

Da fing Nebukadnezar an und sprach zu ihnen: Wie? Wollt ihr, Schadrach, Meschach und Abed-Nego, meinen Gott nicht ehren und das goldene Bild nicht anbeten, das ich habe aufrichten lassen?

25   FIELEN NIEDER ALLE VÖLKER UND LEUTE
Hans Memling: Musizierende Engel, um 1490.

Wohlan, seid bereit! Sobald ihr den Schall der Posaunen, Trompeten, Harfen, Zithern, Flöten, Lauten und aller andern Instrumente hören werdet, so fallt nieder und betet das Bild an, das ich habe machen lassen! Werdet ihr's aber nicht anbeten, dann sollt ihr sofort in den glühenden Ofen geworfen werden. Laßt sehen, wer der Gott ist, der euch aus meiner Hand erretten könnte!

Da fingen an Schadrach, Meschach und Abed-Nego und sprachen zum König Nebukadnezar: Es ist nicht nötig, daß wir dir darauf antworten.

Wenn unser Gott, den wir verehren, will, so kann er uns erretten; aus dem glühenden Ofen und aus deiner Hand, o König, kann er erretten.

Und wenn er's nicht tun will, so sollst du dennoch wissen, daß wir deinen Gott nicht ehren und das goldene Bild, das du hast aufrichten lassen, nicht anbeten wollen.

Da wurde Nebukadnezar voll Grimm, und der Ausdruck seines Angesichts veränderte sich gegenüber Schadrach, Meschach und Abed-Nego, und er befahl, man sollte den Ofen siebenmal heißer machen, als man sonst zu tun pflegte.

Und er befahl den besten Kriegsleuten, die in seinem Heer waren, Schadrach, Meschach und Abed-Nego zu binden und in den glühenden Ofen zu werfen.

Da wurden diese Männer in ihren Mänteln, Hosen, Hüten, in ihrer ganzen Kleidung, gebunden und in den glühenden Ofen geworfen.

Weil das Gebot des Königs so streng war, schürte man das Feuer im Ofen so sehr, daß die Männer, die Schadrach, Meschach und Abed-Nego hinaufbrachten, von den Feuerflammen getötet wurden.

Aber die drei Männer, Schadrach. Meschach und Abed-Nego, fielen hinab in den glühenden Ofen, gebunden wie sie waren.

Aber der Engel des Herrn war zugleich mit Asarja und denen, die bei ihm waren, in den Ofen gestiegen,

hatte die Feuerflamme aus dem Ofen herausgestoßen und ließ es mitten im Ofen so sein, als ob ein Wind wehte, der kühlen Tau bringt. So rührte das Feuer sie überhaupt nicht an und fügte ihnen weder Schmerz noch Schaden zu.

Da fingen die drei wie mit einem Munde an zu singen, priesen und lobten Gott in dem Ofen.
[…]

Da entsetzte sich der König Nebukadnezar, fuhr auf und sprach zu seinen Räten: Haben wir nicht drei Männer gebunden in das Feuer werfen lassen? Sie antworteten und sprachen zum König: Ja, König.

Er antwortete und sprach: Ich sehe aber vier Männer frei im Feuer umhergehen, und sie sind unversehrt; und der vierte sieht aus, als wäre er ein Sohn der Götter.

Und Nebukadnezar trat vor die Tür des glühenden Ofens und sprach: Schadrach, Meschach und Abed-Nego, ihr Knechte Gottes des Höchsten, tretet heraus und kommt her! Da traten Schadrach, Meschach und Abed-Nego heraus aus dem Feuer.

Und die Fürsten, Würdenträger, Statthalter und Räte des Königs kamen zusammen und sahen, daß das Feuer den Leibern dieser Männer nichts hatte anhaben können und ihr Haupthaar nicht versengt und ihre Mäntel nicht versehrt waren; ja, man konnte keinen Brand an ihnen riechen.

Da fing Nebukadnezar an und sprach: Gelobt sei der Gott Schadrachs, Meschachs und Abed-Negos, der seinen Engel gesandt und seine Knechte errettet hat, die ihm vertraut und des Königs Gebot nicht gehalten haben, sondern ihren Leib preisgaben; denn sie wollten keinen andern Gott verehren und anbeten als allein ihren Gott!

So sei nun dies mein Gebot: Wer unter allen Völkern und Leuten aus so vielen verschiedenen Sprachen den Gott Schadrachs, Meschachs und Abed-Negos lästert, der soll in Stücke gehauen und sein Haus zu einem Schutthaufen gemacht werden. Denn es gibt keinen andern Gott als den, der so erretten kann.

Und der König gab Schadrach, Meschach und Abed-Nego große Macht im Lande Babel.

EIN ENGEL BEFREIT PETRUS AUS DEM GEFÄNGNIS

APOSTELGESCHICHTE 12,1–25

Um diese Zeit legte der König Herodes Hand an einige von der Gemeinde, sie zu mißhandeln.

Er tötete aber Jakobus, den Bruder des Johannes, mit dem Schwert.

Und als er sah, daß es den Juden gefiel, fuhr er fort und nahm auch Petrus gefangen. Es waren aber eben die Tage der Ungesäuerten Brote.

Als er ihn nun ergriffen hatte, warf er ihn ins Gefängnis und überantwortete ihn vier Wachen von je vier Soldaten, ihn zu bewachen. Denn er gedachte, ihn nach dem Fest vor das Volk zu stellen.

So wurde nun Petrus im Gefängnis festgehalten; aber die Gemeinde betete ohne Aufhören für ihn zu Gott.

Und in jener Nacht, als ihn Herodes vorführen lassen wollte, schlief Petrus zwischen zwei Soldaten, mit zwei Ketten gefesselt, und die Wachen vor der Tür bewachten das Gefängnis.

Und siehe, der Engel des Herrn kam herein, und Licht leuchtete auf in dem Raum; und er stieß Petrus in die Seite und weckte ihn und sprach: Steh schnell auf! Und die Ketten fielen ihm von seinen Händen.

Und der Engel sprach zu ihm: Gürte dich und zieh deine Schuhe an! Und er tat es. Und er sprach zu ihm: Wirf deinen Mantel um und folge mir!

Und er ging hinaus und folgte ihm und wußte nicht, daß ihm das wahrhaftig geschehe durch den Engel, sondern meinte, eine Erscheinung zu sehen.

Sie gingen aber durch die erste und zweite Wache und kamen zu dem eisernen Tor, das zur Stadt führt; das tat sich ihnen von selber auf. Und sie traten hinaus und gingen eine Straße weit, und alsbald verließ ihn der Engel.

Und als Petrus zu sich gekommen war, sprach er: Nun weiß ich wahrhaftig, daß der Herr seinen

26 EIN ENGEL – EINE ERSCHEINUNG?
Hendrick Terbrugghen († 1629):
Die Befreiung des Petrus.

Engel gesandt und mich aus der Hand des Herodes errettet hat und von allem, was das jüdische Volk erwartete. Und als er sich besonnen hatte, ging er zum Haus Marias, der Mutter des Johannes mit dem Beinamen Markus, wo viele beieinander waren und beteten.

Als er aber an das Hoftor klopfte, kam eine Magd mit Namen Rhode, um zu hören, wer da wäre.

Und als sie die Stimme des Petrus erkannte, tat sie vor Freude das Tor nicht auf, lief hinein und verkündete, Petrus stünde vor dem Tor.

89

Sie aber sprachen zu ihr: Du bist von Sinnen. Doch sie bestand darauf, es wäre so. Da sprachen sie: Es ist sein Engel.

Petrus aber klopfte weiter an. Als sie nun aufmachten, sahen sie ihn und entsetzten sich.

Er aber winkte ihnen mit der Hand, daß sie schweigen sollten, und erzählte ihnen, wie ihn der Herr aus dem Gefängnis geführt hatte, und sprach: Verkündet dies dem Jakobus und den Brüdern. Dann ging er hinaus und zog an einen andern Ort.

Als es aber Tag wurde, entstand eine nicht geringe Verwirrung unter den Soldaten, was wohl mit Petrus geschehen sei.

Als aber Herodes ihn holen lassen wollte und ihn nicht fand, verhörte er die Wachen und ließ sie abführen. Dann zog er von Judäa hinab nach Cäsarea und blieb dort eine Zeitlang.

Er war aber zornig auf die Einwohner von Tyrus und Sidon. Sie aber kamen einmütig zu ihm und überredeten Blastus, den Kämmerer des Königs, und baten um Frieden, weil ihr Land seine Nahrung aus dem Land des Königs bekam.

Und an einem festgesetzten Tag legte Herodes das königliche Gewand an, setzte sich auf den Thron und hielt eine Rede an sie.

Das Volk aber rief ihm zu: Das ist Gottes Stimme und nicht die eines Menschen!

Alsbald schlug ihn der Engel des Herrn, weil er Gott nicht die Ehre gab. Und von Würmern zerfressen, gab er den Geist auf.

Und das Wort Gottes wuchs und breitete sich aus. Barnabas und Saulus aber kehrten zurück, nachdem sie in Jerusalem die Gabe überbracht hatten, und nahmen mit sich Johannes, der den Beinamen Markus hat.

HEILENGEL – ERLEBNISSE EINER KRANKEN-SCHWESTER

JOÉ SNELL

Es sind nicht nur die Ärzte und das Pflegepersonal, welche den Kranken und den Leidenden dienen. Engel dienen ihnen auch. Das durfte ich erfahren, als ich im Spital tätig war. Eines Nachts schrieb ich bei verdunkelter Lampe am Tisch mitten in dem Raum, wo ich Nachtwache hatte. (Die wenigen anderen brennenden Lampen waren niedergeschraubt.) Als ich aufsah, sah ich eine Gestalt, die sich an einem Ende des spärlich erleuchteten Raumes bewegte. Ich dachte, ein Patient sei aufgestanden, aber als ich näherkam, bemerkte ich, daß es ein Engel war. Die Erscheinung war groß und schlank, und die Gesichtszüge entsprachen denen einer Frau mittleren Alters. Ich war zu der Zeit schon zu vertraut mit plötzlichem Erscheinen solcher strahlender Besucher aus der anderen Welt, um beunruhigt oder erschrocken zu sein. So stand ich und beobachtete sie. Sie ging zu drei oder vier Betten, blieb bei jedem einen Augenblick stehen und legte die rechte Hand auf den Kopf des Patienten. Seither verging während meines Aufenthaltes im Spital selten ein Tag, daß ich nicht diesen Engel gesehen hätte, der den Kranken diente. Meist, wenn ich Nachtwache hatte, aber in den dunklen Stunden, und besonders denen vor der Dämmerung, wenn die Lebenskräfte der Kranken am tiefsten sinken und sie notwendig etwas brauchen, um die Vitalität anzuregen und den Schmerz zu mildern. Offenbar verfügte dieser Engel über besondere Kräfte, mit denen er gelegentlich den Patienten wirksam half. Und da ich das oft feststellte, nannte ich ihn bei mir den Heilengel.

Oft haben Patienten nach einer solchen Behandlung am Morgen zu mir gesagt: „Oh, Schwester, ich fühle mich heute so viel besser; ich hatte einen erfrischenden Schlaf." Gelegentlich sagten sie auch von schönen Träumen, in denen sie bezaubernde Musik gehört hätten. Manchmal war ich neugierig, ob es wohl auch Strophen der Himmlischen gewesen, wie ich sie oft hörte. Niemand aber scheint wie ich den Engel gesehen zu haben, der ihnen die Wendung gebracht hatte, für die sie so dankbar waren. Aber nicht nur wenn die Patienten schliefen, wirkten diese Heilkräfte auf sie. Mehr als einmal sah ich den Engel die Stirn von Patienten berühren, die vor heftigen Schmerzen stöhnten und seufzten, wenig später dann, von Schmerzen befreit, in einen ruhigen Schlaf sanken, aus dem sie gestärkt erwachten.

Häufig habe ich nach dem Besuch des Heilengels festgestellt, daß der Puls meiner Patienten regelmäßiger und die Temperatur ziemlich normal war. Oftmals half mir der Heilengel bei der Pflege eines Patienten und führte meine Hand; andere Male half er mir, wo es unmöglich schien, schwere und hilflose Opfer von Krankheit oder Unfall zu heben. Der Heilengel war nicht der einzige, den ich bei Patienten im Spital sah. Gelegentlich kamen und gingen auch andere, mehr wie menschliche Besucher, nur war ihr Erscheinen plötzlich wie auch ihr Weggehen. Aber nur vom Heilengel habe ich häufiger erfahren, daß er Heilung brachte.

Der Fall einer jungen Frau, die von einem schweren Wagen überfahren und innerlich schwer verletzt worden war, gab mir den überzeugendsten Beweis für die wirksame Hilfe des Heilengels. Der Arzt vom Dienst hatte nach gründlicher Untersuchung den Fall hoffnungslos erklärt. Die Frau war erst kurz in der Abteilung; ich stand an ihrem Bett und überlegte, was ich tun könne, um ihre furchtbaren Schmerzen zu lindern, und dachte an die beiden kleinen Kinder, welche so bald schon der Liebe und Sorge verlustig gehen würden, als der strahlende Engel am Kopfende des Bettes erschien und aufwärts zeigte. Nur kurz stand er da, aber meine Hoffnungslosigkeit wich einer Hoffnung, wo es mir doch schien, daß kein Wunder diesen traurig zugerichteten Körper am Leben erhalten könne. Eine Stunde später war ich dabei, ihr eine kühle Kompresse auf den Kopf zu legen, als ich den Heilengel auf der anderen Seite des Bettes bemerkte. Er streckte seine Hand aus und legte sie auf meine, die die Kompresse auf der Stirn der Leidenden hielt. Die Berührung war so sanft und so zart, daß ich sagen möchte, „ich empfand" es mehr als daß ich es fühlte. Als er seine Hand zurückzog, hob er seinen Kopf und schaute mir in die Augen. Das war nicht ein nach den üblichen Begriffen schönes Gesicht, aber von einer Herzlichkeit und Zartheit, die weit anziehender sind als nur Schönheit. „Sei guter Zuversicht", sagte er, „sie wird gesunden." Das war das erste Mal, daß der Heilengel zu mir gesprochen hatte, aber später sprach er öfter zu mir solch hoffnungsvolle Worte. Er kam noch mehrmals diese Nacht und legte jedesmal seine Hand auf die Stirn der Patientin, aber bis zum Ende meines Dienstes, morgens neun Uhr, hatte sich keine bemerkbare Änderung in ihrem Zustand gezeigt. Die folgende Nacht behandelte der Heilengel sie wieder verschiedene Male, worauf sie einen erfrischenden Schlaf hatte; aber als der Arzt sie am Morgen sah, war er immer noch fest davon überzeugt, daß der Fall hoffnungslos sei. Während er mit mir sprach, erschien der Heilengel und stand ganz nahe bei uns, ebenso klar zu sehen wie der Arzt selbst, der, wie ich wußte, ihn nicht sehen konnte. Als er wieder seine Ansicht ausdrückte, daß die Frau nicht durchkommen könne, sah mich der Engel mit einem zarten Lächeln voller Zuversicht an. Dadurch kühn gemacht, sagte ich zu dem Arzt: „Soweit wir sehen können, scheint der Fall hoffnungslos, aber dennoch glaube ich, daß sie davonkommt."

„Unsinn, Schwester", antwortete er, „unmöglich, daß jemand durchkommt, der so schwere Verletzungen erhielt. Aber", sagte er, „wir werden natürlich alles für sie tun, was uns möglich ist." In der folgenden Nacht trat dann eine merkliche Besserung in ihrem Zustand ein, und die Temperatur, welche bis dahin sehr hoch war, sank. „Es scheint wirklich etwas besser zu gehen", sagte am folgenden Morgen der Arzt, „es kann aber auch nur eine vorübergehende Besserung sein." Nacht für Nacht setzte der Engel seinen Dienst bei ihr fort, und einige Wochen später fand man im Spital, sie könne nach Hause entlassen werden. Sie war nicht so stark und kräftig wie früher, aber sie war imstande, ihren Haushalt zu führen und den Kindern die nötige Liebe und Pflege zukommen zu lassen. Im Spital betrachtete man diesen Fall als eine Wunderheilung. „Ich hätte nie geglaubt, daß ich sie noch einmal auf Füßen sehen würde", sagte der Arzt, der wiederholt den Fall als hoffnungslos bezeichnet hatte, „ich sehe ihre Wiederherstellung als reines Wunder an."

Solange ich zum Spitalpersonal gehörte, mußte ich turnusmäßig Arbeit außerhalb des Spitals leisten. Sie bestand darin, daß wir in dringenden Fällen die zu Hause pflegten, welche zu arm waren, um solchen Dienst bezahlen zu können. Wenn zu der kummervollen Last der Armut noch die schmerzliche Krankheit kommt, dann ist das tiefste menschliche Elend erreicht. Es macht mich heute noch schaudern, wenn ich zurückblicke auf die mannigfachen Szenen, die ich als Pflegerin unter den Bewohnern des Slums erlebte. So sah ich einen Mann in einer Ecke des Raumes im Sterben, während in einer anderen Ecke auf einem ebenso verkommenen Behelf von Bett eine Frau einem Kinde das Leben gab. Und das war in einem christlichen Land! […]

Im Laufe meiner Arbeit als Pflegerin konnte ich verschiedene Personen beobachten, denen durch Engelhilfe große Belastungen weitgehend erleichtert und Elend und Verzweiflung in Frieden und Hoffnung gewandelt wurden. Vielleicht der bedeutendste Fall dieser Art war die glückvolle Wandlung, die sich bei einem krüppelhaften Mädchen von 16 Jahren vollzog, die so gut wie keine Beine besaß. Sie war das einzige von mehreren Geschwistern, das mißgestaltet war. Die Eltern schienen sich wegen ihrer Krüppelhaftigkeit zu schämen und schenkten ihr wenig Zuneigung. Sie kam nie aus dem Hause, und die Nachbarn ließ man soweit wie möglich nichts von ihrer Existenz wissen. Sie hatte nicht schreiben und lesen gelernt, hatte auch keine religiöse Belehrung erhalten. Ich hätte von ihr nie etwas gewußt, aber eine schwere Krankheit in der Familie brachte mich in das Haus für sechs Monate. Mein Herz wurde ergriffen bei dem Anblick ihres rührenden Gesichts und ihrer liebeheischenden Augen. Zuerst erschrak sie vor mir, wie vor allen Fremden, denn die Vernachlässigung, mit der man sie behandelte, hatte sie zu der Annahme verführt, daß ihr Anblick alle abstoße. Natürlich vermehrte das mein Mitleid mit ihr, und ich setzte alles daran, die Schranke ihrer Empfindlichkeit und Furchtsamkeit zu beseitigen. Da hatte ich bald Erfolg, denn ihr verarmtes Herz hungerte nach Zuneigung. Als ich etwas Vertrauen und Liebe bei ihr gewonnen hatte, begann ich ihr etwas von der Liebe Gottes und von Jesu Wirken auf der Erde zu erzählen. Sie hörte gierig zu, wie eine Pflanze, die am Absterben ist in einem ausgetrockneten Boden und wieder auflebte, wenn der Regen auf sie fällt, so schien ihre Seele, die so lange in geistiger Verkümmerung und Unwissenheit gelitten hatte, zu erwachen und sich in der Sonne göttlicher Liebe zu entwickeln. „Erzähle mir doch noch! Erzähle mir doch noch mehr!" rief sie oft mit froher Erwartung in den großen Augen, wenn ich ihr von dem Dienst der Engel gesprochen hatte und daß sie später auch so ein Engel sein werde. „Werde ich dann auch gehen können wie andere?" fragte sie mich. – „Ja", antwortete ich, „wenn du in ihre Welt hinübergehst, wirst du einen schönen geistigen Leib haben, vollkommen und frei von allem Leid und Beschwerde." – „Oh", rief sie aus, „wenn ich doch auch die leuchtenden Engel sehen könnte, dann würde ich mich nicht mehr so verlassen fühlen." Ich antwortete ihr, daß sie dieselben wohl eines Tages sehen und auch hören werde; wenigstens würde sie fähig werden, ihre Anwesenheit zu fühlen. Auch sie besaß seltene latente Kräfte. Mir schien, sie müßten nur in ihrer geistigen Natur geweckt und weiterentwickelt werden, um ihr die Wirklichkeit des Engeldienstes zu offenbaren. Ich war gut einen Monat in dem Hause, als sie mir erzählte, daß sie im Traum die „strahlenden Engel" gesehen habe. Sie sah sie dann mehrere Nächte im Traum und gewöhnte sich daran, den Schlaf zu erwarten, damit die Träume ihr wieder Freude und Kraft brächten. Als ich dann eines Morgens in ihr Zimmer ging, um zu fragen, wie lange sie geschlafen hätte, saß sie im Bett aufrecht, mit Augen voller Entzücken, und sie klatschte in die Hände. „Was denken Sie? Was denken Sie?" rief sie freudestrahlend, „ich habe einen von den strahlenden Engeln gesehen!" – „Im Traum?" fragte ich. – „Nein, kein Traum, es war Wirklichkeit", antwortete sie. „Der Engel stand an meinem Bett, da, wo Sie stehen." – „Und was sprach der Engel zu dir?" – „Er sprach mit mir über Gottes Liebe, so wie Sie, und ließ mich fühlen, daß Gott mich wirklich liebt. Er erzählte mir auch, daß ich auch ein strahlender Engel sein werde, und daß ich dann mich gleich bewegen könne wie er. Oh, ich bin so glücklich, da ich weiß, daß das alles wirklich und wahr ist." Sie klatschte mit den Händen, ich ebenfalls, und ein Dankgebet stieg aus meinem Herzen auf dafür, daß ihr die Kameradschaft der Engel versprochen war und daß diese ihr größere Hilfe und Frieden bringen würden als irgend irdische Freude.

Dann verging kaum ein Tag, solange ich bei dieser

Familie blieb, an dem sie mir nicht erzählt hätte, daß sie Engel gesehen und mit ihnen gesprochen habe. Ich lehrte sie lesen und schreiben. Sie lernte schnell. Sie las sehr gerne in der Bibel, und sie sagte mir, daß die Engel gewöhnlich zu ihr über das sprächen, was sie da gelesen hätte, ihr alles erklärten und ein großes Glücksgefühl vermittelten. Diesen Engeldienst erlebte sie bei Tag und bei Nacht. Oft hörte sie auch, wie sie mir sagte, wundervolle Musik, wahrscheinlich die gleiche, wie ich sie höre. Diese Offenbarungen verursachten einen großen Wandel in ihr. Die bei ihr zur Gewohnheit gewordene Niedergeschlagenheit wich einer stillen Freude, die etwas Ansteckendes hatte, so daß ihre Eltern, die sie bisher gemieden hatten, anfingen, Freude an ihrer Gesellschaft zu finden. Aber sie hatten keinerlei geistige Einstellung. An den Dienst der Engel konnten sie nicht glauben. Sie waren überzeugt, daß sich die Tochter das nur einbilde, was sie angeblich sehe und höre. Aber da es sie glücklich mache, solle man sie dabei lassen, ihren Wahnvorstellungen – wie sie es nannten – nachzugehen. Ihr Vater und ihre Mutter hatten eines Tages gerade mit mir über diese Dinge gesprochen und sie als gegen den klaren Verstand verstoßend bezeichnet, als uns etwas veranlaßte, in das Zimmer der Tochter zu gehen. Dort sah ich einen strahlenden Engel über sie gebeugt, und da ich bald das Haus verlassen würde, benutzte ich die Gelegenheit, den Angehörigen etwas in ihre Unwissenheit und Blindheit hineinzuleuchten, bestätigte, daß auch ich den Engel sähe und beschrieb dessen Erscheinung. „Oh, wie bin ich froh, daß Sie den hellen Engel genauso sehen wie ich“, rief die Tochter aus, „nun wissen Vater und Mutter doch, daß es keine Einbildung ist.“

Ich war besorgt, als ich sie verließ, denn sie war ein sehr lieber und zarter Charakter geworden. Sie weinte, als ich von ihr Abschied nahm, und sie sagte, sie werde mich sehr vermissen. „Aber du wirst dich nie wieder allein fühlen wie früher“, sagte ich. „Immer werden dich Engel trösten.“ – „Ja, ich weiß das“, antwortete sie fröhlich, „sie haben mir versprochen, daß sie mich nie mehr verlassen, solange ich lebe, und daß ich nachher immer mit ihnen zusammen sein werde.“

HABEN SIE SCHON MAL EINEN SCHUTZENGEL GESEHEN? – UMFRAGE-ERGEBNISSE

HANS C. MOOLENBURGH

„Kommt das manchmal vor, daß Menschen Engel sehen?“

Zwanzig Personen reagierten mit konstruktiver Teilnahme: „Nein, einen Engel habe ich nie gesehen, aber …“, und dann folgte eine Geschichte, die in der Welt des Geheimnisvollen angesiedelt war. Darauf komme ich später noch zurück. Vierzehn Personen reagierten kurz und bündig. Sie antworteten mit einem prompten ‚Nein‘!

Zehn reagierten sehr ernst. Eine Frage, die man nicht auf die leichte Schulter nehmen konnte, eine Frage von größerer Tragweite. Ich habe sie von den Nachdenkenden unterschieden, da sie prompt antworteten. Die übrigen Reaktionen waren sehr unterschiedlich und lassen sich in keiner bestimmten Gruppe unterbringen. Wenn ich noch einmal alles in einer Übersicht zusammenfasse, dann sieht es folgendermaßen aus:

Emotionale Reaktionen auf die Frage nach Engelerfahrungen:

Tiefes Nachsinnen	$15\frac{1}{4}$ Prozent
Spontanes Lachen	$11\frac{1}{4}$ Prozent
Nüchtern	$10\frac{3}{4}$ Prozent
Erstaunt	$9\frac{1}{4}$ Prozent
Strahlend	$9\frac{1}{4}$ Prozent
Interessiert	$4\frac{3}{4}$ Prozent
Konstruktive Teilnahme	5 Prozent
Negativ	$4\frac{3}{4}$ Prozent
Kurz und bündig	$3\frac{1}{2}$ Prozent
Ernst	$2\frac{1}{2}$ Prozent

27 BREIT AUS DIE FLÜGEL BEIDE!
Georges Rouault († 1958): Der Schutzengel.

"Mein Partner"   2¼ Prozent
Sonstige Reaktionen   20½ Prozent

Zusammenfassend könnte man sagen, daß die Frage nach Engelerfahrungen oftmals emotionale Reaktionen hervorruft. Nicht weniger als drei Personen brachen in Tränen aus. Für die Mehrheit der Befragten (89 Prozent) war es keine neutrale Frage; weder für konfessionell gebundene, noch für konfessionslose. Auf all das bin ich besonders genau eingegangen. Der westliche Mensch ist nicht so versachlicht, wie man manchmal denkt. Er muß in einer Welt leben, wo alles logisch und rationell geplant und gesteuert wird. Aber wenn man ein wenig an diesem rationalistischen Lacküberzug kratzt, zeigt sich, daß auch der Mensch unseres Jahrhunderts noch immer tief mit der Welt des Geheimnisvollen verbunden ist.

Meine erste Schlußfolgerung aus dieser Untersuchung ist deshalb, daß es Engel gibt. Es ist ganz deutlich, daß sie einen Teil der menschlichen Erfahrungswelt darstellen.

Wenn ich nun noch einmal die ganzen achtunddreißig Fälle von Engelerlebnissen durchgehe, so fallen zwei Dinge auf: ein großes Gefühl von Glückseligkeit, ein Gefühl, im Glauben gestärkt oder bestätigt worden zu sein, und ein innerer Friede, der von der Begegnung ausging. Diese Gefühle hielten oftmals wochenlang an und bleiben auch noch nach langen Jahren in der Erinnerung lebendig.

Ob eine Engelerfahrung echt ist, kann schon anhand dieser Gefühle beurteilt werden. Die Begegnung mit einem Engel ist keine kühle Begrüßung auf der Straße. Sie berührt den Menschen in seinem tiefsten Wesen. Das dabei auftretende Gefühl wurde in unnachahmlicher Weise von Selma Lagerlöf in *Niels Holgersson* dargestellt, und zwar in der Szene des großen Kranichtanzes auf dem Kullaberg:

„… alle, die noch nie auf dem Kullaberg gewesen waren, begriffen nun, warum die ganze Versammlung ihren Namen von dem Kranichtanz hat. Er hatte eine gewisse Wildheit und weckte doch das Gefühl einer süßen Sehnsucht. Niemand dachte jetzt mehr daran zu kämpfen. Dagegen fühlten jetzt alle, die Beflügelten und die Flügellosen, einen Drang in sich, ungeheuer hoch hinaufzusteigen, ja, bis über die Wolken hinauf, um zu sehen, was sich darüber befinde, einen Drang, den schweren Körper zu verlassen, der sie auf die Erde hinabzog, und nach dem Überirdischen hinzuschweben."

Mit diesem ersten Punkt hängt wahrscheinlich der zweite Punkt, der hier vermerkt werden muß, zusammen. Alle Personen, die ein solches Erlebnis gehabt hatten, hatten es stillschweigend für sich behalten. Oft war es das erste Mal, daß sie es jemandem erzählten. Ich habe ein Ehepaar erlebt, wo der Mann auf meine Frage lachend sagte: „Also Herr Doktor, gibt's denn sowas?" Aber seine Frau blickte verlegen zu Boden und sagte dann zögernd: „Ich habe es dir nie erzählt, Jan, aber …" Als Grund für dieses Schweigen wird oft die Angst angegeben, für verrückt gehalten zu werden. Engel passen so wenig zum Geist unserer stahlharten materialistischen Ära, daß eine Engelerscheinung beim Publikum als Geistesverwirrung ankommt.

Aber ich glaube, daß auch die Intensität der dadurch aufgerührten Gefühle dazu führte, daß die Erfahrung verborgen blieb. Manche Erfahrungen sind einfach zu überwältigend, als daß sie verbal vermittelt werden könnten. Diese Zurückhaltung, über Engelerfahrungen zu sprechen, läßt sich bei paranormalen Wahrnehmungen gar nicht feststellen. Vielleicht sollte ich sagen „bei anderen paranormalen Wahrnehmungen", denn eine Engelerscheinung gehört natürlich nicht zu den normalen Wahrnehmungen. Aber mit „paranormal" meine ich Hellsehen, Hellhören und ähnliches, die ganze Sammlung von Professor Tenhaeff. Diese Erscheinungen sind geradezu in Mode gekommen, und die Menschen erzählen darüber schnell und gerne. Eine Frau antwortete auf meine Frage, ob sie schon einmal einen Engel gesehen hätte, mit strahlendem Gesicht: „Nein, Herr Doktor, aber an Kobolde glaube ich schon!" Seit dem vielgelesenen Buch von Rien Poortvliert ist das erlaubt.

Trotzdem werden Engelerzählungen manchmal im kleinen Kreis weitergegeben, wie zum Beispiel die folgende Geschichte, die auf meine Frage hin ganz spontan preisgegeben wurde. Die Großmutter einer meiner Patientinnen hatte sie ihr erzählt. Ihr Vater, also der Urgroßvater meiner Patientin, war in Afrika als Pfarrer tätig.

Eines schönen Tages mußte er einen einsamen Weg entlanggehen, um eines seiner Gemeindemitglieder zu besuchen. Bei einer bestimmten Felspartie lagen zwei Raubmörder auf der Lauer. Aber der Angriff auf den Prediger fand nicht statt, weil zwei in Weiß gekleidete Männer ihn begleiteten. Die beiden Räuber erzählten später in einer Kneipe über diesen „Begleitschutz". Der Kneipenwirt hinterbrachte es sofort dem Pfarrer, um ihn zu warnen und zur Vorsicht zu ermahnen. Der aber hatte seine Lebensretter nicht gesehen.

Auch dies ist nun wieder eine typische Engelgeschichte. In meinem Sendebereich kursieren mehrere solcher Erzählungen, aber ich wählte diese, da ich sie persönlich gehört habe. Sie steht natürlich nicht in meiner Statistik.

Aber wir brauchen gar nicht soweit zu gehen. Um die Jahrhundertwende lebte in einem Arbeiterviertel von Den Helder ein Bäcker, der unter dem Namen ‚der seelige Breet' bekannt war. Am Samstagabend räumte er seine Bäckerei auf, stellte Stühle im Kreis auf und hielt dann am Sonntagmorgen eine Versammlung für die Leute ab, die nicht in der Kirche waren. Der Raum war immer brechend voll. Auch Sonntagsschule hielt er in der Bäckerei ab, und seine Weihnachtsfeiern waren berühmt.

In dieser Zeit hatte Den Helder ein Dirnenviertel, das noch aus der Zeit stammte, als man noch von Den Helder über den Kanal direkt nach Amsterdam fahren konnte. Den Zuhältern war Breets Missionierungsarbeit ein Dorn im Auge, denn dadurch waren ihnen bereits einige Prostituierte abgesprungen, und das wurde den Herren allmählich zu teuer.

Auf Breet konnte man auch Tag und Nacht rechnen, wenn es darum ging, einen Kranken zu besuchen. So wurde er eines Nachts aus seinem Bett geklingelt. Er steckte seinen Kopf zum Fenster heraus und sah unten einen Mann stehen.

„Herr Breet", sagte dieser, „in der Jansenstraße 24 liegt ein Schwerkranker, er bittet um Ihren Besuch."

„Ich komme", sagte Breet, zog sich an und ging nach unten. Der Bote war inzwischen verschwunden.

Um zu der angegebenen Adresse zu gelangen, mußte er eine kleine Brücke, die sich über eine Gracht spannte, überqueren. Bei der Hausnummer 24 klingelte er dann. Zuerst blieb alles still. Nachdem er ein zweites Mal geklingelt hatte, fragte jemand mit zorniger Stimme hinter der Tür, was denn los sei. Breet erklärte, warum er hier sei.

„Es gibt hier keinen Kranken, und ich brauche auch niemanden", tönte die zornige Stimme. Breet ging enttäuscht wieder nach Hause.

Zwanzig Jahre später kam ein Mann in seinen Laden. Breet stand hinter dem Verkaufstisch.

„Herr Breet, ich würde Sie gerne mal sprechen", sagte der Besucher. „Kommen Sie rein", sagte Breet.

Darauf der Mann: „Erinnern Sie sich noch, daß Sie vor ungefähr zwanzig Jahren nachts zu einem Kranken in der Jansenstraße gebeten wurden?"

„Ja", sagte Breet, „das weiß ich, das ist ein Erlebnis, das ich so schnell nicht vergesse."

„Ich war der Mann, der nachts zu Ihnen kam", sagte der Besucher. „Ich haßte Sie so sehr, daß ich mit einem Freund verabredet hatte, Sie zu ertränken. Wir lockten Sie zu einer Adresse am Ende der Brücke und warteten dort auf Sie, um Sie ins Wasser zu werfen. Aber da Sie mit zwei Begleitern kamen, wagten wir es nicht. Sie hatten je einen Begleiter zur Rechten und zur Linken."

„Aber nein", sagte Breet, „ich war den ganzen Weg über allein."

„Mein Freund und ich sahen aber deutlich, daß auf beiden Seiten jemand mit Ihnen mitging."

Die Breetsche Bäckerei diente zu der Zeit als Predigt- und Sonntagsschul-Zentrum, und der Erzähler, Herr Bijlsma, hat dort selbst Sonntagsschulunterricht gegeben.

Ich habe mit ihm gesprochen. Selbst hatte er Breet nicht mehr gekannt, wohl aber Familienmitglieder von ihm, die ihm auch diese Geschichte erzählten. Außerdem hatte er es auch in einem autobiographischen Büchlein von Herrn Breet gelesen.

[…]

Achten Sie einmal darauf, wie oft Menschen, die sich aus einer gefährlichen Verkehrssituation retten konnten, von ihrem „Schutzengel" sprechen.

In einer Welt, wo das Christentum immer mehr an Einfluß verliert, bleibt der Schutzengel wacker bestehen, so, als hätte man ihm noch nicht bedeutet, daß er jetzt nicht mehr dazugehört. Ja, man könnte sogar sagen, daß die Geschichten über Schutzengel wieder richtig im Kommen sind.

Es gibt eine recht gute amerikanische Zeitschrift, die ich jedem empfehlen kann. Sie heißt *Guideposts* und bringt regelmäßig Berichte über Engelerfahrungen. In der Märznummer 1982 erzählt eine junge Frau namens Euphie Eallonardo:

„Es war schon recht unvorsichtig von mir, noch vor Sonnenaufgang einen Spaziergang durch das unübersichtliche Straßengewirr hinter der Endstation dieser Buslinie in Los Angeles zu machen. Aber ich war noch jung und zum ersten Mal in der Großstadt. Mein Bewerbungsgespräch war erst nach fünf Uhr. Ich konnte es einfach nicht erwarten, das Viertel kennenzulernen. Ich verirrte mich in einer abgelegenen Gegend. Als ich ein Auto vorbeifahren hörte, drehte ich mich um … da sah ich im Scheinwerferlicht drei Männer schleichen, die sich bemühten, im Schatten verborgen zu bleiben. Zitternd vor Angst tat ich, was ich immer tue, wenn ich Hilfe brauche: Ich senkte den Kopf und bat Gott, mich zu retten. Aber als ich aufsah, erblickte ich einen vierten Mann, der im Dunkeln auf mich zulief. Oh Gott, jetzt war ich eingeschlossen.

Ich war so voller Angst, daß ich mehrere Augenblicke brauchte, um festzustellen, daß ich diesen Mann selbst im Dunkeln sehen konnte. Er trug einen tadellos gewaschenen Arbeitskittel und Bluejeans und hatte einen Henkelmann bei sich. Er war etwa dreißig Jahre alt und mindestens einen Meter achtzig groß. Sein Antlitz war streng, aber schön (nur so kann ich es nennen). Ich rannte auf ihn zu: ‚Ich habe mich verirrt und werde von mehreren Männern verfolgt‘, sagte ich verzweifelt. ‚Ich habe einen kleinen Spaziergang in der Nähe der Bushaltestelle gemacht. Ich habe so eine Angst!‘

‚Komm,‘ sagte er, ‚ich bring dich in Sicherheit.‘ Er war stark und vermittelte mir ein Gefühl der Sicherheit.

‚Ich weiß nicht, was passiert wäre, wenn Sie nicht zufällig hier vorbeigekommen wären …‘.

‚Ich schon.‘ Seine Stimme war tief und melodisch.

‚Ich bat um Hilfe, gerade bevor Sie kamen.‘

Ein kaum sichtbares Lächeln spielte um seinen Mund, seine Augen. ‚Jetzt bist du in Sicherheit.‘

Wir näherten uns der Bushaltestelle. ‚Vielen, vielen Dank‘, rief ich leidenschaftlich aus. Er nickte. ‚Tschüs, Euphie.‘

Wie vom Blitz getroffen blieb ich auf dem Weg in den Warteraum stehen. Euphie! Hatte er mich wirklich bei meinem Vornamen genannt? Ich drehte mich blitzschnell um und rannte das Trottoir entlang, aber er war verschwunden.“

So sieht also der moderne Engelbericht aus. Dies ist ein typisches Beispiel. Es enthält mehrere oft wiederkehrende und deutlich erkennbare Elemente.

Erstens eine lebensgefährliche Situation. Ich war selbst in Los Angeles, und selbst als Mann kann man dort in bestimmten Gegenden nicht allein im Dunkeln auf der Straße gehen. Die Frau befand sich wirklich in Lebensgefahr.

Zweitens die plötzliche Rettung durch einen normal gekleideten jungen Mann. Oft wird dieser als auffallend schön beschrieben, ohne daß sein Äußeres weiblich wäre. Auch der Ernst wird vermerkt.

Und schließlich das plötzliche, spurlose Verschwinden des Retters, nachdem deutlich geworden ist, daß er mehr über einen wußte, als er eigentlich wissen konnte.

Ein Engel in Bluejeans mit Henkelmann. Ist das keine Profanisierung des Heiligen? Wo sind die weißen Kleider? Wo die Flügel?

Nun fällt es sicherlich den meisten von uns nicht schwer, uns von dem Bild des Engels als kleinem rundlichem Nackedei zu trennen, einem Kindchen, dessen Blöße von einem leichten, im Wind flatternden Tuch bedeckt wird und das zwei nicht besonders gut zum Fliegen geeignete Flügelchen auf dem Rücken trägt. So erscheinen sie auf italienischen Fresken, in Zeiten großer Kindersterblichkeit vielleicht als Trost für die Eltern gemalt.

Was die dicken Kleinkinder mit ihren Flügelchen anbelangt: Die kleine Tochter einer Dame, die zu den von mir befragten Personen gehörte, sagte eines Abends nachdenklich zu ihrer Mutter: „Mammi, Engel können nicht fliegen, die Flügel halten das nicht aus!“

Ist ein gestorbenes Kind ein Engel geworden, wie Vondel einstmals sang? Die Antwort kenne ich nicht, aber manchmal kann ein Engel tatsächlich als Kind in Erscheinung treten. Dazu einer von meinen Befragten, ein netter älterer Mann mit diesem typischen Glanz in den Augen, den ich so allmählich immer besser als Merkmal jener Menschen wiedererkenne, die einen Blick hinter die Leinwand geworfen haben.

Als er neun Jahre alt war, sah er vor dem Schlafengehen immer jemand, der einem gleichaltrigen Kind glich. Diese Erscheinung war von einem ungeheuren Glücksgefühl begleitet. Das Kind hatte blondes Haar und war von einer Art Strahlenkranz umflossen. Nachdem dies einige Wochen so gegangen war, sagte das Kind: „Jetzt kann es nicht mehr so weitergehen, denn deine Füße berühren jetzt den Boden.“ Dann verschwand es und erschien nie mehr wieder.

Deshalb glaube ich, daß ein Engel, wenn es notwendig ist, einem Kind auch in Gestalt eines Kindes erscheinen kann, um den kleinen Menschen, den er besucht, nicht zu erschrecken. Genauso, wie auch Gott, der Schöpfer des Himmels und der

Erde, die Menschheit als Mensch besucht hat. Dies geschieht aus Liebe für die, die besucht werden. Wir sollten uns also davor in acht nehmen, das Kind mit dem Bade auszuschütten, denn ehe man sich's versieht, ist der Himmel leer geworden … und nur noch ein paar Astronauten wirbeln dort herum.

Da ich gerade bei den Kindern bin, möchte ich noch einen Bericht aus *Guideposts* (April 1983) anschließen. William T. Porter aus Englewoods, Colorado, schreibt:

„Wir standen im Vorgarten meiner Eltern, als wir plötzlich einen Schrei hörten. Es war unsere kleine zweieinhalbjährige Tochter. Wir rannten zum rückwärtigen Teil des Gartens und fanden Helen weinend und tropfnaß auf dem gepflasterten Weg stehen. Es war offensichtlich, daß sie in den kleinen, aber tiefen Fischteich meiner Eltern gefallen war. Gott sei Dank war sie nun in Sicherheit.

Als dann meine Frau herbeieilte, um Helen aufzuheben, fühlte ich mich plötzlich wie vor den Kopf geschlagen: Rings um den Teich waren keine nassen Fußspuren zu sehen; und dabei stand unser Kind doch gute sechs Meter vom Wasser entfernt. Es war vollkommen unmöglich, daß ein Kleinkind aus eigener Kraft aus dem Teich hätte herausklettern können. Er hatte einen Durchmesser von etwa zwei Meter und war einen Meter zwanzig tief. Während Helen größer wurde, zerbrachen wir uns oft den Kopf über diese merkwürdigen Umstände. Sie selbst hatte keine Erinnerung an den Vorfall behalten, aber eine tiefsitzende Angst vor Wasser konnte sie nicht loswerden.

Als Helen und ihr Mann, der bei der Armee ist, viele Jahre später in San Antonio wohnten, begann sie diese Angst mit Hilfe eines Militärgeistlichen, Pfarrer Claude Ingram, aufzuschlüsseln. Als er ihr geistlichen Rat gegeben und einige Male mit ihr gebetet hatte, forderte er sie auf, den Vorfall mit dem Fischteich, der ihr soviel Angst eingejagt hatte, in ihrer Erinnerung noch einmal zu durchleben.

Sie versetzte sich in die Situation zurück und begann den Teich und die Fische in allen Details zu beschreiben. Sie stieß einen Schrei aus, als sie den Augenblick, wo sie ins Wasser fiel, von neuem erlebte. Plötzlich schnappte Helen um Luft: ‚Jetzt erinnere ich mich!‘ sagte sie. ‚Er packte mich an den Schultern und zog mich heraus.‘

,Wer hat das getan?‘ fragte Pfarrer Ingram.

,Jemand in Weiß‘, antwortete sie. ,Jemand zog mich heraus und verschwand dann.‘“

Hier sehen wir also einen Engel in Weiß auftreten. So gehört sich das ja auch, denkt der fromme Mensch. Trotzdem ist immer bekannt gewesen, daß Bewohner aus der anderen Welt sich hier als normale Menschen zeigen können.

So schließt der Engel in den Bluejeans mit seinem Henkelmann bei der alten jüdischen Legende an, die da besagt, daß Elias zu jeder Zeit erscheint, und zwar normal gekleidet, so, wie man sich zu dieser Zeit eben kleidet, als Bauer, Arbeiter, alter Mann. Erst später sagt man dann: „Das kann niemand anders als Elias gewesen sein.“ In unserer Zeit also würde er oder auch ein Engel vom Himmel am besten in Bluejeans erscheinen können. […]

Ich hoffe, daß Sie dieses Erlebnis alle kennen, wenn die Lösung eines Problems plötzlich wie vom Himmel fällt. Auf diese Weise sind viele große Entdeckungen zustande gekommen. Man denkt und denkt und kommt nicht auf die Lösung des Problems. Man schlägt es sich aus dem Kopf – und schon ist sie da. Wissen Sie, wie wir das heutzutage nennen? Wir haben dafür einen großartigen neuen Ausdruck: „Das kreative Vermögen der rechten Gehirnhälfte.“ In unserer linken Gehirnhälfte sitzt vor allem unser analytisches Vermögen, auch die praktische Lebensbewältigung, während aus der rechten Gehirnhälfte künstlerische Ausdrucksformen und Einfälle kommen. Ich glaube, daß ein solcher Ausdruck dummes Geschwätz ist. Das ist wieder mal typisch für unser Jahrhundert: Wir wollen einem anderen die Ehre nicht gönnen und sie ganz für uns selbst beanspruchen. Dieses bißchen grauer Gelee soll ein „kreatives Organ“ sein? Wie kriegen wir es in unseren Kopf? Es ist eines der größten Wunder in der ganzen Schöpfung, ein Sternenhimmel voller Zellen, die nach allen Richtungen ausstrahlen – aber kreativ? Nein, was wir da sehen, ist keine spontane Kreativität. Es ist unsere Empfangsstation für den Engelkurzwellensender. Wenn wir uns gut darauf einstimmen, empfangen wir Botschaften und nennen das dann Intuition oder Inspiration. Und wenn jemand den Sender eingestellt hat, ohne sich dessen bewußt zu sein, nennen wir es Zufall. Aber nicht wir sind es, die den Zufall regeln oder die Intuition und die Inspiration liefern. Auch sind es keine blinden Kräfte, die so durchs Universum schweifen, mit denen man machen kann, was man will, genauso, wie

98

28   BLEIBT IHR ENGEL, BLEIBT BEI MIR!
      Beate Heinen: Schutzengel, 1984.

man den Wind zum Segeln gebrauchen kann. Nein, es sind sehr intelligente Wesen, die für unser Wohlbefinden sorgen, genau wie auch Houston für die Astronauten sorgt. Daß so oft etwas schiefläuft, liegt nicht an ihnen, sondern an der Tatsache, daß wir nicht gut genug lauschen können.

Vielleicht kann ich jetzt nach diesen Beispielen und Vergleichen etwas besser auf die Frage eingehen, was eigentlich ein Schutzengel ist. Ein Schutzengel ist, ebenso wie wir, ein mit Intelligenz und Bewußtsein begabtes Geschöpf Gottes. Er befindet sich meistens in einer Dimension, die unsere Welt mit ihren drei Dimensionen übersteigt. Die drei Raumdimensionen, in denen wir leben, sind wahrscheinlich auch in seiner Welt vorhanden, aber sie sind darin so inbegriffen, wie auch ein Punkt in der Fläche inbegriffen ist.

Ein Schutzengel, der zu einer besonderen Kategorie unter den Engeln gehört, hat dabei die Aufgabe, für uns, die wir in die Zeit abgesunken sind, Bote zu sein. Auch hat er die Funktion, uns zu beschützen und behutsam zu leiten. Oft übermittelt er Warnungen. Seine Signale werden wahrscheinlich in unserer rechten Gehirnhälfte aufgefangen. Aber wir hören sie nur, wenn wir innerlich ruhig sind.

Manchmal erscheint dieser Engel unerwartet in unserer Welt. Manchmal sieht er wie ein Mensch aus, der sich in seiner Kleidung nicht von der Umgebung unterscheidet. Hat er auch im Himmel menschliche Gestalt? Ich glaube nicht, daß das eine sehr sinnvolle Frage ist, da wir uns eine Welt mit mehr Dimensionen, als die unsrige hat, schlecht vorstellen können. Wir können allerdings mit Sicherheit annehmen, daß er im Himmel wundervoll strahlend und ehrfurchterweckend aussehen wird. Hier muß er sich unter einem Alltagsgewand verstecken, sonst würde jeder in Anbetung zu seinen Füßen niederfallen. Aber das wäre so, als ob ein Hund vor seinem angebeteten Herrn zu Füßen liegt. Es würde unsere Freiheit einschränken. Deshalb wählt er eine einfache Erscheinungsform.

Engel unterscheiden sich von uns dadurch, daß sie für den Willen Gottes so vollständig durchlässig sind, daß ihre Handlungen diesen Willen vollkommen ausdrücken. Das scheint mir nicht leicht zu sein.

Es scheint mir, menschlich gesprochen, eine schwierige Aufgabe für einen Schutzengel zu sein, einen Menschen so zu begleiten, daß dieser Mensch davon fast nichts merkt. Er darf nur leise warnen und ansonsten nichts tun. Dabei sieht er seinen Schützling von einer Dummheit in die andere fallen, seine Empfangsantennen abstellen, böse Streiche aushecken, bei deren Anblick jeder gute Engel die Zähne aufeinanderbeißen muß; kurzum, er sieht das Leben, wie es die meisten Menschen auf der Erde eben leben. Dies erscheint mir viel frustrierender, als ein Kind aufzuziehen, wo man wenigstens ab und zu die Stimme erheben kann. Aber vielleicht sind Wörter wie „frustrierend" und „die Zähne aufeinanderbeißen" typisch menschlich. Vielleicht gibt es dort oben nur Erbarmen für den tölpelhaft strauchelnden Menschen. […]

Im übrigen klingt das ja sehr erwachsen und wissenschaftlich, wenn man über einen „Engel als psychologische Tatsache" spricht. Dann ist man integriert und akzeptiert. Stellen Sie sich eine Versammlung von gelehrten Theologen vor, wo jemand einen Vortrag über Engel hält. Er schließt seine Darstellung mit dem Satz: „Was immer man davon auch hält, als psychologische Tatsache könnte man schon von der Existenz der Engel sprechen."

Die ganze Gesellschaft würde zustimmend nicken. Das ist diese neutrale, wissenschaftlich relativierende Sprache, mit der man sich überall sehenlassen kann. Die Sprache, die einem zwar den Glauben hat verlieren lassen; aber dafür ist der Lehrstuhl sicher!

Und dann steht so ein junger Geistlicher auf, der grade erst mit seinem Studium fertig ist. Ich denke an einen bestimmten Typ, wie man ihm hier und da noch begegnet. Zum Beispiel einen bekannten Jugendseelsorger, der darauf bestand, zum Examen im Pyjama zu erscheinen und seinen Professoren zu sagen: „Ich stehe hier im Pyjama, weil man uns hier an der Universität keinen Glauben gelehrt hat, sondern uns eingeschläfert hat."

So eine Art Mensch. Und der sagt dann in meiner vorgestellten Situation auf dem Theologentreffen: „Ich habe gestern einen Engel getroffen." Sehen Sie das Bild vor sich? Die Gereiztheit? Das überlegene Lachen? Das Achselzucken? Und dann der unvermeidliche Witzbold, der aufsteht und fettig grinsend fragt: „War sie schön?" Dann das befreiende Lachen all dieser gelehrten Herren. Und dann geht man schnell zu seriösen Themen über, die archetypische Erklärung von Jung zum Beispiel, und vielleicht noch der Engel in der mittelalterlichen Malerei. Nein, Engel sind in den Hallen der Wissenschaft nicht willkommen. Aber wir müssen verstehen, daß die Wissenschaft sehr einseitig und deshalb nicht in der Lage ist, über Dinge Aussagen zu machen, die zwar wirklich, aber nicht wissenschaftlich analysierbar sind. Dazu die folgende Geschichte:

Der Futurologe Willis Harmann hat vor kurzem eine Fabel dem Vergessen entrissen. Es dreht sich um einen Mann, der den ganzen Ozean mit einem Schleppnetz leerfischte. Die Löcher im Netz waren 2½ cm groß. Als er seinen Fang ansah, der, wie man sich vorstellen kann, aus Walfischen, Delphinen, Haien, Seeschildkröten usw. bestand, schrieb er eine Dissertation, aufgrund deren er zum Doktor der Zoologie ernannt wurde. Eine der Thesen in dieser Doktorarbeit lautete: Tiere, die kleiner sind als 2½ cm, werden im Ozean nicht gefunden.

Aus demselben Grund wird auch die Angelologie, die Lehre von den Engeln, nicht mehr an der Universität gelehrt. Man findet keine Engel mehr, weil unser Schleppnetz zu grob ist. Sie gleiten durch die Löcher unserer Gedankenmuster.

GIPFEL

ROSE AUSLÄNDER

Auch im Bett
gibt es Gipfel

Dort ruhen
Sonne und Schnee

Der Adler sucht
ein Opfer

Er bringt meinen
Traum nicht um

Vom Schnee gekühlt
von Sonne durchwärmt
mein Traum ist ein
fröhlicher Schmerz
aus vielen Kapiteln

Mein Schutzengel
liest sie

DER GUTE ENGEL

RAFAEL ALBERTI

Ein Jahr, bereits geschlafen,
einer, den ich nicht erwartete,
blieb an meinem Fenster stehen.

– Steh auf! Und meine Augen
sahen Federn, sahen Schwerter.

Dahinter Berge und Meere,
Wolken, Schnäbel und Flügel,
die Abend-, die Morgendämmerungen.

– Sieh dort sie an! Ihren Traum
niederhangend aus dem Nichts.

– O Sehnen, fester Marmor,
festes Licht, feste Wasser
bewegliche meiner Seele!

Jemand sagte: Steh auf!
Und ich befand mich in deinem Bereich.

2 KINDERWELTEN

DER ENGEL DAMIEL SPRICHT

WIM WENDERS / PETER HANDKE

Als das Kind Kind war,
war das die Zeit der folgenden Fragen:
Warum bin ich Ich und
warum nicht Du?
Warum bin ich hier und
warum
nicht dort?
Wann beginnt die Zeit
und wo endet der Raum?
Ist das Leben unter der Sonne
nicht bloß ein Traum?
Ist, was ich sehe und höre und rieche,
nicht bloß der Schein
einer Welt vor der Welt?
Gibt es tatsächlich das Böse
und Leute, die wirklich die Bösen sind?
Wie kann es sein, daß ich, der Ich bin,
bevor ich wurde, nicht war
und daß einmal ich,
der Ich bin, nicht mehr der,
der Ich bin, sein werde.

29 WARUM BIN ICH HIER UND NICHT DORT?
Aus dem Film von Wim Wenders
„Der Himmel über Berlin".

DAS ENGELGESPRÄCH

ERNST HEIMERAN

Im Wohnzimmer zur Adventszeit

VATER *(eintretend)*: Da steckst du? Eigentlich sollst du ja schlafen. Das ganze Haus hält Mittagsschlaf; nur Nele, die Allerjüngste, gibt keine Ruhe.

NELE: Und Dati, der Alleräteste, auch nicht.

VATER: Weil du ihn nicht läßt, du freche Kröte. Will ich mich in meinen Lehnstuhl setzen, will ein bißchen schlafen, wer sitzt bereits darin? Fräulein Nele!

NELE: Gell, genau wie im buckligen Männlein: Will ich in mein' Lehnstuhl gehn, will ein bißchen schlafen, sitzt bereits die Nele drin, fängt gleich an zu … fängt gleich an zu … zu was, Dati?

VATER: Zu wafen.

NELE: Was ist denn das Komisches, wafen?

VATER: Schwätzen. So sagt man für schwätzen, wo ich her bin.

NELE: Du bist doch nicht *her*, Dati, du bist doch da! Komm nur da her, wir haben schon miteinander Platz, wir zwei, zum Vorlesen.

VATER: So, zum Vorlesen. Was kommt denn heut dran? Schon wieder Busch?

NELE: Der ist halt so beschaulich, mit den vielen Bildern.

VATER: Meinetwegen. Aber erst putz dir mal die Nase. Du schnorgelst wieder entsetzlich.

NELE: Das ist nicht die Nase. Der Schlamm sitzt hinten im Mund.

VATER: Weil du dich eben nie richtig mit dem Taschentuch schneuzt.

NELE: Mit dem Taschentuch geht's nicht. Mir ist doch gar nicht schneuzerisch, nur bobelig, weißt du, so mit dem Finger, als ich noch klein war.

VATER: Das brauchst du mir gar nicht erst vorzuführen.

NELE: War ich sehr klein, als ich noch klein war?

VATER: Ja, aber jetzt bist du groß genug zum Schneuzen. Du hast wohl einfach kein Taschentuch?

NELE: Eventuell schon. Aber ich bring's nicht heraus. Zieh mal!

VATER: Wenn du auch wunder was alles in die Tasche stopfst. Was ist denn das Scheußliches?

NELE: Nichts Scheußliches, Dati, was Gutes. Eine saure Gurke. Hab ich mir heut beim Essen aufgehoben.

VATER: Na hör mal, seit wann wickelt man Essen ins Taschentuch? Und noch dazu saures, das macht doch den Stoff kaputt.

NELE: Ich hab doch bloß gemeint, das wird Sauerstoff. Wird das keiner?

VATER: Wo hast du denn das aufgeschnappt, mit dem Sauerstoff?

NELE: Ach, halt vom Till. Unten im Teich, da ist nämlich viel Sauerstoff drin! Sonst können die Frösche nicht leben.

VATER: Die leben auch in der Luft.

NELE: Ja, in der Luft ist auch Sauerstoff. Überall ist Sauerstoff, und man sieht ihn gar nicht. Aber wenn er nicht da ist, dann muß man husten.

VATER: Na husten – es bleibt einem halt die Puste weg.

NELE: Die Spucke auch?

VATER: Natürlich. Man kann einfach nicht mehr atmen.

NELE: Der Till hat oft keinen Saurenstoff. Dem Till bleibt oft die Spucke weg.

VATER: Der sagt nur so. Buben sagen das. Mädchen sagen das besser nicht. Das ist nicht fein.

NELE: Warum ist Spucke nicht fein, Dati?

VATER: Findest du vielleicht, daß Spucke fein ist? *(Räuspert sich demonstrativ)*

NELE: Aber Puste ist fein. Das darf man sagen. Da ist Sauerstoff drin. Wo Sauerstoff drin ist, das ist fein.

VATER: Jedenfalls kann ohne Sauerstoff nichts leben, Du nicht, ich nicht, kein Tier, keine Pflanze, nichts. Nicht mal die Kerzen im Kranz da können brennen und kein Feuer im Ofen. Deshalb kann auf sehr hohen Bergen nichts mehr wachsen, und die Flieger müssen Sauerstoff mitnehmen, wenn sie sehr hoch fliegen; denn je höher es geht, desto weniger Sauerstoff ist in der Luft.

NELE: Und ganz oben im Himmel? Da ist gar kein Sauerstoff mehr? Aber Dati, dann können die Engel ja nicht leben!

VATER: Doch, doch, die Engel leben trotzdem, nur anders als wir.

NELE: Ohne Saurenstoff?

VATER: Ich glaube.

NELE: Gar kein bißchen Saurerstoff im ganzen Himmel? Warum macht denn der liebe Gott keinen Saurenstoff?

VATER: Weil er's nicht braucht. Er muß ja auch nicht essen, nicht trinken und nicht schlafen, das weißt du doch selber, und ist doch immer und überall.

NELE: Aber die Engel, Dati, wenn die jetzt auf die Erde herunterfliegen, da ist doch Saurerstoff, können sie denn da leben?

VATER: Freilich, die Engel leben im Himmel wie auf Erden.

NELE: Wie die Frösche vielleicht, im Wasser und in der Luft? Und wenn die Frösche Engel werden, Engelsfrösche, dann können sie's schon, gelt? Aber wenn du einmal ein Engelchen wirst, Dati, ein kolossal großes Engelchen, ein richtiger Engelsmann, dann mußt du's erst lernen ohne Saurenstoff? Du lernst es schon, Dati, du wirst es schon lernen! *(Zärtliche Umarmung)* Hast du schon mal ein Engelsfröschle gesehen?

VATER: Nein.

NELE: Aber einen Engel, einen gewöhnlichen, ohne Saurenstoff?

VATER: Leider auch nicht, mein Kind. Man kann sie nicht sehen.

NELE: Aber hören kann man sie! Ich hab mal einen vorbeifliegen hören. Es war so finster, so finster – nur die Finsternis rauschte vorbei. Das war er, Dati, bestimmt. Aber du hast doch das Christkind gesehen, Dati. Ist das denn kein Engel?

VATER: Gewissermaßen schon.

NELE: Und den Geburtstagsengel? Und den Gutenachtengel? Und den Schutzengel? Wenn ich rasch hinter mich lange, erwisch ich manchmal so was Warmes. Weißt, so wie im Bett, wenn ich neben der Mammi schlafe. Dann lange ich im Finstern ganz heimlich hinüber, und husch, so warm, dann weiß ich: sie ist da. So ist das mit dem Schutzengel. *(Pause)* Dati …

VATER: Was denn, Nelkele?

NELE: Haben die Teufel auch Saurenstoff?

VATER: Damit sie recht gut pusten können, meinst du?

NELE: Ja. Und da braucht ihnen der liebe Gott nur einfach den Saurenstoff abdrehen – schwupps, sitzen sie da, und es bleibt ihnen die Spucke weg! Entschuldige: die Puste, mein ich. Das wär fein!

DER ENGEL MIT DER FAHNE – EINE SIMCHAT-THORA-ERINNERUNG

SCHALOM BEN-CHORIN

Ein altes jüdisches Sprichwort sagt, daß man erst dann weiß, ob man einem Engel ins Gesicht gesehen hat, wenn er wieder gegangen ist.

Von einer solchen Begegnung mit einem Malach (Engel) habe ich zu berichten, und es war kein gewöhnlicher Engel, sondern ein ganz besonderer: ein Engel mit einer Fahne.

Ja, das liegt nun über zwanzig Jahre zurück, und mein Sohn war damals noch ein kleiner Junge, der sich im Kindergarten spielend und bastelnd auf die Schule vorbereitete. Das Sukkoth-Fest[1] ging seinem Ende entgegen, und der kleine Tovia hatte zur Ausschmückung seiner Sukka[2] entsprechend durch bunte Ketten und allerlei Klebearbeiten beigetragen. Nun winkte als Belohnung eine schöne Fahne zu Simchat-Thora[3].

Es gab damals vielleicht noch nicht ganz so prächtige Fahnen, wie sie jetzt hergestellt werden; das Staatswappen Israels war noch nicht geboren, aber immerhin gab es Fahnen, auf denen Moses und Aaron abgebildet waren: der eine mit den Gesetzestafeln, der andere mit dem blühenden Stab seiner Priesterwürde. Die unsterblichen Amram-Söhne flankierten eine Heilige Lade, die man öffnen konnte, und dann fand sich in dieser Nische eine prächtige Thora-Rolle, und fromme Sprüche waren ringsumher angebracht, auch ein Adler und Löwe fehlten nicht – es war eine Pracht.

Es gab auch billigere Fahnen, die nur mit Sprüchen und Emblemen geschmückt waren. Wir aber hatten uns bereits für eine erstklassige Fahne mit zu öff-

[1] Sukkoth-Fest: Laubhüttenfest.
[2] Sukka: Laubhütte.
[3] Simchat-Thora: Thora-Freudenfest.

nender Lade entschlossen. Es war von mir versprochen – aber der Ankauf des Prunkstückes sollte aus pädagogischen Gründen noch verschoben werden, war ich doch sicher, daß der Junge sonst die Fahne bis zum Augenblick des feierlichen Umzuges in der Synagoge längst verdorben haben würde.

Hoschana-Rabba-Tag[4], und ich hatte noch keine Fahne gekauft! Der Vormittag verging mit allerlei geschäftlichen Erledigungen, und so vergaß ich im Drange solcher Obliegenheiten die Fahne. Als wir mittags zum letzten Male in der Sukka saßen, fragte der Junge erwartungsvoll nach der Fahne, und da fiel es mir ein, daß sie noch nicht besorgt war. Wo aber wäre der Vater, der den Mut hätte, einem Fünfjährigen zu antworten: „Ach, die Fahne habe ich ganz vergessen – wir werden schon noch eine bekommen!" Ich sagte es nicht. Ich gab mir den Anschein der treusorgenden Zuverlässigkeit und bemerkte: ‚Heute abend wirst du deine Fahne haben – eine sehr schöne Fahne." Und dann legte ich mich nieder zu einem kurzen Nachmittags-Schläfchen.

Aber der Satan, der es nicht gern sieht, daß die Kinder Israels mit ihren herrlichen Fahnen zu Ehren der heiligen Thora umherziehen und so das Banner des Gesetzes hochhalten, ließ mich glatt verschlafen. Als ich erwachte, senkte sich der Abend schon über die ewige Stadt Jerusalem. Ich warf mich rasch in meinen Feiertagsanzug, nahm das Gebetbuch in die eine und meinen kleinen Jungen an die andere Hand, steckte auch noch ein paar Piaster für die Fahne ein, und weg waren wir. „Abba, epho Hadegel?" (Vater, wo ist die Fahne?) fragte mich mein Sohn und sah aus erwartungsvollen Augen zu mir auf. Es war mir ausgesprochen peinlich, aber ich wahrte meine Würde und bemerkte nur: „Die Fahne habe ich dir versprochen und du wirst sie heute abend haben."

Und wir gingen. Ausgestorben waren bereits die Straßen und verödet lagen die Verkaufsbuden von Machane-Jehuda[5], und ich rezitierte traurig den ‚Kalliope‘ genannten Gesang aus ‚Hermann und Dorothea‘, der so sinnvoll-bezüglich ‚Schicksal und Anteil‘ überschrieben ist: „Hab ich den Markt und

die Straßen doch nie so einsam gesehen! Ist doch die Stadt wie gekehrt, wie ausgestorben!"

Diese Hexameter umrissen genau die Situation. Und, ja – Schicksal und Anteil, auch sie waren hier tragisch gegeben: Das Schicksal zog sich drohend über meinem Jungen zusammen – nirgends war eine Fahne zu sehen und meines Anteils daran durfte er sicher sein.

„Abba, epho Hadegel?", mahnte eine piepsende, schon etwas mit den Tränen kämpfende Stimme. „Du bekommst die Fahne, eine sehr schöne sogar", murmelte ich, und es war mir nicht sehr wohl zumute.

Die Geschäfte, in denen es heute den ganzen Tag über Fahnen in allen Farben und Preislagen gegeben hatte, waren geschlossen und sogar die kleinen Jemeniten-Jungen, die als fliegende Fahnenjunker ihre Ware auf der Straße verkauft hatten, waren verschwunden.

Aber andere Kinder gingen an der Hand ihrer Eltern an uns vorüber und sie trugen ihre Fähnchen stolz vor sich her. Mir wurde recht unangenehm zumute, wenn ich den begehrlichen Blick meines Söhnchens sah, mit dem er nach den Fahnen der anderen blickte.

Da kam ein hellblondes kleines Mädchen auf uns zu und schwenkte ein besonders prächtiges Exemplar von Fahne siegessicher im strahlenden Herbstnachmittag. „Abba, bekomme ich auch so eine Fahne?" fragte Tovia, und ich schluckte ein unverbindliches Ja hinunter.

Und dann erstrahlten vor uns die Lichter der Synagoge. Zögernd trat ich ein! Festlich wogte die Menge, und, da der Gottesdienst noch nicht begonnen hatte, schnatterten die Kinder wie eine Schar junger Entlein.

Alle Kinder hatten Fahnen, und was für herrliche. Einige Vorzugsschüler hatten sogar Äpfel auf der Spitze ihrer Wimpel aufgespießt und obenauf gar noch eine Kerze. Andere zeigten jene bereits von uns – im Prinzip – erwählte Flagge, mit Moses, Aaron, der Bundeslade, Adler und Löwe, und weniger wohlhabende Kinder hatten immerhin Fähnchen mit weißer und blauer Farbe und dem Stern Davids darauf. Nur mein Sohn war ganz und gar ohne Fahne und seine großen verwunderten Augen füllten sich mit Tränen, und er sah mich mit einem Blick abgrundtiefer Enttäuschung an.

Wie machtvoll ist doch das Wort eines Vaters, aufgenommen von einem Fünfjährigen; und nun sollte

---

[4] Hoschana-Rabba: Tag des Großen Hosiana; letzter Tag des Laubhüttenfestes.

[5] Machane-Jehuda: Zentralmarkt Jerusalems.

es trügen! Die Fahne war versprochen und das Versprechen gebrochen!

Sagt nicht: Ach, es ist doch nur eine Papierfahne, die fünf Piaster kostete. Sagt das nur nicht. Es war die Fahne des Vertrauens und der Liebe, die die kleinen patschigen Bubenhände nicht hochhalten durften. Mir war nicht minder weh zumute als einem Fähnrich, dem die Fahne seines Regimentes entrissen worden ist. Ich stand als ein Lügner und Versager vor meinem Kind – und die Fahnen der anderen Kinder erhoben sich gegen mich, wie etwas Feindliches, dem ich nicht wehren konnte.

Verzweifelt blickte ich um mich. Eine Fahne, dachte ich, ein Königreich für eine Simchat-Thora-Fahne. Und im Herzen betete ich, es möchte doch ein Engel mit einer Fahne kommen und meinem, nun bereits bitterlich weinenden Kind eine Fahne geben, irgendeine, nur daß es nicht mit leeren Händen dastehen sollte.

Und ich erhob meine Augen und siehe: Da stand ein freundlich lächelnder Herr und hatte ein kleines Mädchen an der Hand und zwei, jawohl, zwei Fahnen bei sich.

Es war der Würde des Ortes nicht ganz angemessen, aber ich sprang geradezu auf den Mann los und stammelte verlegen: „Ach, entschuldigen Sie, ich sehe, Sie haben zwei Fahnen. Könnten Sie mir nicht eine für meinen Jungen überlassen?" Der Mann blickte ein wenig verwundert auf mich, dann reichte er mir die Fahne und meinte: „Bitte, ich hatte noch ein zweites Kind mitnehmen wollen, aber es hat sich den Magen verdorben und konnte nicht kommen."

Ich hielt die Fahne in meiner leicht zitternden Hand! Es war die Fahne mit Moses und Aaron, mit der Lade und dem Adler und dem Löwen! Ich reichte die Fahne meinem Jungen, der sie freudestrahlend entgegennahm und sich nun, ein Gleicher unter Gleichen, den anderen Kindern zugesellte.

„Es ist noch nicht Nacht", sagte ich zögernd, „darf ich Ihnen die Fahne bezahlen?" – „Nein, danke!" sagte der Fremde. „Geben Sie es in irgendeine Büchse."

Und schon begann der Kantor das große, feierliche ‚Barechu'[6], und die Großen beugten sich vor Gott, und die Kleinen winkten ihrem Vater im Himmel mit ihren Fähnchen, und ich – ich dankte dem Himmel für eine Fahne, die fünf Piaster kostete, aber mir in diesem Augenblick wertvoller war als ein Banner aus Seide und Brokat.

Dann aber zogen die Kinder hinter den Thora-Rollen her und schwenkten ihre Fahnen im Takt der frohen Lieder – und mein Kind zog mit und zeigte mir seine Fahne, stolz und beglückt.

Den alten Herrn habe ich nie mehr getroffen. Ich bin sicher, daß er gar kein alter Herr war, sondern ein „Malach", ein Engel mit einer Kinderfahne.

GEBT DEM ENGEL BRATKARTOFFELN

KINDERLIED

arivato l'ambasciadore.
Jarivato l'ambasciadore.

Kam ein Engel angeflogen
über Berge, über Täler.
Kam ein Engel angeflogen,
larioli und lariola.

Hat 'ne rote kalte Nase,
hat sich wohl zu uns verflogen
in dem kalten, kalten Winter,
larioli und lariola.

Gebt dem Engel zwei warme Pantoffeln
und 'n Teller mit Bratkartoffeln
und dazu ein Spiegelei,
Schinkenspeck dabei.
Soll zusammen mit uns singen,
daß die Töne hell erklingen,
soll zusammen mit uns singen,

larioli und lariola.
Und am allernächsten Morgen
wollte unser Engel weiter,
wollte endlich weiterfliegen,
larioli und lariola.

Und er sagt: Der liebe Gott, der
kriegt im Himmel kalte Füße
und will auf die Erde kommen,
larioli und lariola.

Will es allen Menschen sagen,
daß sie warm im Herzen werden
in dem kalten, kalten Winter,
larioli und lariola.

Wollt' es allen Menschen sagen,
flog mit seiner roten Nase
über Berge, über Täler,
larioli und lariola.

30–32   DIE KINDERUNFALLVERSICHERUNG U. Ä.
　　　　Engel der Werbung

DER GEISTIGE PFAD – GEISTIGE ENTWICKLUNG UND ENTFALTUNG DER SEELENKRÄFTE DES MENSCHEN

WHITE EAGLE

Früher wuchsen die Christen im Glauben an die Wirklichkeit der Engel auf. Heute aber passen Engel nicht mehr in des Menschen intellektuelle Vorstellung des Universums. Sie werden als legendäre Wesen oder als Gestalten der Einbildung abgetan. Der Gedanke, daß Engel existieren könnten, ist euch so fremd geworden, daß ihr es schwierig findet, euch ein wirkliches, lebendiges Wesen vorzustellen, das eure Seele in seiner Obhut hat. Aber der weise Mensch, der die Existenz der Engel intuitiv erkannt hat, der die ruhige, leise Stimme hört und ihr gehorcht, weiß, daß irgendwo im Hintergrund sein wachender Schutzengel ist.

Wir sprechen die Wahrheit, wenn wir sagen, daß jede Seele auf Erden in der Obhut eines Engels ist, der von den „Meistern des Karma" für diese Aufgabe bestimmt wurde. Auch die Idee des alles aufzeichnenden Engels ist vergessen worden. Doch ein Engel ist tatsächlich ernannt worden, der dein Tun notiert, wie auch deine Reaktionen auf die Stimme Gottes oder auch auf die Versuchung des Teufels, das nur ein anderes Wort für das niedere Selbst ist. Diese dienenden Engel haben nie auf der Erde inkarniert. Ihre Entwicklung ging einen andern Weg, um in das Reich der Engel aufzusteigen. Deshalb verwechsle nicht die Engelwesen mit deinem geistigen Lehrer und deinen Helfern. Obgleich dein Lehrer und Führer und deine Helfer dir sehr nahe kommen und ihren Platz im Plane Gottes haben, ist ihr Dienst an der Menschheit ein anderer als der Dienst der Engel.

Dein Schutzengel verläßt dich *nie*. Vom Moment deines Eintritts in das physische Leben bis zu der Zeit, wenn du es verläßt, und sogar nachher wird dein Engel noch mit dir in Verbindung bleiben. Er befaßt sich mit deinem Karma und leitet dein Leben unter der Führung der „Meister des Karmas". Der Engel ist unpersönlich in dem Sinne, als er darauf achtet, deinen Weg so zu lenken, daß du deine karmischen Schulden abzahlen kannst, oder daß du Gelegenheiten für gutes Karma bekommst, um dein Konto auszugleichen. So bringt jede Erfahrung neue Chancen.

Manchmal wird das niedere Selbst sagen: „Ich will nichts von all dem wissen. Ich will nichts damit zu tun haben." Und eine Stimme flüstert: „Du solltest es dennoch tun, das weißt du." Doch das niedere Selbst antwortet: „Ja, ich weiß, aber ich will nicht und ich werde es nicht tun." Und du tust es nicht. Eine solche Weigerung verursacht eine „schlechte Note" in deinem Lebensbuch. Denke nicht, daß alle geistigen Boten vollkommen und ohne Fehler seien, doch wir weisen dich auf diese Zusammenhänge hin, damit du lernen kannst. Nimm es dir aber nicht allzusehr zu Herzen, nimm es nicht zu schwer, wenn du Fehler machst, sondern denke an die unsichtbare Macht der Liebe in deinem Herzen, die alle Fehler ausmerzen kann.

Der Mensch, dessen Herz von Liebe erfüllt ist, ist nie mutlos, nie verzweifelt. Er gibt sich nicht unsinnigen Ängsten hin, weder für sich selbst, noch für seinen physischen Körper oder für das Wohlergehen derer, die er liebt, denn seine Seele ist durch göttliches Licht und Kraft erleuchtet – und somit kann nichts fehl gehen. Doch, wenn das niedere Selbst sich zu fürchten und sich gegen die Lebensumstände aufzulehnen beginnt, wenn du sagst: „Ich bin enttäuscht, weil sich die Lebensumstände nicht so entwickeln wie *ich* will!", dann folgen Leid und Chaos, weil der Kontakt unterbrochen ist. Hättest du doch immer die Kraft, im Frieden Gottes zu leben, könntest du doch immer sagen: *Dein* Wille, oh Gott geschehe – *Dein* Wille, nicht der meine!"

Doch *strauchelst* du und alles scheint chaotisch zu sein, dann erinnere dich, daß dir ein helfendes Wesen zur Seite steht. Dein Schutzengel hat dich straucheln sehen, aber er wird dich nicht verurteilen. Er vermeidet den Vorwurf: „Habe ich dich nicht gewarnt?" Stattdessen flüstert er in dein Herz: „Nur Mut, ich werde dir helfen, dich wieder zu erheben. Schau' empor, Gott ist ja immer noch da und alles ist gut."

Halte fest an diesem Gedanken, besonders in Zeiten, in denen du das Gefühl hast, daß ein Schicksalsschlag nach dem andern dich niederzuwerfen droht. Behalte deinen Humor, laß deine Knie nicht weich werden. Erhebe dich und stehe wieder fest auf beiden Füßen. Dein Schutzengel wird dir bereitwillig helfen. Halte durch und sei nicht gleich entmutigt. Die meisten Menschen sind heiter, solange alles nach ihrem Willen geht. Doch seine innere, geistige Kraft zeigt sich erst, wenn ein Mensch auch dann lächeln kann, wenn sich alle Dinge scheinbar gegen ihn wenden. Bedenke, allein durch die Erfahrungen des Erdenlebens gelangst du in die Sphären höheren Lebens. Das Streben nach Gott, nach dem höheren Leben, das ist es, was wirklich zählt.

Weißt du, daß eine im Jenseits lebende Seele unter Umständen von den Schönheiten des geistigen Lebens gleichermaßen ausgeschlossen sein kann, wie eine inkarnierte Seele? Nur gewissenhafte geistige Arbeit hier und jetzt zerreißt die Schleier und ebnet den Weg in die Reiche der Schönheit.

Der Erdenmensch von heute hat sehr wenig Kenntnisse von der Existenz der Heilengel. Doch mit dem fortschreitenden Einfluß des Wassermann-Zeitalters werden viele Menschen nicht nur ihre Gegenwart spüren, sondern sie sogar sehen. Je nach Bedarf und je nach der erzeugten Schwingung kommen zu einer Heilbehandlung die in Sonnenlicht gekleideten Engel in den verschiedensten Farben. Ihr wißt, daß das Sonnenlicht alle Farben des Spektrums enthält. Nun stellt euch die Heilengel in diesen wunderbaren Farben vor. Nichts ist dunkel oder häßlich. Sie erstrahlen im Licht der Reinheit. Diese Engelwesen kommen sehr nahe an den Heiler heran, der einen „gewissen Stoff" beiträgt, den sie benötigen, um den Kontakt mit dem Heilungssuchenden herzustellen. Göttliche Heilstrahlen können sowohl zur Heilung des physischen Leibes als auch zur Heilung seelischer Schwierigkeiten angewendet werden, ja sogar, um die dunklen, materiellen Umweltbedingungen, welche die Menschheit bedrücken, zu verändern.

Das Licht reiner, weißer Magie strahlte unaufhörlich aus dem Herzen Jesu. Jeder Mensch kann auch heute noch diese Strahlung aus dem Herzen Christi in sein eigenes Herz einfließen lassen, und wenn sein Herz freudig und rein bleibt, kann es seinerseits Licht und Heilkraft in alle Welt ausstrahlen.

Die spontane Selbstlosigkeit macht geistiges Heilen zu etwas Wunderbarem. Der Heiler strebt nicht nach Ruhm und Ehre. Täte er dies – er könnte nicht heilen. Er denkt lediglich an den Mitmenschen, an die Linderung von Schmerz und Leid. Die Umwandlung der dichten, düsteren, drückenden Lebensumstände in bessere, harmonischere, ist sein ganzes Anliegen.

So wollen wir abschließend Folgendes sagen: Wer sich nach geistiger Höherentwicklung und Entfaltung inneren Wahrnehmens sehnt, der stelle sich in den Dienst des Heilens. Christus sagte durch Jesus von Nazareth: „Weide meine Schafe." So gehe hin, mein Freund, und widme dich den kranken Seelen der Menschen, indem du ihnen dienst – sie geistig heilst. So dienst du selbstlos nicht nur der heutigen Menschheit, sondern auch zukünftigen Generationen, und hilfst Gott, für alle Menschen auf Erden bessere Lebensbedingungen zu schaffen.

Meine Freunde, folgt dem Pfad des Dienens, der wahren Güte, spontaner Lebensfreude und werdet allmählich, wie euer geliebter Meister Jesus, vollkommene Söhne und Töchter des lebendigen Gottes.

STIMME DES KINDES

NIKOLAUS LENAU

Ein schlafend Kind! o still! in diesen Zügen
Könnt ihr das Paradies zurückbeschwören;
Es lächelt süß, als lauscht' es Engelschören,
Den Mund umsäuselt himmlisches Vergnügen.

O schweige Welt, mit deinen lauten Lügen,
Die Wahrheit dieses Traumes nicht zu stören!
Laß mich das Kind im Traume sprechen hören,
Und mich, vergessend, in die Unschuld fügen!

Das Kind, nicht ahnend mein bewegtes Lauschen,
Mit dunklen Lauten hat mein Herz gesegnet,
Mehr als im stillen Wald des Baumes Rauschen;

Ein tiefres Heimweh hat mich überfallen,
Als wenn es auf die stille Heide regnet,
Wenn im Gebirg die fernen Glocken hallen.

33–35 HIMMLISCHES – TEUFLISCH GUT
Engel und Teufel der Werbung

3 SCHUTZENGEL IN DER BIBEL

WER UNTER DEM SCHIRM DES HÖCHSTEN SITZT

PSALM 91

Wer unter dem Schirm des Höchsten sitzt und unter dem Schatten des Allmächtigen bleibt,
der spricht zu dem HERRN: Meine Zuversicht und meine Burg, mein Gott, auf den ich hoffe.
Denn er errettet dich vom Strick des Jägers und von der verderblichen Pest.
Er wird dich mit seinen Fittichen decken, und Zuflucht wirst du haben unter seinen Flügeln. Seine Wahrheit ist Schirm und Schild,
daß du nicht erschrecken mußt vor dem Grauen der Nacht, vor den Pfeilen, die des Tages fliegen,
vor der Pest, die im Finstern schleicht, vor der Seuche, die am Mittag Verderben bringt.
Wenn auch tausend fallen zu deiner Seite und zehntausend zu deiner Rechten, so wird es doch dich nicht treffen.
Ja, du wirst es mit eigenen Augen sehen und schauen, wie den Gottlosen vergolten wird.
Denn der HERR ist deine Zuversicht, der Höchste ist deine Zuflucht.
Es wird dir kein Übel begegnen, und keine Plage wird sich deinem Hause nahen.
Denn er hat seinen Engeln befohlen, daß sie dich behüten auf allen deinen Wegen,
daß sie dich auf den Händen tragen und du deinen Fuß nicht an einen Stein stoßest. [...]
„Er liebt mich, darum will ich ihn erretten; er kennt meinen Namen, darum will ich ihn schützen.
Er ruft mich an, darum will ich ihn erhören; ich bin bei ihm in der Not, ich will ihn herausreißen und zu Ehren bringen.“

36 ICH BIN BEI IHM IN DER NOT
Rembrandt:
Die Opferung Isaaks, 1635.

111

JESU SCHUTZENGEL

AUS MATTHÄUS 1–4

Die Geburt Jesu Christi geschah aber so: Als Maria, seine Mutter, dem Josef vertraut war, fand es sich, ehe er sie heimholte, daß sie schwanger war von dem heiligen Geist.

Josef aber, ihr Mann, war fromm und wollte sie nicht in Schande bringen, gedachte aber, sie heimlich zu verlassen.

Als er das noch bedachte, siehe, da erschien ihm der Engel des Herrn im Traum und sprach: Josef, du Sohn Davids, fürchte dich nicht, Maria, deine Frau, zu dir zu nehmen; denn was sie empfangen hat, das ist von dem heiligen Geist.

Und sie wird einen Sohn gebären, dem sollst du den Namen Jesus geben, denn er wird sein Volk retten von ihren Sünden.

Das ist aber alles geschehen, damit erfüllt würde, was der Herr durch den Propheten gesagt hat, der da spricht (Jesaja 7,14):

„Siehe, eine Jungfrau wird schwanger sein und einen Sohn gebären, und sie werden ihm den Namen Immanuel geben", das heißt übersetzt: Gott mit uns.

Als nun Josef vom Schlaf erwachte, tat er, wie ihm der Engel des Herrn befohlen hatte, und nahm seine Frau zu sich.

Und er berührte sie nicht, bis sie einen Sohn gebar; und er gab ihm den Namen Jesus.

Als Jesus geboren war in Bethlehem in Judäa zur Zeit des Königs Herodes, siehe, da kamen Weise aus dem Morgenland nach Jerusalem und sprachen: Wo ist der neugeborene König der Juden? Wir haben seinen Stern gesehen im Morgenland und sind gekommen, ihn anzubeten.

Als das der König Herodes hörte, erschrak er und mit ihm ganz Jerusalem, und er ließ zusammenkommen alle Hohenpriester und Schriftgelehrten des Volkes und erforschte von ihnen, wo der Christus geboren werden sollte.

Und sie sagten ihm: In Bethlehem in Judäa; denn so steht geschrieben durch den Propheten (Micha 5,1): Und du, Bethlehem im jüdischen Lande, bist keineswegs die kleinste unter den Städten in Juda; denn aus dir wird kommen der Fürst, der mein Volk Israel weiden soll."

Da rief Herodes die Weisen heimlich zu sich und erkundete genau von ihnen, wann der Stern erschienen wäre, und schickte sie nach Bethlehem und sprach: Zieht hin und forscht fleißig nach dem Kindlein; und wenn ihr's findet, so sagt mir's wieder, daß auch ich komme und es anbete.

Als sie nun den König gehört hatten, zogen sie hin. Und siehe, der Stern, den sie im Morgenland gesehen hatten, ging vor ihnen her, bis er über dem Ort stand, wo das Kindlein war.

Als sie den Stern sahen, wurden sie hoch erfreut und gingen in das Haus und fanden das Kindlein mit Maria, seiner Mutter, und fielen nieder und beteten es an und taten ihre Schätze auf und schenkten ihm Gold, Weihrauch und Myrrhe.

Und Gott befahl ihnen im Traum, nicht wieder zu Herodes zurückzukehren; und sie zogen auf einem andern Weg wieder in ihr Land.

Als sie aber hinweggezogen waren, siehe, da erschien der Engel des Herrn dem Josef im Traum und sprach: Steh auf, nimm das Kindlein und seine Mutter mit dir und flieh nach Ägypten und bleib dort, bis ich dir's sage; denn Herodes hat vor, das Kindlein zu suchen, um es umzubringen.

Da stand er auf und nahm das Kindlein und seine Mutter mit sich bei Nacht und entwich nach Ägypten und blieb dort bis nach dem Tod des Herodes, damit erfüllt würde, was der Herr durch den Propheten gesagt hat, der da spricht (Hosea, 11,1): „Aus Ägypten habe ich meinen Sohn gerufen."

Als Herodes nun sah, daß er von den Weisen betrogen war, wurde er sehr zornig und schickte aus und ließ alle Kinder in Bethlehem töten und in der ganzen Gegend, die zweijährig und darunter waren, nach der Zeit, die er von den Weisen genau erkundet hatte.

Da wurde erfüllt, was gesagt ist durch den Propheten Jeremia, der da spricht (Jeremia 31,15): „In Rama hat man ein Geschrei gehört, viel Weinen und Wehklagen; Rahel beweinte ihre Kinder und wollte sich nicht trösten lassen, denn es war aus mit ihnen."

Als aber Herodes gestorben war, siehe, da erschien der Engel des Herrn dem Josef im Traum in Ägypten und sprach: Steh auf, nimm das Kindlein und seine Mutter mit dir und zieh hin in das Land Israel; sie sind gestorben, die dem Kindlein nach dem Leben getrachtet haben.

Da stand er auf und nahm das Kindlein und seine Mutter mit sich und kam in das Land Israel.

Als er aber hörte, daß Archelaus in Judäa König war anstatt seines Vaters Herodes, fürchtete er sich, dorthin zu gehen. Und im Traum empfing er Befehl von Gott und zog ins galiläische Land und kam und wohnte in einer Stadt mit Namen Nazareth, damit erfüllt würde, was gesagt ist durch die Propheten: Er soll Nazoräer heißen.

Da wurde Jesus vom Geist in die Wüste geführt, damit er von dem Teufel versucht würde.

Und da er vierzig Tage und vierzig Nächte gefastet hatte, hungerte ihn.

Und der Versucher trat zu ihm und sprach: Bist du Gottes Sohn, so sprich, daß diese Steine Brot werden.

Er aber antwortete und sprach: Es steht geschrieben (5. Mose 8,3): „Der Mensch lebt nicht vom Brot allein, sondern von einem jeden Wort, das aus dem Mund Gottes geht."

Da führte ihn der Teufel mit sich in die heilige Stadt und stellte ihn auf die Zinne des Tempels und sprach zu ihm: Bist du Gottes Sohn, so wirf dich hinab; denn es steht geschrieben (Psalm 91,11.12): „Er wird seinen Engeln deinetwegen Befehl geben; und sie werden dich auf den Händen tragen, damit du deinen Fuß nicht an einen Stein stößt."

Da sprach Jesus zu ihm: Wiederum steht auch geschrieben (5. Mose 6,16): „Du sollst den Herrn, deinen Gott, nicht versuchen."

Darauf führte ihn der Teufel mit sich auf einen sehr hohen Berg und zeigte ihm alle Reiche der Welt und ihre Herrlichkeit und sprach zu ihm: Das alles will ich dir geben, wenn du niederfällst und mich anbetest.

Da sprach Jesus zu ihm: Weg mit dir, Satan! denn es steht geschrieben (5. Mose 6,13): „Du sollst anbeten den Herrn, deinen Gott, und ihm allein dienen."

Da verließ ihn der Teufel. Und siehe, da traten Engel zu ihm und dienten ihm.

37 DA TRATEN ENGEL ZU IHM
Duccio di Bouninsegna:
Versuchung Christi
auf dem Berg, um 1310.

DIE ENGEL
DER KINDER

MATTHÄUS 18,1–10

Zu derselben Stunde traten die Jünger zu Jesus und fragten: Wer ist doch der Größte im Himmelreich?

Jesus rief ein Kind zu sich und stellte es mitten unter sie und sprach: Wahrlich, ich sage euch: Wenn ihr nicht umkehrt und werdet wie die Kinder, so werdet ihr nicht ins Himmelreich kommen.

Wer nun sich selbst erniedrigt und wird wie dies Kind, der ist der Größte im Himmelreich.

Und wer ein solches Kind aufnimmt in meinem Namen, der nimmt mich auf.

Wer aber einen dieser Kleinen, die an mich glauben, zum Abfall verführt, für den wäre es besser, daß ein Mühlstein an seinen Hals gehängt und er ersäuft würde im Meer, wo es am tiefsten ist.

Weh der Welt der Verführungen wegen! Es müssen ja Verführungen kommen; doch weh dem Menschen, der zum Abfall verführt!

Wenn aber deine Hand oder dein Fuß dich zum Abfall verführt, so hau sie ab und wirf sie von dir. Es ist besser für dich, daß du lahm oder verkrüppelt zum Leben eingehst, als daß du zwei Hände oder zwei Füße hast und wirst in das ewige Feuer geworfen.

Und wenn dich dein Auge zum Abfall verführt, reiß es aus und wirf's von dir. Es ist besser für dich, daß du einäugig zum Leben eingehst, als daß du zwei Augen hast und wirst in das höllische Feuer geworfen.

Seht zu, daß ihr nicht einen von diesen Kleinen verachtet. Denn ich sage euch:

Ihre Engel im Himmel sehen allezeit das Angesicht meines Vaters im Himmel.

38–39
IHRE ENGEL
IM HIMMEL
SCHAUEN GOTT
Andachtsbilder
aus Irland,
um 1950.

114

VIERTER CHOR
DER ENGEL

VERWANDLUNGEN –
ABSCHIED, SCHMERZ UND
GROSSE FAHRTEN

„Viel zu fern für Nächstenliebe
sind die Nachbarn, Brüder,
Slawen, Engel fürchten zu verderben,
flögen sie hin. Menschen sterben.“

Joseph Brodsky

„Himmelhochjauchzend – zu Tode betrübt“, eine Achterbahn der Gefühle ist die Jugendzeit. Es gilt, Abschied zu nehmen von der Kindheit und von Illusionen. So wandelt sich die Gestalt des allmächtigen Schutzengels. Nicht nur vom Erwachsenwerden ist die Rede, sondern generell von Lebensphasen im Übergang und Warten auf bessere Zeiten.
Im vierten Chor der Engel erklingen Lieder von Abschied und Aufbruch zu phantastischen Fahrten. Eigenes Leiden spiegelt sich in der Gestalt von Engeln mit gebrochenen Flügeln, von getriebenen Geistern, die selbst Hilfe brauchen. Engel unterwegs als Tramper. Sie schlucken Rum und LSD, Engel als unerkannte Wegbegleiter durch das Land der Pubertät, ohnmächtige Engel in New York und Bosnien.

1   ENDE DES KINDERHIMMELS

KINDHEIT I

ROSE AUSLÄNDER

Vor vielen Geburtstagen
als unsre Eltern
den Engeln erlaubten
in unsern Kinderbetten zu schlafen –
ja meine Lieben
da ging es uns gut

In jedem Winkel
war ein Wunder untergebracht:
Heinzelwald Berg aus Marzipan
Fächer in dem der Himmel
gefaltet lag

Ja meine Lieben
da hatten wir viele Freunde
Begüterte wir konnten's uns leisten
einen Stern zu verschenken
eine Insel
sogar einen Engel

Vor vielen Geburtstagen
als die Erde noch rund war
(nicht eckig wie jetzt)
liefen wir um sie herum
auf Rollschuhen

in einem Schwung
ohne Atem zu schöpfen

Ja meine Lieben
im Eswareinmalheim
da ging es uns gut
Die Eltern flogen mit uns
in den bestirnten Fächer
kauften uns Karten ins Knusperland
und spornten uns an
die Welt zu verschenken

Als auf den Fensterscheiben
die Blumen blühten
kochte die Mutter
Es gab Kälte und Wärme
auch Honig in klarem Kristall

Wir lachten uns alle
ins Fäustchen
Kam der Fuchs
und stahl Kälte und Wärme
und Honig in klarem Kristall

Das Lachen blieb
im Fäustchen
Angst und salzige Tränen
füllten die Augen

EIN HÄUFCHEN UNGLÜCK

MARIE LUISE KASCHNITZ

Und was ist *über* den Sternen? fragte ich, als der Lehrer seine ganz unprogrammäßige Himmelskunde schon abgeschlossen hatte und nach dem Rechenbuch griff. Da sind, sagte er etwas ungeduldig, auch noch Sterne, ganze Sternsysteme, Sternnebel, das versteht ihr noch nicht …

Und *darüber?* fragte ich zitternd. Darüber ist nichts, sagte der Lehrer, nur eben der Weltraum, also nichts. Bei diesen Worten sah er mich böse an, er machte auch eine Bewegung mit der Hand, vielleicht tat er das ganz bewußt, und es war ihm auch bewußt, was er da wegfegte, nämlich einen ganzen Kinderhimmel, ein dickes Wolkenpodest, auf dem die heilige Dreifaltigkeit, die Engel und die Heiligen saßen. Wir rechnen jetzt, sagte er, du kannst anfangen, und ich nahm mich zusammen, obwohl da eigentlich gar nichts mehr zusammenzunehmen war, ein Häufchen Unglück, Staub …
Gott ist Geist, und einmal muß jedes Kind das erfahren. Ich habe aber noch niemanden getroffen, für den diese Erfahrung eine ähnliche Katastrophe gewesen ist, jedenfalls niemanden, der davon gesprochen hätte.

SCHWEBEND AUF WELTENBAHNEN

ROSE AUSLÄNDER

Schwebend
auf Weltenbahnen
Wartend
auf ein Wunderwort

Schweigen

Ich bleib
stumm

Engel
warum
hilfst du nicht

ENGEL IN DER NACHT

ILSE AICHINGER

Das sind die hellen Tage im Dezember, die ihre eigene Helligkeit durchschauen und darum immer heller werden, die ihrer Blässe zürnen und ihre Kürze als Verheißung nehmen, die von den langen Nächten genährt sind, stark genug, in Sanftmut sich selbst zu überstehen, stark genug, schwach genug und mild. Das sind diejenigen, die aus der Schwärze sonnig werden und nur daraus. Es sind nicht viele. Denn wenn es viele wären, geschähen auch zu viele seltsame Dinge, zu viele Kirchturmuhren würden sich ganz einfach in Gottes eigene Augen verwandeln. Darum sind diese Tage selten: damit die seltsamen Dinge seltsam bleiben, damit die Leute, die aus dem Krieg gekommen sind, nicht zu oft Schmerzen haben an ihren abgeschossenen Gliedern und nicht zuviel in Händen halten, die schon längst abgefroren sind. Daß sie nicht zuviel wissen von der Nacht, die stillt. Aber manchmal gibt es solche Tage – Vögel, die vergessen haben, nach dem Süden zu fliegen. Sie breiten ihre hellen Flügel über die Stadt, und die Luft zittert vor Wärme, sie machen unseren Hauch noch einmal unsichtbar, bevor es friert. Und wenn es soweit ist, sterben sie schnell. Sie wollen keine lange Dämmerung und keine roten Wolken, sie verbluten nicht offen. Sie fallen von den Dächern, und es ist finster. Vielleicht, wenn diese verirrten Vögel nicht wären, diese hellen Tage im Dezember, gäbe es auch keinen, der noch an Engel glaubt, wenn alle anderen schon hinter seinem Rücken lachen, der die Flügel hat rauschen hören vor Tag, als alle anderen nur die Hunde bellen hörten.

Meine Schwester war schuld daran. Sie war es, die mich an dem finsteren Morgen aus dem Bett gerissen und ans Fenster gezerrt hatte. „Da, da! Da fliegen sie! Hast du es rauschen hören? Siehst du nicht ihre Schleppen? Wach auf! Du schläfst zu lang!" Und später, wenn Weihnachten schon ganz nahe war und die Bäume auf den Plätzen ihre Nadeln verloren, noch ehe sie verkauft waren: „Jetzt ist schon Silber in der Luft, jetzt kommt das Kind bald nach!" Wenn ich sagte: „Es regnet!", lachte sie verächtlich. „Du schläfst zu lang!" Zu lang, immer um den Augenblick zu lang, in dem die Engel um das Haus flogen!

Ich hatte schon lange begonnen, den Schlaf wie den Tod zu fürchten. Was ist denn Sterben anderes, als die Engel zu versäumen? Mit aufgerissenen Augen lag ich wach und wartete auf das Rauschen der Flügel, auf das Silberne in der Luft. Ich schlich ans Fenster und starrte hinaus, aber ich hörte nur die Betrunkenen unten rufen, und einmal schrie einer von ihnen „Halleluja!" Meine Schwester war längst eingeschlafen. Ich hörte es ein Uhr schlagen, zwei Uhr – ich zerbiß mein Kopfpolster und nickte ein. Ich erwachte wieder. Es sah jetzt fast so aus, als wäre eine Spur von Silber in der Luft. Ich sprang auf und holte Holz aus der Kiste, warf es in mein Bett und legte mich darauf. Aber noch ehe es drei Uhr schlug, schlief ich auf den Scheitern. Und am Morgen war meine Schwester wieder früher wach als ich. Sie hatte diesmal die Spitzen der Flügel gesehen, und es wäre noch viel mehr gewesen, hätte sie nicht ihre Zeit damit vertan, mich wach zu rütteln.

„Habt ihr den Engel gesehen?" Um diese Zeit begannen sie mich in der Schule zu höhnen, um diese Zeit hätte ich nicht mehr daran glauben dürfen, damals hätte ich die dicken, kleinen Engel von meinen Schultern schütteln müssen, aber ich lachte nur. „Ihr schlaft zu lang!" Von da ab begannen mich meine Engel zu überflügeln. Alle, die sagten: „Es gibt keine!", schliefen zu lang, die ganze Welt war ein Heerlager von Schlafenden geworden, über dem Engel kreisten.

An diesem Tag hatte mich meine Mutter abgeholt; die Mutter lebte nicht bei uns, aber sie kam von Zeit zu Zeit, um mich aus der Schule zu holen, und begleitete mich ein Stück heim. Manchmal sprach sie zu mir wie zu einem Erwachsenen. An diesem Tag erzählte sie mir, daß sie nächtelang wach lag und nicht schlafen konnte. Ich liebte meine Mutter, und wenn ich einem Menschen auf der Welt mehr Glauben schenkte als meiner Schwester, war sie es. Wenn meine Mutter wach lag, mußte sie von den Engeln wissen. Ich erinnere mich genau, ich höre es, ich sehe es vor mir. Wir gehen gerade über den Platz, wo die Bäume verkauft werden, und der Himmel über dem Platz ist zu hoch für den Dezember, und der Mann bei den Bäumen ist eingeschlafen. Es ist ein warmer, trauriger Tag, ein verirrter Vogel. Meine Mutter hat schon lange etwas anderes zu reden begonnen, da fragte ich sie nach den Engeln. Sie sagt: „Ich habe keine gesehen!" Sie bleibt stehen und sieht mich an und lacht und sagt: „Ich wußte auch nicht, daß du es noch glaubst. Ich habe keine gesehen." Wir gehen dann schnell auseinander.

Aber ich war damals schon zu groß, um es einfach hinzunehmen, ich hatte zu lange daran geglaubt, und wenn sie mich getäuscht hatten, so hatten sie mich zu lange getäuscht. Ich wollte ein Zeichen, ich wollte plötzlich Heere von Engeln über die Plätze brausen hören, ich wollte alle Spötter zu Boden fallen sehen. Aber die Engel kamen nicht. Schwärme von Tauben flogen auf und kreisten unter dem stillen Himmel. Aber der Himmel war kein Himmel mehr, der Himmel war nur Luft. Sie hatten mich lächerlich gemacht, sie hatten mich verächtlich gemacht, zu lang hatte ich den hellen Rauch für weiße Kleider gehalten und das Nachhallen der Morgenglocken für das Rauschen von Flügeln. Sie hätten mich warnen sollen, und ich hätte es abgetan wie alle anderen, wie nichts, aber jetzt war es zu spät. Die Engel waren keine kleinen Engel mehr, keine Putten mit runden Gesichtern und kurzen, hellen Locken, die Engel waren größer geworden, ernster und heftiger, sie waren, wie ich selbst, im letzten Jahr zu schnell gewachsen, und sie abzuwerfen, war kein Spiel mehr. Denn die Engel, die mit uns zur Welt kommen, sind nur am Anfang so klein wie wir, sie wachsen mit uns, werden wilder und stärker, und ihre Flügel wachsen mit ihnen. Je älter wir werden, desto schwerer wird der Kampf. Erst mit dem Einbruch der Dunkelheit kam ich nach Hause. Ich hatte in den Durchhäusern gelungert und auf den Bänken am Fluß, ich war für Stunden allein auf der Welt gewesen, allein zwischen den sinnlosen Toren und den Fenstern, die sinnlos sind, wenn es nicht Engel gibt, die sie bei Nacht mit ihren Flügeln streifen. Besser keine Fenster als diese, besser keine Tore, keine Häuser und kein Rauch aus den Kaminen, besser keine Lampen als solche, die nicht brennen, besser keine Welt als eine ohne Engel!

Meine Schwester wartete schon, meine Schwester wartete immer. Sie erwartete anscheinend etwas, was man nicht sehen konnte, jemanden, der nie

kam, weil er schon da war. Ich hatte immer gedacht, sie erwartete die Engel. Sie lehnte am Treppengeländer, und ihre Zöpfe hingen darüber. Die Wohnungstür hinter ihr stand offen, Nebel sickerte durch die Ritzen der Flurfenster, das waren die Kleider der Engel, die sich verklemmt hatten. Aber diesmal fing ich sie, diesmal riß ich die Sterne aus ihrem Haar. Und als meine Schwester wieder sagte: „Ich habe sie gesehen", konnte ich ihr nicht glauben. Sie sollte es beschwören!

Damals wußte ich noch nicht, daß es die Engel sind, die uns beschwören. Nicht wir sind es, die sie erträumen, die Engel träumen uns. Wir sind die Geister in ihren hellen Nächten, wir sind es, die mit Türen schlagen, die es nicht gibt, und über Schnüre springen, die wie Ketten rasseln. Vielleicht sollten wir sanfter in ihren Träumen sein, daß wir sie nicht erschrecken. Wenn die Schatten über die Wüste fallen, wirft sie der Himmel. Und meine Schwester konnte nicht schwören.

Als ich ihr ins Gesicht schrie: „Es gibt sie nicht, du hast gelogen, es gibt sie nicht!", verteidigte sie sich nicht, wie ich es erwartet hatte. Sie wurde nicht zornig und brach nicht in Gelächter aus, sie widersprach nicht einmal. Es schien überraschend für sie gekommen zu sein, und sie teilte mein Entsetzen. Meine Schwester war damals fünfzehn und schon ein Jahr aus der Schule, und doch war es, als hätte ich ihr etwas erzählt, was sie bisher nicht gewußt hatte, als wäre ihr Glaube an die Engel an dem meinen gehangen.

„Schwör auf die Flügel, schwör auf das Silber in der Luft, wenn du's gesehen hast!" Aber sie blieb ganz still. Ich war auf alles gefaßt gewesen, nur nicht auf dieses stumme Zurückweichen, diese plötzliche Wehrlosigkeit, auf das halbe Zugeben der Lüge. Ich hatte den Feind erwartet und war mit allen meinen Waffen ins Leere geritten. Sie hatte ihre Truppen zurückgezogen, vielleicht waren sie auch geflohen, ich weiß es bis heute nicht. Sie wärmte mein Essen und deckte den Tisch für mich, aber sie konnte nicht schwören. Ich zerrte an ihren Zöpfen und an ihrem Rock, wir schlugen uns, aber sie beschwor es nicht.

Wir saßen bei Tisch, wir saßen uns im Finstern gegenüber, wir hörten das Abendläuten und rührten uns nicht. Wir saßen in dem Zimmer und das Zimmer lag in dem Haus und das Haus stand auf der Kugel, die sich drehte, sinnlos drehte wie eine Betrunkene. Wir saßen beide ganz still, und meine

Schwester saß noch stiller da als ich. Das schwache Licht einer Laterne strömte durch die Fenster über ihre Schultern und machte Engelshaar aus ihren Zöpfen, dasselbe, das man unten in den Buden billig zu kaufen bekam. Wir waren allein zu Hause, und vielleicht warteten wir noch immer auf ein Zeichen, auf das Brausen in der Luft. Wenn jemals, so hätten sie jetzt kommen müssen, um die Dächer der Buden abzuheben, um das falsche Engelshaar aus seiner niedlichen Verpackung zu reißen und das richtige fliegen zu lassen, das lang und strähnig war und wie Peitschenschnüre die Wangen aufriß, die es traf. Wenn irgendwann, so hätten sie jetzt kommen müssen, um die Laterne auszublasen und die Bäume auf den Märkten in Brand zu stecken, ehe sie verkauft waren. Aber sie kamen nicht, sie zerbrachen die Scheiben nicht und stießen uns nicht in die Seite. Sie führten uns nicht aus der Gefangenschaft. Sie ließen uns allein in der Hoffnung auf Spielzeug und süßes Backwerk, dem man die Flügel abbeißen konnte.

Wie lächerlich, zu denken, daß unser Vater während dieser Zeit in der Stadt umherirrte, um irgendwo billige Geschenke zu finden, und daß in irgendwelchen Kirchen gerade gesungen wurde, wenn es keine Engel gab, die dem Kind vorausflogen. Und das Kind? Das irrte in seinem kleinen, weißen Schlitten durch die riesigen Weltenräume und wunderte sich über die großen Entfernungen. Das Kind war eine Wolke, weiter nichts. Meine Schwester konnte nicht schwören.

Ihr Heer war geschlagen, ohne sichtbar geworden zu sein, und das meine war sichtbar geschlagen. Und während das meine, durch die eisige Leere und Bereitwilligkeit des feindlichen Landes in Schrecken versetzt, sinnlos die Flucht ergriff, lag das ihre verwundet in tiefen Wäldern, ein Heer, das, von Anbeginn verwundet, nicht den leisesten Versuch gemacht hatte, sich zu verteidigen, ein Heer von Blutern, das den Tod erwartete, das Heer der geschlagenen Engel. Aber zwischen dem Aufschlagen der fliehenden Schritte und dem vergessenen Wald begannen ahnungslose Hirten ihre Herden zu weiden.

Als es ganz finster geworden war, ging ich schlafen. Draußen hatte Schnee zu fallen begonnen, der sich mit Regen mischte. Ich lag im Halbschlaf und sah, wie er den müden Engeln die Flügel schwerer und immer schwerer machte, während das Kind mutterseelenallein durch die Mondgebirge fuhr, an offenen Kratern entlang. Ich wollte es warnen, aber ich hatte keine Macht dazu.

Später hörte ich meinen Vater nach Hause kommen, und ich hörte, wie er einige Worte mit meiner Schwester wechselte. Sie sprachen nie viel miteinander. Noch später hörte ich die Schlüssel sich im Schloß drehen, er mußte wieder weggegangen sein. Meine Schwester öffnete die Tür zu unserem Zimmer und stand eine Weile lang unentschlossen dazwischen. Sie machte ein paar Schritte auf mein Bett zu, während ich ganz still lag. Sie beugte sich über mich, aber ich hielt die Augen geschlossen. Sie ging leise aus dem Zimmer. Als ich diesmal einschlief, träumte ich nichts mehr. Mein Schlaf war leer geworden, wie der Tod der Leute, die keine Auferstehung erwarten.

Aber wie ich eingeschlafen war gegen meinen Willen, erwachte ich gegen meine Erwartungen, ohne Zeit und in einem fremden Raum. Die Decke ist schwer wie eine Grabplatte aus Marmor. Unmöglich, sich zu bewegen oder die Augen zu öffnen. Ich will den Stein nicht. Schnee ist schöner, Schnee schmilzt! Was haben sie getan? Sie haben mich begraben, ohne daß ich gestorben bin! Sie sind nach Hause gegangen, jetzt zünden sie die Kerzen an, es riecht nach frischem Backwerk und verbrannten Zweigen. Ein Schneesturm hat draußen begonnen, wie gut es ist, daß sie noch vor dem Schneesturm nach Hause gekommen sind. Und ich? Ich bin nicht tot! Ihr Engel, rettet mich, schnell, eh mir noch die Luft ausgeht, kommt, warum kommt ihr nicht! Seid ihr gestorben? Ja. Jetzt weiß ich's: Ihr seid es, die gestorben sind. Wir haben euch begraben gestern abend. Wart ihr nicht tot? Seid ihr's, die lebend unter Steinen liegen? Ich will euch helfen, wartet, ich will mich rühren, ich heb den Stein! Mit allen meinen Kräften will ich ihn heben, mit meinen flachen Händen – Gott steh mir bei! Wie leicht der Stein ist! Ich fliege. Könnt ihr's auch? Der Stein war Schnee.

Mondlicht flutet ins Zimmer, es ist so hell, daß man verschlossene Türen für offene Fenster halten könnte, die Wände haben sich gedreht, die Kästen und Betten haben heimlich ihre Plätze getauscht. Es schwindelt mir – was hat mich aufgeweckt? Wer hat den schweren Stein in Schnee verwandelt? Es rauscht mir in den Ohren, aber das ist es nicht, die eigene Stimme weckt keinen aus dem Schlaf. Mein Herz schlägt laut, nein, es ist nicht mein Herz, das dort ans Fenster schlägt, es ist auch

41 ICH WILL EUCH HELFEN, WARTET!
    Arnulf Rainer: Ohne Titel, 1992.

nicht der Wind, der an den Scheiben rüttelt, sie aufgerissen hat und doch von außen zuhält! Seid ihr's?

Wie hab ich zweifeln können? Das war nicht ich, der einen Augenblick lang dachte, du wärst der Wind, mein Engel. Wie weiß dein Kleid ist, Schnee liegt auf deinem Haar, er fällt so dicht da draußen, daß ich nicht sehen kann, wie viele hinter dir sind. Es müssen viele sein, ein Heer! Darf ich auch näher kommen? Soll ich beten? Wie still du stehst! Darf ich die angelaufenen Scheiben öffnen? Ich will dich besser sehen, sehen will ich, wie du fliegen kannst! Beweg dich doch! Wie groß sind deine Flügel? Was hast du an den Füßen? Ich will dir öffnen, komm herein, mein Engel, wirf alles um mit deinen breiten Flügeln und sei willkommen!

Aber schon während ich auf das Fenster zukam, sah ich, daß der Engel abwehrend den Kopf bewegte, und ich erinnerte mich, daß meine Schwester immer sagte, man dürfe ihnen nicht ins Gesicht schauen, und ich erkannte, daß er den Saum seines Kleides nicht berührt haben wollte. Wieder packten mich furchtbare Zweifel, daß er Schnee sein könnte, ein hergewehtes Tuch, ein Traum. Ich wollte seine ausgebreiteten Flügel sehen.

Ein Windstoß kam durch das Fenster. Hände voll Flocken drangen mir in Mund und Augen, unter einem Schleier von Schnee sah ich den Engel schwanken, als wollte er die Flügel ausbreiten. Aber die Flocken waren so dicht, daß man kaum schauen konnte, ein Schneesturm mußte ausgebrochen sein, wieder kamen schwere Windstöße herein, schlugen das Fenster zu und verschleierten mir den Blick. Als ich die Augen blank gerieben hatte und das Fenster wieder aufriß, sah ich nichts mehr als den Schnee, der in dem engen, hohen Hof tobte und tanzte, fiel und in riesigen Wirbeln über die Dächer wieder zurückgeschleudert wurde, wie das Heer der Engel, das nicht berührt sein will.

Haltet sie, haltet sie: Wachset hoch, ihr Dächer, ihr Häuser werdet Türme, daß sie nie mehr hinüberkommen, ihr Rauchfänge treibt Rauch auf ihren Weg, damit sie ihn nicht finden, ihr Schläfer zündet Lichter an, daß ihr sie seht. Wer holt sie ein, wer macht den Tag zum jüngsten? Wer ruft sie mir zurück? Das ist die Zeit, zu der mich meine Schwester weckt, heut weck ich sie: „Wach auf!"

Es schlägt sechs, zögernd fällt eine Glocke nach der anderen ein. Das Zimmer ist jetzt finster, ich kann das Bett nicht finden. Der Schnee war viel zu hell für meine Augen, zu lang hab ich ihnen nachgeschaut, gleich hätt ich meine Schwester wecken müssen: „Wach auf, du schläfst zu lang!"

Die Decke fällt zu Boden, und meine Schwester hält sie nicht mit ihren Fäusten fest, und meine Schwester stöhnt nicht und wehrt sich nicht, wie ich mich jeden Morgen gegen den kalten Boden und die Engel wehre, sie stößt mich nicht zurück, sie bleibt so still wie alle, die nicht schlafen, wenn man sie weckt, so sanft, wie nur die bleiben, die nicht hier sind.

Und sie ist still geblieben, als wir sie im Hof fanden und aus dem Schnee hoben, der sie schon bedeckt hatte.

MEINE MUTTER

ELSE LASKER-SCHÜLER

War sie der große Engel,
Der neben mir ging?

Oder liegt meine Mutter begraben
Unter dem Himmel von Rauch –
Nie blüht es blau über ihrem Tode.

Wenn meine Augen doch hell schienen
Und ihr Licht brächten.

Wäre mein Lächeln nicht versunken im Antlitz,
Ich würde es über ihr Grab hängen.

Aber ich weiß einen Stern,
Auf dem immer Tag ist;
Den will ich über ihre Erde tragen.

Ich werde jetzt immer ganz allein sein
Wie der große Engel,
Der neben mir ging.

CHOR DER TRÖSTER

NELLY SACHS

Gärtner sind wir, blumenlos gewordene
Kein Heilkraut läßt sich pflanzen
Von Gestern nach Morgen.
Der Salbei hat abgeblüht in den Wiegen –
Rosmarin seinen Duft im Angesicht der neuen
Toten verloren –
Selbst der Wermut war bitter nur für gestern.
Die Blüten des Trostes sind zu kurz entsprossen
Reichen nicht für die Qual einer Kinderträne.

Neuer Same wird vielleicht
Im Herzen eines nächtlichen Sängers gezogen.
Wer von uns darf trösten?
In der Tiefe des Hohlwegs
Zwischen Gestern und Morgen
Steht der Cherub
Mahlt mit seinen Flügeln die Blitze der Trauer
Seine Hände aber halten die Felsen auseinander
Von Gestern und Morgen
Wie die Ränder einer Wunde
Die offenbleiben soll
Die noch nicht heilen darf.

Nicht einschlafen lassen die Blitze der Trauer
Das Feld des Vergessens.
Wer von uns darf trösten?

Gärtner sind wir, blumenlos gewordene
Und stehn auf einem Stern, der strahlt
Und weinen.

GEBET

ELSE LASKER-SCHÜLER

Ich suche allerlanden eine Stadt,
Die einen Engel vor der Pforte hat.
Ich trage seinen großen Flügel,
Gebrochen schwer am Schulterblatt,
Und in der Stirne seinen Stern als Siegel.

Und wandle immer in die Nacht …
Ich habe Liebe in die Welt gebracht –
Daß blau zu blühen jedes Herz vermag,
Und hab ein Leben müde mich gewacht,
In Gott gehüllt den dunklen Atemschlag.

O Gott, schließ um mich deinen Mantel fest;
Ich weiß, ich bin im Kugelglas der Rest,
Und wenn der letzte Mensch die Welt vergißt,
Du mich nicht wieder aus der Allmacht läßt
Und sich ein neuer Erdball um mich schließt.

DIE BEIDEN ENGEL

RAFAEL ALBERTI

Flammen sprühend, Engel aus Licht,
o komm! und mit deinem Schwert
entflamm die Abgründe wo
mein unterirdischer Engel der Finsternis liegt.

O Schwerthieb in die Schatten!
Unzählige Funken,
die in meinen Leib eindringen,
in meine federlosen Flügel,
in das, was keiner sieht,
Leben.

Verbrennst mich lebendig.
Fliege endlich weg von mir, finstrer
Luzifer der Steinbrüche ohne Morgenröte,
der wasserlosen Brunnen,
der traumlosen Schlunde,
Kohlenglut des Geistes bereits,
Sonne, Mond.

Mich schmerzen Haar
und Begierde. O, verbrenne mich!
Mehr noch, mehr, o ja, mehr! Verbrenne mich!

Verbrenne ihn, Engel aus Licht, mein Schutzengel,
du, der du weinend durch die Wolken zogst,
du, ohne mich, du, für mich,
kalter Engel aus Staub, ohne Glorie schon,
gestürzt in die Finsternis!

Verbrenne ihn, Engel aus Licht,
verbrenne mich und flieh!

EIN STURM WEHT VOM PARADIESE HER

WALTER BENJAMIN

Mein Flügel ist zum Schwung bereit,
ich kehre gern zurück,
denn blieb ich auch lebendige Zeit,
ich hätte wenig Glück.
Gerhard Scholem: Gruß vom Angelus

Es gibt ein Bild von Klee, das Angelus Novus heißt. Ein Engel ist darauf dargestellt, der aussieht, als wäre er im Begriff, sich von etwas zu entfernen, worauf er starrt. Seine Augen sind aufgerissen, sein Mund steht offen, und seine Flügel sind ausgespannt. Der Engel der Geschichte muß so aussehen. Er hat das Antlitz der Vergangenheit zugewendet. Wo eine Kette von Begebenheiten vor uns erscheint, da sieht er eine einzige Katastrophe, die unablässig Trümmer auf Trümmer häuft und sie ihm vor die Füße schleudert. Er möchte wohl verweilen, die Toten wecken und das Zerschlagene zusammenfügen. Aber ein Sturm weht vom Paradiese her, der sich in seinen Flügeln verfangen hat und so stark ist, daß der Engel sie nicht mehr schließen kann. Dieser Sturm treibt ihn unaufhaltsam in die Zukunft, der er den Rücken kehrt, während der Trümmerhaufen vor ihm zum Himmel wächst. Das, was wir den Fortschritt nennen, ist dieser Sturm.

2 AUCH ENGEL LEIDEN

WER WEISS SCHON, WAS EIN ENGEL IN EINEM JAHRHUNDERT WIE DIESEM ZU SUCHEN HAT?

PATRICK MCGRATH

„Es gibt zwei Fragen, Bernard, die man einem Engel stellen *muß*. Die eine betrifft seine Ursprünge; die andere sein Ziel."

Bei diesen Worten wurde ich wieder aufmerksam. Diese ganze Engelsgeschichte war natürlich barer Unsinn; aber ich war zu der Vermutung gelangt, daß etwas Phantastisches, oder sogar Perverses, dahinterstecken könnte.

„Über seine Ursprünge konnte ich fast nichts in Erfahrung bringen", fuhr Harry fort. „Die Leute sagten, er sei im letzten Jahr des Ersten Weltkrieges nach New York gekommen; offensichtlich war er in Irland von seiner Mutter großgezogen worden, die aus Boston stammte und in einen fragwürdigen Zweig der Havershaws von Cork eingeheiratet hatte, eine exzentrische Familie, sagte man; aber wissen Sie, schließlich war es schon immer so, daß vornehme Europäer von etwas zweifelhafter Herkunft nach New York kamen, und solange ihr Benehmen und ihr Geld – vor allem letzteres – angemessen waren, wurden sie in die Gesellschaft aufgenommen, und keiner fragte danach, wo sie herkamen. Schließlich leben wir in einer Republik."

Boston! Bei der Erwähnung Bostons kam mir plötzlich eine Idee. Harry stammte aus dem alten Boston, wie ich wußte, und ich fragte mich, ob sein Engel vielleicht nichts weiter war als eine wohldurchdachte sexuelle Maskerade. Anson Havershaw war dieser Theorie zufolge schlicht und einfach ein Alter ego, ein losgelöstes Scheingebilde aus Harrys neurotischer Phantasie, ein wie auch immer geartetes Double, das er sich als eine Art libidinöses Sicherheitsventil konstruiert hatte. Anders ausgedrückt überwand Harry seine von Schuldgefühlen beladene Fleischlichkeit, indem er um eine Ecke herum die Identität eines Engels annahm – dies würde die körperliche Ähnlichkeit zwischen den beiden erklären, und die widersprüchlichen Themen von Hedonismus und Vergeistigung; welcher Katholik, egal ob praktizierend oder nicht, konnte schließlich je glauben, der Körper sei ein Tempel, an dem es nichts Unsauberes gab? Ich beobachtete Harry, der vor sich hinlächelte, und im Zwielicht kam mir sein Ausdruck trotz der patrizischen Würde der Nase plötzlich dumm und kläglich vor.

„Und sein Ziel?" fragte ich trocken.

125

42 DER ENGEL URSPRUNG UND ZIEL
Paul Klee: Engel, noch tastend, 1939.

„Ah." Die Freude wich langsam aus seinem Gesicht, und er fing an, ein unangenehm saugendes Geräusch mit seinem Gebiß zu machen. „Wer weiß?" sagte er zuletzt. „Wer weiß schon, was ein Engel in einem Jahrhundert wie diesem zu suchen hat? Vielleicht sollte er einfach ein Engel für unsere Zeit sein." Es folgte eine lange Pause. „Der unsterbliche Geist brannte in ihm, verstehen Sie … Sünde bedeutete ihm nichts; er war reine Seele. Das war das Tragische an ihm."

„Das Tragische an ihm?"

Harry nickte. „Reine Seele in einem Zeitalter zu sein, das nicht an seine Existenz glauben wollte." Er bat mich, ihm noch etwas Gin zu geben. Ich war ziemlich gereizt, als ich ihm seinen Gin einschenkte.

Wir saßen schweigend da, Harry und ich, wobei er zweifellos über seine verfälschten Erinnerungen nachdachte, während ich mich fragte, wann ich mich guten Gewissens davonmachen könnte. Harry hatte eine kleine Puderdose aus Jade aus seiner Tasche gezogen und puderte sich das Gesicht mit schnellen, ruckhaften Bewegungen, die Augen von mir abgewandt, so daß ich nur sein spitzes Profil sah. „Reine Seele", wiederholte er mit leiser Stimme, „in einem Zeitalter, das nicht an seine Existenz glauben wollte."

„Was ist aus ihm geworden?" fragte ich müde.

„Oh", antwortete er und klappte die Puderdose zu. „Ich habe ihn aus den Augen verloren. Ich glaube, es hat ein schlimmes Ende mit ihm genommen; ich glaube, er kam ins Gefängnis."

„Nein, kam er nicht."

Harry sah mich scharf an. Zum ersten Mal, seit wir uns kannten, gab es einen echten und ehrlichen Kontakt zwischen uns. Der ganze Rest hatte daraus bestanden, daß er seiner Besessenheit frönte und ich es stillschweigend zuließ. „Bin ich so leicht zu durchschauen?" fragte er. „Anscheinend ja. Mein lieber Bernard, Sie sind mir böse."

Ich stand auf, trat ans Fenster und sah in die Nacht hinaus. „Ich glaube nicht, daß Anson Havershaw je existiert hat", sagte ich. „Statt dessen gab es einen von Schuldgefühlen geplagten Mann, der sich ein Märchen über Engel und Geister ausdachte, um gewisse Wahrheiten vor sich selbst zu verheimlichen." Warum, dachte ich, suchen alte Säufer sich immer ausgerechnet mich aus, wenn sie ihre Geschichten loswerden wollen?

„Ich habe Ihnen nicht die ganze Wahrheit gesagt", sagte Harry.

„Es gab keinen Anson Havershaw", sagte ich.

„O doch, es gab ihn. Es gibt ihn", sagte Harry. Eine Pause. Dann: „Es gab keinen Harry Talboys."

Ich drehte mich um. Darauf war ich nicht gefaßt gewesen.

„Ich bin Anson Havershaw."

Ich lachte.

Er nickte. „Ich werde es Ihnen zeigen", sagte er, stand auf und fing mühselig an, sein Jackett auszuziehen und sein Hemd aufzuknöpfen.

In der Mitte von Harrys Decke gab es eine Lampenfassung, in die drei Glühbirnen geschraubt waren. Ein kurzes Stück Kette hing von ihr herab; Harry zog an der Kette, und das Zimmer wurde von grellem, hartem Licht überflutet. Unter seinem Hemd trug er, wie sich nun zeigte, ein Kleidungsstück aus einem hellen Plastikmaterial, wie man es im medizinischen Bereich verwendet. Langsam zog er sein Hemd aus. Das Plastikding, das ziemlich schmierig aussah, umschloß ihn wie ein ärmelloses Unterhemd vom oberen Teil des Brustkorbs bis zu einer Linie irgendwo unterhalb des Gürtels seiner Hose. Es wurde an der Seite von einer Reihe kleiner Häkchen geschlossen, und ein sehr schmaler Streifen schmutziger Gaze lugte über den oberen Rand hinaus, wo die Haut flammendrot entzündet war. Harrys Arme waren die eines sehr alten Mannes, das Fleisch hing in losen, weißen, welken Falten von den Knochen. Er lächelte leise, denn ich nehme an, ich muß mit entsetzter Neugier auf das groteske Korsett gestarrt haben, das er trug. Ich stand neben dem Weihrauchfaß, und als Harry sich an den Häkchen zu schaffen machte, zog ich es dicht vor meine Nase; denn der Geruch wurde sehr schnell sehr übel. Er ließ seine Hose und seine Unterhose fallen. Das Korsett reichte bis an seinen Unterbauch, bildete eine Linie knapp über einem haarlosen Schambein und einem winzigen, unbeschnittenen Penis, der völlig verrunzelt und in sich zusammengeschrumpft war. Er löste die letzten Häkchen, hielt das Korsett mit den Händen vor seinem Körper fest und sagte mit sanfter Stimme, ich dürfe aber nicht schockiert sein. Und dann zeigte er sich mir.

Zuallererst war da der Geruch; eine Woge unaussprechlichen Gestanks breitete sich aus, als er das Korsett entfernte, und um meine Sinne zu schützen, war ich gezwungen, mir die Nase zuzuhalten und den Weihrauch durch den Mund einzuatmen. Harrys Fleisch war von den unteren Rippen und dem Bauch weggefallt, und die klumpige Haut, die noch an den Rippen und den Hüftknochen hing, die das Loch umgrenzten, befand sich in einem Zustand gallertartiger Verwesung. In dem Loch sah ich das schwache Glänzen seines Rückgrats, und inmitten einer verworrenen Masse von Schläuchen die Umrisse schattenhafter Organe. Ich sah Verwachsungslinien an seinen Eingeweiden, und ordentliche, saubere Stiche, und ein Bündel verfärbter organischer Gefäße, umwickelt von dünnen Streifen aus durchsichtigem Plastik. Er hätte eigentlich tot sein müssen, und ich nehme an, ich muß genau das geflüstert haben, denn ich hörte ihn sagen, daß er nicht sterben könne. Wie lange ich dastand und in seinen zerfallenden Rumpf blickte, weiß ich nicht; irgendwann schien ich mich von meinem eigenen Körper zu lösen, und ich sah, wie von hoch oben und aus weiter Ferne, die beiden Gestalten im Zimmer stehen, die Blumen und das Kruzifix zwischen sich, mich selbst, wie ich das Weihrauchfaß umklammerte und Harry, der mit seinem geöffneten Körper dastand, während ihm die Hose um die Knöchel hing. Es dauerte lange genug, nehme ich an, bis mir die ganze Entsetzlichkeit seines Zustands aufging. Ich weiß noch, daß ich dachte, das also bedeutet es, ein Engel zu sein, wenigstens in unseren Zeiten: das ewige Leben brannte in ihm, während sein Körper, sein Tempel, rund um die Flamme herum zerbröckelte. Dort draußen, in der heißen Nacht, vibrierte die Stadt mit einem fiebrigen Eigenleben, und irgendwo stürzte sich eine Sirene in plötzlichen, trostlosen Schmerz. Alles, was ich dann noch sah, war ein junger Mann, der in der Ecke eines schäbigen Zimmers stand und einen alten Mann beobachtete, der sich die Hose hochzog.

Während ich dies schreibe, ist es später Januar, und sehr kalt draußen. Der Schnee liegt zu schmutzigen Wällen aufgetürmt an den Rändern der Bürgersteige, und das Chrysler Building ist eine kalte, graue Nadel vor einem sich verdichtenden winterlichen Nachmittagshimmel. Die Männer aus dem Männerheim drängen sich in den Hauseingängen der Bowery und verkaufen Zigaretten auf Milchkisten aus Plastik, und der Weihrauchgeruch zieht immer noch durch die unteren Stockwerke des Hauses. In meinen Gedanken ist er immer noch Harry – es scheint irgendwie besser zu ihm zu passen. Er hat mich gebeten, etwas über unsere Freundschaft zu schreiben, sonst hätte ich es nicht getan; das Schreiben scheint mir heute so sinnlos. Alles scheint sinnlos, aus irgendeinem Grund, den ich nicht ganz verstehe, und ich frage mich immer wieder, warum wir uns eigentlich am Floß festklammern. Der einzige Trost, den ich finden kann, ist die Anwesenheit jenes anderen Geistes, der mit uns in unserem Körper reist – ein Trost, der meinem verwesenden Freund von unten versagt ist, wer immer, was auch immer er sein mag.

KIND UND ENGEL – EIN GESPRÄCH

GWENDOLYN FISCHER

Die Vorstellung von dem Schutzengel, der vor allem Bösem behütet, ist für den Erwachsenen furchtbar banal. Für viele Kinder ist die Anwesenheit der Engel fraglos gegeben. Wie erleben Kinder die Engel? Wie kann der Erzieher mit den Engeln zusammenwirken? Worin unterscheiden sich himmlisches und irdisches Dasein? Mit dem folgenden Interview wollen wir Anregungen zur Beantwortung dieser Fragen geben.

Birgit Diebel: Wir sollten uns in unserem Gespräch auf die Engel konzentrieren, die Angeloi, die den einzelnen Menschen begleiten. Dabei soll die Beziehung des Kindes zu den Engeln im Mittelpunkt stehen. Das Kind steht ganz anders im Leben als der Erwachsene. Es hat eine sehr enge, vertraute Beziehung zur geistigen Welt. Um dem näherzukommen, möchte ich Sie bitten, etwas darüber zu sagen, wie Kinder Engel erleben.

Gwendolyn Fischer: Da würde ich zwei Schwerpunkte setzen, die sich vielleicht zunächst zu widersprechen scheinen: Für Kinder, bei denen es durch ihre menschliche Umwelt nicht ins Schweigen zurückgedrängt wird, ist es es ganz selbstverständlich, daß es Engel gibt. Sie beziehen sie auf ganz natürliche Weise in ihr Tagesgeschehen, ihre Wünsche und Vorstellungen mit ein. Ein Junge zum Beispiel hoffte mit fünf Jahren inständig, daß der liebe Gott großzügig sei. Er wollte sich nämlich, wenn er selber wieder Engel würde, die Federn für die Flügel selbst aussuchen dürfen. Pfauenfedern sollten es sein! Und gerne ein paar Fasanenfedern dazu, damit er besser fliegen könne!

Sie sehen daran, wie Erdenwelt und Engelwelt heiter durcheinanderspielen. Und wie Kinder ganz ungezwungen mit der Tatsache leben, daß sie selbst ein Geistwesen waren und wieder sein werden. Also: das ist das eine, was ich betonen möchte, daß es eigentlich selbstverständlich für Kinder ist, daß es Engel gibt. Dennoch kommen sie als konkrete Wesen wohl nur selten ins – wie soll ich sagen – „Vorderstübchen-Bewußtsein". Konkrete Engelerlebnisse sind auch für Kinder seltene Begleit-Erlebnisse von besonderen, oft schweren Schicksalsereignissen, zum Beispiel von Angst- und Einsamkeitserlebnissen. Auch ein Unfall kann durch die Erschütterung ein inneres Aufwachen dafür bewirken. Wenn Kinder *dann* etwas davon formulieren, merkt man eine andere Dichte als wenn sie im Spiel Himmel und Erde verweben.

B. D.: Warum ist es für Kinder eine Selbstverständlichkeit, daß es eine geistige Welt gibt? Sie reden so nüchtern darüber, daß es uns Erwachsene manchmal erstaunt. Woher kommt diese Verbundenheit mit den geistigen Wesen, die so weit geht, daß die Kinder sie mit in ihr Alltagsleben einbeziehen?

G. Fischer: Da möchte ich gern einen Moment ausholen und einiges Menschenkundliche berühren. Wir müssen uns deutlich machen, was wir alle durchgemacht, aber vergessen haben: Denken wir nur einmal an die fundamentale Bedeutung der Schwerkraft, die wir vorfinden, wenn wir aus dem schwerelosen Zustand im Mutterleibe heraustreten, und mit der nun vom ersten Erdenaugenblick an eine Auseinandersetzung beginnt.

DIE AUSEINANDERSETZUNG MIT DER SCHWERKRAFT

A. K.: Wirkt die Schwerkraft erst nach der Geburt?

G. Fischer: *Erlebt* wird sie erst nach der Geburt. Die Arbeit mit ihr beginnt erst nach der Geburt. Die Schwerkraft wirkt fortwährend auf unsere Leiblichkeit, zieht sie nach unten, zur Erde hin. Diesem Zug entgegen wirkt nun eine andere Kraft: der Impuls des Menschen, sich aufzurichten und sich gegen die Schwerkraft zu behaupten. Dabei findet diese Auseinandersetzung mit der Schwerkraft nicht nur im Aufrichten selbst statt, sondern bei jeder Bewegung der Finger, der Gliedmaßen, des Köpfchens, bei jeder Bewegung des ganzen Leibes. Jede Bewegung übt mit am Erwerb der aufrechten Haltung, die die Grundlage schafft, die Welterscheinungen sortieren, erkennen, benennen zu können.

Es bedarf der aufrechten Haltung, um ein im eigenen Inneren verankertes Bewußtsein bilden zu können, was dann sein Verhältnis zur Welt erkennen und bestimmen kann.

A. K.: Wo kommt dieser Impuls zur Aufrichtung her?

G. Fischer: Das ist eine spannende Frage! Wenn man sich das Ergebnis der tragischen Experimente mit Kindern durch Friedrich II. oder die Schicksale von Wolfskindern klarmacht, dann kann man daran sehen, daß der Mensch zwar die Möglichkeit mitbringt, die Aufrechte zu erwerben, daß er sie aber nie ausbilden würde, wenn er nicht aufrecht gehende Menschen in seiner Umgebung vorfände. Dasselbe gilt für das Sprechen und das Denken. Das Kind braucht aufrecht gehende, sprechende, denkende Menschen in seiner Umgebung, um selbst auch diese allein den Menschen charakterisierenden Fähigkeiten von Gehen, Sprechen, Denken entwickeln zu können. Es bringt sie nicht mit. Was es aber wohl mitbringt, und zwar in einem ungeheuerlich großen Maße, das ist die Kraft der Nachahmung. Es ahmt nach, was es sieht, hört und merkt, und macht sich im Nachahmen das Nachgeahmte zu eigen. Das heißt, daß der ganze Akt der Erdenmensch-Werdung im Laufe der Kindheit ein Nachahmungsvorgang ist, der aus dem tiefen Vertrauen hervorgeht, das das Kind zur Welt hat.

IN DEN UNTERGRÜNDEN SEINES WISSENS KENNT DAS KIND DIE DASEINSFORM DES ENGELS

B.D.: Woher schöpft das Kind diese Vertrauenskräfte?

G. Fischer: Vertrauenskraft, das ist die Fähigkeit, die es aus seinem vorgeburtlichen Dasein mitbringt. Das ist die seelische Gebärde, die das Leben des Menschen im Vorgeburtlichen bestimmt. Mit dieser Kraft, die sich also in Hingabe zur Erdenwelt erweitert, zur Hingabe an alles, was ihm nahekommt, von der Mutter und dem Vater zum Beispiel, zur Hingabe an alles, was riecht und schmeckt, hell ist, sich bewegt etc. – mit dieser Kraft schmilzt es in einem unermüdlichen Lernprozeß all das in irdische Fähigkeiten um, was es als selbstverständliche Himmelsfähigkeiten hatte. Als geistiges Wesen *hatte* es selbstverständlich Orientierung, Kommunikation, Bewußtsein. Nun wird unter irdischen Bedingungen alles in einer irdischen Leiblichkeit neu erworben. Was nun das Kind mit seinem Schutzengel verbindet, ist also nicht nur das *Bewußtsein*, daß es geistige Wesen gibt, sondern der Mensch kennt in den Untergründen seines Wissens die Daseinsform des Engels. Der Engel bleibt in der Daseinsart, die der Mensch verläßt, wenn er sich inkarniert.

A.K.: Ist es dann so, daß das Kind kurz nach der Geburt noch in der Erinnerung dieser himmlischen Daseinsform lebt, und je irdischer das Kind wird – dadurch daß es das Aufrichten, Sprechen und Denken lernt –, desto mehr die Erinnerung an die geistige Daseinsform verdämmert?

G. Fischer: An die Stelle des Himmelsbewußtseins tritt das Erdenbewußtsein. Mit dem Wachwerden für die Erde verdämmert das Bewußtsein für die geistige Welt. […]

B.D.: Welche Eigenschaften des Engels sind es, die dem Kind das Erlebnis von Schutz und Hilfe geben?

G. Fischer: Der Schutzengel begleitet den Menschen nicht nur, er verbindet sich mit dem Menschen, der zu ihm gehört in allerintensivster Weise. Jede große und kleine, helle und dunkle Stunde lebt er unser Leben mit, ein Bewußtsein darüber bildend, bewahrend und verbindend mit seiner Fähigkeit zur Überschau über unseren ganzen weiteren Werdegang und über unsere zukünftigen Werde-Möglichkeiten. Er kennt unsere Aufgaben, Hoffnungen, Hinderungen. Aus diesem umfassenden Überblick trägt er nicht nur Sorge um die richtigen Schicksalswege und Begegnungen, sondern auch für das richtige Maß dessen, was uns widerfährt. Es kommt ja wahrlich nicht alles an Proben und Schwerem aus der Engelsphäre – manches wird sehr wohl von den Mitmenschen beigesteuert. Aber Kräfte zum Bestehen aller Nöte erwachsen dem Kind sicher nicht, wenn wir sein Vertrauen in die Mitwelt schwächen, sondern nur wenn wir das Vertrauen in die Engelkräfte stärken.

Also das Kind kann erstens das Erlebnis haben: der Engel kennt mich durch und durch. Mir widerfährt nur, was zu mir gehört, was mich stärker machen will. Er will mir dazu Kraft geben. Zweitens: In dieser Führung und immerwährenden Anwesenheit ist der Schutzengel absolut verläßlich. Er schläft nie. Drittens: Wenn ich zu ihm aufschaue, weiß ich, wie ich auch selber werden will: wie er, durch und durch wahrhaftig; wie er, aus hellem Bewußtsein heraus gütig; wie er, aus Liebe zum Ziel des Menschen mutig und opferwillig. Das heißt sein ganzes Wesen ist Vorbild für den Menschen. Die Aufrichtung des Leibes setzt sich in die Aufrichtung der Seele fort. All dies, glaube ich, „weiß" ein Kind. Ein Kind weiß so viel mehr als es formulieren kann.

B.D.: Worin liegt denn ein Opfer der Engel?

G. Fischer: Zum Beispiel darin, daß er sich auch in den Niederungen unseres Wesens mit anwesend macht, im Zorn, in der Leidenschaft, in der Unwahrhaftigkeit.

A.K.: Das kommt sehr stark zum Ausdruck in einem Gedicht von Christian Morgenstern:

Der Engel

Oh wüßtest du, wie sehr dein Antlitz sich
verändert, wenn du mitten in dem Blick,
dem stillen, reinen, der dich mir vereint,
dich innerlich verlierst und von mir kehrst!
Wie eine Landschaft, die noch eben hell,
bewölkt es sich und schließt mich von dir aus.
Dann warte ich. Dann warte schweigend ich
oft lange. Und wär ich ein Mensch wie du,
mich tötete verschmähter Liebe Pein.

So aber gab unendliche Geduld
der Vater mir und unerschütterlich
erwarte ich dich, wann immer du kommst.
Und diesen sanften Vorwurf selber nimm
als Vorwurf nicht, als keusche Botschaft nur.

G. Fischer: In den Schwächen der Menschen lebt
der Engel mit der Hoffnung, daß sich gerade in der
Verdunkelung die Sehnsucht nach dem Lichten
wieder stärker entfacht. So bleibt er im Verhältnis
zum Menschen nie in dessen Schwächen stehen,
sondern lebt auf eine nächste Stufe in ihm zu. Das
ist tätige nüchterne Liebe.
A. K.: Dann kann sich der Erwachsene ja auch den
Engel in seiner Selbsterziehung und für seine Aufgabe als Erzieher zum Vorbild nehmen. Wie betet
man für ein Kind?

DIE SEELENSTIMMUNG
DES STAUNENS

G. Fischer: Wenn wir als Eltern für ein Kind beten,
zum Beispiel das Gebet für das noch recht kleine
Kind abends am Bettchen sprechen, dann spricht
sich in den Worten aus, daß wir – obwohl wir nur
wenig Wissen von der geistigen Welt haben – doch
ein Vertrauen zum Wirken der Engel haben:

In dich ströme Licht, das dich ergreifen kann.
Ich begleite seine Strahlen, mit meiner Liebe
werde.
Ich denke mit meines Denkens besten
Frohgedanken
An deines Herzens Regungen.
Sie sollen dich stärken,
Sie sollen dich tragen,
Sie sollen dich klären.
Ich möchte sammeln vor deinen Lebensschritten
Meine Frohgedanken,
Daß sie sich verbinden deinem Lebenswillen
Und er in Stärke sich finde
In aller Welt
Immer mehr,
Durch sich selbst.
(Rudolf Steiner)

43   UND HEUTE FLIEGEN WIR
　　 Engel der Werbung

Ja, welches Licht? Das formende, bildende, ord-
nende Geisteslicht aus der Welt, das den Menschen
tragen, stärken, klären will. An dem Verhältnis der
Engelwelt zu ihrem Kinde orientiert sich die be-
tende Mutter, in dieses Niveau von Gesinnung stellt
sie sich hinein in der Hoffnung, auch das zu entdecken, was sie selbst beitragen soll zur Stärkung
ihres Kindes. Vielleicht wird sie sich auch in Krisen an den Schutzengel des Kindes mit der Frage
wenden können, wie *er* darauf schaut, ob es tieferen Anlaß zur Sorge gibt, oder ob unbeirrtes Vertrauen die wirksamste Hilfe ist. Nicht, daß es nicht
auch fatales Unheil gäbe – aber wenn man das
Vertrauen aufgibt, gibt man noch einen Schubs extra mit in den Abgrund. Die folgenden Worte über
die Treue sind zusammenfassend für diese Gesinnung:

131

„Über die Treue"

„Schaffen Sie sich eine neue, starkmutige Anschauung von Treue. Was die Menschen sonst ,Treue' nennen, verweht so schnell. Das aber machen Sie zu ihrer Treue: An dem anderen Menschen werden Sie Augenblicke erleben, schnell dahingehende. Da wird er Ihnen erscheinen, wie erfüllt, wie durchleuchtet von dem Urbild seines Geistes. Und dann können, ja werden andere Augenblicke, lange andere Zeiten kommen, da verdüstern sich die Menschen. Sie aber wollen lernen, in solchen Zeiten zu sagen: der Geist mache mich stark. Ich denke an das Urbild. Ich sah es doch einmal, kein Trug, kein Schein raubt es mir. – Ringen Sie immer um dieses Bild, das Sie sahen. Dieses Ringen ist Treue, und so nach Treue strebend wird der Mensch dem Menschen wie mit Engel-Hüter-Kräften nahe sein."
(Worte Rudolf Steiners, die dem Gedächtnis nach von Christoph Boy, Lehrer an der ersten Waldorfschule, aufgeschrieben wurden.)

B.D.: Durch diese Gesinnung und durch Gebet kann man also das Wirken der Engel im Leben des Kindes unterstützen?

G. Fischer: Ja, und ferner durch alles interessevolles Hinschauen auf die Naturerscheinungen, durch alles tiefere Interesse an anderen Menschen, durch Staunen und Ehrfurcht vor dem Höheren über uns – neben uns – in uns. Verehrung ist ja schon sehr schwer für uns heute. Da muß man sich schon bewußt schulen und die Kruste von Kritik und Hetze abbauen, die wir alle in uns haben. Aber schon das Staunen öffnet die Augen für die tieferen Schichten, veranlagt die Güte.

B.D.: Ist solch aufmerksames Hinschauen vielleicht für denjenigen eine Möglichkeit, der zum Beten noch nicht recht Zugang hat?

G. Fischer: Da muß ich an eine Großmutter denken, die von ihrem achtjährigen Enkel gefragt wurde: „Glaubst du an den lieben Gott? In meiner Klasse der Jörn nämlich nicht." Sie machte gar nicht viel Worte, sondern nahm das Kind bei der Hand, ging mit ihm in den Garten und bestaunte mit ihm die Frühlingswiese in allen ihren wunderbaren Einzelheiten und Schönheiten. Dann fragte sie das Kind: „Und wer, glaubst du, hat das alles gemacht?"
Die Seelenstimmung des Staunens hat die Frage beantwortet, tiefer und wirksamer als alle Worte es gekonnt hätten.

WIEGENLIED

JOHANNES BRAHMS

Guten Abend, gut' Nacht,
von Englein bewacht,
die zeigen im Traum
die Christkindleins Baum.
Schlaf nur selig und süß,
schau im Traum 's Paradies,
schlaf nur selig und süß,
schau im Traum 's Paradies.

DER ÜBERLEBENDE ENGEL

RAFAEL ALBERTI

Erinnert euch.
Der Schnee brachte Tropfen Siegellacks und geschmolzenen Bleis
und eines Mädchens Verheimlichung, das einen Schwan getötet hatte.
Eine behandschuhte Hand, die Zerstreuung des Lichts und den langsamen Mord.
Die Niederlage des Himmels, ein Freund.

Erinnert euch jenes Tages, erinnert
und vergesset nicht, daß das Entsetzen der Gestirne Puls und Farbe lähmte.
In der Kälte starben zwei Phantome.
Von einem Vogel wurden drei goldene Ringe gefunden und im Rauhreif begraben.
Eines Menschen letzte Stimme rötete mit Blut den Wind.
Alle Engel verloren das Leben.
Nur einer nicht, verwundet, gebrochenen Flügels.

DIE TOTEN ENGEL

RAFAEL ALBERTI

Sucht, sucht sie doch:
in der Schlaflosigkeit der vergessenen
Röhrenleitungen.
in den Gräben gedrosselt vom Schweigen
des Kehrichts.
Nicht weit von Sümpfen, die unfähig, eine Wolke
zu bewahren,
oder ein Paar verlorener Augen,
einen zerbrochenen Ring
oder einen zertretenen Stern.

Denn ich hab sie gesehen:
zwischen diesen kurzlebigen Schutthaufen, die
aus dichten Nebeln tauchen.
Denn ich hab sie berührt:
in eines toten Ziegels Exil,
dem Nichts überantwortet von einem Turm herab
oder Karren.
Nie fern der Schornsteine, die einfallen.
Bei diesen hartnäckigen Blättern, die sich an die
Schuhe heften.

In all diesem.
Selbst in jenen hintreibenden Spänen, die sich
ohne Feuer verzehren,
in diesen zusammengesunkenen Abwesenheiten,
die die zerfallenden Möbel erleiden,
unfern der Namen und Zeichen, die an den
Wänden gefrieren.

Sucht, sucht sie doch:
unter dem Tropfen Wachs, der das Wort begräbt
in einem Buch
oder der Unterschrift auf einer der Briefecken,
die herumwirbelnd der Staub mit sich bringt.
Nah einer verlorengegangenen Flaschenscherbe,
einer aus dem Schnee gezogenen Schuhsohle,
einem Rasiermesser, zurückgelassen am Rand
eines Abhangs.

DAS BARLACH-LIED

WOLF BIERMANN

Ach Mutter mach die Fenster zu
Ich glaub es kommt ein Regen
Da drüben steht die Wolkenwand
Die will sich auf uns legen

Was soll aus uns noch werden
Uns droht so große Not
Vom Himmel auf die Erden
Falln sich die Engel tot

Ach Mutter mach die Türe zu
Da kommen tausend Ratten
Die hungrigen sind vorne weg
Dahinter sind die satten

Was soll aus uns noch werden
Uns droht so große Not
Vom Himmel auf die Erden
Falln sich die Engel tot

Ach Mutter mach die Augen zu
Der Regen und die Ratten
Jetzt dringt es durch die Ritzen ein
Die wir vergessen hatten

Was soll aus uns noch werden
Uns droht so große Not
Vom Himmel auf die Erden
Falln sich die Engel tot

44   VOM HIMMEL AUF DIE ERDEN
Hugo Simberg: Der verwundete Engel, 1903.

AGESILAUS SANTANDER

WALTER BENJAMIN

Als ich geboren wurde, kam meinen Eltern der Gedanke, ich könnte vielleicht Schriftsteller werden. Dann sei es gut, wenn nicht gleich jeder merke, daß ich Jude sei. Darum gaben sie mir außer meinem Rufnamen noch zwei weitere, ausgefallene, an denen man weder sehen konnte, daß ein Jude sie trägt, noch daß sie ihm als Vornamen gehörten. Weitblickender konnte vor vierzig Jahren ein Elternpaar sich nicht erweisen. Was es nur entfernt für möglich hielt, ist eingetroffen. Nur die Vorkehrungen, mit denen es dem Schicksal hatte begegnen wollen, setzte der, den es betraf, beiseite. Anstatt ihn nämlich mit den Schriften, die er verfaßte, öffentlich zu machen, hielt er es wie die Juden mit dem zusätzlichen ihrer Kinder, der geheim verbleibt. Ja, diesen selber teilen sie ihnen erst mit, wenn sie mannbar werden. Weil sich nun aber dieses Mannbarwerden im Leben mehr als einmal ereignen kann, vielleicht auch der geheime Name gleich und unverwandelt nur dem Frommen bleibt, so kann dem, der es nicht ist, dessen Wandel sich wohl mit einem neuen Mannbarwerden mit einem Schlag offenbaren. So mir. Er bleibt darum nicht

134

minder der Name, der die Lebenskräfte in der strengsten Bindung aneinanderschließt und vor den Unberufenen zu hüten ist.

Doch keineswegs ist dieser Name eine Bereicherung dessen, den er nennt. Im Gegenteil, von dessen Bild fällt vieles ab wenn er laut wird. Es verliert vor allem die Gabe, menschenähnlich zu erscheinen. Im Zimmer, das ich in Berlin bewohnte, hat jener, ehe er aus meinem Namen gerüstet und geschient ans Licht trat, sein Bild an der Wand befestigt: Neuer Engel. Die Kabbala erzählt, daß Gott in jedem Nu eine Unzahl neuer Engel schafft, die jeder nur bestimmt sind, ehe sie ins Nichts zergehen, einen Augenblick das Lob von Gott vor seinem Thron zu singen. Als solchen Engel gab der Neue sich aus, ehe er sich nennen wollte. Nur fürchte ich, daß ich ihn ungebührlich lange seiner Hymne entzogen habe. Im übrigen hat er mir das entgolten. Indem er nämlich sich den Umstand zunutze machte, daß ich unterm Saturn zur Welt kam – dem Gestirn der langsamsten Umdrehung, dem Planeten der Umwege und der Verspätungen – schickte er seine weibliche Gestalt der männlichen im Bilde auf dem längsten, verhängnisvollsten Umweg nach, obschon doch beide einmal – nur kannten sie einander nicht, aufs innigste benachbart gewesen waren.

Er wußte vielleicht nicht, daß sich die Stärke dessen, den er so treffen wollte, derart am besten zeigen konnte: nämlich wartend. Wo dieser Mann auf eine Frau stieß, die ihn bannte, war er unversehens entschlossen, auf ihrem Lebensweg sich auf die Lauer zu legen und zu warten, bis sie krank, gealtert, in zerschlissenen Kleidern ihm in die Hände fiele. Kurz, mit nichts war die Geduld des Mannes zu entkräften. Und ihre Schwingen ähnelten den Schwingen des Engels darin, daß sehr wenige Stöße ihnen genügten, um sich lange unverrückbar im Angesichte dessen zu erhalten, von dem er nicht mehr zu lassen entschlossen war.

Der Engel aber ähnelt allem, wovon ich mich habe trennen müssen: den Menschen und zumal den Dingen. In den Dingen, die ich nicht mehr habe, haust er. Er macht sie durchsichtig und hinter jedem erscheint mir der, welchem sie zugedacht sind. Darum bin ich von niemandem im Schenken zu übertreffen. Ja, vielleicht war der Engel angelockt von einem Schenkenden, der leer ausgeht. Denn auch er selbst, der Klauen hat und spitze, ja messerscharfe Schwingen [,] macht keine Miene, auf den, der gesichtet hat, zu stürzen. Er faßt ihn fest ins Auge – lange Zeit, dann weicht er stoßweise, aber unerbittlich zurück. Warum? Um ihn sich nachzuziehen, auf jenem Wege in die Zukunft, auf dem er kam und den er so gut kennt, daß er ihn durchmißt ohne sich zu wenden und den, den er gewählt hat, aus dem Blick zu lassen. Er will das Glück: den Widerstreit, in dem die Verzückung des Einmaligen, Neuen, noch Ungelebten mit jener Seligkeit des Nocheinmal, des Wiederhabens, des Gelebten liegt. Darum hat er auf keinem Wege Neues zu hoffen als auf dem der Heimkehr, wenn er einen neuen Menschen mit sich nimmt. So wie ich, kaum daß ich zum ersten Male dich gesehen hatte, mit dir dahin zurückfuhr, woher ich kam.

Ibiza 13. August 1933

3 PHANTASTISCHE FAHRTEN

„ENGEL ALS ANHALTER UNDENKBAR"

FRANKFURTER ALLGEMEINE ZEITUNG

MÜNCHEN, 20. Oktober (KNA/dpa).
Das Erzbischöfliche Ordinariat in München hat sich veranlaßt gesehen, zu, wie es sagt, „abwegigen Engelserscheinungen" Stellung zu nehmen, über die am Mittwoch in Zeitungen berichtet worden ist. Manches Gemüt, so das Ordinariat, sei mit solchen Erscheinungen erheblich beschäftigt.
Den Sachverhalt (ein Anhalter in Jeans und mit Rucksack steigt in Oberbayern zu einer dreißigjährigen Frau aus Rosenheim in das Fahrzeug, teilt während der Fahrt mit, er sei der Erzengel Gabriel, kündigt für 1984 den Weltuntergang mittels einer Atomkatastrophe an und verschwindet schließlich) nennt der Sprecher des Erzbischöflichen Ordinariats, Domkapitular Prälat Dr. Curt M. Genewein, weiß Gott eine düstere Botschaft, so recht geeignet, verängstigte Gemüter noch mehr zu schrecken, manchem Schreiber als Vorlage für literarisches Amüsement zu dienen, manchem auch nur als willkommene Abwechslung nach dem Motto: „Mal was anderes als Ufos".
Mit ein paar schlichten Informationen über die Lehre der Kirche von den Engeln versucht Genewein, die mit solchen Meldungen erzeugten Reaktionen zu besänftigen. Der Name Engel komme aus dem lateinischen „Angelus" (Bote) und sei verwandt mit dem griechischen Wort „Eu angelion", der guten Botschaft, dem Namen für die Schriften des Neuen Testamentes. In diesem Namen seien auch die Funktionen des Engels gegenüber dem Menschen bezeichnet: „Sie sind Boten Gottes, die etwas mitzuteilen und zu bewirken haben".
Undenkbar sei, sagte der Prälat, daß ein Engel irgendwo irgend jemandem in der Gestalt eines Anhalters erscheine, daß er mitteile, die Welt werde untergehen, und daß er sich darauf wieder in Luft auflöse (ohne, wie es berichtet worden war, den Sicherheitsgurt im Auto zu lösen). Dagegen sollte man die alte, in der Tradition oft bezeugte Lehre der Kirche von den Engeln durchaus ein wenig ernst nehmen, anstatt sich über sie lustig zu machen. Kardinal Ratzinger habe einmal über den Schutzengel gesagt, daß er der persongewordene Gedanke der Liebe Gottes für den Menschen sei. Der Glaube vermöge darin viel Bewegendes und Erschütterndes zu erspüren, das unser menschliches Fassungsvermögen durchaus übersteige. „Allerdings ist eine solche im Glauben bezeugte Existenz der Engel etwas ganz anderes als die in der Presse berichtete Geisterfahrerei."
Die Polizei setzt inzwischen die Suche nach jenem „Geisterbeifahrer", dem geheimnisvollen Anhalter, fort. Denn inzwischen haben sich ein halbes Dutzend Opfer des „Erzengels" hilfesuchend an die Behörden gewandt.

LSD-ENGEL

NINA HAGEN

1975 studierte ich Schlagersängerin im „Zentralen Studio für Unterhaltungskunst" in Ost-Berlin und bekam Besuch aus Polen. Zwei Boys aus Warschau brachten mir LSD. Ich hatte schon viel darüber in Erfahrung gebracht und nahm es nun zum erstenmal.

Zuerst war es ganz, ganz schlimm. Ich hatte die größten Schmerzen, die man sich überhaupt vorstellen kann! Ich konnte nicht mehr leben, und ich wollte doch nicht sterben! Da habe ich mich endlich an GOTT erinnert und ihn gerufen: „Oh, mein GOTT! Hilf!" SEINE liebe Stimme kam zuerst in meinen Kopf und sagte, daß die Hilfe darin bestünde, daß ich jetzt sterben darf! Mein ostdeutsches Nina-Hagen-Bewußtsein meckerte noch kurz auf und meinte was von „zu jung, um zu sterben", aber der ewige Schmerz, den ich wieder höllisch spürte und SEINE Gegenwart machten es einfach: Ich legte mich hin zum Sterben, mit dem Gedanken: „Ich gebe mich zu Gott, schlimmer als es jetzt ist, kann es nicht werden!" Es war nämlich das Schlimmste vom Schlimmen, das Allerärgste, was ich gerade durchgemacht hatte: der ewigwährende Aufenthalt in der tiefsten, schmerzvollsten Hölle … Alles ist up to God!!!

Da löste sich mein „Nina" aus dem Körper und stieg auf, immer höher! Visionsmäßig verließ ich meinen Körper, ließ zur gleichen Zeit ein sehr real wirkendes Krankenhauspersonal auf einem OP-Tisch im Krankenhaus zurück.

Ja, um den Weggang von der Erden-Körperdimension zu verdeutlichen, arrangierte GOTT diese letzte „irdische" Krankenhaus-Szene, die aber „nur" astral stattfand. Ich lag die ganze Zeit auf meinem Bett. Die OP-Schwestern schrien und rannten rum: „Die ist weg!" „Hol die Strommaschine!" „Frau Hagen!!!", klatschten mir im Gesicht rum … „Nee, die kommt nicht mehr …" Ich sah zu meinem Entsetzen beim Hochsteigen so 'ne Art Komposthaufen auf dem Krankenhausgelände mit amputierten Armen, Beinen, viele tote Körper. Ich dachte: „Da komm ich auch hin!" Dieser Gedanke veranlaßte mich aber nicht die Bohne, wieder runter in den Körper zu gehen. Ich amüsierte mich köstlich dabei und dachte: „Die haben keine Ahnung, wie toll es ist, aus dem Körper raus zu sein! Oh no, ich komm nicht zurück!!!" Es war ein unbeschreiblich schönes Glücksgefühl: Exstasy!

Da hörte ich SEINE Stimme again: „Mach die Augen auf!" Ich dachte, die wären die ganze Zeit aufgewesen, aber nee! Jetzt erst öffnete ich die Augen, und irgendwie saß ich immer noch auf meinem Bett, aber die Welt war völlig anders geworden: alles voller fließender, sprießender, beseelter Farben, von denen jede ihre eigene Powerfrequenz hatte, ganz und total beseelt von Leben … Die Farben vereinigten sich zu den wunderschönsten Mustern und Girlanden. Unvorstellbar! Die Farben, die es auf der physikalischen Ebene gibt, sind nur eine Imitation ihrer wahren Herrlichkeit! Ihre Heimat liegt in der nichtphysikalischen Welt, und alle zusammen formen ewige Muster und Bilder, zu schön, um sie zu beschreiben! Sie sind durchdrungen von Bewußtsein! *Selbst*bewußtsein! Ganz beseelt von dieser Farbenpracht, hörte ich IHN weiter sagen: „Dreh dich um!" SEINE Stimme kam von seitwärts. Was dann passierte, ist echt too much: ER saß mir gegenüber!!! Mit einer Liebesausstrahlung in solch einem Ausmaß, wie nur ER lieben kann! Unbeschreiblich!!! ES war so stark, daß ES sogar zitterte, so als ob es ziemlich schwer war, dimensionsdurchbrechungsmäßig diesen einzigartigen Kontakt herzustellen. ES zitterte vor lauter Liebe!!! ER schaute mich an und liebte mich mit einem Ausmaß, wie ich noch nie zuvor geliebt worden war. So geliebt zu sein! Geliebt!

Die erste Frage, die sich in meiner Seele formte, war: „Gehst du etwa wieder weg wie all die andern?"

ER sprach: „Ich bin immer da, ich war immer da, und ich werde immer dasein!"

Ein Riesenstein fiel von meinem Herzen! Zweite Frage: „Wer bist du?"

Schmunzelnd sagte ER: „Ich bin dein Trip." Er ist mein Trip, mein Weg, meine Reise, meine Wahrheit, meine Liebe. Oh, my, my!

Und schon schoß Frage Nummer drei raus aus mir: „Wie heißt du?"

Und er schloß seine Augen, als ob er sagen wollte: „No name", aber himmlische Wesen um ihn herum, die ich nicht sehen, aber hören konnte, riefen mit unendlicher Liebe, Vertrauen und Respekt: „Michi! Michiel!!!" Mir ist mein Michi erschienen! Menschenskinder! Michi ist GOTT! Wißt ihr, wie sehr GOTT euch liebt? Und wie unbeschreiblich toll ER ist? Und alle streiten sich um SEINEN Namen! Ich nicht. Ich sage Halleluja! Amen!

In der jiddischen Kabbala ist „Michiel" the Lord of the Sun (Herr der Sonne). Bei den Katholiken ist der Cherubim Michael der Erzengel des Herrn. Bei den New Agelern bedeutet Michael bzw. Michiel „Lord des 12. Sonnensystems und der zentralen Sonne". Und meine God-nose/Dognose sagt mir, daß Jesus Christus und Krsna auch der Michi ist! Das ist ER/ES. Das war meine erste Einweihung! Hab danach wieder LSD geschluckt, aber umsonst … Ich muß IHN anderswo finden, anderswie, wie Nena gesungen hat: „Irgendwie, irgendwo, irgendwann …"

EINE UNBESTIMMTE SEHNSUCHT

ERNST JÜNGER

Eine unbestimmte Sehnsucht nach anderen Welten ist so alt wie der Mensch selbst. Heut trägt sie technische Züge; die Erwartung fremder Gäste und deren Landung beschäftigt seit einiger Zeit die Einbildung. Wir müssen das ernst nehmen, zunächst als Symptom.
Seltsame Flugkörper werden geschildert, in Frage gestellt, als Augentrug entlarvt. Sie dienen als Köder und Spielwerk der Phantasie; andererseits zeigen sie Wunschträume an. Dem Zeitgeist entspricht die automatische Apparatur. Auch der Weltuntergang, eine Vision der Jahrtausendwenden, stellt sich als technische Katastrophe dar.

Merkwürdig ist die Erwartung fremder Gäste gerade heute, wo die astronautische Erkundung nicht nur die Unbewohntheit, sondern auch die Unbewohnbarkeit der Sterne erwiesen zu haben scheint. Hier eben deutet sich die Tiefe der Sehnsucht an. Immer stärker wird gefühlt, daß die reine Macht und der Genuß der Technik nicht befriedigen. Was früher Engel waren und was Engel gaben, wird vermißt.
Übrigens denke ich nicht, daß die Technik der großen Wende widerspricht. Sie wird an die Zeitmauer heranführen und verwandelt werden in sich. Das Ziel der Raketen sind nicht fremde Welten, sondern ihr Sinn ist es, den alten Glauben zu erschüttern; sein Jenseits hat nicht genügt.

EINE KAISERLICHE BOTSCHAFT

FRANZ KAFKA

Der Kaiser – so heißt es – hat Dir, dem Einzelnen, dem jämmerlichen Untertanen, dem winzig vor der kaiserlichen Sonne in die fernste Ferne geflüchteten Schatten, gerade Dir hat der Kaiser von seinem Sterbebett aus eine Botschaft gesendet. Den Boten hat er beim Bett niederknien lassen und ihm die Botschaft ins Ohr geflüstert: so sehr war ihm an ihr gelegen, daß er sie sich noch ins Ohr wiedersagen ließ. Durch Kopfnicken hat er die Richtigkeit des Gesagten bestätigt. Und vor der ganzen Zuschauerschaft seines Todes – alle hindernden Wände werden niedergebrochen und auf den weit und hoch sich schwingenden Freitreppen stehen im Ring die Großen des Reichs – vor allen diesen hat er den Boten abgefertigt. Der Bote hat sich gleich auf den Weg gemacht; ein kräftiger, ein unermüdlicher Mann: einmal diesen, einmal den andern Arm vorstreckend schafft er sich Bahn durch die Menge; findet er Widerstand, zeigt er auf die Brust, wo das

45 WEG, REISE, WAHRHEIT, LIEBE
   Arthur A. Houghton Jr.: Der Saki (Kelchträger), o. J.

Zeichen der Sonne ist; er kommt auch leicht vorwärts, wie kein anderer. Aber die Menge ist so
groß; ihre Wohnstätten nehmen kein Ende. Öffnet
sich freies Feld, wie würde er fliegen und bald
wohl hörtest Du das herrliche Schlagen seiner
Fäuste an Deiner Tür. Aber statt dessen, wie nutzlos müht er sich ab; immer noch zwängt er sich
durch die Gemächer des inneren Palastes; niemals
wird er sie überwinden; und gelänge ihm dies,
nichts wäre gewonnen; die Treppen hinab müßte
er sich kämpfen; und gelänge ihm dies, nichts wäre
gewonnen; die Höfe wären zu durchmessen; und
nach den Höfen der zweite umschließende Palast;
und wieder Treppen und Höfe; und wieder ein Palast; und so weiter durch Jahrtausende; und stürzte
er endlich aus dem äußeren Tor – aber niemals,
niemals kann es geschehen – liegt erst die Resi-
denzstadt vor ihm, die Mitte der Welt, hochgeschüt-
tet voll ihren Bodensatzes: Niemand dringt hier
durch und gar mit der Botschaft eines Toten. – Du
aber sitzt an Deinem Fenster und erträumst sie Dir,
wenn der Abend kommt.

ELEGIE

GERALD ZSCHORSCH

Engel erscheinen, um zu verschwinden.
Sind Mittler zwischen Dunkel und Licht.
Sichtbar im Kommen; im Gehen unsichtbar nicht.

Engel tragen niemals eine Krone.
Im Reigen schwach und ohne Würde.
Sind Flügel Rucksack. Tragriemen der Bürde.

Engel zwitschern vernehmlich keine Lieder.
Sie hausen mit uns; mental beglückt.
Sind ähnlich lebenden Personen ausgerückt.

ES WAR EIN MANN MIT NAMEN TOBIAS

DAS BUCH TOBIT

Es war ein Mann mit Namen Tobias aus dem
Stamme Naftali, aus einer Stadt in Obergaliläa, zu
der man kommt, wenn man von Hazor nach Westen geht und Safed zur Linken hat.
Der wurde mit in die Gefangenschaft geführt zur
Zeit Salmanassars, des Königs von Assyrien; und
obwohl er dort unter Fremden leben mußte, ist er
dennoch von Gottes Wort nicht abgefallen.
Darum teilte er alles, was er hatte, Tag für Tag mit
seinen gefangenen Brüdern und Verwandten.
Und als er noch einer der jüngsten Männer des
Stammes Naftali war, hatte er bereits bewiesen,
daß er kein Kind mehr war: während alle andern
den goldnen Kälbern dienten, die Jerobeam, der
König von Israel, hatte machen lassen, schied er
sich von der Gemeinschaft mit ihnen und hielt sich
als einziger zum Tempel des Herrn in Jerusalem
und diente dort dem Herrn und betete den Gott Israels an. Er gab auch alle Erstlinge und Zehnten
mit solcher Treue, daß er sogar jedes dritte Jahr
den Fremdlingen, Witwen und Waisen ihren Zehnten gab.
Das alles hielt er von Jugend auf nach dem Gesetz
des Herrn.
Als er nun erwachsen war, nahm er eine Frau,
auch aus dem Stamm Naftali, mit Namen Hanna
und zeugte mit ihr einen Sohn, den er auch Tobias
nannte; und er lehrte ihn von Jugend auf Gott
fürchten und die Sünde meiden.
Als er nun mit Frau und Sohn und mit seinem
ganzen Stamm in die Gefangenschaft nach Ninive
kam und alle von den Speisen der Heiden aßen,
hütete er sich und machte sich nicht unrein mit solcher Speise.
Und weil er von ganzem Herzen den Herrn fürchtete, ließ ihn der Herr bei König Salmanassar
Gnade finden, so daß er ihm erlaubte, überallhin zu
gehen, wohin er wollte, und zu tun, was ihm gut
schien.

So besuchte er nun alle, die in der Gefangenschaft lebten, und ermahnte sie, Gottes Wort treu zu bleiben.

Und er kam in die Stadt Rages in Medien und hatte zehn Talente Silber bei sich, mit denen ihn der König beschenkt hatte.

Und als er unter den vielen Israeliten einen Armen aus seinem Stamm mit Namen Gabaël sah, lieh er ihm das Geld und nahm einen Schuldschein von ihm.

Lange danach aber, nach dem Tod des Königs Salmanassar, als sein Sohn Sanherib regierte, dem die Israeliten verhaßt waren, ging Tobias wieder bei allen Israeliten umher und tröstete sie und gab ihnen von seinem Vermögen, soviel er konnte: die Hungrigen speiste er, die Nackten kleidete er, die Toten und Erschlagenen begrub er.

Dann aber kam König Sanherib aus Judäa zurück, als er hatte fliehen müssen, weil ihn Gott um seiner Lästerung willen geschlagen hatte. Darüber war er sehr zornig und ließ viele Israeliten töten. Da war es Tobias, der sie begrub.

Als aber der König das erfuhr, befahl er, ihn zu töten, und nahm ihm all sein Hab und Gut.

Tobias aber floh mit seinem Sohn und seiner Frau und konnte sich, völlig mittellos, verborgen halten, weil viele ihn liebten und ihm halfen.

Aber nach fünfundvierzig Tagen wurde der König von seinen eigenen Söhnen erschlagen, und Tobias kam wieder heim, und sein ganzes Vermögen wurde ihm wiedergegeben.

Als Tobias danach an einem Fest des Herrn in seinem Hause ein herrliches Mahl bereitet hatte, sagte er zu seinem Sohn: Geh und lade einige gottesfürchtige Männer aus unserm Stamme ein, mit uns zu essen!

Und als er wieder heimkam, sagte er seinem Vater, einer der Israeliten liege erschlagen auf der Gasse.

Da stand Tobias sogleich vom Tisch auf, ließ das Essen stehen, ging zu dem Toten, hob ihn auf und trug ihn unbemerkt in sein Haus, um ihn nachts heimlich zu begraben.

Und nachdem er die Leiche versteckt hatte, aß er sein Brot voll Trauer und Entsetzen und dachte an das Wort, das der Herr durch den Propheten Amos geredet hatte: Eure Feiertage sollen zu Trauertagen werden.

Und in der Nacht ging er hin und begrub den Toten.

Alle seine Freunde aber schalten ihn und sprachen: Erst neulich wollte dich der König aus demselben Grunde töten lassen, und du bist seinem Mordbefehl kaum entkommen; und doch begräbst du schon wieder die Toten!

Tobias aber fürchtete Gott mehr als den König und holte weiterhin die Erschlagenen weg und verbarg sie in seinem Hause, bis er sie tief in der Nacht begraben konnte.

Es begab sich aber eines Tages, als er Tote begraben hatte und müde heimkam, daß er sich im Schutz einer Mauer niederlegte und einschlief.

Da ließ eine Schwalbe aus ihrem Nest ihren heißen Dreck auf seine Augen fallen; davon wurde er blind.

Diese Prüfung aber ließ Gott über ihn kommen, damit die Nachwelt an ihm ein Beispiel der Geduld hätte wie an dem heiligen Hiob.

Denn wie er von Jugend auf Gott gefürchtet und seine Gebote gehalten hatte, so wurde er auch jetzt nicht bitter gegen Gott, weil er ihn hatte blind werden lassen, sondern blieb beständig in der Furcht Gottes und dankte Gott sein ganzes Leben lang.

Und wie die Könige den heiligen Hiob verhöhnten, so verlachten den Tobias seine nächsten Verwandten und sagten: Wo bleibt nun, worauf du gehofft hast? wofür du deine Almosen gegeben und so viele Tote begraben hast?

Aber Tobias wies sie zurecht und sagte: Redet nicht so! Denn wir sind Kinder der Heiligen und warten auf ein Leben, das Gott denen geben wird, die im Glauben treu und fest an ihm bleiben.

Seine Frau Hanna aber ging alle Tage zum Weben und ernährte ihn mit ihrer Hände Arbeit, so gut sie konnte.

So begab es sich, daß sie ein Ziegenböcklein heimbrachte, das sie bekommen hatte. Und als ihr Mann Tobias es blöken hörte, sprach er: Wenn das nur nicht gestohlen ist! Gebt's dem Besitzer zurück; denn es ist uns nicht erlaubt, von gestohlenem Gut zu essen oder es auch nur anzurühren.

Über diese Worte wurde seine Frau zornig und antwortete: Da sieht man, daß deine Hoffnung nutzlos war und daß deine Almosen uns nichts einbringen.

Mit solchen und andern Worten mehr warf sie ihm sein Elend vor.

Da seufzte Tobias tief auf, fing an zu weinen und zu beten und sprach: Herr, du bist gerecht, und alle deine Gerichte sind lauter Güter und Treue.

Und nun, mein Herr, sei mir gnädig und strafe meine Sünden nicht, denke nicht daran, was ich oder meine Väter Böses getan haben.

Denn weil wir deine Gebote nicht gehalten haben, hast du uns unsern Feinden preisgegeben, die uns berauben, gefangen halten und töten, und hast uns zu Spott und Hohn all der Völker gemacht, unter die du uns zerstreut hast.

Ach, Herr, schrecklich sind deine Gerichte, weil wir deine Gebote nicht gehalten und nicht aufrichtig gelebt haben vor dir.

Und nun, Herr, erweise mir Gnade und nimm meinen Geist weg in Frieden; denn ich will viel lieber tot sein als leben.

Es begab sich nun an demselben Tage, daß Sara, die Tochter Raguëls, in einer Stadt der Meder von einer Magd ihres Vaters auch geschmäht und gescholten wurde.

Man hatte sie nämlich sieben Männern nacheinander gegeben, aber ein böser Geist, Aschmodai genannt, hatte sie alle getötet, sobald sie zu ihr eingehen wollten.

Als nun Sara die Magd wegen eines Fehlers zurechtwies, gab die ihr zurück: Wenn wir nur von dir nicht auch einen Sohn oder eine Tochter auf Erden sehen müssen, du Männermörderin!

Willst du mich auch töten, wie du schon sieben Männer getötet hast?

Auf diese Worte hin ging Sara in eine Kammer oben im Haus, aß nicht und trank nicht drei Tage und drei Nächte lang, betete aber unablässig und flehte Gott unter Tränen an, sie von ihrer Schmach zu befreien.

Als sie aber am dritten Tage ihr Gebet vollendete, lobte sie Gott und sprach: Gelobt sei dein Name, Herr, du Gott unsrer Väter, denn wenn du gezürnt hast, erweist du Gnade und Güte, und in der Zeit der Trübsal vergibst du Sünde denen, die dich anrufen.

Zu dir, mein Herr, kehre ich mein Angesicht, zu dir hebe ich meine Augen auf und bitte dich, daß du mich erlöst aus dieser schweren Schmach oder mich von der Erde wegnimmst.

Du weißt, Herr, daß ich niemals einen Mann begehrt und meine Seele rein erhalten habe von aller bösen Lust und mich nie zu zuchtloser und leichtfertiger Gesellschaft gehalten habe.

Ich war bereit, einen Mann zu nehmen, weil ich dich fürchtete, und nicht, weil ich nach Lust gierig war.

Entweder bin ich ihrer oder sie sind meiner nicht wert gewesen, und du hast mich vielleicht einem andern Mann vorbehalten.

Denn dein Ratschluß ist von Menschen nicht zu ergründen.

Das weiß ich aber fürwahr; jeder, der dir dient, wird nach der Anfechtung gekrönt und aus der Trübsal erlöst, und nach der Züchtigung findet er Gnade.

Denn du hast nicht Gefallen an unserm Verderben: nach dem Gewitter läßt du die Sonne wieder scheinen, und nach Klagen und Weinen überschüttest du uns mit Freuden. Deinem Namen sei ewig Ehre und Lob, du Gott Israels.

In derselben Stunde wurden die Gebete dieser beiden von dem Herrn im Himmel erhört.

Und der heilige Rafael, der Engel des Herrn, wurde gesandt, beiden zu helfen, weil ihr Gebet zu gleicher Zeit dem Herrn vorgebracht worden war.

Als nun Tobias dachte, sein Gebet wäre erhört und er würde sterben, rief er seinen Sohn Tobias zu sich und sagte zu ihm: Lieber Sohn, höre meine Worte und behalte sie fest in deinem Herzen.

Wenn Gott meine Seele zu sich nehmen wird, so begrabe meinen Leib und ehre deine Mutter, solange sie lebt; denke daran, was für Gefahren sie ausgestanden hat, als sie dich unter dem Herzen trug; und wenn sie gestorben ist, so begrabe sie neben mir.

Und dein Leben lang habe Gott vor Augen und im Herzen und hüte dich davor, jemals in eine Sünde einzuwilligen und gegen die Gebote unsres Gottes zu handeln.

Mit deinem Hab und Gut hilf den Armen und wende dich auch nicht von einem einzigen ab, dann wird sich das Angesicht des Herrn auch von dir nicht abwenden.

Wo du kannst, da hilf den Bedürftigen.

Hast du viel, so gib reichlich; hast du wenig, so gib doch das Wenige von Herzen.

Denn so wirst du dir einen guten Lohn für den Tag der Not sammeln.

Denn Almosen erlösen von allen Sünden, auch vom Tode, und lassen die Seele nicht in die Finsternis geraten. Almosen schaffen große Zuversicht vor dem höchsten Gott.

Hüte dich, mein Sohn, vor aller Hurerei, und außer mit deiner eignen Frau laß dich mit keiner andern ein.

Hoffart laß weder in deinem Herzen noch in deinen Worten herrschen, denn mit ihr hat alles Verderben seinen Anfang genommen.

Wer für dich arbeitet, dem gib sogleich seinen Lohn und enthalte dem Tagelöhner den Lohn nicht vor.

Was du nicht willst, daß man dir tu, das füg auch keinem andern zu.

Teile dein Brot mit den Hungrigen und bedecke die Nackten mit Kleidern von dir.

Gib von deinem Brot und Wein beim Begräbnis der Frommen; aber iß und trink nicht davon mit den Sündern.

Suche deinen Rat immer bei den Weisen.

Preise Gott allezeit und bete, daß er dich leite und daß alles, was du dir vornimmst, durch seine Hilfe gelingt.

Du sollst auch wissen, mein Sohn, daß ich, als du noch ein Kind warst, dem Gabaël in der Stadt Rages in Medien zehn Talente Silber geliehen habe; seinen Schuldschein habe ich hier. Darum überlege dir, wie du zu ihm gelangen, das Geld von ihm bekommen und ihm seinen Schuldschein zurückgeben kannst!

Sorge dich nur nicht, mein Sohn! Wir führen zwar jetzt ein armes Leben, aber wir werden viel Gutes empfangen, wenn wir Gott fürchten, die Sünde meiden und Gutes tun.

Da antwortete der junge Tobias seinem Vater: Alles, was du mir gesagt hast, mein Vater, das will ich tun.

Wie ich aber versuchen soll, das Geld zu bekommen, weiß ich nicht. Dieser Gabaël kennt mich nicht, und ich kenne ihn auch nicht. Was für ein Zeichen soll ich ihm vorweisen, damit er mir Glauben schenkt? Aber auch den Weg dorthin kenne ich nicht.

Da antwortete ihm sein Vater: Seinen Schuldschein habe ich hier; wenn du ihm den vorlegst, wird er dir sogleich das Geld geben.

Geh aber hin und suche dir einen zuverlässigen Begleiter, der gegen Entgelt mit dir geht, damit du das Geld noch bei meinen Lebzeiten zurückbekommst.

Da ging der junge Tobias hinaus und fand einen stattlichen jungen Mann, der stand da gegürtet und wie bereit zu reisen. Und er wußte nicht, daß es ein Engel Gottes war, grüßte ihn und fragte: Woher bist du, guter Freund?

Er antwortete: Von den Israeliten.

Und Tobias fragte ihn: Kennst du den Weg nach Medien?

Er antwortete: Ich kenne ihn gut und bin ihn oft gegangen und habe Herberge genommen bei unserm Bruder Gabaël, der in der Stadt Rages in Medien wohnt, die auf dem Gebirge von Ekbatana liegt.

Und Tobias sagte zu ihm: Warte doch einen Augenblick auf mich, damit ich das meinem Vater sagen kann.

Da ging Tobias hinein und sagte das alles seinem Vater; und der Vater wunderte sich und bat, der junge Mann solle zu ihm hereinkommen.

So kam er herein, grüßte ihn und sagte: Gott gebe dir allezeit Freude!

Aber Tobias sagte: Was soll ich für Freude haben, wenn ich im Finstern sitzen muß und das Licht des Himmels nicht sehen kann?

Und der junge Mann sagte zu ihm: Hab Geduld, Gott wird dir bald helfen.

Und Tobias sagte zu ihm: Kannst du meinen Sohn zu Gabaël hinführen, in die Stadt Rages in Medien? Wenn du wiederkommst, will ich dir deinen Lohn geben. Und der Engel sagte zu ihm: Ich will ihn hinführen und wieder zu dir zurückbringen.

Und Tobias sagte zu ihm: Ich bitte dich: sage mir, aus welchem Geschlecht oder aus welchem Stamme bist du?

Und der Engel Rafael sagte: Sei doch zufrieden! Reicht es dir nicht, daß du einen Begleiter für deinen Sohn gefunden hast? Wozu willst du auch noch wissen, woher ich bin?

Doch um dir die Sorge zu nehmen, will ich dir's sagen: Ich bin Asarja, der Sohn des großen Hananja.

Und Tobias sagte: Du bist aus einem guten Geschlecht; ich bitte dich: Zürne mir nicht, daß ich nach deiner Herkunft gefragt habe.

Der Engel aber sagte zu ihm: Ich will deinen Sohn wohlbehalten hin- und zurückbringen.

Tobias antwortete: So zieht hin! Gott sei mit euch auf dem Wege, und sein Engel geleite euch!

Da rüstete sich Tobias mit allem aus, was er mitnehmen wollte, nahm Abschied von Vater und Mutter und zog mit seinem Begleiter davon.

Und als sie fort waren, fing seine Mutter an zu weinen und klagte: Den Trost unsres Alters hast du uns genommen und weggeschickt!

Ich wollte, daß das Geld nie gewesen wäre, dessentwegen du ihn weggeschickt hast.

46   GOTT SEI MIT EUCH AUF DEM WEGE
Adam Elsheimer († 1610): Tobias und der Engel.

Wir hätten wohl zufrieden sein können in unsrer Armut und es für großen Reichtum halten sollen, daß wir unsern Sohn bei uns hatten.

Aber Tobias sagte: Weine nicht! Unser Sohn wird frisch und gesund hin- und zurückkommen, und deine Augen werden ihn sehen.

Denn ich glaube, daß ein guter Engel Gottes ihn geleitet und alles zum besten lenkt, was ihm begegnet, so daß er in Freuden wieder heimkehren wird. Da schwieg seine Mutter still und gab sich zufrieden.

Tobias zog dahin, und sein Hündlein lief mit ihm. Und nach der ersten Tagereise blieb er über Nacht am Ufer des Tigris.

Er ging zum Fluß, um seine Füße zu waschen; und siehe, ein großer Fisch schoß hervor und wollte ihn verschlingen. Tobias erschrak und schrie mit lauter Stimme: O Herr, er will mich fressen!

Und der Engel sagte zu ihm: Pack ihn bei den Kiemen und zieh ihn heraus!

Und er zog ihn aufs Land; da zappelte er vor seinen Füßen.

Da sagte der Engel zu ihm: Nimm den Fisch aus und behalte das Herz, die Galle und die Leber; denn sie sind sehr gut als Arznei.

Tobias tat das, und einige Stücke vom Fisch briet er für unterwegs, das übrige salzten sie ein, damit sie genug für die Reise hatten, bis sie in die Stadt Rages in Medien kamen.

Da fragte Tobias den Engel: Ich bitte dich, mein Bruder Asarja, sage mir, welche Heilkraft in den Stücken des Fisches liegt, die ich von dem Fisch behalten sollte.

Da antwortete der Engel: Wenn du ein Stücklein vom Herzen oder von der Leber auf glühende Kohlen legst, so vertreibt der Rauch alle bösen Geister, so daß sie weder Mann noch Frau mehr schaden können.

Und die Galle des Fisches ist eine gute Salbe für die Augen, um sie vom Star zu heilen.

Und Tobias fragte: Wo wollen wir einkehren? Und der Engel antwortete: Hier wohnt ein Mann, der heißt Raguël; er ist ein Verwandter aus deinem Stamm und hat nur eine einzige Tochter; die heißt Sara; und sonst hat er kein Kind.

Dir wird all ihr Hab und Gut zufallen, denn du bist verpflichtet, die Tochter zur Frau zu nehmen.

Darum wirb um sie bei ihrem Vater, so wird er sie dir zur Frau geben.

Da antwortete Tobias: Ich habe gehört, daß sie bereits sieben Männern angetraut war; die sind alle tot, und man sagt, ein böser Geist habe sie getötet. Darum fürchte ich, daß mir's auch so gehen könnte; dann würden meine betagten Eltern vor Leid sterben, weil ich ihr einziger Sohn bin.

Da sprach der Engel Rafael: Hör auf mich! Ich will dir sagen, was das für Leute sind, über die der böse Geist Gewalt gewinnen kann: nämlich solche, die ihre Ehe eingehen als Menschen, die von Gott nichts wissen wollen und sich allein von ihrer Lust leiten lassen, als wären sie ohne Verstand wie Rosse und Maultiere. Über solche Leute hat der böse Geist Gewalt.

Wenn du aber mit Sara ins Brautgemach kommst, dann sollst du sie drei Tage lang nicht berühren, sondern mit ihr zusammen nur dem Gebet leben.

In der ersten Nacht sollst du die Leber des Fisches auf glühende Kohlen legen, dann wird der böse Geist vertrieben werden.

Durch die zweite Nacht aber werden dir die Verheißungen der heiligen Patriarchen zuteil.

Durch die dritte Nacht wirst du den Segen erlangen, daß euch gesunde Kinder geboren werden.

Wenn aber die dritte Nacht vorüber ist, sollst du dich mit der Jungfrau verbinden in der Furcht des Herrn, mehr aus Liebe zu den Kindern als aus Lust, damit du mit deinen Kindern den Segen erlangst, der den Nachkommen Abrahams zugesagt ist.

Sie kehrten bei Raguël ein, und der empfing sie mit Freuden.

Und er sah Tobias an und sagte zu Hanna, seiner Frau: Wie gleicht der junge Mann doch meinem Vetter!

Und als er das gesagt hatte, fragte er: Woher stammt ihr, liebe Brüder?

Sie sagten: Aus dem Stamm Naftali sind wir, Weggeführte, aus Ninive.

Raguël sagte zu ihnen: Kennt ihr Tobias, meinen Bruder? Sie antworteten: Ja, wir kennen ihn gut.

Als nun Raguël viel Gutes von Tobias redete, sagte der Engel zu ihm: Der Tobias, nach dem du fragst, ist sein Vater.

Und Raguël eilte auf ihn zu, fiel ihm um den Hals, küßte ihn unter Tränen und sagte: O mein lieber Sohn, gesegnet seist du, denn du bist der Sohn eines tüchtigen und frommen Mannes!

Und Hanna, seine Frau, und Sara, ihre Tochter, fingen auch an zu weinen.

145

Danach ließ Raguël einen Widder schlachten und das Mahl bereiten.

Als er sie bat, sich zu Tisch zu setzen, sagte Tobias: Ich will heute weder essen noch trinken, ehe du mir nicht meine Bitte gewährst und zusagst, mir Sara, deine Tochter, zu geben.

Als das Raguël hörte, erschrak er; denn er dachte daran, was den sieben andern Männern widerfahren war, und er fürchtete, es könnte diesem auch so ergehen.

Und als er zögerte und ihm keine Antwort geben wollte, sagte der Engel zu ihm: Scheue dich nicht, diesem frommen Mann deine Tochter zu geben; denn ihm ist sie zur Frau bestimmt; darum hat sie auch kein anderer bekommen können.

Da sagte Raguël: Ich zweifle nicht, daß Gott meine heißen Tränen und Gebete erhört hat, und glaube, daß er euch hat zu mir kommen lassen, weil meine Tochter nach dem Gesetz des Mose einen Mann aus ihrem Stamm heiraten sollte; nun sei gewiß: ich will sie dir geben.

Und er nahm die rechte Hand seiner Tochter und legte sie Tobias in die rechte Hand und sprach: Der Gott Abrahams, der Gott Isaaks und der Gott Jakobs sei mit euch! Er gebe euch zusammen und schenke euch seinen reichen Segen!

Und sie nahmen eine Schriftrolle und schrieben den Ehevertrag; und sie lobten Gott und hielten das Mahl.

Und Raguël rief seine Frau Hanna zu sich und ließ sie eine zweite Kammer herrichten.

Und sie führte ihre Tochter Sara hinein; und sie weinte.

Und sie sagte zu ihr: Sei getrost, meine Tochter! Der Herr des Himmels gebe dir nun Freude, nachdem du so viel Leid erlitten hast.

Nach dem Abendessen aber führten sie den jungen Tobias zu ihr in die Kammer.

Und Tobias dachte an den Rat des Engels und nahm aus seiner Tasche ein Stück von der Leber des Fisches und legte es auf die glühenden Kohlen. Da nahm der Engel Rafael den bösen Geist gefangen und band ihn fest in der Wüste von Oberägypten.

Danach forderte Tobias die Jungfrau auf: Sara, steh auf, wir wollen heute, morgen und übermorgen zu Gott beten und in diesen drei Nächten nur Gott gehören; nach der dritten Nacht aber wollen wir als Eheleute einander gehören.

Denn wir sind Kinder der Heiligen und können unsere Ehe nicht beginnen wie die Heiden, die Gott nicht kennen.

Und sie standen auf und beteten beide inständig, daß Gott sie behüten wolle.

Und Tobias sprach: Herr, du Gott unsrer Väter, dich sollen loben Himmel, Erde, Meer, alle Quellen und Flüsse und alle deine Geschöpfe, die darin leben.

Du hast Adam aus Erde vom Acker gemacht und hast ihm Eva zur Gehilfin gegeben.

Und nun, Herr, du weißt, daß ich nicht aus böser Lust meine Schwester zur Frau nehme, sondern nur, weil ich gerne Kinder haben möchte, durch die dein heiliger Name auf ewig gepriesen werde.

Und Sara sprach: Erbarme dich unser, Herr, erbarme dich und laß uns beide gesund bleiben und alt werden.

Und als der Hahn krähte, rief Raguël seine Diener und ging mit ihnen, ein Grab auszuheben.

Denn er dachte: Es könnte dem Tobias vielleicht auch ergangen sein wie den sieben andern, die mit ihr vermählt waren.

Und als sie das Grab ausgehoben hatten, kam Raguël zu seiner Frau zurück und sagte: Schick eine Magd hin und laß nachsehen, ob auch er tot ist, damit ich ihn begraben kann, bevor es Tag wird.

Da schickte sie eine Magd; die trat leise in die Kammer und fand sie beide gesund und frisch im Schlaf.

Und sie kam zurück und brachte ihnen die gute Nachricht.

Und Raguël und seine Frau Hanna dankten Gott und sprachen: Wir danken dir, Herr, du Gott Israels, daß nicht geschehen ist, was wir befürchtet haben. Denn du hast uns deine Barmherzigkeit erwiesen und den Feind, der uns verfolgte, vertrieben.

Du hast dich erbarmt über diese beiden einzigen Kinder. Und nun, Herr, gib ihnen, daß sie dir noch lange danken und dich loben können mit dem Leben, das du ihnen erhältst, damit alle Völker an ihnen erkennen, daß du allein Gott bist in aller Welt.

Und sogleich befahl Raguël seinen Dienern, das Grab wieder zuzuschütten, ehe es Tag würde.

Seiner Frau aber trug er auf, ein Mahl herzurichten und alles vorzubereiten, was man auf der Reise braucht.

Er ließ auch zwei fette Rinder und vier Schafe schlachten und ein Festmahl zubereiten für alle seine Nachbarn und Freunde.

Und Raguël bat Tobias dringend, zwei Wochen bei ihm zu bleiben.

Und von all seinen Gütern gab er dem Tobias die Hälfte und legte schriftlich fest, daß nach seinem Tode und dem Tode seiner Frau auch die andre Hälfte dem Tobias zufallen sollte.

Da rief Tobias den Engel zu sich – denn er hielt ihn für einen Menschen – und sagte zu ihm: Asarja, mein Bruder, ich bitte dich, höre mich an!

Selbst wenn ich dein Sklave würde, könnte ich dir doch deine Fürsorge nicht entgelten.

Dennoch bitte ich dich: Nimm dir Knechte und Kamele und zieh zu Gabaël nach Rages in Medien; gib ihm diesen Schuldschein zurück und nimm das Geld entgegen und bitte ihn, zu meiner Hochzeit zu kommen.

Denn du weißt, mein Vater zählt die Tage; und wenn ich einen Tag zu lange fortbliebe, so wäre er betrübt.

Du siehst auch, wie sehr mich Raguël gebeten hat, so daß ich's ihm nicht abschlagen kann.

Da nahm Rafael vier Knechte Raguëls und zwei Kamele und zog nach der Stadt Rages in Medien und fand Gabraël und gab ihm den Schuldschein zurück und empfing von ihm das ganze Geld.

Und er berichtete ihm alles, was der jüngere Tobias erlebt hatte, und brachte ihn mit auf die Hochzeit.

Und als Gabaël in das Haus Raguëls kam, fand er Tobias bei Tisch; der sprang auf, und sie küßten sich. Und Gabaël weinte und lobte Gott und sprach: Es segne dich der Gott Israels! Denn du bist der Sohn eines frommen, gerechten und gottesfürchtigen Mannes, der den Armen viel Gutes getan hat. Gesegnet seien auch deine Frau und eure Eltern!

Und Gott gebe, daß ihr eure Kinder und eure Kindeskinder seht bis ins dritte und vierte Glied; und eure Nachkommen seien gesegnet vom Gott Israels, der in Ewigkeit herrscht und regiert!

Und als alle Amen gesagt hatten, setzten sie sich zu Tische; und auch das Hochzeitsmahl feierten sie in der Furcht des Herrn.

Als aber der junge Tobias wegen seiner Hochzeit lange ausblieb, fing sein Vater Tobias an, sich zu sorgen, und sagte: Warum bleibt mein Sohn so lange aus, und was hält ihn auf?

Vielleicht ist Gabaël gestorben, und niemand will ihm das Geld zurückgeben?

Und Tobias und seine Frau Hanna wurden sehr traurig und fingen beide an zu weinen, weil ihr Sohn zur bestimmten Zeit nicht heimgekommen war.

Und seine Mutter weinte und wollte sich nicht trösten lassen und klagte: Ach, mein Sohn, ach, mein Sohn! Warum haben wir dich auf die Reise geschickt, du Licht unsrer Augen, unsere Stütze im Alter, du Trost unsres Lebens, von dem wir uns Nachkommen erhofften!

Du warst unser ein und alles; wir hätten dich nicht fortschicken dürfen.

Und Tobias sagte zu ihr: Sei still und sorge dich nicht! Unserm Sohn geht's, so Gott will, gut; er hat einen zuverlässigen Begleiter.

Sie aber wollte sich nicht trösten lassen, sondern lief alle Tage hinaus und blickte dahin und dorthin und suchte auf allen Straßen, auf denen er kommen konnte, um ihn möglichst schon von ferne zu sehen.

Raguël aber sagte zu seinem Schwiegersohn: Bleib bei uns; ich will einen Boten zu deinem Vater Tobias schicken und ihn wissen lassen, daß dir's gut geht.

Und Tobias antwortete: Ich weiß, daß mein Vater und meine Mutter jetzt die Tage zählen und in großer Sorge um mich sind.

Als Raguël Tobias mit vielen Worten bat, ohne daß dieser einwilligte, gab er ihm Sara mit und dazu die Hälfte von all seinem Hab und Gut: Knechte und Mägde, Vieh, Kamele und viel Geld; dann ließ er ihn gesund und fröhlich ziehen und sprach: Der heilige Engel des Herrn sei mit euch auf dem Wege und bringe euch gesund ans Ziel! Gott gebe, daß ihr eure Eltern wohlauf findet und daß meine Augen eure Kinder sehen dürfen, ehe ich sterbe.

Und die Eltern umarmten ihre Tochter und küßten sie; dann ließen sie sie ziehen und ermahnten sie, die Eltern ihres Mannes zu ehren, ihren Mann zu lieben, Kinder und Gesinde recht zu leiten, dem Hause wohl vorzustehen und sich selbst untadelig zu halten.

Als sie auf dem Heimweg am elften Tage nach Haran kamen, das auf halbem Wege nach Ninive liegt, sagte der Engel: Tobias, mein Bruder, du weißt, wie es deinem Vater ging, als du von ihm weggingst; wenn es dir recht ist, so wollen wir beide vorausziehen und deine Frau mit dem Gesinde und dem Vieh langsam nachkommen lassen.

Und als Tobias das recht war, sagte Rafael zu ihm:

Nimm etwas von der Galle des Fisches mit; denn du wirst es brauchen. Da nahm Tobias etwas von der Galle des Fisches, und sie zogen voraus.

Hanna aber saß täglich am Wege auf einem Berge, von wo sie weit ins Land blicken konnte. Und als sie dort nach der Heimkehr ihres Sohnes ausschaute, sah sie ihn von ferne und erkannte ihn sogleich und lief zu ihrem Mann und sagte: Siehe, dein Sohn kommt!

Und Rafael sagte zu Tobias: Sobald du ins Haus kommst, bete zu Gott, deinem Herrn, und danke ihm! Darauf geh zu deinem Vater und küsse ihn und salbe ihm sogleich die Augen mit der Galle des Fisches, die du bei dir hast; dann werden seine Augen bald geöffnet werden, und dein Vater wird das Licht des Himmels wieder schauen und über deinen Anblick sich freuen.

Und der Hund, den sie mitgenommen hatten, lief voraus, und kam als Bote, wedelte mit dem Schwanz, sprang hoch und zeigte seine Freude.

Da stand sein blinder Vater auf und stieß sich vor lauter Eile; darum rief er einen Knecht, der ihn bei der Hand führte, und lief seinem Sohn entgegen.

Er schloß ihn in die Arme und küßte ihn, ebenso auch seine Mutter, und beide weinten vor Freude.

Und als sie zum Herrn gebetet und ihm gedankt hatten, setzten sie sich zusammen nieder.

Da nahm Tobias von der Galle des Fisches und salbte seinem Vater die Augen. Und es dauerte fast eine halbe Stunde, da löste sich der Star von seinen Augen wie das Häutlein von einem Ei.

Und Tobias faßte es und zog es ihm von den Augen; sogleich wurde er wieder sehend.

Und sie priesen Gott, er und seine Frau und alle, die ihn kannten.

Und Tobias sprach: Ich danke dir, Herr, du Gott Israels; denn du hast mich gezüchtigt und nun wieder geheilt, und jetzt kann ich meinen lieben Sohn Tobias wieder sehen.

Und nach sieben Tagen kam auch Sara, die Frau seines Sohnes, wohlbehalten an mit ihrem ganzen Gesinde, dem Vieh und den Kamelen und brachte viel Geld mit und auch das Geld, das er von Gabaël empfangen hatte. Und Tobias erzählte seinen Eltern, wieviel Gutes Gott an ihm getan hatte durch seinen Begleiter.

Und Achior und Nabat, die Vettern des Tobias, kamen zu ihm, beglückwünschten ihn und freuten sich mit ihm über all das Gute, das ihm Gott erwiesen hatte.

Und sieben Tage lang feierten sie miteinander und waren alle sehr fröhlich.

Danach rief Tobias seinen Sohn zu sich und sagte: Was sollen wir doch dem heiligen Manne geben, der mit dir gezogen ist?

Und Tobias antwortete ihm: Vater, welchen Lohn können wir ihm geben oder womit all das Gute aufwiegen, das er mir erwiesen hat?

Er hat mich gesund hin- und zurückgebracht; er hat das Geld von Gabaël geholt und mir zu dieser Frau verholfen; dazu hat er den bösen Geist vertrieben und ihre Eltern wieder froh gemacht.

Mich hat er gerettet, als mich der große Fisch fressen wollte, und dir hat er geholfen, daß du das Licht des Himmels wieder sehen kannst; so hat er uns unermeßlich viel Gutes getan.

Wie könnten wir ihm das alles vergelten? Doch ich bitte dich, mein Vater: Biete ihm die Hälfte aller Habe an, die wir mitgebracht haben. Vielleicht nimmt er sie an.

Und beide, Vater und Sohn, riefen ihn, nahmen ihn beiseite und baten ihn, die Hälfte aller Güter anzunehmen, die sie mitgebracht hatten.

Er aber sagte zu ihnen im Vertrauen: Lobt und preist den Gott des Himmels vor jedermann, daß er euch solche Gnade erwiesen hat!

Geheimnisse eines Königs soll man verschweigen; aber Gottes Werke offenbar zu machen und zu preisen, bringt Ehre.

Beten, Fasten und Almosengeben ist besser als goldene Schätze zu sammeln; denn Almosen erlösen vom Tode, tilgen die Sünden und führen zum ewigen Leben. Wer aber Sünde und Unrecht tut, bringt sich selber um sein Leben.

So will ich euch nun die Wahrheit offenbaren und das verborgene Geschehen euch nicht verheimlichen.

Als du unter Tränen betetest und die Toten begrubst, als du dein Essen stehen ließest, die Leichen den Tag über heimlich in deinem Hause verstecktest und sie bei Nacht begrubst, da brachte ich dein Gebet vor den Herrn.

Und weil du Gott lieb warst, hast du dich in der Anfechtung bewähren müssen.

Und dann hat mich der Herr geschickt, um dich zu heilen und um deine Schwiegertochter Sara von dem bösen Geist zu befreien.

Denn ich bin Rafael, einer von den sieben Engeln, die vor dem Herrn stehen.

Als sie das hörten, erschraken sie und fielen zitternd zur Erde auf ihr Angesicht.

Der Engel aber sprach zu ihnen: Friede sei mit euch! Fürchtet euch nicht!

Denn nach Gottes Willen ist es geschehen, daß ich bei euch gewesen bin; darum lobt und preist ihn!

Es schien zwar so, als hätte ich mit euch gegessen und getrunken; aber ich genieße eine unsichtbare Speise und einen Trank, den kein Mensch sehen kann.

Und nun ist's Zeit, daß ich wieder zu dem hingehe, der mich gesandt hat; dankt ihr aber Gott und verkündigt alle seine Wunder!

Und als er das gesagt hatte, verschwand er vor ihren Augen, und sie konnten ihn nicht mehr sehen.

Und sie fielen nieder auf ihr Angesicht und dankten Gott drei Stunden lang; danach standen sie auf und verkündigten alle seine großen Wunder.

Der alte Tobias aber tat seinen Mund auf, lobte Gott und sprach: Groß bist du, Herr, in Ewigkeit, und dein Reich währt immerdar; denn du züchtigst und heilst wieder; du führst hinab zu den Toten und wieder herauf, und deiner Hand kann niemand entfliehen.

Ihr Isareliten, lobt den Herrn, und vor den Heiden preist ihn! Denn darum hat er euch zerstreut unter die Völker, die ihn nicht kennen, damit ihr seine Wunder verkündigt und die Heiden erkennen laßt, daß kein allmächtiger Gott ist als er allein.

Er hat uns gezüchtigt um unsrer Sünden willen, und um seines Erbarmens willen wird er uns wieder helfen.

Darum bedenkt, was er an uns getan hat; mit Furcht und Zittern preist und rühmt ihn, der ewig herrscht, mit euren Werken!

Und auch ich will ihn preisen in diesem Lande, in dem ich gefangen bin; denn er hat seine Macht erwiesen an einem sündigen Volk.

Darum bekehrt euch, ihr Sünder, und tut, was recht ist vor Gott, und glaubt, daß er euch sein Erbarmen erweist!

Ich aber will mich von Herzen freuen in Gott.

Lobt den Herrn, all ihr seine Auserwählten, haltet Freudentage und preist ihn!

Jerusalem, du Gottesstadt, Gott hat dich gezüchtigt um deiner Werke willen; aber er wird sich über dich wieder erbarmen.

Danke dem Herrn für dein Glück und preise den

47 UND VERKÜNDIGTEN ALLE SEINE GROSSEN WUNDER

Rembrandt († 1669): Raphael verläßt die Familie des Tobias.

149

ewigen Gott; so wird er seine Hütte in dir wieder bauen und alle deine Gefangenen zurückrufen, daß du dich ewig freuen kannst.

Du wirst in hellem Glanze leuchten, und an allen Enden der Erde wird man dich ehren.

Aus fernen Ländern werden die Völker zu dir kommen; sie werden Geschenke bringen und in deiner Mitte den Herrn anbeten, und dein Land werden sie heilig halten; den großen Namen des Herrn werden sie in dir anrufen.

Verflucht werden alle sein, die dich verachten; verdammt werden alle sein, die dich lästern; gesegnet werden alle sein, die dich bauen.

Du aber wirst dich freuen über deine Kinder; denn sie werden alle gesegnet und versammelt werden zum Herrn.

Wohl allen, die dich lieben und sich über dein Heil freuen!

Lobe den Herrn, meine Seele! Denn er wird seine Stadt Jerusalem erlösen.

Wohl mir, wenn auch nur meine letzten Nachkommen die Herrlichkeit Jerusalems sehen werden!

Die Tore Jerusalems werden aus Saphir und Smaragd gebaut werden und aus Edelsteinen ringsum all seine Mauern.

Mit weißem und reinem Marmor werden alle seine Gassen gepflastert werden, und auf allen seinen Straßen wird man Halleluja singen.

Gelobt sei der Herr, der seine Stadt wieder gebaut hat, und er herrsche über sie in Ewigkeit! Amen.

Und nachdem Tobias wieder sehend geworden war, lebte er noch zweiundvierzig Jahre und sah noch die Kinder seiner Enkel.

Und als er hundertundzwei Jahre alt war, wurde er mit Ehren begraben in Ninive.

Denn mit sechsundfünfzig Jahren war er blind und im sechzigsten Jahre wieder sehend geworden.

Die restliche Zeit aber lebte er im Glück, und seine Gottesfurcht nahm noch zu, bis er in Frieden starb. Vor seinem Tode aber rief er Tobias, seinen Sohn, zu sich und dessen sieben Söhne und sagte zu ihnen: Ninive wird nun bald zugrunde gehen; denn das Wort des Herrn wird nicht unerfüllt bleiben; aber in Medien wird dann noch eine Zeitlang Friede sein. Unsere Brüder aber, die aus dem Land Israel vertrieben sind, werden dorthin zurückkehren.

Und unser ganzes Land, das jetzt verödet liegt, wird wieder bewohnt werden. Und Gottes Haus, das jetzt niedergebrannt ist, wird wieder aufgebaut werden, und alle, die Gott fürchten, werden wieder dorthin kommen.

Und auch die Heiden werden ihre Götzen verlassen und nach Jerusalem kommen und dort wohnen, und an Jerusalem werden sich alle freuen, die den König Israels anbeten.

So hört nun, meine Söhne, euren Vater! Dient dem Herrn in der Wahrheit und tut, was ihm gefällt.

Lehrt eure Kinder Gerechtigkeit üben und Almosen geben, Gott vor Augen haben und ihn allezeit preisen in Wahrheit und mit aller Kraft!

Und, liebe Kinder, hört auf mich und bleibt nicht hier in Ninive; sondern sobald ihr eure Mutter neben mir begraben habt im selben Grabe, macht euch noch am gleichen Tage auf und zieht fort von hier!

Denn ich sehe, daß Ninive an seiner Bosheit zugrunde gehen wird.

Sogleich nach dem Tod seiner Mutter zog Tobias mit seiner Frau und seinen Söhnen von Ninive fort und kehrte nach Medien zurück zu seinen Schwiegereltern.

Er fand sie in ihrem hohen Alter frisch und gesund und umsorgte sie. Und als sie starben, drückte er ihnen die Augen zu und erbte alle Güter Raguëls. Und er sah Kinder und Kindeskinder bis ins fünfte Glied.

Und als er neunundneunzig Jahre im Glück und Gottesfurcht gelebt hatte, begrub ihn seine ganze Verwandtschaft.

Und alle seine Nachkommen führten ein frommes Leben und einen heiligen Wandel. So fanden sie Gnade bei Gott und den Menschen und allen, die im Lande wohnten.

FÜNFTER CHOR DER ENGEL

NATUR –
ENGEL, ENERGIEN UND ESEL

„Mein künstlerischer Schnitt sieht
nach nichts aus, wenn er flach hängt,
aber getragen, schwingt er wie ein
Engel um den Körper."

Jil Sander

Eine Welt in Schwingung: Engel unter Damenkleidern, engelgleiche Düfte voll Unschuld und femininer
Sinnlichkeit entströmen dem sternförmigen Flakon „Angel" von Thierry Mugler. Welche Gestalt haben
Engel, wenn sie nicht mehr an Kinderbetten sitzen, Nudeln mit Tomatensoße essen oder mit dem Ruck-
sack über Land ziehen? Verflüchtigen sie sich ins Reich der Metaphern?
Im fünften Chor der Engel wird ein Blick unter die Hülle der sichtbaren Welt geworfen. Wundersame
Stimmen erklingen: Engel in der Gestalt von Elektronen, Engel als Naturgeister, mit spiritueller Energie
von Menschen erzeugte Engel, eine biblische Erzählung, die auf besondere Beziehungen zwischen Tieren
und Engeln schließen läßt.

1 ELEKTRONENENGEL

NICHT WAHR

ROSE AUSLÄNDER

Es ist nicht wahr
daß du stirbst

Elektronenengel
reichen dich weiter
dem Elektronengott

Wasser dein schwankender Spiegel
Narziß
zerreißt deine Gestalt

aber es ist nicht wahr
daß du stirbst

der Elektronengott
setzt dich wieder zusammen
setzt sich in dir zusammen
behutsam
unwiederholbar

STERN DER UNGEBORENEN

FRANZ WERFEL

Ich wußte von Engeln nur so viel, wie jeder weiß, der sich mit den heiligen Schriften ein wenig befaßt hat. Ich wußte zum Beispiel, daß sie in vier Klassen oder Gruppen eingeteilt werden, in die Chöre, Herrschaften, Fürstentümer und Throne, mit welchen wunderschönen Worten ich jedoch durchaus keine festen Vorstellungen verband. Mit diesen wunderschönen Worten waren aber auch die Grenzen meines Wissens schon erreicht. Offengestanden, ich glaubte nicht sehr entschieden an die Existenz von Engeln. Darin unterschied ich mich recht wenig von meinen ehemaligen Zeitgenossen, die mit demselben Fanatismus bereit waren, an die unsichtbaren Engel nicht zu glauben, wie an die ebensowenig sichtbaren Elektronen und Protonen zu glauben. (Nun, obwohl ich mich selbst nicht den Ungläubigsten aller Menschen nennen will, auch ich hätte es niemals für möglich gehalten, daß ich in Person, zuerst unsichtbar und dann sichtbar, in der mentalen Zukunftswelt auftauchen könnte.) Diese Tatsache war gewiß nicht weniger wunderlich als die beiden bis nun ungenauen Wesenheiten, die ich hinter mir fühlte. Wo aber war die mentale Erde und wo war ich? Ich war auf den Apostel Petrus verschlagen, den größten aller Planeten, der, ebenso alt wie unsere Erde, ein überraschend zurückgebliebenes Stadium durchlief, während wir schon beim Astro-Mentalismus hielten. Doch was verstand ich von spät und früh, von diesen menschlich-kindischen Einteilungen, die man allzu kühn auf Weltkörper ausdehnte? Was kümmerten sie mich auch in diesem Augenblick, wo ich gegenwärtig war, von der sich auftürmenden Bodenwelle abgeworfen zu werden und mit zerschmettertem Leibe in einer qualmenden Spalte zu verschwinden?

Dies geschah aber nicht, sondern meine Bodenwelle schien sich nach einer deutlich fühlbaren Überlegung beruhigt zu haben, etwa in der Art eines nicht ganz unvernünftigen Sanguinikers. Sie ebbte zurück und erstarrte wieder, während um mich herum das Wogen, Rollen und Branden des ozeanischen Moorlandes nur noch wilder tobte. Der Dauerblitz und Donner knatterte endlos, die hochgewirbelten Brocken aus glühendem Eisen zischten durch die dichte Atmosphäre. Die drei zur Stunde sichtbaren Monde, einer davon ein tüchtiges Wagenrad, eilten dahin, immer wieder verdeckt, immer wieder entblößt, während die brandroten und schmutzig violetten Feuersäulen am Horizont als unerschütterliche Geraden emporwuchsen und hoch oben, wo sie den Himmel zu tragen schienen, korinthische Kapitäle aus verwischten Rauchvoluten und Qualm-Akanthussen bildeten.

Da war es, daß ich neben mir die beiden Fürstentümer oder Herrschaften fühlte. Ich hatte keine Furcht, mich überlief ein Schauer wie sonst, wenn sich mir, wie schon einige wenige Male im Leben, die Gegenwart des Übernatürlichen entschleiert hatte. Ich lag wieder auf dem Rücken wie im zweiten Stadium meines Planetenbesuches. Nicht etwa aus Furcht, sondern aus einer ganz neuen Art freudigster Ehrfurcht vermied ich die kleine Anstrengung, meinen Kopf in der Kristallkugel zur Seite zu bewegen und die beiden schon etwas deutlicheren Wesenheiten anzuschauen. Mitten in den Explosionen des Weltuntergangs rundum fragte ich mit leiser Stimme, und wenn ich nicht sehr irre, in meiner deutschen Muttersprache:

„Sind Sie zu mir gekommen, meine Herrschaften?"

Sie beantworteten meine Frage in derselben Sprache und nicht etwa in der Protoglossa. Oft redeten sie unisono. Dann und wann nahm einer dem anderen das Wort ab:

„Wir sind da", sagte der eine.

„Wir sind auf dem Weg", sagte der andere.

„Dann habe ich vielleicht das Glück", flüsterte ich, „echten Engeln begegnet zu sein?"

„Wir sind uns bekannt als Melangeloi und gehören hierher", sagten sie unisono.

„Melangeloi? Dunkelengel", erschrak ich ein wenig, „soll das heißen, ‚böse Engel'?"

„Böse Engel sind uns unbekannt", sagte der eine.

„Unsere Helligkeit ist noch nicht ganz erhellt", sagte der andere.

„Sind Sie denn körperliche Wesen, meine Herrschaften?" fragte ich jetzt ziemlich kühn.

„Nicht körperliche Wesen sind uns unbekannt", er-

widerten die Herrschaften oder Fürstentümer oder
Throne.

„Dann könnte sie vielleicht ein sehr lichtempfindlicher Film festhalten", dachte ich laut.

Die beiden Wesenheiten aber wiesen meine Meinung zurück:

„Wir können nur festgehalten werden, wenn wir es
wollen."

„Und Sie wollen es nicht", versetzte ich, „was ich
ausgezeichnet verstehe …"

Erst bei diesen Worten bemerkte ich, daß ich mich
nicht mehr auf dem rostroten Ödmoor befand, sondern zwischen den beiden Herrschaften, Fürstentümern oder Thronen frei in der Dämmerung bewegte. Ich beachtete es gar nicht sehr, undankbar
wie die meisten Geretteten. Allzusehr beschäftigte
mich die ungeklärte Frage der Körperlichkeit dieser Melangeloi und aller Engel. Sie beschäftigte
mich so über die Maßen, daß ich dem Raum, den
wir durcheilten, nicht die geringste Aufmerksamkeit schenkte und daher auch nicht sagen kann, ob
wir uns noch im Bannkreis des Apostel Petrus befanden oder diesen schon verlassen hatten. Ich bemerkte nicht einmal, auf welche Weise ich mich bewegte, ob meine beiden Begleiter mich trugen,
oder ob ich kometenturnte, was mir schon zur
zweiten Natur geworden war. Jedenfalls hab ich's
vergessen. So sehr war ich mit meiner ganzen Seelenkraft dabei, die richtige Formulierung für meine
Fragen auszudenken, denn ich spürte mit der
ganzen nervösen Anpassungsfähigkeit meines Naturells die unaussprechlich adlige, doch ebenso
empfindliche Wesensart der Engel. Ein falsches
Adjektiv, und solch eine Herrschaft oder solch ein
Fürstentum ist verschnupft für immer, oder muß
sich abwenden, ganz schwach vor Verstörung.

Der ewige Umgang mit dem Logos selbst macht
eben ungeduldig und schnell unpäßlich vor einer
groben und unzureichenden Wortwahl.

„Die dort unten auf der Erde", begann ich mit
großer Zaghaftigkeit, „haben schon vor undenklichen Jahrtausenden Spektrallinien unbekannter
Elemente und den Elektronenhagel zersprengter
Atome im Bilde festgehalten …"

In ihrer Antwort auf diese herauslockend wissenschaftliche Bemerkung fühlte ich das erste Mal so
etwas im Tonfall der Melangeloi wie eine gutmütige Amüsiertheit.

„An uns gibt es keine Spektrallinien", sagten sie

unisono, „und keinen Elektronenhagel und sonstige
Götzen des irdischen Kleinhirns … Das wär auch
so was …"

„Wie können Sie aber dann körperlich sein, meine
Herrschaften", schnappte ich ein, „wenn Sie nicht
einmal aus Licht oder Radiowellen bestehen? Ist
denn die Materie nicht eine Einheit, vom härtesten
Diamanten bis zum Sonnenstrahl, der sich in ihm
bricht?"

„Sieh dir einmal den an", sagte der eine Engel, „er
weiß nichts von dem, was offenbart ist und geschrieben steht."

„Er weiß nicht", sagte der andere Engel, „daß wir
die Vorgänger und die Nachfolger sind."

„Es ist uns bekannt, daß wir aus demselben Stoff
geschaffen sind wie diese Welt", sagte der eine der
beiden, „nur ein wenig weniger vergänglich."

„Es ist uns bekannt", sagte der andere der beiden,
„daß wir da waren in dieser Welt, ehe sie selbst da
war."

„Es ist uns bekannt", sagte wiederum der erste,
„daß wir werden da sein in dieser Welt, wenn sie
selbst nicht mehr sein wird."

„Doch nur in dieser Welt", vereinigten sich beide
zum Unisono, und es klang aus ihren Worten etwas
wie die Melancholie der Endlichkeit.

Ich hatte sie herausgelockt. Und es war nicht einmal schwer gewesen. Ich mußte mich bemühen,
den Triumph, den ich über diesen Erfolg verspürte,
in meiner Stimme zu verbergen:

„Ich verstehe Sie, meine Herrschaften", sagte ich
daher mit gemessener Fröhlichkeit. „Sie sind aus
der Materia prima et ultima geschaffen. Sie waren
schon da, ehe das Wort fiel: ‚Es werde Licht', und
irgend etwas von unendlich kleiner Wellenlänge
ins Graue Neutrum einströmte. Sie sind halt Ultras
und Infras und hinterlassen auf dem besten Zelluloid kein Abbild. Ich weiß aber, daß es Ihnen gerade deshalb so leicht wird, allerlei Gestalten anzunehmen. Den Jünglingen im Feuerofen sind Sie im
Flammenmantel erschienen und dem alten Abraham als hochgeschürzte Wandersmänner. Oh, wie
liebe und verehre ich Sie, Herrschaften, wenn Sie
als gewöhnliche hochgeschürzte Wandersmänner
erscheinen oder als Briefträger, Polizisten, Ambulanzfahrer …"

Bei diesen Worten wagte ich zum erstenmal meinen Kopf zu wenden und die beiden Wesenheiten,
die mich hartnäckig begleiteten, neugierig aus dem
Augeneck anzublinzeln. Völlig überzeugt davon,

meine Netzhaut werde nichts von der Materia prima et ultima erblicken, aus der die Melangeloi bestanden, war ich auf das wundersamste überrascht, als ich doch etwas zu sehen bekam. Freilich, hochgeschürzte Wandersleute wie Vater Abraham einst, sah ich hier nicht. Und doch, die zwei Fürstentümer, Herrschaften und Throne – ich vergaß festzustellen, zu welcher dieser Klassen die Melangeloi gehörten – waren irgend etwas wie ein Mittelding zwischen der unauffälligen Erscheinung, die Abraham besuchte, und der auffälligen Erscheinung, welche die drei Jünglinge im Feuerofen hatten. Vor allem, ich sah keine Flügel an diesen Engeln, was mich mit tiefster Befriedigung erfüllte.

Ich habe Engelsflügel immer für eine menschliche Erfindung gehalten, und zwar für eine schlechte und verlogene. Entweder Arme oder Flügel. Jenes unverwendbare Schwanengefieder, das an menschenartigen Schultern festgewachsen ist und keine vernünftigen und zulänglichen Muskeln zur Verfügung hat, um in Schwung versetzt zu werden, ist nichts als eine anatomische Absurdität. Nichts greulicher, weil unmöglicher, als diese süßliche Verkitschung des babylonischen Flügelstiers. Um an Engel zu glauben – und ich möchte, dankbar für mein Erlebnis, zu diesem Glauben beitragen –, müssen wir uns mögliche Engel vorstellen, das heißt protomaterielle, ultrakörperliche Wesenheiten, die ihre Substanz beliebig verwenden, das heißt verkleiden können, was sie auch aus einer tiefen Neigung für ihre gesunkenen Halbbrüder, die Menschen, dann und wann tun.

Wenn ich die Herrschaften, meine beiden Begleiter, richtig beschreiben soll, und das ist nicht ganz leicht, so sehe ich in der völligen Unerhelltheit des Grauen Neutrums, die wir schon so gut kennen, zwei eigenartige, doch sehr gedämpfte Erhelltheiten, die zwischen einem zarten Lila und blassen Rötlich schwanken. Das Wesentliche aber ist die Gestalt dieser Erhelltheiten. Am besten beschreibe ich sie als zwei bewegte Mantelformen oder Faltenwürfe, die mir zur Seiten in deutlichster Lautlosigkeit einherrauschten. Wie schön, wie herzerquickend, wie zufriedenstellend aber war's, daß diese blaßleuchtenden Faltenwürfe oder Mantelformen menschliche Gestalten einzuhüllen schienen, und zwar ganz und gar herrliche Gestalten. Plötzlich zeichnete sich im Faltenwurf ein spitzes Knie ab, ein mächtiger Schenkel, ein zarter Fuß, ein melodischer Ellenbogen, eine michelangelesk männli-

che Brust, und verschwand wiederum, als sei die brüderliche Annäherung des Mensch-Ebenbildlichen schon mehr als genug.

Tintoretto und besonders der toledanische El-Greco hatten etwas davon heraus. Gesichter konnte ich nicht unterscheiden, besser gesagt, die beiden Wesenheiten drückten sich nicht so weit aus. Manchmal aber hatte ich den Eindruck von starken Köpfen hinter Schleiern, von Köpfen mit purpurn im Flug nachflatterndem Flammenhaar. Die Herrschaften hatten soeben vernommen, daß ich der hochgeschürzten Wandersmänner Erwähnung tat, die Abraham erschienen waren. Das mochte ihnen gefallen und prächtige Erinnerungen erwecken.

„Es ist uns bekannt, daß wir hochgeschürzte Wandersmänner sind", sagte der eine.

„Und immer unterwegs", fügte der andere hinzu.

Unterwegs, dachte ich, natürlich seid ihr immer unterwegs. Da unterscheidet ihr euch nicht von Sonnenstrahlen, Planeten und Atomen. Zu diesem Zwecke könntet ihr ruhig Materia media sein und keine Ultras und Infras. Wer weiß, vielleicht ist sogar der tote Raum unterwegs, das Graue Neutrum, das Nichts, die gähnende Leere zwischen den lodernden Lebenstätigkeiten. Eigentlich unterscheiden nur wir Menschen uns von diesem beständigen „Unterwegs", da Gott allein uns die erquickende Illusion der Ruhe geschenkt hat. Im Tode weicht diese Illusion, und darin liegt das Geheimnis des „Gefahrenwerdens". Aber ein freundliches Nachmittagsschläfchen auf dem Sofa, wenn der Roman aus der erschlaffenden Hand auf den Boden fällt und Körper und Geist sich im Gleichgewicht wiegen, während doch in Wirklichkeit jede einzelne Leibeszelle auf rasender Wanderschaft befindlich ist, diese Illusion ist einzig uns vergönnt. Und noch eins: Wenn wir Menschen unterwegs sind, so haben wir ein Ziel, ein limitiertes aber ausgesprochenes Wohin. Die Planeten in ihren monotonen Bahnen haben kaum ein Ziel, der Sonnenstern und die anderen Lichtgestirne vermutlich ebenso wenig. Die Engel aber, diese Menschen der Intermundien, müssen ein Ziel haben …

„Meine Herrschaften", sagte ich jetzt laut und zweifellos sehr geschraubt, „ich weiß, daß selbst unter Menschen nur die Schlechterzogenen ihre Bekannten auf den Boulevards fragen: Wohin gehen Sie da?"

Die Erhellten neben mir, diese beiden Mantelfor-

49　DIE ERHELLTEN NEBEN MIR
Francesco Cozza († 1682): Hagar und Ismael in der Wüste.

men oder Faltenwürfe, blaßlila und zartrötlich, begannen zu wallen und sich zu blähen, wodurch die Ahnung menschlicher Glieder stärker hervortrat, ja sogar die angedeutete Prägung kräftiger Männergesichter mit nachflatterndem Rothaar. Ich hatte den Eindruck, daß dieses Phänomen ein herzhaftes Lachen der Melangeloi bedeutet. Sie beantworteten meine Frage nach ihrem Wohin nurmehr mit zwei kurz angebundenen Worten: „Rosarium virginis". Dann streckten sie sich waagrecht aus, wurden zu matten Strahlen, und schon fühlte ich ihre Wesenheiten nicht mehr neben mir. Was ich aber fühlte, war ein Klumpen weinender Erschütterung in meiner Kehle. Die Melangeloi hatten mir die Richtung ihres „Unterwegs" angegeben: „Rosarium virginis". Ich übersetzte es als Rosengarten der Jungfrau. Es war wohl das Sternbild der Jungfrau im Zodiak, das zu demselben Weltsystem gehörte wie unsere

Sonne. Oder war es mehr? War es die Jungfrau selbst, die Königin der Sterne und der Engel, die Hof hielt in ihrem Rosengarten? Von allen Seiten schossen sie heran, die Vorgänger und die Nachfolger, die Flammenhaarigen und die Weißglutlockigen, die Riesigen und die Winzigen, die geschaffen waren vor den Sternen, um zu huldigen und um anzubeten das Erdenweib, aus dem der Geist hervorgetreten war, der durch seine Passion befreit hatte den Gott im Menschen und den Menschen in Gott.

Ich aber befand mich im selben Augenblick wieder mitten unter den Kometenturnern. Die Melangeloi, diese guten Bernhardinerhunde des Kleinen Intermundiums hatten mich aufgelesen und zurückgebracht. Mein Schiffbruch auf dem Apostel Petrus und meine Abwesenheit dürfte so gut wie gar

156

keine Zeit in Anspruch genommen haben, denn weder der Lehrer noch B.H. hatten mich vermißt, sondern beide schienen Glaubens zu sein, ich hätte mich keinen Augenblick von ihnen entfernt gehabt. Nun war ich wieder ein langer Staubstrich mit einem matt leuchtenden Stecknadelköpfchen gleich meinen Mitschülern aus der chronosophischen Klasse. Ich lag neben B.H. schwerelos auf dem Raum. Leider konnte ich mich, trotz meiner guten Absicht, nicht zurückhalten, sondern stammelte in sich überstürzenden Worten das große Erlebnis von meinem Herzen:

„Weißt du denn nicht, B.H., daß ich schon verloren war? Und daß mich wirkliche, materiell existierende Engel, sogenannte Melangeloi, gerettet und zu euch zurückgebracht haben?"

Ich spürte wie B.H. seine Kopfkugel mir zuwandte und mich ansah, während wir uns des Weges streckten: „Was redest du da, F.W.", zischte er tonlos. „Welche Engel hätten dich gerettet? Was für einer Rettung hättest du bedurft? Ich habe weiß Gott keine Engel gesehen oder einen ähnlichen Wahnsinn. Du warst halt ein wenig knockout geschlagen von dem kurzen Blick, den wir auf Petrus Apostel geworfen haben. Ich übrigens auch, ich auch, aber sag's nicht weiter …"

„Nein, B.H.", kämpfte ich, „es ist durchaus nicht selbstverständlich, daß ich wieder zu euch gestoßen bin. Es ist ein kleines Wunder, sagen wir ein Wunder zweiter oder dritter Klasse. Ich habe eine recht informative Unterhaltung mit zwei Dunkelengeln gehabt …"

„Was hast du nur mit deinen Engeln", fragte B.H. bereits irritiert.

Der Lehrer, der diese Unterhaltung hörte, näherte sich mir schnell, als wolle er mich beruhigen und Ärgeres verhüten:

„Wir sind auf dem Heimweg, Seigneur", zischte er wie Dampf in der Heizung. „Die erste chronosophische Übungsstunde ist immer eine gewisse Anstrengung, zumal für Erwachsene. Jene Engel aber, deren Sie Erwähnung tun, sie dürften das Spiel einer wunderlichen Imagination sein, die Sie aus Ihrer früheren Lebenszeit mittragen."

„Kein Wort weiter", mahnte eine innere Stimme in mir. Undiszipliniert wie ich bin, gehorchte ich ihr nicht, sondern begehrte folgendermaßen auf:

„Wie? Warum keine Engel? Glauben Sie etwa nicht an Engel, Herr Lehrer? Sind vielleicht Engel nicht gut genug für den mentalen Geist?"

„Ich bin kein Gelehrter, sondern nur ein kleiner Schulmeister für die Anfangsgründe", sagte der Lehrer in deutlich gekränkter Bescheidenheit. „Aber soviel weiß auch ich, daß seit Generationen der Bilderstoff der äußeren Welt und der Bilderstoff der inneren Welt des Menschen in den Lamaserien der Sternwanderer, der Verwunderer und der Fremdfühler inventarisiert worden ist. Wir besitzen ein lückenloses Verzeichnis alles dessen, was außerhalb und was innerhalb des Menschen existiert. Engel stehen nicht auf dem Verzeichnis des äußeren und inneren Bilderstoffs, Seigneur …"

„Sie können nicht auf diesem Verzeichnis stehen", versetzte ich enerviert, „denn sie gehören weder dem äußeren Bilderstoff noch dem inneren Bilderstoff des Menschen an …"

„Verstehe ich recht", zögerte nervös der Lehrer, seine munter dahinschießende Klasse jetzt ganz außer acht lassend. „Damit aber konzedieren Sie ja selbst, Seigneur, daß es keine Engel gibt. Denn was könnte es geben, das weder der äußeren Welt noch der inneren angehört?"

„So manches, Herr Lehrer", entgegnete ich pointiert, „so manches kann es geben, zum Beispiel Gott …"

„Gut, Gott", bekannte der Lehrer nach einer Weile, „aber sonst nichts …"

„Warum sonst nichts", fragte ich, mich besonders genußvoll zusammenziehend und ausdehnend, „kann Gott etwa nicht eine Protomateria geschaffen haben? Er hat sie sogar sicher geschaffen, Herr Lehrer. Sie ist das, was zwischen ihm und den Worten liegt ‚Es werde Licht'. Sie ist das, was da war, ehe alles da war, was noch da ist. Sehen Sie, Herr Lehrer, sie ist das Geisterreich, zu dem auch die Engel gehören, die nicht im Verzeichnis stehen …"

Ich glaubte, dem Lehrer mit diesen meinen Worten, wenn nicht die Existenz, so doch die Möglichkeit der Existenz von Engeln voll bewiesen zu haben. Er hatte aber meine Ausführungen gar nicht mehr so recht aufgefaßt, denn ein unerwartetes Ereignis – es war eine kosmische Lausbüberei Io-Knirpsens, unseres Turngenies – lenkte seine Aufmerksamkeit plötzlich ab und ließ seine Kopfkugel erbeben vor Zorn.

Da wir uns auf der Heimfahrt von Petrus Apostel zum Djebel befanden, konnten wir eine der planetaren Umlaufbahnen nicht vermeiden, die unvergleichlich belebter war als alle anderen Bahnellipsen, bewegten sich auf ihr nicht nur ein einziges, sondern nach letzter Zählung mehr als elftausend Objekte, oder mit weniger wissenschaftlicher Kaltschnäuzigkeit ausgedrückt, mehr als elftausend echte Wandelsterne. Diese Planeten und Planetchen, die man in den Anfängen der Menschheit „Asteroiden" genannt hatte, entstammten insgesamt dem Zusammenbruch eines großen Planeten zwischen Petrus Apostel und Mars, dem Täuferstern, einem Himmelskörper, dem die Christianisierung des Firmaments den Namen Judas Ischariot verliehen hatte. Es bestand nämlich seit Menschengedenken eine initiierte Auffassung, daß dieser (von der Sonne aus gerechnet) fünfte Planet, der schönste und höchstentwickelte von allen, nicht einfach einem sideralen Verkehrsunfall erlegen sei, sondern bewußt Selbstmord begangen habe, indem er sich der Gefahrenzone einer überlegenen Schwerkraft, der des Apostel Petrus, allzusehr annäherte. Er hatte damit dasselbe getan, was Judas, der Mann aus Karioth auf Hackeldama tat, der Jünger, der Jesum für dreißig Silberlinge verriet und sich darauf umbrachte. Mochte in dieser Sage ein wahrer Kern stecken oder nicht, die alten Asteroiden, deren größte einst auf den Namen griechischer Gottheiten gehört hatten, waren jetzt unter dem Begriff „Judas Ischariot" zusammengefaßt. Daß wir uns im Bannkreis des Judas bewegten, bemerkten wir an einer gewissen, ganz leisen mondartigen Helligkeitsahnung, welche das Graue Neutrum plötzlich durchzitterte, sowie an einem unsagbar leisen, spinnwebartigen Getöne in höchster Lage, das uns von allen Seiten sommerlich zu umzirpen begann. Dann und wann sahen wir in fernster Ferne unseres Gesichtskreises eine matte Planetarscheibe auftauchen, dahinziehen und wieder verschwinden. Ich aber schloß die Augen jedesmal, um nichts mehr zu sehen, denn ich will es frei bekennen, meine Seele war übersättigt, sie konnte die Größe der Schöpfung nicht mehr ertragen, war sie doch eine Erdseele und keine Raum- oder Engelsseele. Um so mehr bewunderte ich die Knaben ringsum, die all diesen chronosophischen Erlebnissen und Übungen standhielten, als wären's Wettläufe auf einer zertretenen Spielwiese vor der Stadt.

Als ich aber wieder einmal die Augen öffnete, da bot sich meinen Augen ein Bild dar, das ich alle meine Tage nicht vergessen werde. (Ich meine natürlich den Rest meiner Tage im gegenwärtigen, das ist im zwanzigsten Jahrhundert.) Dicht vor uns strich ein Planetoid des Judas Ischariot vorbei. Die

Gewissenhafteren unter meinen Lesern, deren Zeit- und Raumsinn durch die chronosophischen Übungen bereits nicht minder verwirrt sein dürfte als es der meinige war, werden es gewiß verstehen, daß ich die Maße dieses Planetoids, seine Größe, anfangs nicht beurteilen konnte. Ich selbst war als kometartiger Strich und Strahl über die Gebühr und über jede Vorstellung ausgedehnt. Davon aber hatte ich, wie öfters schon gesagt, durchaus kein Gefühl. Ich konnte in Bezug auf mich selbst, im Verhältnis zu meiner eigenen Ausdehnung, keine Größe messen. Welchen Umfang das Sternchen besaß, welches dort dahinschwebte, das hing nur von der Entfernung zwischen ihm und mir ab, und von der perspektivischen Verkürzung, die ich nicht beurteilen konnte. Ein starker Instinkt aber sagte mir, daß dieses Ding zum Greifen nahe sein mußte. Diesem starken inneren Instinkt aber widersprach die wundersame Durchmodelliertheit des sanft erleuchteten Himmelskörpers, welche darauf hinwies, daß der gewaltige Judas Ischariot vor seinem Untergang in der Tat ein herrlicher Wandelstern gewesen sein mußte. Ich gebrauche die Worte „wundersame Durchmodelliertheit", mit welchen ich nicht mehr sagen will, als daß der dahinschwebende Globus ein wirklicher Globus war mit einer Tag- und Nachtseite, die Tagseite, von der uns unsichtbaren Sonne angestrahlt, die Nachtseite in tiefe Schatten getaucht, nicht anders als es unsere Erde gewöhnt ist. Ebenso wie die Erde und vielleicht noch der Täuferstern Mars trug das Sphäroid Schneekappen auf seinen beiden Polen. Und wenn ich mich nicht nachträglich noch täusche, so konnte man auf der lichten Oberfläche gewisse Bildungen, Flächen und Schatten unterscheiden, die auf Kontinente, Meere, Wüsten und kraterreiche Gebirge schließen ließen. Wenn die helle Halbseite des Dings plötzlich zur Scheibe gewachsen wäre, die den ganzen Raum ausfüllt und dann zur flachhohlen Schüssel und dann zur innen illuminierten Suppenterrine der Welt, ich hätte mich nicht gewundert. Das Ding aber blieb was es war, es wuchs nicht, noch wurde es kleiner. Da löste sich einer von den schimmerköpfigen Strichen los, als welche wir ad libitum dahinzogen, schrumpfte zu seiner eigenen winzigen Schülergestalt zusammen, die aber, ein bestürzendes Wunder für meine Augen, das schwebende Planetoid noch weit an Größe übertraf. Ich habe vorhin schon verraten, daß Io-Knirps der Sünder war.

Es spielte sich nun folgendes ab. Das Größenverhältnis zwischen Knirps und dem Sternchen entsprach dem eines spielenden Kindes und eines großen, lichten Luftballons, der diesem Kind etwa vom Knie zum Kinn reichte. Für den graziösen, aber geistig noch nicht ganz entwickelten Knirps bedeutete der Globus aus dem Trümmererbe des Judas Ischariot nicht mehr als ein entzückendes kosmisches Spielzeug. Man denke sich's nur aus, mit dem rechten Kindersinn: Ein wirklicher Stern, mit allen echten Attributen eines Planeten und doch so kleinwinzig, daß man ihn vielleicht fangen und nach Hause bringen kann wie einen tropischen Riesenschmetterling! Knirpsens Juchzer übertönten das dünne, kaum hörbare Sirren, welches der Beitrag zur universalen Sphärenmusik war, den das Sternchen leistete. Knirps aber fuhr auseinander und zog sich zusammen und schwebte über dem Ding und unter dem Ding und streckte seine Arme aus und schreckte spielend zurück und tauchte in werbenden Tänzen auf, Kopf oben oder Kopf unten, daß es eine atemberaubende Lust war, diesem buhlerischen pas de deux zuzuschauen, besonders dann, wenn Knirps vom reflektierten Sternchentag bleich angeleuchtet war. Das Sternchen selbst aber schwebte unerschütterlich seine heilige Bahn dahin, die ihm von Gott zugeordnet war, wie nur der Sonne oder dem Sirius die ihren, den frei hier oben blieben nur wir verruchten Kometianten und chronosophischen Irrstriche, mit einem Wort wir Menschen, die wir uns nicht schämten, nach Sternen zu haschen. Ich weiß noch ganz klar, daß jenes von Knirps umgaukelte und verfolgte Asteroid auf mich den Eindruck eines Mädchens machte, das mit schweigender Hoheit einen Nachsteiger und Belästiger nicht zur Kenntnis nimmt.

Der Lehrer war eine ganze Weile sprachlos über seines Lieblingsschülers kosmische Unverschämtheit. Dann aber zitterte er immer deutlicher. Schließlich zog er sich jäh zu seiner Lehrergestalt zusammen, fuchtelte mit dem Geographiezeigestab im Grauen Neutrum herum, und seine Stimme überschlug sich im Zischen: „Ist so etwas erlebt worden seit Erschaffung der Welt? Nein, sage ich. Nie! Ein Knirps, ein Nichts, eine Fliege greift nach Sternen. Werden Sie das lassen, Sie Unhold, dem nichts heilig ist. Aus dem Weg! Fliehen Sie meinen Zorn. Ist das die Feierlichkeit und der Ernst, den ich fordere? Fliehen Sie! Aus dem Weg ..."

Und er streckte sich lang und schoß dahin, den Malefaktor zu verfolgen. Und wir anderen streckten uns ebenso lang und schossen dahin, um hinter dem Paar nicht zurückzubleiben. Knirps aber in seiner Angst und in seinem Genie war geschwind genug, um Abstand zu halten, und zwar mehr als eine Pferdelänge. Der Lehrer seinerseits jedoch war nicht nur gerieben, sondern er kannte auch das Niedere Intermundium mit all seinen Fallen und Tücken. Er kannte das Niedere Intermundium sogar besser als die großen Kapazitäten unter den Sternwanderern und Verwunderern. Denn seit mehr als hundert Jahren bewegte er sich in nichts anderem als in diesem elementaren Raum mit der jüngsten Schuljugend. Die Klassen stiegen auf, Jahr für Jahr. Der Lehrer aber blieb sitzen, Jahr für Jahr. So ist es nun einmal, und die mentale Pädagogik schien daran nichts geändert zu haben.

Plötzlich schien es uns, als sei die Lichtabwesenheit im Grauen Neutrum noch viel blinder geworden, und als sei auch die herrliche Bewegungsfreiheit eingeschränkt, die unsere komethaften Körper wundersam beseelt hatte. Ich fühlte mich so – ich kann es nicht besser ausdrücken – als führe ich ziellos in einem Kohlenkeller umher, dessen Wände nicht aus Stein, sondern aus Verboten oder Hemmungen bestanden. Gewiß war auch das eine chronosophische Übung, denn der Lehrer, der ein echter Lehrer war, kannte keine andere Leidenschaft als seinen Lehrgegenstand. Nun, jetzt hatte er den Sünder in die Enge getrieben. Armer Knirps, dachte ich. Aber was konnte einem ungezogenen Schüler schon Leides geschehen von einem Lehrer, der sich um ihn sorgte?

Da aber hatten wir die Bescherung. Auch dieser Kohlenkeller des Niederen Intermundiums war nicht unbelebt. Entschlossen preßte ich meine Augen zu und schwor mir, sie nicht früher zu öffnen als bis nach meiner Rückkehr ins Schulzimmer des Djebels. Ich hatte ohne Zweifel wiederum etwas Neues gesehen, und das war zu viel für mich. Es schien eine Art astronomisches Ringelspiel zu sein, was ich gesehen hatte. Ein größerer, selbstleuchtender, jedoch matter Himmelskörper in der Tiefe des Raumes bildete den Mittelpunkt, und um ihn her tauchten auf und verschwanden in der Runde mehrere Satelliten, die sich mit unvergleichlich höherer Geschwindigkeit als gewöhnliche Planeten bewegten. Obwohl der Globus in der Mitte eigene Strahlen aussandte, wäre doch ein Vergleich mit der Sonne oder andern Lichtgestirnen mehr als lächerlich gewesen, so bescheiden und dumpf erschien seine Lebenstätigkeit, und so dunkel, flach, ungegliedert und wesenslos waren die Satelliten, die ihn als Ringelspiel umtanzten. Auffälligerweise drang von diesem anscheinend gewaltigen Sternkörper und seinen Nebenwelten nicht der leiseste Ton einer Sphärenmusik an mein Ohr.

„Io-Knirps", hörte ich die grimmige Prüferstimme unseres Lehrers, „was sehen Sie hier vor sich? Konstatieren und definieren Sie es."

Was ich vermutet hatte, erfolgte: Ein schweres Sünderschweigen Knirpsens, hinter dem bereits das nahe Knabenschluchzen lauerte.

„Natürlich", brach jetzt der typische Lehrerzorn los, „am Universum sich vergreifen, das paßt Ihnen. Aber wenn Sie die einfachsten Erscheinungen definieren sollen, bringen Sie den Mund nicht auf. Schämen Sie sich, Io-Knirps. Sie werden hundertmal in Extensivschrift an die Schultafel den Satz schreiben: Ich soll nicht nach Sternen haschen …"

Knirpsens unterdrücktes Schluchzen erfüllte nun den übermenschlich strengen Raum. Zugleich aber fühlte ich, wie in demselben übermenschlich strengen Raum dem Lehrer das Herz weh tat, weil er seinen Liebling hatte bestrafen müssen. Nur um dieses sein Herz zu erleichtern, fauchte er die Antworter an, die beiden Musterknaben Io-Rar und Io-Hol: „Was sehen Sie? Konstatieren und definieren Sie es. Eins, zwei, drei …"

„Wir befinden uns einer Erscheinung gegenüber", begann einer der Vorzugsschüler mit dem verlogenen Umschweif des Nichtswissenden, der mittels leerer und geläufiger Worte Zeit gewinnen will.

„Schwafeln Sie nicht, Io-Rar", schnitt der Lehrer scharf diesen unzulänglichen Versuch ab. Er brachte auch den andern Antworter Io-Hol brüsk zum Schweigen, als dieser etwas von einem „geschlossenen System" zu stammeln begann, dem wir uns gegenüber befänden. Ziemlich lange schwangere Stille. Dann zischte des Lehrers Stimme mit deutlichem Hohn:

„Ich werde mir nächstens den Einfältigen des Zeitalters zur Hilfe holen …"

Da kam aus den hintersten Reihen unserer Schar ein vorsichtig zögerndes Raten: „Vielleicht ein Unikel, ein Achad, ein Monal …"

„Na also", brummte der Lehrer nicht ohne Befriedigung, „wenigstens einer. Seien Sie belobt, Io-Schram, und machen Sie weiter so …"

Ich drängte jetzt meinen Schimmerkopf dicht an B.H. und flüsterte erschrocken: „Um Gottes Willen, was ist das, ein Unikel, ein Achad, ein Monal … So etwas haben wir in unserm Gymnasium doch nicht mehr gehabt, nicht wahr B.H.?"

„Ich denke doch, F.W.", beruhigte mich der Freund. „Haben diese Dinge nicht Atome geheißen, was eine ganz falsche Bezeichnung ist, denn sie waren alles eher als unzerlegbar, und man hat sie schon damals in Nukleus und Elektronen aufgeteilt. Ebenso falsch ist es, daß sie heute Unikel heißen, Achads und Monale, denn ich sehe nicht ein Objekt, sondern neun, ein großes und acht kleine …"

Hinter mir erscholl aufrührerisches Gezisch der Klasse: „Das ist ein Trick … ein gemeiner Trick, Herr Lehrer … Sie haben uns hereingelegt …"

„Oho", lachte B.H. leise, „die Buben haben recht. Er hat uns wirklich hereingelegt und durch eine verflixte chronosophische Finte aus dem Weltraum in einen faulen Mikrokosmos gejagt, ins Atomnetz eines verirrten Sonnenstäubchens oder in was Ähnliches, wo wir jetzt als Subkometen herumstrolchen."

„Aber wir haben doch nichts an Geschwindigkeit verloren", wunderte ich mich.

„Ein Trick, Herr Lehrer, ein Trick", zischten die Knaben immer revolutionärer.

„Ruhe dort", befahl der Lehrer, „Trick ist ein häßliches und respektloses Fremdwort. Seht ihr nicht mit euern dummen Augen, daß es auch in diesem unendlich kleinen, aber immerhin unermeßlichen Raume Sterne gibt? Das bedeutet, Ernst und Feierlichkeit tut not überall … Mit welchem Index bewegen wir uns nun, Io-Knirps?"

Der Kleine mit dem runden Köpfchen schluckte und schnupfte ins Leere: „Wir haben jetzt … einen Minuskoeffizienten …"

„Gut gesagt, mein lieber Junge", lobte ihn der Lehrer, herzlich bereit, den Sünder zu trösten. Danach aber wandte er sich an die ganze Klasse:

„Sie werfen mir vor, ich hätte einen Trick gebraucht, um Sie hereinzulegen. Unbeschadet des häßlichen Fremdworts, das unserer edlen Monolingua nicht ansteht, ich gebe es zu. Ich hab ein Unterrichtsmittel verwendet, das nur wenige Lehrer kennen, um meine Schüler von einem Extrem ins andere zu führen. Warum aber habe ich das getan, meine jungen Freunde? Ich hab's getan, damit Sie so früh wie möglich, das heißt schon während des ersten Jahrgangs, die Anfangsgründe der Chronosophie sich organisch zu eigen machen. Diese un-

umstößlichen Grundsätze aber lauten wie folgt: Das unendlich Große ist unendlich klein, wie das unendlich Kleine unendlich groß ist. Was soll das heißen? Das soll heißen: Nichts ist groß und nichts ist klein. Nichts ist lang und nichts ist kurz. All diese Worte sind im Lichte des Geistes illusorisch. Groß allein ist der Mensch, wenn er in sich selbst den Weg vom unendlich Großen bis zum unendlich Kleinen und vom unendlich Kleinen bis zum unendlich Großen zurücklegen kann. Das ist eine uralte Weisheit, und beinahe eine Banalität, wie mir Seigneur bestätigen wird. Der Unterschied zwischen den uralten Weisen und uns Chronosophen besteht nur darin, daß wir uns nicht damit begnügen, das All in uns selbst zu tragen, sondern daß wir uns selbst ins All tragen. Um wieviel kühner sind wir als die Meeres-, Luft-, Raketen-, Stratosphären- und Mondschiffer des grauen Altertums! Zuerst betreten wir die Planeten und lernen ihre Wesenheiten kennen und nähern uns auf kurze Distanz unserm vor Lebenstätigkeit berstenden Lichtgestirn. Die Sicherheit der Bewegung im Niederen Intermundium, die freie Geschwindigkeit beim Kometenturnen, sie ist das Wichtigste, denn sie entscheidet über alle späteren Fortschritte. Ja, meine lieben jungen Freunde, bald werdet ihr mich verlassen und eure Aufnahmeprüfung in die Lamaserie der Sternwanderer machen. Dann fahret ihr auf, wie man falsch sagt, in den hohen Raum hinaus, Jahr um Jahr, da wird's Ernst. Zuerst versenkt ihr euch ins galaktische Reich, von dem wir selbst ein Teil sind. Ihr dringet vor von den näheren Konstellationen zu den Wundern der Ferne. Dann aber nach neuen, schweren und rigorosen Prüfungen werdet ihr euch hinauswagen auf die unaussprechlichen Ozeane, die zwischen den einzelnen Universen der Sternnebel liegen. Und so mögen denn einige unter euch aufsteigen zu den Gipfeln der Menschheit, vor den Sternwanderern zu den Verwunderern, den Thaumazonten, und von den Verwunderern zu den Fremdfühlern, den Xenospasten. Vielleicht aber ist sogar einer von euch dazu ausersehen, dereinst der Hochschwebende seines Zeitalters unter den Silberspinnen zu werden …"
Während dieser schönen Rede bewegten wir uns unaufhörlich an den Wänden der Verbote und Hemmungen entlang, die mir das Gefühl einflößten, daß wir in eine Art von Kohlenkeller gebannt waren. Bei den letzten Worten vom „Hochschwebenden des Zeitalters" hatte ich die Empfindung, daß

der Lehrer seinen Liebling Io-Knirps als den also Erhöhten vorerschaute. Die ganze Rede aber, besonders dort, wo sie von der Größe des Menschen handelte, ließ mich an den Großbischof denken und an seine Lehre von der durch den bloßen Zeitablauf wachsenden Entfernung der Menschheit von Gott. War die Chronosophie auch nur ein Symptom dieser Entfernung, ein Zeichen der ungeheuren Überheblichkeit des genus humanum? Plötzlich vergaß ich, was ich mir zugeschworen hatte und öffnete meine Augen. Wir schienen uns noch immer im Atomnetz jenes mutmaßlichen Stäubchens zu befinden, von dem B. H. gesprochen hatte. Obwohl wir uns fleißig streckten, zusammenzogen, streckten, hielt uns noch immer der „Kohlenkeller" fest, denn immer wieder tauchte eine plumpe, mattleuchtende Kugel mit ihrer Planetenfamilie in der Ferne auf.

50   DIE DUNKELSTE STUNDE DES HIMMELS
Les Très Riches Heures
du Duc de Berry:
Sturz der Engel, um 1490.

Ich aber wollte meinen Augen nicht trauen, als ich auf einmal gewahrte, daß sich von diesen gestirnförmigen letzten Grundgebilden – dem Gesetz der Anziehung und Abstoßung spottend – weiße Mantelformen und Faltenwürfe loslösten und davonströmten, ihrem freien Willen nach. Wie fern sie auch dahinblitzten, ich sah, oder besser, ich fühlte unter diesen schneeweißen Mantelformen und Faltenwürfen die menschlichen Glieder, und ich ahnte das flachsbleiche Haar, das im Fluge nachflatterte. Es war kein Zweifel, es waren Chöre, Herrschaften, Fürstentümer und Throne, und zwar keine Melangeloi, sondern Leukangeloi, Hellengel oder Weißengel, die sich dem Atom entrangen. Albertus Magnus, Bonaventura, Scotus Erigena oder wer immer darüber geschrieben, hatte die Wirklichkeit unterschätzt, wenn er behauptete, es gingen nur dreihunderttausend Engel auf eine Nadelspitze. Es gingen viel mehr auf eine Nadelspitze. Wohin fluteten diese Wesenheiten dort wie weiße Blitze? Versammelten auch sie sich im Rosarium virginis? Erregt wollte ich schon ausrufen: „Herrgott, B. H., schau doch nur, echte Engel!"

Ich beherrschte mich aber diesmal und schwieg. Es gab Erfahrungen, die man auch im astromentalen Zeitalter für sich behalten mußte, weil's einfach zu früh war. Mein Herz klopfte noch immer von einem süßen, unmittelbaren Wissen, als der Lehrer das alltägliche Regenlicht im Schulzimmer wieder eingeschaltet hatte.

UNTER DER HÜLLE DER SICHTBAREN WELT

JOHN HENRY KARDINAL NEWMAN

Ich sehe die Engel auch als die eigentliche Ursache der Bewegung, des Lichtes, des Lebens, dieser Grundtatsachen der physischen Welten an. Freilich, wenn ihr Wirken in unsere Sinne fällt, macht es uns lediglich den Eindruck von Ursache und Wirkung, das, was wir mit „Naturgesetz" bezeichnen. Aber jedes Lüftchen, jeder Strahl von Licht und Wärme, jedes Aufschimmern von Schönheit ist gleichsam nur der Saum des Gewandes, das Rauschen des Kleides jener, die Gott von Angesicht zu Angesicht schauen. Ich frage: welches sollten darum die Gedanken eines Menschen sein, der eine Blume, einen Grashalm, einen Kiesel betrachtend in den Händen hält? Sollte er nicht, indem er einen Lichtstrahl schaut, der von einem niedereren Wesen als er selbst ist, zu ihm aufsteigt, sich mit einemmal in der Gegenwart eines mächtigen Wesens finden, das sich unter der Hülle der sichtbaren Welt verhüllt, die er schaut? Eines Wesens, das seine Tätigkeit, voll der Weisheit, verheimlicht und ihnen doch die eigentliche Schönheit, ihre Anmut und Vollendung verleiht. Wollen wir nicht annehmen, daß diese Naturerscheinungen, welche der Mensch so leidenschaftlich erforscht, das Kleid und das Geschmeide jenes höheren Wesens sind!

2 ÖKOLOGIE UND UMWELT

IM REICH DER NATURGEISTER

DORA VAN GELDER

Wenn ich nach all den Jahren auf dieses Manuskript zurückkomme, in denen ich mit vielerlei anderen Dingen beschäftigt war, stelle ich fest, daß ich mich an vielerlei Eindrücke erinnere, die ich vor vielen Jahren niederschrieb.

Auch wenn der Schwerpunkt meiner Studien in den dazwischenliegenden Jahren wechselte, so habe ich doch die Verbindung zu jenen Wesen, die ich im vorliegenden Buch beschrieb, aufrechterhalten. Das erste, was ich während meiner großen Reisen tue, ist Kontakt zu den Engeln und Elfen aufzunehmen – wo immer dies auch sein mag.

So stelle ich überall ein Gefühl der Einheit mit den dort existierenden Wesen her.

Als die Entscheidung fiel, dieses alte Manuskript durchzulesen und zu veröffentlichen, meinten Freunde, daß sich wohl auch im Elfenreich gewaltige Veränderungen vollzogen haben müßten, so wie dies in unserer physischen Welt geschah. Dies schien gewiß ein interessanter Gedanke, doch erst in dem Moment, als sie vorschlugen, ich solle doch wieder einige derselben Opfer aufsuchen, um festzustellen, welche Wirkung die Umweltverschmutzung des Menschen auf das Elfenreich ausgeübt haben mag. Ich war geneigt, diese Idee in die Tat umzusetzen.

Es war mir natürlich nicht möglich, die ganze Strecke bis nach Australien, Java oder Indien zurückzulegen, um Vergleiche durchzuführen, doch ich überprüfte die Bucht an der Ostküste der Vereinigten Staaten. Ich begnügte mich allein damit. Die Jahre der Ölverschmutzung, der Abfall, den man in den Ozean warf, die Kohlenmonoxydabgase der Autos und des Menschen beständige Landbebauung, die einen Übergriff auf Bereiche der Elfen mit sich brachte, mußten Auswirkungen gezeigt haben. Wir würden sehen!

Viele Jahre waren vergangen, seit ich jenen bestimmten Strand an einem schönen, kalten Wintertag besucht hatte. Die Bucht befindet sich in der Nähe von Wohngebieten, doch sie erstreckt sich ins offene Meer. Vom Strand aus vermag man gleichzeitig die Bucht und das Meer zu beobachten. Fünfzehn Jahre waren seit der Zeit verstrichen, zu der ich diesen Strand häufig aufzusuchen pflegte, doch er schien mir immer noch sehr vertraut.

In den Sommermonaten drängen sich hier die Sonnenanbeter, doch im Winter setzen sich nur wenige dem Wind aus. Als die Wellen am Strand ausrollten, beobachtete ich zunächst, daß es weniger „Wasserbabies" und Elfen gab. Es schien auch, daß sie den Wellen nicht mehr bis zum Strand folgten, sondern weiter draußen im Meer blieben und sich in der Brandung wiegten.

Das gesamte Energienetz erschien weniger klar und stark. Es handelt sich hier um das Energienetz des Meeres, das ich vorher beschrieben habe, doch heutzutage erscheint es seltsam. Es vermittelt an gewissen Stellen den Eindruck des Verschleißes und folglich entsteht im Gesamtfluß der Energie eine Disharmonie.

51 UMHÜLLT VOM LICHT DER LICHTER
Joseph Mallord William Turner († 1851):
Der Engel, in der Sonne stehend.

Die Elfen an der Küste – die „Wasserbabies" – spielten und tobten ausgelassen herum, doch es gibt heutzutage nicht mehr so viele von ihnen. Es ist traurig, denn ihre Anzahl hat abgenommen.

Eine weitere bemerkenswerte Änderung ist, daß es in früheren Jahren eine Symbiose zwischen dem Meer und der Luft gegeben hat, die heute nicht mehr zu existieren scheint, wenigstens nicht vollständig. An den Stellen des Meeres und der Luft, an denen das Energienetz Schaden genommen hat, fließen die Energieströme nicht harmonisch. Ich begreife, daß die „Wasserbabies" die Umweltverschmutzung nicht zu verstehen vermögen.

Es erweckt den Anschein, daß die Umweltverschmutzung in der Bucht (sie war schon immer in gewissem Ausmaß vorhanden) jetzt schneller zunimmt und sich bis in die Tiefen des Meeres erstreckt, während sie vorher eher oberflächlicher Art war. Der Ölschlamm eines kürzlich erfolgten Tankerunglückes hat diesen Geschöpfen keinen Schaden zugefügt. Sie wissen, daß die Verschmutzung bezüglich des physischen Aspektes des Meeres zugenommen hat; ihre Wahrnehmung entspricht den Tatsachen, wenn sie dies der Menschheit zuschreiben.

Jedoch verstehen sie weder, warum dies geschieht, noch warum es nicht mehr soviele Fische gibt. Sie erfüllen immer noch ihre Aufgaben, doch die Ergebnisse sind nicht so zufriedenstellend wie vormals. Da sie meinen, dies sei dem Menschen zuzuschreiben, schenken sie uns weniger Aufmerksamkeit. Es besteht die Neigung zur Furcht und zum Rückzug. Viele Fische und andere Formen des Ozeanlebens haben sich von der Küste zurückgezogen. – Dieser Besuch erfolgte allerdings bei äußerster Kälte und auch der ganze Winter war streng gewesen. – Die Elfen spüren, daß der Mensch für die Verminderung des Lebens verantwortlich ist, und so zeigen sich selbst Meereselfen dem Menschen nicht gut gesinnt.

Selbst weiter draußen im Meer, im tiefen Wasser, gibt es weniger Leben als vorher. Das unterbrochene Energienetz ist, soweit ich feststellen konnte, von der Küste aus zu bemerken. Da dieser Schaden auf physischen Ursachen beruht, vermögen ihn die Elfen nur teilweise zu reparieren. Seitdem diese Symbiose, die allumfassend ist und sich über die ganze Erde erstreckt, unterbrochen ist, könnte dies auf lange Sicht zu weitreichenden Folgen führen.

Die Luftelfen vermögen sich den Auswirkungen der Umweltverschmutzung leichter zu entziehen, indem sie einfach größere Himmelshöhen aufsuchen. Doch sie sind ebenfalls nicht glücklich. Das Energienetz der höheren Schichten ist mit einem Schleier umhüllt. Auch die Luftelfen scheinen sich zurückgezogen zu haben und nicht mehr gegen die Verschmutzung anzukämpfen. Weder die Luft-, noch die Wasserelfen schätzen die Anwesenheit vieler Menschen. Sie führen ihre Arbeit fort, aber es hat sich etwas geändert. Sie fühlen, daß sich die vom Menschen verursachten Schäden ihrer Kontrolle entziehen, fühlen, daß sie sich dem nicht anzupassen vermögen, was sie entmutigt. Offensichtlich trifft dies eher für die Luftverschmutzung als für die Wasserverschmutzung zu, denn das tiefere Wasser draußen im Meer ist sauberer. Der tiefe Ozean regeneriert sich. Ich möchte keine Irrtümer aufkommen lassen. Elfen sind wunderbare Wesen und immer noch wie früher, und das Meer besitzt immer noch die Fähigkeit zur Selbstreinigung. Da die Engel sich auf einer höheren Stufe befinden, erleben sie die Verschmutzung nicht so unmittelbar, zeigen sich aber tief durch ihre Folgen berührt.

Den Engeln machen die Auswirkungen der Umweltverschmutzung mehr zu schaffen als den Elfen. Sie wissen, daß die Menschheit auf lange Sicht Mittel und Wege finden wird, um die Umweltbedingungen zu verbessern, doch es gilt, eine gefährliche Zeit zu durchschreiten, eine Zeit großer Belastungen, die sich in den inneren Welten durch einen gewaltigen Druck offenbart.

Diese Zeit der Spannungen und des Mangels an Kohärenz offenbart sich bereits auf dem Meer nahe der Küste im symbiotischen Netzwerk, von dem ich vorher gesprochen habe. Die Verunreinigung in der Bucht ist manchmal außerordentlich. In diesen Zeiten großer Umweltverschmutzung scheint es, als gäbe es eine Art Band (in Ermangelung eines besseren Ausdruckes) dichter Energie, welches die Wechselbeziehung zwischen Erde, Wasser und Luft beeinträchtigt. Die Elfen und „Wasserbabies" sind bemüht, diese Wirkung auszugleichen. Gegenwärtig jedoch sind sie ziemlich bestürzt und scheinen nicht zu wissen, was sie tun sollen. Die Devas, die dem Geschehen fernstehen und die Dinge aus einem größeren Blickwinkel betrachten, wissen, daß der Mensch die Probleme überwinden wird und warten darauf, daß er mit der Gutmachung der von ihm verursachten Schäden beginnt.

In dieser Zeit der großen Umweltverschmutzung flüchten die Luftelfen in höhere Regionen, in denen sie freier sind, doch die armen Elfen in der Bucht entlang der Küste sind nicht sehr glücklich, obwohl sie sich weiter hinaus ins offene Meer begeben könnten. Sie mögen die großen Tiefen nicht, sondern bevorzugen die seichten Gewässer, in denen sie zu leben gewohnt sind. Diese Küstenelfen fühlen sich wirklich mit dem Festland, den Tieren, Pflanzen und sogar mit dem Menschen, dessen Kindern und Haustieren verbunden.

Sie erfüllen ihre Aufgaben, verspüren im großen und ganzen jedoch keine sehr enge Verbindung zum Menschen mehr, es sei denn, beide begegnen sich in Wäldern und Tälern, mit anderen Worten, wenn beide die Schönheit der Natur genießen. Es wäre nicht richtig, euch glauben zu machen, daß es ihnen an Lebensfreude mangelt; sie ist Teil ihres Lebens. Sie bemerken, daß gewisse Lebensformen zu existieren aufhören, doch sie erfreuen sich an den noch vorhandenen Bäumen und Pflanzen und verrichten ihre Arbeit mit der gleichen Begeisterung wie vorher.

Zugegeben, es gibt weniger Elfen, aber sie kommen, wie in früheren Zeiten, auch heutzutage ihren Aufgaben nach. Doch durch die Ausdehnung der Städte hat ihre Zahl abgenommen; in vielen kleinen Stadtgärten unterstützen die Elfen das Wachstum der Pflanzen.

Umweltverschmutzung der Städte darf nicht mit der Verunreinigung der Stadtluft allein gleichgesetzt werden, welche selbst dem Menschen auffällt. Eine schlimmere Bedrohung stellt die Zunahme der Gebäude, Fabriken, Schulen, Häuser und Wohnungen dar, die sozusagen die Gebiete verschlangen, in denen früher Elfen lebten. Wie die Vögel und andere Tiere verloren auch sie ihren Lebensraum. Man legte zwar Naturschutzgebiete an, doch diese sind nicht sehr zahlreich. Sie fühlen, daß der Mensch sich mehr und mehr ihrer Gebiete bemächtigt und ihnen immer weniger Lebensraum läßt. Man macht eifrig Gebrauch von Insektenvertilgungs- und Düngemitteln; beide Mittel wirken sich auf die Arbeit der Elfen nachteilig aus. Es wäre empfehlenswert, natürliche Mittel zu verwenden, die ihnen nicht schaden und ebenfalls vor Insektenbefall schützen. Das Gleichgewicht in der Natur zwischen den einzelnen Lebensformen (Vögel, Insekten und Eidechsen) wäre so eher gewährleistet. Chemische Düngemittel – vor allem die synthetischen – eignen sich nicht für die Elfen, während natürliche Stoffe, wie verrottete Substanzen, aus denen sich der Kompost zusammensetzt und der Teil des natürlichen Kreislaufs ist, ihr Dasein nicht beeinträchtigen. Die Verunreinigung der Flüsse und Seen durch chemische und synthetische Mittel beunruhigt viele Wald- und Gartenelfen. Es geschieht ziemlich oft, daß alle Gewässer eines Gebietes von solchen Substanzen verunreinigt werden.

Dieses Wasser versickert im Boden und unterbricht auf heimtückische Weise den natürlichen Kreislauf und die gewachsene Harmonie. Elfen reagieren auf diese Vergehen sehr empfindlich, die der Mensch so beiläufig und manchmal irrtümlich verübt.

Doch trotz der Veränderungen in der Natur wissen Engel und Elfen, daß das Universum eine Einheit ist. Sie sind Teil eines organischen Ganzen und nehmen es hin. Auch der Mensch wird sich des ganzheitlichen Gedankens immer bewußter, da mit zunehmender Meditation und Verbindung zur Natur das Verständnis wächst und sich eine bewußte Zusammenarbeit entwickelt. Zwischen dem Menschen und der anderen Welt entsteht eine Brücke, der Weg der Zukunft.

VERZEICHNIS DER ELFEN

Luftelfen (Sylphen)
Es gibt insbesondere drei Arten. Zunächst seien die Sylphen genannt, die die Wolken bewohnen und aus ihnen Formen bilden. Sie sind sozusagen die Bildhauer des Elfenreiches. Dann kommen die Luftelfen, die mit dem Wind und Sturm in Verbindung gebracht werden. Diese Luftelfen sind gewöhnlich 1,20–1,50 Meter groß, weisen eine Gestalt auf und sind schön anzusehen. Zuletzt seien die gewaltigen Luftgeister erwähnt, die in sehr großen Höhen existieren und an große Drachen mit riesigen Köpfen, langgestreckten Körpern und Schwänzen erinnern. Sie dienen gewissermaßen als Energiezentren. […]

Engel oder Devas
Diese mächtigen Engel oder strahlenden Wesenheiten besitzen eine große Intelligenz. Die Engel leiten die Natur aus ihrem Verständnis für den gött-

lichen Plan. Sie leiten die Naturenergien und ihnen obliegt die Obhut über die rangniederen Elfen, z. B. über diejenigen, die mit Wind und Wolken befaßt sind, über die Baumgeister etc.

Erdelfen (Erdgeister, Gnome, Wichtelmänner)

Hier finden wir vier Arten. Erdgeistern begegnet man sowohl auf der Erdoberfläche als auch im Erdinnern; diese beiden Gruppen unterliegen noch einer weiteren Unterteilung. Auf der Erdoberfläche gibt es die Baumgeister und die kleinen Garten- und Waldelfen. Felsenelfen und Gnome gehören zu den unterirdischen Arten. […]

Elementarwesen

Elementarwesen sind sprichwörtlich ausgedrückt die Elementargeister. Der Evolutionsbeginn dieser Geschöpfe liegt gemäß den Kabbalisten im Reich der Elemente – der Luft, der Erde, dem Wasser und Feuer –. Man bezeichnet sie als Gnome (der Erde), Sylphen (der Luft), Salamander (des Feuers) und Undinen (des Wassers). H. P. Blavatsky erklärt im „Theosophical Glossary", daß all die niederen, unsichtbaren Wesen, welche auf der 5., 6. und 7. Welle unserer Erdatmosphäre ihren Ursprung nehmen, als Elementarwesen bezeichnet werden, einschließlich der Elfen, Devas, Dschins, Sylphen, Satyre, Faune, Kobolde, Zwerge, Trolle, Heinzelmännchen, Nixen und Feen, Gnome, Wichtelmännchen und andere, die man zu dieser Einteilung zählt.

Elfen

Es gibt vier Hauptgruppen – Luft-, Erd-, Feuer- und Wasserelfen, nicht zu vergessen die des Mineralreiches, wie Gnome und Felsenelfen, die unter die Gruppe der Erdgeister fallen. Die Größe der Elfen kann sich auf 30 cm – winzige Schmetterlingselfen – als auch auf 60 cm oder mehr – Sylphen und Baumgeister – belaufen.

Feuerelfen (siehe Salamander)

Gartenelfen

Eine häufig vorkommende Art der Erdelfe (Erdgeist).

Gnome

Auch Erdelfe (Erdgeist) genannt, die man unter Felsen findet.

Naturgeister

Geschöpfe des Devareiches, die sich um die Natur kümmern, z. B. die Luft und den Wind, die wachsenden Pflanzen, die Charakteristika einer Landschaft, das Wasser und Feuer.

Felsenelfen (Gnome)

Sie werden auch Gnome genannt. Diese Elfen sind sowohl auf der Erdoberfläche als auch im Erdinnern anzutreffen. […]

Salamander

Sie sind auch als Feuerelfen bekannt. Im 10. Kapitel finden wir einen ausführlichen Bericht über eine Gruppe, die die unterirdischen Bereiche vulkanischer Gegenden bewohnt und über jene, die mit dem Feuer und Blitzschlag auf der Erdoberfläche befaßt ist.

Sylphen

Sie stellen eine Gruppe der Luftelfen dar. Sie sind von großer Gestalt, doch nicht so hochentwickelt wie Devas. Wolkensylphen sind im 12. Kapitel über den Hurrikan erwähnt. […]

Baumgeister

Sie sind größer als Waldelfen und besitzen einen physischen Körper. […]

Undinen

Dies ist der klassische oder kabbalistische Name für Wassergeister oder -elfen.

Wasserbabies (Wassertröpfchen)

Es handelt sich hierbei um den Spitznamen für die kleinen glücklichen Geschöpfe, die man in der Nähe der Küste und Brandung beobachtet. Man könnte sie auch als Wasserelfen bezeichnen. Sie unterscheiden sich jedoch von denen, die draußen im tiefen Ozean leben und von jenen, die man in der Nähe von Flüssen, Seen oder Teichen findet.

WASSERFALL BEI NACHT

CHRISTIAN MORGENSTERN

Ruhe, Ruhe, tiefe Ruhe.
Lautlos schlummern Menschen, Tiere.
Nur des Gipfels Gletschertruhe
schüttet talwärts ihre
Wasser.

Geisterstille, Geisterfülle,
öffnet eure Himmelsschranke!
Bleibe schlafend, liebe Hülle,
schwebt, Empfindung und Gedanke,
aufwärts!

Aufwärts in die Geisterhallen
taste dich, mein höher Wesen!
Laß des Leibes Schleier fallen,
koste, seingenesen,
Freiheit!

II

Unablässig Sinken
weißer Wogenwucht,
laß mich, deine Bucht,
dein Geheimnis trinken.

Engel wölken leise
aus der Wasser Schoß,
lösen groß sich los
nach Dämonenweise.

Strahlen bis zum bleichen
Mond der Häupter Firn …
Und auf Schläfer-Stirn
malen sie das Zeichen …

Taufen gern Erhörten
mit der Weisheit Tau.
Und von ferner Schau
dämmert dem Enttörten.

BILEAMS ESEL UND DER ENGEL

4 MOSE 22,1–35

Danach zogen die Israeliten weiter und lagerten sich im Jordantal der Moabiter gegenüber Jericho. Und Balak, der Sohn Zippors, sah alles, was Israel den Amoritern angetan hatte.

Und die Moabiter fürchteten sich sehr vor dem Volk, das so groß war, und den Moabitern graute vor den Israeliten.

Und sie sprachen zu den Ältesten der Midianiter: Nun wird dieser Haufe auffressen, was um uns herum ist, wie ein Rind das Gras auf dem Felde abfrißt. Balak aber, der Sohn Zippors, war zu der Zeit König der Moabiter.

Und er sandte Boten aus zu Bileam, dem Sohn Beors, nach Petor, das am Euphrat liegt, ins Land der Söhne seines Volks, um ihn herbeizurufen, und ließ ihm sagen: Siehe, es ist ein Volk aus Ägypten gezogen, das bedeckt das ganze Land und lagert mir gegenüber.

So komm nun und verfluche mir das Volk, denn es ist mir zu mächtig; vielleicht kann ich's dann schlagen und aus dem Lande vertreiben; denn ich weiß: wen du segnest, der ist gesegnet, und wen du verfluchst, der ist verflucht.

Und die Ältesten der Moabiter gingen hin mit den Ältesten der Midianiter und hatten den Lohn für das Wahrsagen in ihren Händen und kamen zu Bileam und sagten ihm die Worte Balaks.

Und er sprach zu ihnen: Bleibt hier über Nacht, so will ich euch antworten, wie mir's der HERR sagen wird. Da blieben die Fürsten der Moabiter bei Bileam.

Und Gott kam zu Bileam und sprach: Wer sind die Leute, die bei dir sind?

Bileam sprach zu Gott: Balak, der Sohn Zippors, der König der Moabiter, hat zu mir gesandt: Siehe, ein Volk ist aus Ägypten gezogen und bedeckt das ganze Land. So komm nun und verfluche es; vielleicht kann ich dann mit ihm kämpfen und es vertreiben.

52 ALS DIE ESELIN DEN ENGEL SAH

Rembrandt: Der Prophet Bileam und die Eselin, 1626.

Gott aber sprach zu Bileam: Geh nicht mit ihnen, verfluche das Volk auch nicht; denn es ist gesegnet.

Da stand Bileam am Morgen auf und sprach zu den Fürsten Balaks: Geht hin in euer Land; denn der HERR will's nicht gestatten, daß ich mit euch ziehe.

Und die Fürsten der Moabiter machten sich auf, kamen zu Balak und sprachen: Bileam weigert sich, mit uns zu ziehen. Da sandte Balak noch mehr und noch mächtigere Fürsten, als jene waren.

Als die zu Bileam kamen, sprachen sie zu ihm: So läßt dir sagen Balak, der Sohn Zippors: Wehre dich doch nicht dagegen, zu mir zu ziehen; denn ich will dich hoch ehren, und was du mir sagst, das will ich tun; komm doch und verfluche mir dies Volk.

Bileam antwortete und sprach zu den Gesandten Balaks: Wenn mir Balak sein Haus voll Silber und Gold gäbe, so könnte ich doch nicht übertreten das Wort des HERRN, meines Gottes, weder im Kleinen noch im Großen.

So bleibt auch ihr nun hier diese Nacht, daß ich erfahre, was der HERR weiter mit mir reden wird.

Da kam Gott in der Nacht zu Bileam und sprach zu ihm: Sind die Männer gekommen, dich zu rufen, so mach dich auf und zieh mit ihnen; doch nur was ich dir sagen werde, sollst du tun.

Da stand Bileam am Morgen auf und sattelte seine Eselin und zog mit den Fürsten der Moabiter.

Aber der Zorn Gottes entbrannte darüber, daß er hinzog. Und der Engel des HERRN trat in den Weg, um ihm zu widerstehen. Er aber ritt auf seiner Eselin, und zwei Knechte waren mit ihm.

Und die Eselin sah den Engel des HERRN auf dem Wege stehen mit einem bloßen Schwert in seiner Hand. Und die Eselin wich vom Weg ab und ging auf dem Felde; Bileam aber schlug sie, um sie wieder auf den Weg zu bringen.

Da trat der Engel des HERRN auf den Pfad zwischen den Weinbergen, wo auf beiden Seiten Mauern waren.

Und als die Eselin den Engel des HERRN sah, drängte sie sich an die Mauer und klemmte Bileam den Fuß ein an der Mauer, und er schlug sie noch mehr.

Da ging der Engel des HERRN weiter und trat an eine enge Stelle, wo kein Platz mehr war auszuweichen, weder zur Rechten noch zur Linken.

Und als die Eselin den Engel des HERRN sah, fiel sie in die Knie unter Bileam. Da entbrannte der Zorn Bileams, und er schlug die Eselin mit dem Stecken.

Da tat der HERR der Eselin den Mund auf, und sie sprach zu Bileam: Was hab ich dir getan, daß du mich nun dreimal geschlagen hast?

Bileam sprach zur Eselin: Weil du Mutwillen mit mir treibst! Ach daß ich jetzt ein Schwert in der Hand hätte, ich wollte dich töten!

Die Eselin sprach zu Bileam: Bin ich nicht deine Eselin, auf der du geritten bist von jeher bis auf diesen Tag? War es je meine Art, es so mit dir zu treiben? Er sprach: Nein.

Da öffnete der HERR dem Bileam die Augen, daß er den Engel des HERRN auf dem Wege stehen sah mit einem bloßen Schwert in seiner Hand, und er neigte sich und fiel nieder auf sein Angesicht.

Und der Engel des HERRN sprach zu ihm: Warum hast du deine Eselin nun dreimal geschlagen? Siehe, ich habe mich aufgemacht, um dir zu widerstehen; denn dein Weg ist verkehrt in meinen Augen.

Und die Eselin hat mich gesehen und ist mir dreimal ausgewichen. Sonst, wenn sie mir nicht ausgewichen wäre, so hätte ich dich jetzt getötet, aber die Eselin am Leben gelassen.

Da sprach Bileam zu dem Engel des HERRN: Ich habe gesündigt; ich hab's ja nicht gewußt, daß du mir entgegenstandest auf dem Wege. Und nun, wenn dir's nicht gefällt, will ich wieder umkehren.

Der Engel des HERRN sprach zu ihm: Zieh hin mit den Männern, aber nichts anderes, als was ich zu dir sagen werde, sollst du reden. So zog Bileam mit den Fürsten Balaks.

ENGEL UND DEVAS

FLOWER A. NEWHOUSE

Die Seher, die hinter den Schleier der physischen Welt zu schauen vermochten, erkannten, daß sich auch die Engelwesen weiterentwickeln, langsam, Schritt für Schritt, bis auch sie in die erhabene Herrlichkeit der Einheit mit der Ewigkeit Gottes treten dürfen. Da die Engel weiter entwickelt sind als die Menschen, besitzen sie tieferen Einblick in die Mysterien des Lebens als jenen gegenwärtig zu eigen ist. Während sie voll Reinheit, Freude und Uneigennützigkeit auf allen Ebenen dienen, verbleibt ein Teil ihres Bewußtseins in der fortwährenden Anbetung der Gegenwart Gottes.

Wären unsere geistigen Sinne erwacht, könnten wir z. B. das Aufblühen jener Gebiete der Natur beobachten, die von Naturgeistern bewohnt werden. Äußerst klein und zierlich, schwingen sie in den verfließenden Klängen sphärischer Musik. Mit geöffneten inneren Augen würden wir erschauen, daß Wälder und Berge, obwohl sie einsam und unbewohnt erscheinen, von großen, anmutigen Wesen bewacht werden, die die ganze Landschaft behüten.

Für alle Zeiten bedeutete die Erkenntnis der inneren Wirklichkeit des Engelreiches und das Wissen um die überall sich vollziehende Verehrung Gottes eine große Gnade. Auch die Baumeister der Naturreiche streben fortwährend nach solcher Erweiterung des Bewußtseins und der Kraft, wie sie in den Meistern ihrer Ebenen vereinigt sind. In den Naturreichen wachen ebenfalls fortgeschrittene Wesen über die Geschehnisse der ‚anderen' Welt. Die Engel dieser Evolutionskette sind weit mehr entwickelt als die meisten Menschen. Ihre Ausstrahlungen sind selbstlos und voller Freude. Sie bilden Zentren der Vitalität und strahlender elektrischer Energie. […]

Mehr denn je benötigt der Mensch zu seinem Schutz und für seine innere Entwicklung die liebende Hinwendung und gedankliche Ausrichtung auf die Obhut der Engel. Um in Gebet und Meditation mit ihnen Kontakt aufnehmen zu können,

53 GEMEINSCHAFT DER HIMMLISCHEN GÄSTE
Aus einer westflämischen Apokalypse, um 1400.

benötigen seine Gedanken, Taten und Absichten eine Läuterung. Eines ist sicher – in dem Maße, wie sein spirituelles Bewußtsein wächst, wird er näher zur Gemeinschaft der himmlischen Gäste hingezogen.

In Zeiten der Hingabe, bei Krisen oder während eines Augenblickes der Bewunderung für die

171

Schönheit der Natur, widerfuhr einigen Menschen eine Erweiterung des Bewußtseins, die sie die inspirierenden Wirklichkeiten des ewigen Schöpfers erkennen ließen. Sie kamen in Kontakt mit dem Reich der Engel, einem Pfad der Entwicklung des göttlichen Lebens, der ausführlich in den heiligen Schriften aller großen Religionen, in der Dichtung und in der Kunst jeder entwickelten Zivilisation dargestellt wurde. Man kann erkennen, daß die Scharen der Engel der Menschheit treu und selbstlos dienen, lange bevor die Menschheit sie wahrnehmen und schätzen lernt oder nützlich für ihre Entwicklung werden kann.

Vielleicht ist ein Weg, um von bescheidenem Nutzen für die himmlischen Botschafter zu sein, danach zu streben, *die Ideen, Vorstellungen und Kräfte, die aus ihren Sphären stammen, ehrfurchtsvoll und bewußt zu verwalten.* Engel vermögen es, uns auf verschiedenen Wegen Energie und Licht zu vermitteln, besonders durch die Natur, die Musik und ein spirituell ausgerichtetes Bewußtsein. Alles, was sie vom Menschen erwarten, ist die Verehrung Gottes, eine umfassende Liebe und ein ehrliches Suchen, welches genügend Mut beinhaltet, sich jenseits der Grenzen von Dogma und Pharisäertum ins Licht der Erkenntnis und Verwirklichung vorzuwagen. [...]

Mit zunehmenden Spannungen im täglichen Leben suchen viele Menschen heute nach innerem Frieden und zweifelsfreiem Kontakt mit der Göttlichen Gegenwart. Sie werden nur wenige finden, die ihre inneren Bedürfnisse stillen können und ihre Begeisterung für ein edleres Leben zu entfachen vermögen, wie es das Bewußtsein um die wahrhaftige Gegenwart der Engel schenkt.

So sind bestimmte Melodien in himmlischen Sphären geboren. Ein Musikstück, welches von den menschlichen Schutzengeln inspiriert wurde, ist das „Kindergebet" aus der Oper „Hänsel und Gretel" von Humperdinck. Jedesmal, wenn diese Melodie in der Oper aufgeführt, im Radio übertragen oder von einer Kassette abgespielt wird, hebt die Musik (nicht die Worte der Sänger) das Bewußtsein zu den Engeln empor, denn es ist ihr Lied. Immer, wenn ich diese inspirierenden Töne vernahm, konnte ich beobachten, wie weißen Kamelien ähnliche Gedankenformen in das Auditorium oder Haus schwebten, in denen man diesem Musikstück lauschte. Sie symbolisieren die Gebete der Schutzengel für ihre Schützlinge und für die gesamte Menschheit.

Das „Credo", gesungen vom späten Fedor Chaliapin, zieht noch immer die Musikelementarwesen an, die die Atmosphäre mit ihren vielfältigen Wellenformen durchfluten, sobald das Stück abgespielt wird. Seine aufgenommene Baß-Stimme hat die Kraft, die Musikengel anzuziehen. Daher sind seine Darbietungen Feste musikalischen Leuchtfeuers und strahlender harmonischer Energie.

An den heiligen Feiertagen sollte man versuchen, das „Halleluja" von Händel zu hören. Jedesmal, wenn diese Musik gesungen wird, fallen die Engel der astralen und mentalen Ebenen in den Chor ein, und ihre Begleitung ist tausendmal freudiger und triumphierender als die menschlichen Partien. Dies ist ein Musikstück, dessen Ausstrahlungen direkt auf Christus gerichtet sind. Die Liebe, Preisung und Hingabe, die aus diesem Chor zu Ihm strömt, stellt eine der reinsten Gaben der Menschheit an diesen vollkommenen Lehrer unserer Rasse dar.

SECHSTER CHOR
DER ENGEL

DIE GROSSE SCHAU –
VISIONÄRE, TRÄUMER, BETRÜGER

„Manchmal erschien mir der Engel
Gabriel in Gestalt eines Mannes.
Er spricht zu mir, und ich präge
mir seine Worte ein."

Mohammed

Der Prophet Mohammed meditierte in der Höhle von Hira, als ihm der Erzengel Gabriel erschien und das heilige Buch des Islam, den Koran, diktierte. Salman Rushdie erregte den Zorn schiitischer Muslime, weil er mit dieser Tradition scherzhaft umging.

Im sechsten Chor der Engel erklingen Visionen von weltgeschichtlichem Rang: Jüdische Propheten, Künstler und Patriarchen wurden durch Engel berufen und meist gegen ihren Willen in Gottes Dienst genommen. Mohammed träumt nicht nur von Gabriel, sondern er wird mit Gewalt überwunden: „Da packte der Engel mich und würgte mich, daß ich beinahe die Besinnung verlor."

Wer unterscheidet den Künstler vom Scharlatan, den Visionär vom Wichtigtuer? Neben wahrhaft Ergriffenen erheben auch falsche Propheten ihre Stimme. Die Geister zu unterscheiden bedarf des geübten Ohrs.

1 BERUFUNGSVISIONEN

JESAJAS BERUFUNG ZUM PROPHETEN

JESAJA 6,1–13

In dem Jahr, als der König Usija starb, sah ich den Herrn sitzen auf einem hohen und erhabenen Thron, und sein Saum füllte den Tempel.
Serafim standen über ihm; ein jeder hatte sechs Flügel: mit zweien deckten sie ihr Antlitz, mit zweien deckten sie ihre Füße, und mit zweien flogen sie.

Und einer rief zum andern und sprach: Heilig, heilig, heilig ist der HERR Zebaoth, alle Lande sind seiner Ehre voll!
Und die Schwellen bebten von der Stimme ihres Rufens, und das Haus ward voll Rauch.
Da sprach ich: Weh mir, ich vergehe! Denn ich bin unreiner Lippen und wohne unter einem Volk von

55   WER WILL UNSER BOTE SEIN?

Berufungsvision des Propheten Jesaja.
Malerschule der Reichenau, um 1000.

unreinen Lippen; denn ich habe den König, den HERRN Zebaoth, gesehen mit meinen Augen.

Da flog einer der Serafim zu mir und hatte eine glühende Kohle in der Hand, die er mit der Zange vom Altar nahm, und rührte meinen Mund an und sprach: Siehe, hiermit sind deine Lippen berührt, daß deine Schuld von dir genommen werde und deine Sünde gesühnt sei.

Und ich hörte die Stimme des Herrn, wie er sprach: Wen soll ich senden? Wer will unser Bote sein? Ich aber sprach: Hier bin ich, sende mich!

Und er sprach: Geh hin und sprich zu diesem Volk: Höret und verstehet's nicht; sehet und merket's nicht!

Verstocke das Herz dieses Volks und laß ihre Ohren taub sein und ihre Augen blind, daß sie nicht sehen mit ihren Augen noch hören mit ihren Ohren noch verstehen mit ihrem Herzen und sich nicht bekehren und genesen.

Ich aber sprach: Herr, wie lange? Er sprach: Bis die Städte wüst werden, ohne Einwohner, und die Häuser ohne Menschen und das Feld ganz wüst daliegt.

Denn der HERR wird die Menschen weit wegtun, so daß das Land sehr verlassen sein wird.

Auch wenn nur der zehnte Teil darin bleibt, so wird es abermals verheert werden, doch wie bei einer Eiche und Linde, von denen beim Fällen noch ein Stumpf bleibt. Ein heiliger Same wird solcher Stumpf sein.

HESEKIELS BERUFUNGSVISION

HESEKIEL 1–3

Im dreißigsten Jahr am fünften Tage des vierten Monats, als ich unter den Weggeführten am Fluß Kebar war, tat sich der Himmel auf, und Gott zeigte mir Gesichte.

Am fünften Tag des Monats – es war das fünfte Jahr, nachdem der König Jojachin gefangen weggeführt war –, da geschah das Wort des HERRN zu Hesekiel, dem Sohn des Busi, dem Priester, im Lande der Chaldäer am Fluß Kebar. Dort kam die Hand des HERRN über ihn.

Und ich sah, und siehe, es kam ein ungestümer Wind von Norden her, eine mächtige Wolke und loderndes Feuer, und Glanz war rings um sie her, und mitten im Feuer war es wie blinkendes Kupfer.

Und mitten darin war etwas wie vier Gestalten; die waren anzusehen wie Menschen.

Und jede von ihnen hatte vier Angesichter und vier Flügel.

Und ihre Beine standen gerade, und ihre Füße waren wie Stierfüße und glänzten wie blinkendes, glattes Kupfer.

Und sie hatten Menschenhände unter ihren Flügeln an ihren vier Seiten; die vier hatten Angesichter und Flügel.

Ihre Flügel berührten einer den andern. Und wenn sie gingen, brauchten sie sich nicht umzuwenden; immer gingen sie in der Richtung eines ihrer Angesichter.

Ihre Angesichter waren vorn gleich einem Menschen und zur rechten Seite gleich einem Löwen bei allen vieren und zur linken Seite gleich einem Stier bei allen vieren und hinten gleich einem Adler bei allen vieren.

Und ihre Flügel waren nach oben hin ausgebreitet; je zwei Flügel berührten einander, und mit zwei Flügeln bedeckten sie ihren Leib.

Immer gingen sie in der Richtung eines ihrer Angesichter; wohin der Geist sie trieb, dahin gingen sie; sie brauchten sich im Gehen nicht umzuwenden.

Und in der Mitte zwischen den Gestalten sah es aus, wie wenn feurige Kohlen brennen, und wie Fackeln, die zwischen den Gestalten hin- und herfuhren. Das Feuer leuchtete, und aus dem Feuer kamen Blitze. Und die Gestalten liefen hin und her, daß es aussah wie Blitze.

Als ich die Gestalten sah, siehe, da stand je ein Rad auf der Erde bei den vier Gestalten, bei ihren vier Angesichtern.

Die Räder waren anzuschauen wie ein Türkis und waren alle vier gleich, und sie waren so gemacht, daß ein Rad im andern war.

Nach allen vier Seiten konnten sie gehen; sie brauchten sich im Gehen nicht umzuwenden.

UND GOTT ZEIGTE MIR GESICHTE
Die Vision des Ezechiel. Aus einer Bibel des 17. Jh.

Und sie hatten Felgen, und ich sah, ihre Felgen waren voller Augen ringsum bei allen vier Rädern. Und wenn die Gestalten gingen, so gingen auch die Räder mit, und wenn die Gestalten sich von der Erde emporhoben, so hoben die Räder sich auch empor. Wohin der Geist sie trieb, dahin gingen sie, und die Räder hoben sich mit ihnen empor; denn es war der Geist der Gestalten in den Rädern.

Wenn sie gingen, so gingen diese auch; wenn sie standen, so standen diese auch; und wenn sie sich emporhoben von der Erde, so hoben sich auch die Räder mit ihnen empor; denn es war der Geist der Gestalten in den Rädern.

Aber über den Häuptern der Gestalten war es wie eine Himmelsfeste, wie ein Kristall, unheimlich anzusehen, oben über ihren Häuptern ausgebreitet, daß unter der Feste ihre Flügel gerade ausgestreckt waren, einer an dem andern; und mit zwei Flügeln bedeckten sie ihren Leib.

Und wenn sie gingen, hörte ich ihre Flügel rauschen wie große Wasser, wie die Stimme des Allmächtigen, ein Getöse wie in einem Heerlager. Wenn sie aber stillstanden, ließen sie die Flügel herabhängen, und es donnerte im Himmel über ihnen. Wenn sie stillstanden, ließen sie die Flügel herabhängen.

Und über der Feste, die über ihrem Haupt war, sah es aus wie ein Saphir, einem Thron gleich, und auf dem Thron saß einer, der aussah wie ein Mensch.

Und ich sah, und es war wie blinkendes Kupfer aufwärts von dem, was aussah wie seine Hüften; und abwärts von dem, was wie seine Hüften aussah, erblickte ich etwas wie Feuer und Glanz ringsumher.

Wie der Regenbogen steht in den Wolken, wenn es geregnet hat, so glänzte es ringsumher. So war die Herrlichkeit des HERRN anzusehen.

Und als ich sie gesehen hatte, fiel ich auf mein Angesicht und hörte einen reden.

Und er sprach zu mir: Du Menschenkind, tritt auf deine Füße, so will ich mit dir reden.

Und als er so mit mir redete, kam Leben in mich und stellte mich auf meine Füße, und ich hörte dem zu, der mit mir redete.

Und er sprach zu mir: Du Menschenkind, ich sende dich zu den Israeliten, zu dem abtrünnigen Volk, das von mir abtrünnig geworden ist. Sie und ihre Väter haben bis auf diesen heutigen Tag wider mich gesündigt.

Und die Söhne, zu denen ich dich sende, haben harte Köpfe und verstockte Herzen. Zu denen sollst du sagen: „So spricht Gott der HERR!"

Sie gehorchen oder lassen es – denn sie sind ein Haus des Widerspruchs –, dennoch sollen sie wissen, daß ein Prophet unter ihnen ist.

Und du, Menschenkind, sollst dich vor ihnen nicht fürchten noch vor ihren Worten fürchten. Es sind wohl widerspenstige und stachlige Dornen um dich, und du wohnst unter Skorpionen; aber du sollst dich nicht fürchten vor ihren Worten und dich vor ihrem Angesicht nicht entsetzen – denn sie sind ein Haus des Widerspruchs –, sondern du sollst ihnen meine Worte sagen, sie gehorchen oder lassen es; denn sie sind ein Haus des Widerspruchs.

Aber du, Menschenkind, höre, was ich dir sage, und widersprich nicht wie das Haus des Widerspruchs. Tu deinen Mund auf und iß, was ich dir geben werde.

Und ich sah, und siehe, da war eine Hand gegen mich ausgestreckt, die hielt eine Schriftrolle.

Die breitete sie aus vor mir, und sie war außen und innen beschrieben, und darin stand geschrieben Klage, Ach und Weh.

Und er sprach zu mir: Du Menschenkind, iß, was du vor dir hast! Iß diese Schriftrolle und geh hin und rede zum Hause Israel!

Da tat ich meinen Mund auf, und er gab mir die Rolle zu essen und sprach zu mir: Du Menschenkind, du mußt diese Schriftrolle, die ich dir gebe, in dich hinein essen und deinen Leib damit füllen. Da aß ich sie, und sie war in meinem Munde so süß wie Honig.

Und er sprach zu mir: Du Menschenkind, geh hin zum Hause Israel und verkündige ihnen meine Worte. Denn ich sende dich ja nicht zu einem Volk, das unbekannte Worte und eine fremde Sprache hat, sondern zum Hause Israel, nicht zu vielen Völkern, die unbekannte Worte und eine fremde Sprache haben, deren Worte du nicht verstehen könntest. Und wenn ich dich zu solchen sendete, würden sie dich gern hören.

Aber das Haus Israel will *dich* nicht hören, denn sie wollen *mich* nicht hören; denn das ganze Haus Israel hat harte Stirnen und verstockte Herzen.

Siehe, ich habe dein Angesicht so hart gemacht wie ihr Angesicht und deine Stirn so hart wir ihre Stirn.

Ja, ich habe deine Stirn so hart wie einen Diamanten gemacht, der härter ist als ein Kieselstein. Darum fürchte dich nicht, entsetze dich auch nicht vor ihnen, denn sie sind ein Haus des Widerspruchs.

Und er sprach zu mir: Du Menschenkind, alle meine Worte, die ich dir sage, die fasse mit dem Herzen und nimm sie zu Ohren!

Und geh hin zu den Weggeführten deines Volks und verkündige ihnen und sprich zu ihnen: „So spricht Gott der HERR!", sie hören oder lassen es.

DER HIMMLISCHE HOFSTAAT

ÄTHIOPISCHES HENOCHBUCH

Mir wurde im Gesichte folgende Erscheinung: Siehe, Wolken luden mich ein im Gesicht, und ein Nebel forderte mich auf; der Lauf der Sterne und Blitze trieb und drängte mich, und Winde gaben mir Flügel im Gesicht und hoben mich empor. Sie trugen mich hinein in den Himmel. Ich trat ein, bis ich mich einer Mauer näherte, die aus Kristallsteinen gebaut und von feurigen Zungen umgeben war; und sie begann mir Furcht einzujagen. Ich trat in die feurigen Zungen hinein und näherte mich einem großen, aus Kristallsteinen gebauten Hause. Die Wände jenes Hauses glichen einem mit Kristallsteinen getäfelten Fußboden, und sein Grund war von Kristall. Seine Decke war wie die Bahn der Sterne und Blitze, dazwischen feurige Kerube, und ihr Himmel bestand aus Wasser. Ein Feuermeer umgab seine Wände, und seine Türen brannten von Feuer.

Ich trat ein in jenes Haus, das heiß wie Feuer und kalt wie Schnee war. Da war keine Lebensluft vorhanden; Furcht umhüllte mich, und Zittern erfaßte mich. Da ich erschüttert war und zitterte, fiel ich auf mein Angesicht und schaute Folgendes im Gesichte: Siehe, da war ein anderes Haus, größer als jenes; alle seine Türen standen vor mir offen, und es war aus feurigen Zungen gebaut. In jeder Hinsicht, durch Herrlichkeit, Pracht und Größe zeichnete es sich so aus, daß ich euch keine Beschreibung von seiner Herrlichkeit und Größe geben kann. Sein Boden war von Feuer; seinen oberen Teil bildeten Blitze und kreisende Sterne, und seine Decke war loderndes Feuer. Ich schaute hin und gewahrte darin einen hohen Thron. Sein Aussehen war wie Reif; um ihn herum war etwas, das der leuchtenden Sonne glich und das Aussehen von Keruben hatte. Unterhalb des Throns kamen Ströme lodernden Feuers hervor, und ich konnte nicht hinsehen. Die große Majestät saß darauf; sein Gewand war glänzender als die Sonne und weißer als lauter Schnee. Keiner der Engel konnte in dieses Haus eintreten und sein Antlitz vor Herrlichkeit und Majestät schauen. Kein Fleisch konnte ihn sehen. Loderndes Feuer war rings um ihn; ein großes Feuer verbreitete sich vor ihm, und keiner der Engel näherte sich ihm. Ringsherum standen zehntausendmal Zehntausende vor ihm, und alles, was ihm beliebt, das tut er. Und die Heiligen der Heiligen, die in seiner Nähe stehen, entfernten sich nicht bei Nacht oder bei Tage, noch gingen sie weg von ihm.

Bis dahin war ich auf mein Angesicht gefallen und zitterte. Da rief mich der Herr mit seinem Mund und sprach zu mir: Komm hierher, Henoch, und höre mein Wort! Da kam einer von den Heiligen zu mir, weckte mich auf, ließ mich aufstehen und brachte mich bis zu dem Tor; ich aber senkte mein Antlitz.

Da versetzte er und sprach zu mir, und ich hörte seine Stimme: Fürchte dich nicht, Henoch, du gerechter Mann und Schreiber der Gerechtigkeit; tritt herzu und höre meine Rede.

DIE ENGEL DER HAST

RAFAEL ALBERTI

Geister mit sechs Schwingen,
sechs stroherne Geister
trieben mich vorwärts.

Sechs glühende Feuer.

Sausende Luft war mein Traum
durch die aufgetauchten Erwartungen
der reißend kreisenden Himmel,
der rasenden kreiselnden Orte,
hinrollender Gebirge,
flutender Meere, Gestade, Ströme, Öden.

Sie trieben mich vorwärts.

Da sie dahinfloh,
war Feindin die Erde,
Feind der Himmel,
da er nicht stillstand.
Und du, Weltenmeer,
Und du, Feuer,
und du,
sausende Luft mein Traum.

Sechs glühende Feuer,
Name verhüllt und Antlitz,
stießen mich vorwärts in Hast.

Haltet mich auf!
Nichts.
Haltet alles mir an, einen Augenblick nur!
Nichts.

Sie wollen nicht,
daß ich anhielte im Nichts.

MOHAMMED IN DER HÖHLE VON HIRA

SAHIH AL-BUHARI

ʿĀ'iša (R a), die Mutter der Gläubigen, berichtet:
Al-Ḥāriṯ Ibn Hišām (R a) fragte den Gesandten Gottes (S): „O Gesandter Gottes, wie erreicht dich die göttliche Offenbarung?" Der Gesandte Gottes (S) erwiderte: „Manchmal kommt sie über mich wie Glockengeläute. Das ist für mich die beschwerlichste Art der Offenbarung. Sie bricht ab, wenn ich vernommen habe, was offenbart wurde. Manchmal erscheint mir der Engel in Gestalt eines Mannes. Er spricht zu mir, und ich präge mir seine Worte ein."

ʿĀ'iša (R a) ergänzte zu ihrer Erzählung:
Einmal sah ich den Gesandten Gottes (S), als ihm gerade offenbart wurde. Es war ein sehr kalter Tag. Als die Offenbarung vorüber war, tropfte ihm der Schweiß von der Stirn.

ʿĀ'iša (R a), die Mutter der Gläubigen, berichtet:
Die erste Offenbarung für den Gesandten Gottes (S) war ein frommer Traum während des Schlafs. Seine Träume erschienen ihm immer wie das Frühlicht der Morgendämmerung. Nach diesem ersten Traum suchte er die Einsamkeit und zog sich häufig in die Höhle von Ḥirā' zurück. Dort kehrte er in sich und verbrachte zahlreiche Tage, indem er seine Gedanken ausschließlich Gott widmete, bis er schließlich wieder zu seiner Familie zurückkehrte. Für seinen Aufenthalt in der Höhle versorgte er sich mit Proviant. War dieser aufgebraucht, kehrte er zu Ḫadīǧa zurück, um sich mit neuen Vorräten zu versehen.
Die göttliche Wahrheit kam über ihn, als er sich in der Höhle von Ḥirā' aufhielt. Der Engel Gabriel (Ǧilrā'īl) erschien ihm und sagte: „Trag den Menschen die göttliche Offenbarung vor!" Der Prophet (S) entgegnete: „Ich werde nichts vortragen!"
Das weitere Geschehen erzählte mir der Gesandte Gottes (S) mit folgenden Worten:
Da packte der Engel mich und würgte mich, daß

57 WIE GLOCKENGELÄUTE …
Mohammed reitet in den Himmel, türkisch (?).

ich beinahe die Besinnung verlor. Darauf ließ er von mir ab und sagte: ‚Trag den Menschen vor!‘ Ich erwiderte: ‚Ich werde nichts vortragen!‘ Er ergriff mich erneut und würgte mich, daß ich schon glaubte, es sei der Tod. Dann aber ließ er mich los und sagte: ‚Trag den Menschen vor!‘ Ich antwortete: ‚Ich werde nichts vortragen!‘ Und wieder packte er mich und drückte mir ein drittes Mal die Kehle zusammen. Schließlich ließ er von mir ab und sagte: ‚Trag vor, im Namen deines Herrn, der erschaffen hat, der den Menschen aus geronnenem Blut erschaffen hat! Trag vor! Und dein Herr ist allgütig!‘“ (al-‘alaq – 96,1–3.)

‘Ā’iša fährt in ihrem Bericht fort:
Nach dieser Offenbarung eilte der Gesandte Gottes (S) zitternden Herzens nach Hause. Er lief zu Ḥadīǧa Bint Ḫuwailid und rief: „Bedeckt mich! Deckt mich zu!“ Sie hüllten ihn in Decken ein, bis die Furcht von ihm gewichen war.
Später redete er mit Ḥadīǧa und erzählte ihr, was geschehen war. Er schloß seinen Bericht mit den Worten: „Ich hatte schreckliche Angst!“ Ḥadīǧa entgegnete: „Aber nein, bei Gott! Niemals wird Gott dir Schaden zufügen! Du hast doch ein gutes Verhältnis zu deiner Verwandtschaft und behandelst die Menschen stets wohlwollend; du unterstützt den Bedürftigen, bewirtest den Gast und stehst denen bei, die sich in einer unglücklichen Lage befinden.“
Nach diesem Gespräch ging Ḥadīǧa mit dem Gesandten Gottes (S) zu Waraqa Ibn Naufal Ibn Asad Ibn ‘Abdul‘uzzā, ihrem Cousin, der in vorislamischer Zeit zum Christentum übergetreten war. Dieser Mann pflegte in hebräischer Schrift zu schreiben und hatte das Evangelium eingehend studiert. Zu jener Zeit war Waraqa bereits ein sehr alter Mann, dessen Augenlicht erloschen war. Ḥadīǧa sagte zu ihm: „O Cousin, höre, was deinem Neffen widerfahren ist!“ Waraqa wandte sich an den Propheten (S) und fragte: „Was ist passiert, o mein Neffe?“ Da erzählte ihm der Gesandte Gottes (S), was er erlebt hatte. Waraqa sagte: „Das war der Erzengel Gabriel, den Gott auch zu Moses (Mūsā) geschickt hat. Ach, wäre ich doch ein junger Mann, könnte ich doch erleben, wie dein Volk dich vertreibt!“ Der Gesandte Gottes (S) fragte: „Werden sie mich davonjagen?“ – „Ja! Niemals wurde ein Mann, der etwas Ähnliches vorbrachte wie du, nicht feindselig behandelt. Wenn ich diesen Tag noch er-

leben darf, werde ich dich tatkräftig unterstützen!“ Wenig später aber starb Waraqa.
Im Anschluß an diese Ereignisse blieben die Offenbarungen Gottes vorübergehend aus.

Ǧābir Ibn ‘Abdullāh al-Anṣārī berichtet:
Wir sprachen einmal über diese Zeit, in der keine Offenbarungen erfolgten, als der Gesandte Gottes (S) folgendes erzählte:
„Ich war in der Umgebung von Mekka unterwegs, da hörte ich plötzlich eine Stimme, die vom Himmel herabhallte. Ich schaute nach oben und sah den Engel, der mir in der Höhle von Ḥirā’ erschienen war. Er saß auf einem Thron zwischen Himmel und Erde. Ich schreckte zusammen, eilte nach Hause und rief: ‚Bedeckt mich! Deckt mich zu!‘ Darauf offenbarte Gott der Erhabene die Verse: ‚O du, der du dich mit dem Mantel zugedeckt hast! Steh auf und warne! Und preise deinen Herrn, reinige deine Kleider und meide den Greuel des Götzendienstes!‘“ (al-muddattir 74,1–5.)
Im Anschluß an diese Begebenheit erfolgten die Offenbarungen regelmäßig.

Ra = raḍiya Allāh ʿanha (Gott möge den ihr Wohlgefallen haben)
S = ṣallā Allāh ʿallaihi wa salam (Gott segne ihn und schenke ihm Heil)

DER BESUCH MORONIS

JOSEPH SMITH

Ich fuhr fort, meinen täglichen Aufgaben im Leben nachzugehen, und zwar bis zum 21. September 1823. Während dieser Zeit hatte ich von Leuten aller Klassen, religiösen ebenso wie nichtreligiösen, schwere Verfolgung zu leiden, weil ich auch weiterhin darauf bestand, eine Vision gehabt zu haben.

In der Zeit zwischen dem Tag, da ich meine Vision hatte und mir geboten wurde, ich solle mich keiner der bestehenden Glaubensgemeinschaften anschließen, und dem Jahr 1823 – ich war ja noch so jung und wurde von denjenigen verfolgt, die eigentlich meine Freunde sein und mich wohlwollend behandeln hätten sollen; und wenn sie schon der Meinung waren, ich sei einer Täuschung unterlegen, so hätten sie sich bemühen sollen, mich in passender und liebevoller Weise wieder auf den rechten Weg zu bringen –, damals also war ich allen möglichen Versuchungen ausgesetzt; ich verkehrte in allen möglichen Kreisen, verfiel häufig in mancherlei törichte Irrtümer und ließ die Schwachheit der Jugend und menschliche Schwächen erkennen, die, ich muß es leider sagen, mich in allerlei Versuchung führten, ein Ärgernis in den Augen Gottes. Wenn ich dieses Geständnis ablege, so darf niemand glauben, ich hätte mich irgendwelcher großen oder bösartigen Sünden schuldig gemacht; etwas Derartiges zu tun lag gar nicht in meiner Natur.

Als Folge davon hatte ich oft das Gefühl, ich sei meiner Untugenden und Unzulänglichkeiten wegen schuldig, so war es am Abend des vorerwähnten 21. Septembers. Nachdem ich mich für die Nacht zu meinem Bett begeben hatte, wandte ich mich in flehentlichem Gebet an Gott den Allmächtigen, er möge mir alle meine Sünden und Torheiten vergeben, er möge mir aber auch eine Kundgebung zuteil werden lassen, so daß ich wisse, wie ich vor ihm dastehe; denn ich vertraute fest darauf, eine göttliche Kundgebung zu erhalten, wie es mir schon früher geschehen war.

Während ich so im Begriffe war, Gott anzurufen, bemerkte ich, wie in meinem Zimmer ein Licht erschien, das immer stärker wurde, bis der Raum schließlich heller war als am Mittag. Gleich darauf wurde an meinem Bett eine Gestalt sichtbar, und der Betreffende stand in der Luft, denn seine Füße berührten den Boden nicht.

Er hatte ein loses Gewand von außergewöhnlicher Weiße an, weißer als alles, was ich auf Erden je gesehen hatte. Ich glaube nicht, daß etwas Irdisches so überaus weiß und helleuchtend gemacht werden kann. Seine Hände waren unbedeckt, auch seine Arme bis knapp über dem Handgelenk; ebenso waren seine Füße nackt und auch die Beine bis knapp über dem Knöchel. Haupt und Hals waren auch nicht bedeckt. Ich konnte erken-

nen, daß er außer diesem Gewand keine andere Kleidung trug, denn es war offen, und ich sah seine Brust.

Nicht nur sein Gewand war überaus weiß, sondern die ganze Gestalt war unbeschreiblich herrlich, das Antlitz leuchtend wie ein Blitz. Im Zimmer war es überaus hell, aber doch nicht so hell wie in seiner unmittelbaren Nähe. Als ich ihn erblickte, fürchtete ich mich zuerst, aber bald verließ mich die Furcht.

Er nannte mich beim Namen und sagte zu mir, er sei ein Bote, aus der Gegenwart Gottes zu mir gesandt, und heiße Moroni; Gott habe eine Arbeit für mich; mein Name werde bei allen Nationen, Geschlechtern und Sprachen für gut oder böse gelten, ja, man werde unter allem Volk sowohl gut als auch böse von mir sprechen.

Er sagte, es sei ein Buch verwahrt, auf goldenen Platten geschrieben, und darin sei ein Bericht über die früheren Bewohner dieses Erdteils und ihre Herkunft zu finden. Er sagte weiter, in dem Buch sei die Fülle des immerwährenden Evangeliums enthalten, wie es der Erretter jenen Bewohnern einst gebracht habe. Bei den Platten seien auch zwei Steine in silbernen Bügeln verwahrt, und diese Steine – an einem Brustschild befestigt – bildeten den sogenannten Urim und Tummim: Besitz und Gebrauch dieser Steine hätten früher, in alter Zeit jemanden zum „Seher" gemacht: Gott habe sie bereitet, damit das Buch übersetzt werden könne.

Nachdem er mir das gesagt hatte, begann er, Prophezeiungen aus dem Alten Testament zu zitieren. Zuerst zitierte er einen Teil des dritten Kapitels von Maleachi, und er zitierte auch die sechs letzten Verse aus der gleichen Prophezeiung, allerdings mit einer kleinen Abweichung vom Wortlaut unserer Bibeln. Anstatt den sechstletzten Vers so zu zitieren, wie er in unseren Büchern lautet, zitierte er ihn so:

Denn siehe, der Tag kommt, der brennen wird wie ein Ofen; und alle Stolzen, ja, und alle, die Schlechtes tun, werden wie Stoppeln brennen; denn die, die kommen, werden sie verbrennen, spricht der Herr der Heerscharen, so daß ihnen nicht Wurzel noch Zweig gelassen wird.

Und weiter zitierte er den vorletzten Vers so: *Siehe, ich werde euch durch den Propheten Elija das Priestertum offenbaren, ehe der große und schreckliche Tag des Herrn kommt.*

Auch den nächsten Vers zitierte er anders: *Und er wird den Kindern die den Vätern gegebenen Ver-*

heißungen ins Herz pflanzen, und das Herz der Kinder wird sich ihren Vätern zuwenden. Wenn es nicht so wäre, würde die ganze Erde bei seinem Kommen völlig verwüstet werden.

Außerdem zitierte er das elfte Kapitel von Jesaja und sagte, seine Erfüllung stehe soeben bevor. Er zitierte auch das dritte Kapitel der Apostelgeschichte, Vers 22 und 23, und zwar genauso, wie sie in unserem Neuen Testament stehen. Er sagte, der betreffende Prophet sei Christus, aber der Tag sei noch nicht gekommen, da jeder, der „diesen Propheten nicht hören will, aus dem Volke ausgetilgt werden soll", werde aber bald kommen.

Auch das dritte Kapitel von Joël zitierte er, Vers 1 bis zum Schluß. Er sagte auch, dies sei noch nicht erfüllt, werde es aber bald sein. Und weiter bemerkte er, die Zeit der Fülle der Andern werde bald anbrechen. [...]

Weiter sagte er zu mir, wenn ich die Platten, von denen er gesprochen habe, erhalten werde – denn die Zeit sei noch nicht gekommen, wo sie erlangt werden sollen –, dann dürfe ich sie keinem Menschen zeigen, auch nicht den Brustschild mit dem Urim und Tummim. Nur denen dürfe ich dies zeigen, die mir genannt werden würden, sonst solle ich vernichtet werden. Während er mit mir über die Platten sprach, öffnete sich mir eine Vision, und ich konnte die Stelle sehen, wo die Platten aufbewahrt waren, und zwar so klar und deutlich, daß ich den Ort später wiedererkannte, als ich dorthin kam.

Nach dieser Mitteilung sah ich, wie sich das Licht im Zimmer um ihn, der zu mir gesprochen hatte, sogleich zusammenzog, bis es im Raum wieder finster war, außer ganz nahe um ihn herum. In diesem Augenblick sah ich gleichsam einen Schacht sich bis in den Himmel öffnen, und der Besucher fuhr in die Höhe auf, bis er ganz verschwunden war; im Zimmer war es jetzt wieder so wie früher, ehe das himmlische Licht sich gezeigt hatte.

Ich lag da und sann über dieses einzigartige Geschehnis nach und wunderte mich sehr über das, was mir dieser ungewöhnliche Bote gesagt hatte. Da, mitten in meinem Nachdenken, bemerkte ich plötzlich, daß es im Zimmer abermals anfing hell zu werden, und gleichsam im nächsten Augenblick stand derselbe Himmelsbote wieder an meinem Bett.

Er hob an und sagte mir genau dasselbe, was er mir bei seinem ersten Besuch gesagt hatte, ohne die geringste Abweichung. Danach unterrichtete er mich über Gottes Strafgericht, das mit großer Verwüstung durch Hungersnot, Schwert und Seuche über die Erde kommen werde, und dieses schmerzliche Strafgericht werde in dieser Generation über die Erde kommen. Nachdem er mir dies mitgeteilt hatte, fuhr er wieder, wie zuvor, in die Höhe auf.

Dies hatte mich nun so tief beeindruckt, daß mich der Schlaf floh und ich wach dalag, überwältigt von Bestürzung über das, was ich gesehen und gehört hatte. Wie groß aber war meine Überraschung, als ich denselben Boten wiederum an meinem Bett erblickte und all das wiederholen hörte, was er mir schon zuvor gesagt hatte! [...]

Nach diesem dritten Besuch fuhr er in den Himmel auf wie zuvor, und ich war wieder allein und konnte über all das Seltsame nachdenken, das ich soeben erlebt hatte. Aber kaum war der Himmelsbote zum dritten Male von mir aufgefahren, da krähte der Hahn, und ich wurde gewahr, daß es Tag wurde. Diese Besuche mußten somit die ganze Nacht gedauert haben.

Kurz darauf erhob ich mich und ging wie gewöhnlich an die notwendige Tagesarbeit; als ich aber zu arbeiten anfing wie sonst, war ich derart erschöpft, daß ich zu nichts fähig war. Mein Vater, der mit mir zusammen arbeitete, bemerkte, daß mit mir etwas nicht in Ordnung war, und schickte mich nach Hause. Ich machte mich auf und wollte zum Haus hingehen; als ich aber am Rande des Ackers, auf dem wir arbeiteten, den Zaun übersteigen wollte, verließen mich die Kräfte, und ich fiel hilflos zu Boden; eine Zeitlang war ich gänzlich bewußtlos.

Das erste, woran ich mich erinnern kann, war eine Stimme, die zu mir sprach und mich beim Namen rief. Ich schaute auf und sah den gleichen Boten über meinem Haupt stehen, von Licht umgeben wie zuvor. Noch einmal wiederholte er alles, was er mir in der vergangenen Nacht gesagt hatte; er gebot mir, zu meinem Vater zu gehen und ihm von der Vision und den Weisungen, die ich empfangen hatte, zu berichten.

Ich gehorchte, ging zu meinem Vater auf den Acker zurück und erzählte ihm alles. Seine Antwort war, es sei von Gott und ich solle hingehen und tun, was der Bote mir geboten habe. Ich ging von dem Acker weg und an den Ort, wo nach den Worten des Boten die Platten aufbewahrt waren; dank der Deutlichkeit der Vision, die ich davon gehabt hatte, erkannte ich die Stelle sofort, als ich dort ankam.

2 TRÄUMER UND BETRÜGER

PETERSBURGER ENGEL

MARC CHAGALL

In dieser Zeit wurde ich einer Plejade von Mäzenen vorgestellt. Überall in ihren Salons fühlte ich mich wie einer, der gerade aus dem Dampfbad gestiegen war, mit rotem, erhitztem Gesicht.

Ach, die Aufenthaltsgenehmigung für die Hauptstadt!

Ich wurde Hausdiener beim Rechtsanwalt Goldberg.

Die Advokaten hatten das Recht, jüdische Bedienstete zu halten.

Doch mußte ich nach dem Gesetz bei ihm wohnen und essen.

Wir sind uns nähergekommen.

Im Frühling nahm er mich mit zu seiner Familie, auf ihr Gut Narwa, wo seine Frau und seine Schwestern, die Germontes, in den großen Sälen, im Schatten der Bäume und am Meeresstrand so viel Zärtlichkeit verströmten. Ihr lieben Goldbergs! Euer Bild ist mir vor Augen.

Aber bevor ich diese Mäzene kennenlernte, wußte ich nicht, wo ich übernachten sollte.

Meine Mittel erlaubten mir nicht, ein Zimmer zu mieten; ich mußte mich mit Zimmerecken begnügen. Ich hatte nicht einmal ein Bett für mich allein. Ich mußte es mit einem Arbeiter teilen. Er war wirklich ein Engel, dieser Arbeiter mit dem tiefschwarzen Schnurrbart.

Aus lauter Freundlichkeit zu mir drückte er sich

58 PLÖTZLICH ÖFFNET SICH
DIE ZIMMERDECKE
Marc Chagall: Die Erscheinung.
Selbstporträt mit Muse, 1917–1918.

185

ganz gegen die Wand, damit ich mehr Platz hätte. Ich lag, ihm den Rücken zukehrend, mit dem Gesicht zum Fenster und atmete die frische Luft.

In diesen Zimmern, mit Arbeitern und Straßenhändlern als Nachbarn, blieb mir nichts anderes übrig, als mich auf den Bettrand zu legen und über mein Leben zu grübeln. Worüber sonst? Und Träume suchten mich heim: ein viereckiges Zimmer, leer. In einer Ecke ein Bett und ich darin. Es wird dunkel.

Plötzlich öffnet sich die Zimmerdecke und ein geflügeltes Wesen schwebt hernieder mit Glanz und Gepränge und erfüllt das Zimmer mit wogendem Dunst.

Es rauschen die schleifenden Flügel.

Ein Engel! denke ich. Ich kann die Augen nicht öffnen, es ist zu hell, zu gleißend.

Nachdem er alles durchschweift hat, steigt er empor und entschwindet durch den Spalt in der Decke, nimmt alles Licht und Himmelblau mit sich fort.

Dunkel ist es wieder. Ich erwache.

JAKOB SCHAUT DIE HIMMELSLEITER

GENESIS 28,10–22

Aber Jakob zog aus von Beerscheba und machte sich auf den Weg nach Haran

und kam an eine Stätte, da blieb er über Nacht, denn die Sonne war untergegangen. Und er nahm einen Stein von der Stätte und legte ihn zu seinen Häupten und legte sich an der Stätte schlafen.

Und ihm träumte, und siehe, eine Leiter stand auf Erden, die rührte mit der Spitze an den Himmel, und siehe, die Engel Gottes stiegen daran auf und nieder.

Und der HERR stand oben darauf und sprach: Ich bin der HERR, der Gott deines Vaters Abraham, und Isaaks Gott; das Land, darauf du liegst, will ich dir und deinen Nachkommen geben.

Und dein Geschlecht soll werden wie der Staub auf Erden, und du sollst ausgebreitet werden gegen Westen und Osten, Norden und Süden, und durch dich und deine Nachkommen sollen alle Geschlechter auf Erden gesegnet werden.

Und siehe, ich bin mit dir und will dich behüten, wo du hinziehst, und will dich wieder herbringen in dies Land. Denn ich will dich nicht verlassen, bis ich alles tue, was ich dir zugesagt habe.

Als nun Jakob von seinem Schlaf aufwachte, sprach er: Fürwahr, der HERR ist an dieser Stätte, und ich wußte es nicht!

Und er fürchtete sich und sprach: Wie heilig ist diese Stätte! Hier ist nichts anderes als Gottes Haus, und hier ist die Pforte des Himmels.

Und Jakob stand früh am Morgen auf und nahm den Stein, den er zu seinen Häupten gelegt hatte, und richtete ihn auf zu einem Steinmal und goß Öl oben darauf

und nannte die Stätte Bethel*; vorher aber hieß die Stadt Lus.

Und Jakob tat ein Gelübde und sprach: Wird Gott mit mir sein und mich behüten auf dem Wege, den ich reise, und mir Brot zu essen geben und Kleider anzuziehen

und mich mit Frieden wieder heim zu meinem Vater bringen, so soll der HERR mein Gott sein.

Und dieser Stein, den ich aufgerichtet habe zu einem Steinmal, soll ein Gotteshaus werden; und von allem, was du mir gibst, will ich dir den Zehnten geben.

* d.h. Haus Gottes

59 DIE ENGEL GOTTES
   STIEGEN AUF UND NIEDER
   Jakobs Traum von der
   Himmelsleiter. 18. Jh.

60 UND IHM TRÄUMTE …
   Ferdinand Bol:
   Jakobs Traum, 1604.

61 EIN ENGEL
   BEFAHL IHNEN
   IM TRAUM …
   Traum der
   heiligen
   drei Könige.
   Kathedrale
   von Autun,
   um 1125.

187

EIN PROPHET IM DREISSIGJÄHRIGEN KRIEG

DAVID WARREN SABEAN

Noch am gleichen Tag, als Hans Keil seine Vision hatte, schrieb er die Geschehnisse eigenhändig nieder. Früh am Morgen war er in den Weinberg gegangen, um seine Weinstöcke zu beschneiden. Er hatte ein Büchlein mitgenommen, aus dem er den Morgensegen las. Er betete auch das Vaterunser und rief den Allmächtigen an, er möge doch die Menschen aus ihrer Trübsal erlösen. Daraufhin erschien ihm ein weiß gekleideter Mann, der ihn mit den Worten: „Der Herr gebe dir ein gutten tag" ansprach. In einem Schrecken vermochte Keil nicht zu antworten. Der Mann fuhr fort: „Sey getrost dein gebett ist von dem Herrn erhört worden, sey getrost, ich bin der Engel einer, der vor dem herren steht, dan was ich dir sagen werd, das soltu deinem Fürsten in Württemberg anzeigen, dan Gott will land und leut straffen, von wegen ihrer sünd, wan man nicht buß thut, dan der Herr hatt die gantze Christenheit nunmehr 30 gantzer jahr heimgesucht mit krieg und blutvergießen, hunger, pestilentz, und mit allerlay straffen, aber kein Mensch kert sich daran, sondern seind alle tag erger, darüber schreyet er o weh, o weh, württemberg, o weh o weh, Teutschland o weh o weh der gantzen Christenheit, o weh o weh der großen sünd, Fewer vom himmel das türkisch schwert, hunger gnug solt ihr haben." Er nahm Keil das Messer aus der Hand und schnitt sieben Reben ab, die zu bluten begannen. Das sollte ein Zeichen dafür sein, daß der Herr eine Frist von sechs Monaten geben wolle. „Dan der Herr will nicht haben das die Menschen in jener sünd sterben, sondern er will haben das alle Menschen seelig werden, das ist, das der Herr klagt, und hoch darüber zürnt, und sein Zorn entbrint in ihm. Zum 2. klagt der Herr über den Fluch, der also gemein sey bey allen Menschen kindern, das offt in einer stund vil 1000 flüch geschehen, welcher Mensch den geringsten Fluch thut, der schleht meinem herren Jesu einen Nagel in seine Glieder ein, welcher Mensch des tags 3 mahl flucht, der kan nicht seelig werden, o weh o weh, o weh, desselbigen Menschen, welcher offt in einer stund 30 mahl flucht, demselbigen steht der hollische Rach weit offen, o weh du blinde welt, warumb betrachtestu so gahr nicht Gottes Marter und seine 5 wunden, über dasselbige würt nun folgen, das der Herr würt dem leidigen Satan gewalt geben, und vil 1000 bosen Geistern, die sollen in der lufft fahren, und die fluchen jammerlich hinweg reissen, und verzerren, und mit leib und seel in die helle fueren. Zum 3. klagt mein H. Jesus über den schantlichen ehbruch, der bey allen Menschen so gemein sey, bey dem Herren, bey dem Knecht, bey Man und Weib, und allen Menschen, man wehrt ihn nicht mehr, man treibt ihn bald an allen ortten offentlich, ja die gantze Christenheit steckt aller Unzucht voll, sie werden bald erger dan das tumme Vieh, das soll auch gewiss bedeutten, das der türkh mit seiner maht würt gewalt über die gantze Christenheit bekommen. Zum vierten klagt mein Herr Jesus über die schandtliche Hoffart dardurch das weibliche geschlecht fast alle verloren ist, das man die edle Gaben Gottes, das liebe getraid welches der Herr aus der Erden wachsen lasst den Menschen zu der Leibs nahrung das mans so schandtlich zu der hoffart mißbraucht, und verflucht ist das Weibsbild welches Haubenspitz über sich trägt die sticht die Heilige Dreyfaltigkeit in die Fußsolen und tragt dem obristen teuffel und hellischen könig die kron nah, weh weh denselbigen welche die gaben Gottes dazu mißbrauchen, die sollen mit der hellischen Müntz bezalt werden. Zum fünfften klagt mein H. Jesus und Meister über die grosse Schinderey, das ist wan die hohe potentaten, könig, fürsten, oberherren, die das Regiment füren, wan sie ein Weisspfennig aufflegen, auff die gemeine landtsundterthanen, bis dasselbige von einem Amptman zu den andern kompt, und ein jeder das seine darzulegt, bis das auff den gemeinen pofel kompt, so werden redlich 2 darus, dardurch alle obrigkeit beflegt seind, alles recht würt vergessen, unnd sehen nur auff das gelt, o du Schinders gelt, warumb machstu die welt so blind? Das doch der leidig satan ein fürst darüber ist, o weh o weh o weh, welcher dem armen Man den geringsten heller ohne recht abnimpt, der soll mit dem hellischen Mantel wol bedeckht werden. Zum 6. klagt der Herr über den Wucher, welcher seinem Nechsten einen groschen leiht der muss ihm bald 2 daführ geben, eh die Son dreymal über ihn undergehet. Zum 7. klagt der Herr über das spihlen, das wüst an dem heiligen sontag getriben, und der Nam Gottes dardurch gelestert, und verhindert, da doch der sontag dess herren tag ist, den man heiligen soll mit feyren und betten, der würt schantlich zu einem fluchtag gemacht, das soll auch gewisslich bedeuten, aus den feyrtagen, sollen auch trauertag kommen. Zum achten klagt der Herr über das Priesteramt, das fast alle Priester auff dem Geitz ligen, wan sie sollen das heilig Evangelien erkleren, das Wort des Herren predigen, so seind sie mit dem mund auf dem predigt stuhl, mit dem hertzen auf dem ähker, weinberg, keller, kornlaubin, und bey dem geltsekhel. Das soll sie gewisslich bedeutten, das auch das Wort soll finster werden, sie sollen bey dem priesterlichen erb bleiben." Hier endet die Fassung, die ein Unbekannter von Keil kopierte. Der Schluß wurde von jemand anderem kopiert. „Zum 9. klagt der Herr Jesus, das die heilige son unnd feyertag entheret werden mit unnützem jagen, und werde der allerheiligste Nam Gottes den man loben ehren und preisen soll von den Gottlosen waidknecht entheiliget und verlestert, mit Gotteslesterlichem fluchen und schweren, darüber sein Herr Jesu höchlich erzürnt und belaidiget werde.

Das soltu deinem Fürsten anzeigen, das er das schwert darüber brauch, über diese Laster alle, als ein euferiger fürst. Dan der Herr württ ein erschrekhlich wetter schikhen, das alle Menschen werden zusammen lauffen, und schreyen o weh, o weh, in diesem wetter werden 7 statt undergehen und 3 durch das wilde fewer fallen, und in dem wetter werden vil Menschen und Vieh verderben, zum andern württ das wetter das gantze Land verzehren, das die Leut werden verhungern und verschmahten, zum dritten würt ein grimmig volkh einfallen, und würt die überige Ort vollendt berauben, zum vierten, werden die Leut vollendt verschmahten, dan der Herr würt alle heiden zusammen ruffen, und sollen das end in der Christenheit mahen. Zum fünften, ach das end der Welt ist da, die son ist undergangen, die Vesperglokh ist gelitten, ach wo seind die Zehen kluge junge frauen, die dem Brauttigam mit den brennenden lampen entgegen gehen, ach sie schlaffen alle, o weh o weh wie steht die hellische Pforten so weit offen, die

Teuffel stehen mitt ieren zugeristen Fasseln und Strikhen beraidt. Das solstu deinem Fürsten anzeigen, das Er dasselbige seinen Underthanen verkündigen lass, das alle Menschen schnell und behend von sünden umbkehren, dan die straff bald alle angehet, wan man nicht buss thut.

Weiter das soltu zu einem trost haben, wan man von sünden abstehet, und ernstliche buss thut, und die bstimpte laster meidet, wie ich dir gesagt hab, so solt ihr führ die traw wort und für diese straffen, wie auch verkündiget ist, so solt ihr haben, wie der Schnee von der Hitz zerschmiltzt, und der Rauh vom Wind zertriben würt und wie sich ein zeittige frucht von Mutterleib scheidet, also soll sich alles unglück von euch schaiden, der Krieg soll von euch schaiden, die Schinderey soll auch brehen, in summa ihr solt ein fröhlichen sonnenschein haben, dan ihr habt noch ein kleines bis zu dem grossen tag des Herren. Also soll es allen Potentaten ergehen, in der gantzen Christenheit, wan sie nicht werden buss thun." […]

Hieran schließend folgt eine detaillierte inhaltliche Kritik an Keils Vision. Keil, so heißt es, glaube, der Dreißigjährige Krieg sei eine Strafe für alle Christen gewesen, doch der einfache Mann kenne keine anderen Christen als die in Deutschland. Man könne nicht annehmen, daß ihm der Engel das auf göttlichen Befehl hin mitgeteilt habe. Wenn es zutreffen würde, daß niemand sich bekehre, dann gäbe es keine Christenheit mehr, und Gottes Wort wäre auf Erden vollkommen untergegangen. Bezüglich Christi und seines „Schreiens" über das Fluchen sei zu sagen, daß Christus nicht mehr im Stand der Erniedrigung sei und nicht mehr schreie. Er befinde sich zur Rechten Gottes. Was die Vorstellung angehe, jemand, der dreimal am Tag fluche, könne nicht selig werden, so stimme das nicht: jeder, wie häufig er auch sündigen mag, könne selig werden, wenn er nur Buße tue. Wo die Sünde groß sei, sei auch die Gnade groß. Die Stelle, in der es heiße, daß jeder, der auch nur die geringste Sünde begehe, einen Nagel in die Glieder Christi am Kreuz treibe, sei von der Art, wie sie in Predigten gerne vorkomme, sie habe aber kein Fundament in der Heiligen Schrift. Daß die Verdammten diejenigen, die fluchen, regieren werden, besage nur, daß Christus die Gotteslästerer dem Satan überantworten werde und ihre Buße ohne Bedeutung bleibe. Daß die ganze Christenheit Ehebruch und Unzucht treibe, impliziere, daß es überhaupt keine „züchtigen" Menschen gebe, was denn doch zu weit gehe. Es sei die Frage, ob der Türke die ganze christliche Welt untertan machen könne, und selbst wenn ihm das gelinge, sei zweifelhaft, ob das dem Ehebruch ein Ende setzen würde. Die Behauptung, daß alle Frauen durch ihre Hoffart verloren seien, sei „allzuhart". Das Problem bestehe nicht darin, daß überhaupt Spitzen getragen werden, sondern daß sie im Übermaß getragen würden. Als einfacher Bauer spreche Keil von der Hoffart als einer rein weiblichen Eigenart, sie finde sich jedoch auch unter Männern. Man könne von der Dreifaltigkeit nicht wie von einem menschlichen Wesen sprechen, das Fußsohlen habe. Die Rede vom „obristen Höllischen König des Ertzteufels" sei falsch, da er selbst der höllische König sei. Keil vergesse die Gerechtigkeit der Herrschaften und streiche den Wucher zu sehr heraus. Es sei einfach unmöglich, daß alle Menschen Buße tun könnten oder würden. Jedenfalls werde das nirgendwo in der Schrift gefordert. Der Passus über die zehn Jungfrauen zeige die „Ungeschicklichkeit" der Vision – nicht alle zehn, sondern nur fünf seien klug gewesen. Wie hätte Keil seine Vision dem Fürsten wortwörtlich berichten sollen, da doch von einem einfachen Mann wie ihm nicht erwartet werden könne, daß er das alles zu behalten vermag? Es sei kein Trost, wenn ein jeder Buße tun müsse, da man nicht alle Menschen vom Sündigen abhalten könne. […]

In der zweiten Februarwoche kamen zwei Mitglieder des Oberrats nach Gerlingen, um sich einen persönlichen Eindruck zu verschaffen. Als sie eintrafen, fanden sie eine große Menschenmenge aus allen benachbarten Dörfern und Ämtern vor. Es ging das Gerücht, daß an eben diesem Tag der Engel erneut erscheinen, eine Ermahnungspredigt halten und ein neues Wunder tun werde. Als erstes befragten sie den Dorfschultheißen, der, wie sich herausstellte, Keils nächster Nachbar war. Er bestätigte, daß Keil keine besonders enge Verbindung zum Pfarrer gehabt habe. Die Beamten erfuhren weiter, daß Keil schon immer ein besonderes Interesse an Flugschriften und Liedern über allerlei Wunder, Zeichen und Erscheinungen gehabt habe. Er habe sie auf den umliegenden Märkten erstanden und ihren Inhalt häufig dem Schultheißen, dem Pfarrer und allen, die ihm zuhörten, erzählt. Er

habe auch einige davon dem Schultheißen angeboten, der halte jedoch „nichts davon und mögs nicht lesen". In Keils Haus stießen die Beamten auf mehrere dieser Flugschriften. Zwei, so berichteten sie, hätten sich an seiner Kammertür befunden, die eine habe von einem Blutzeichen in Böhmen, eine andere von einem blutenden Brotlaib in Kempten gehandelt. In seiner Bibel entdeckten sie weitere „Zeitungen", die Ähnlichkeiten mit seiner Vision aufwiesen. Eine sei über einen Engel gewesen, der einem armen Gärtner erschienen war, welcher von Herzen über den Jammer und die Mühseligkeit dieses Lebens und die elenden Zeiten geklagt habe. Der Engel habe ihn gegrüßt und über das gottlose Leben in Deutschland gesprochen, das durch Unzucht, Fluchen, Schwören, Hoffart und Prachtentfaltung gekennzeichnet sei. Ein Lied habe von Krieg als der Folge der Unbußfertigkeit gehandelt. In einem dritten Text hätten sie den Satz gefunden: „O weh, o weh Du blinde Welt. O weh, o weh Deutschland." Darauf befragt, warum er so viele schöne Zeitungen und Lieder habe, habe Keil geantwortet, daß er sich in ihnen „erspiegeln" und sich damit vor Sünden hüten könne.

Die Ratsmitglieder interessierten sich auch für etwaige Ähnlichkeiten zwischen Keils Schrift und Sätzen, die der Gerlinger Pfarrer in seiner Predigt verwendet hatte. Dem Schultheißen zufolge hatte der Pfarrer am Dreikönigstag gegen das Jagen an Fest- und Sonntagen gepredigt und gesagt: „O Württemberg, O Württemberg, wie übel würdt es dir noch ergehen." Der Pfarrer habe bestritten, daß er den Fürsten gemeint habe; er habe vielmehr über die anderen Diener gesprochen, die sich vor Gott verantworten müßten. Laut Schultheiß habe sich der Pfarrer auch zur letzten Steuereinziehung („Contribution") geäußert. Seine Zuhörer sollten nicht geben, was man ihnen zumute, sondern sich eher in den Stock legen lassen und im Turm verderben. Er habe einen anderen Befehl von Gott und befehle ihnen, die Steuer nicht zu zahlen. Der Pfarrer gab jedoch an, der Schultheiß habe alles falsch verstanden. Er habe gepredigt, man solle dem Kaiser geben, was des Kaisers ist usw. Man schulde der Obrigkeit Ehre, Furcht, Gehorsam und Tribut. Sollte sie etwas fordern, was gegen das Gebot Gottes verstoße, dann sei man verpflichtet, Gott zu folgen. Das wäre beispielsweise dann der Fall, wenn die Obrigkeit den Gottesdienst oder das Abendmahl abschaffen würde. Den Untersuchungs-

62   WAS WIR GESEHEN UND GEHÖRT HABEN …
Rembrandt: Matthäus und der Engel, 1661.

beamten fiel auf, daß der Pfarrer in seiner Aussage die Wendung „Mein Herr Jesus Christus" gebrauchte, die gleiche, die auch Keils Engel benutzt hatte. [...]

Die Beamten befragten alle siebzig Bürger (d. h. die erwachsenen verheirateten Männer) des Dorfes wie auch verschiedene Frauen und Dorffremde, ob die Reben tatsächlich geblutet hatten. Sie notierten, daß alle befragten Gerlinger die blutenden Reben für ein wahrhaftiges göttliches Wunderwerk hielten – keiner im Dorf habe den geringsten Zweifel. Am Ort des Geschehens zögen sie den Hut und forderten Fremde auf, es ihnen gleichzutun. Sie betrachteten den Ort als heilig. Die Magd eines Junkers aus der Umgebung sei zuerst auf die Knie gefallen und habe gebetet, bevor sie sich die Reben angesehen habe. Viele Zeugen hätten angegeben, sie hätten Blutstropfen an den Spitzen der Ruten gesehen, die dann auf die Stöcke geflossen seien. Es sei auch Blut an den Rebenaugen gewesen. Niemand habe gesehen, daß Blut aus den Stöcken oder den Augen geflossen sei. Einige hätten zwar ausgesagt, frisch herausquellendes Blut gesehen zu haben, hätten jedoch ihre Aussagen kurz darauf wieder zurückgenommen. Ein Mann habe seine Aussage zurückgenommen, nachdem er gefragt worden war, ob er bereit sei, einen leiblichen Eid darauf zu schwören. Einige andere Leute hätten ausgesagt, sie hätten Blut aus frischgeschnittenen Stöcken quellen sehen. Der Pfarrer von Mönsheim sei erst eine Stunde nach dem Ereignis eingetroffen, habe jedoch auch dann noch mit einem Stock schreiben können. Nach Auskunft verschiedener Zeugen habe der Stock Blut geschwitzt. Sie hätten sich auf die Schilderungen der Pfarrer berufen. Der Geistliche aus Höfingen habe mit einem Stock „Jesus" geschrieben, aber kein fließendes Blut gesehen. Der Amtsschreiber habe „Gott mit uns" geschrieben. Obwohl der Mönsheimer Pfarrer erst eingetroffen sei, als das Blut praktisch getrocknet war, habe er immer noch „Jesus Christus" damit schreiben können. Er habe ein wenig getrocknetes Blut vom Gerlinger Pfarrer bekommen. Der Amtsschreiber habe kein fließendes Blut gesehen; er habe das nötige Blut von mehreren Stöcken genommen und seine Feder mehrmals in ziemlich dickes Blut getaucht. Einer der lokalen Beamten habe die Ansicht geäußert, die Gerlinger unterstützten die Geschichte vom quellenden Blut des-

halb, weil sie sich nicht zum Gespött machen wollten, falls an den Visionen und Zeichen nichts sei. Tatsächlich hatte der Schultheiß zuvor gemeldet, daß einige Waiblinger sich über sie lustig zu machen versucht und behauptet hätten, neue blutende Reben im Weinberg entdeckt zu haben. Als sie sich geweigert hätten, sie herzugeben, habe er die Glocke geläutet, und das gesamte Dorf sei hinter ihnen hergejagt, um der Reben habhaft zu werden. Was die Motive der Waiblinger waren, wird nicht deutlich, da sie später behaupteten, aus einem der Stöcke sei Blut geflossen, nachdem sie gebetet hätten. [...]

Die Steuerfrage war einer der Hauptpunkte der Vision gewesen und drohte nun Teil sehr ernster Unruhen zu werden. Am 13. März schrieb der Vogt von Leonberg in einem Bericht, daß die Unzufriedenheit über den Weisspfennig und die Schinderei durch die Amtsleute, die Keil in seiner Vision angesprochen habe, in einen Aufstand auszuarten drohe. Er legte einen Bericht des Gerlinger Schultheißen bei, der um Leib und Leben fürchtete. Sollte sich ein weiteres Wunder ereignen, würde es einen Aufstand und Rebellion geben. Hans Keil und ein anderer Bürger, Hans Michel Vogel, hätten tags zuvor zehn Bürgern die folgende Geschichte erzählt: „Es habe ohnlangsten ein Schultheiss in einem dorff seiner Gemeind die Contribution ausgekündt, habens ie darüber gesagt, sie khöndtens einmahl nimmer erschwingen, khöndtens und wolltens auch nicht mehr geben, worauf der Schultheiss geantwortet haben solle, ihr müessts wohl thuen, oder ich will euch ehe schenden lassen, gleich uf dise red, habe ein Mann, so ein stattlich ausehen gehabt, vor der thüren geklopfft, und des Schultheissen begehrt (das seye aber Gott behüet uns, derlaidige Teuffel gewesen). Da er nun zue ihme hinausgegangen, habe er ihne in einen biegel genommen, dann Er mit ihme was wichtiges zuereden, über ein weill hernach, khomme dieser Mann wider, habe den Schultheissen lebendig geschunden, und die haut seiner Gemeind gezaigt, und gesagt, weill euer Schultheiss euch zueschinden getrawet, hab ichs ihme allso gemacht, und darüber seye Er verschwunden." Am Ende hatte derer Gerlinger Schultheiß vermerkt, daß er jetzt die Steuer einziehen müsse und daß das nur mit Zwang geschehen könne. Er befinde sich in großer Gefahr. [...]

Keil wurde am 5. April zu seiner jüngsten Vision verhört. Er habe das Lied „O Gott verley mir deine Gnad" gelesen, da sei ihm der Engel erschienen und habe ihm befohlen, seinem Fürsten mitzuteilen, daß Gott schreckliche Strafen schicken werde, wenn man nicht Buße tue. Gott habe schon lange durch die Priester Warnungen erteilt und schreckliche Wunderzeichen getan. Er werde ein Feuerzeichen schicken, und die Wolken, die zwischen Himmel und Erde schwebten, würden Blut regnen. „Überschwenklich Fressen und Saufen" sei allgemein verbreitet, außerdem „allerlei Schand und Laster", durch die Gott und sein Wort verachtet, verhöhnt und verfolgt würden. Fluchen und Schwören seien bei Groß und Klein, Alt und Jung an der Tagesordnung und würden von vielen nicht mehr für Sünden gehalten werden. Die „Hoffart in Kleidern" werde alle Tage offensichtlicher. Ehebruch, Hurerei und unzüchtiges Leben nähmen allerorten überhand und bewirkten, daß viele vom „laidigen Satan" verführt würden. Die Schandtaten und Laster wüchsen von Tag zu Tag an. Obwohl die Priester überall mit dem Schwert des Evangeliums dreinschlügen, bemerke man wenig Buße; ein jeder ginge seinen eigenen Weg. Wenn keine Buße getan werde, werde Gott eine schreckliche Strafe senden; „Zucht und Strafrecht seye schon gebunden". Man werde sehen, daß Gott noch genauso mächtig wie am Anfang der Welt sei. Nachdem der Engel seine Botschaft verkündigt habe, habe er Keil die Hand gegeben und gesagt: „Bewahre dich Gott", worauf er niedergefallen sei. Er wisse nicht, wie lange er so dagelegen habe. Am folgenden Tag habe er nicht essen können.

In den folgenden Wochen wurde Keil wiederholt verhört, um festzustellen, ob er irgendwelche Komplizen hatte. Am 16. Mai durfte er sein Bekenntnis schreiben. Es war an den Herzog gerichtet und lautete folgendermaßen: „Ich Hanns Keill als ein underthäniger bekenn meine Missethat was die Vision anlangt, das kan ich nit verhelen, ich sey dann mit blindheit geschlagen worden. Ich hab solches gethan, die weil mein Lebtag allzeit Gott geförchtet und hab offt in einem Monat kein schwuhr gethan, und bin übel verschrocken, wann ich von andre Leüthe ein schwuhr gehört habe, das ich offt die leüth darvor gewarnt hab, so hab ich mit diesem gemeint, ich wölle alles Volckh dahin bringen, das sie abstehen von der Sünden laßter, aber doch under dem gemeinen Volckh ist das fluchen und schwehren gar fütlin abgangen." Er bat um Gnade und gab zu, schwer gesündigt zu haben und in die Finsternis gegangen zu sein. Jetzt sei er wieder im Licht. Er wolle zurück zu seiner Frau und seinen Kindern. Er fürchte sich nicht davor, daß man sein ganzes Vermögen einziehen werde; er wolle sein Leben bessern und ein gutes Beispiel abgeben. Er wünsche nur, am Leben zu bleiben. Was er getan habe, habe er getan, um jedermann zur Buße zu bewegen, da er geglaubt habe, daß Frieden einkehren werde, wenn jedermann Buße tun würde. Er sei ohne Zweifel in die Irre und in die Finsternis gegangen. Er sei der einzige, der irgend etwas damit zu tun habe. Man möge ihn doch zu seiner Frau und seinen Kindern zurückkehren lassen und nicht dem Nachrichter übergeben. Er wolle eine Strafe zahlen und auch gerne dem Gerlinger Förster helfen, der zu alt sei, um im Winter Wölfe jagen und Eis brechen zu können. Er bitte um Gnade, wie ein Kind seinen Vater bittet. Er habe nichts anderes tun wollen, als „jedermann zu der buuß zu bringen." [...]

Nachdem Keil schließlich seinen Betrug zugegeben hatte, schrieb er ein Bekenntnis, in dem er kurz darstellte, wie er zu seiner Vision gekommen war. Es zeigt sehr schön, wie er die Materialien, die ihm zur Verfügung standen, zusammenfügte. In einer der gekauften Flugschriften habe es eine Geschichte über einen Mann gegeben, der am Sonntag Reben schnitt. Ihm sei ein Engel erschienen, der ihm sagte, er tue Unrecht und er müsse es seiner Obrigkeit melden. Er habe auch in der Apostelgeschichte von einem Engel gelesen, der Cornelius erschienen war. Das habe ihm die ursprüngliche Idee für die Prophetie eingegeben. Er habe weiterhin eine Flugschrift an der Kammertür gehabt, die von einem Engel handelte, der einigen Schnittern erschienen war. Er habe mehrere Kornähren mit der Sichel geschnitten, und sie hätten sich in Blut verwandelt. Das habe ihm ein anderes Element geliefert. Was den Ehebruch betreffe, so gebe es in Gerlingen zwei Männer mit Frauen und Familien, die außerdem „Huren" und Kinder außerhalb des Dorfes hätten. Er habe sie zum Ausgangspunkt seiner Klage genommen. Er habe sehr viel Erfahrung mit Fluchen und Schwören, daher habe er gesagt, daß jeder, der dreimal fluche, nicht selig werden könne. Er habe verschiedentlich von Stärke gehört, die sich in Blut verwandelt hatte, daher habe er die

Stelle über gestärkte Spitzen eingefügt. Was die Contribution angehe, so habe er festgestellt, daß alle, die sie einzögen oder sonst mit ihr zu tun hätten, immer reicher würden. Er habe außerdem beobachtet, daß ein jeder, der sich Geld borge, um Getreide oder Wein zu produzieren, noch zusätzlich die Hälfte der Summe zurückzahlen müsse. Der Pfarrer habe am Dreikönigstag, an dem die Dorfbewohner zur Wolfsjagd gezwungen worden waren, gepredigt, daß die Jagd an Sonn- und Feiertagen unrecht sei. Er habe außerdem wahrgenommen, daß die Leute beim Spielen am Sonntag fluchten und schworen. Er habe eine Flugschrift über eine Bäckerstochter gelesen, die in Ekstase ein schreckliches Unwetter für 1648 vorausgesagt habe. Es stehe auch ein Einfall der Türken bevor, wenn kein Frieden geschlossen werde. Seine Unwetterankündigung habe er von daher.

WIR FANDEN EINEN PFAD

CHRISTIAN MORGENSTERN

Leis auf zarten Füßen naht es,
vor dem Schlafen wie ein Fächeln:
Horch, o Seele, meines Rates,
laß dir Glück und Tröstung lächeln –:

Die in Liebe dir verbunden,
werden immer um dich bleiben,
werden klein und große Runden
treugesellt mit dir beschreiben.

Und sie werden an dir bauen,
unverwandt, wie du an ihnen, –
und, erwacht zu Einem Schauen,
werdet ihr wetteifernd dienen!

Stör' nicht den Schlaf der liebsten Frau, mein Licht!
Stör' ihren zarten, zarten Schlummer nicht.

Wie ist sie ferne jetzt. Und doch so nah.
Ein Flüstern – und sie wäre wieder da.

Sei still, mein Herz, sei stiller noch, mein Mund,
mit Engeln redet wohl ihr Geist zur Stund.

Du Weisheit meines höhern Ich,
die über mir den Fittich spreitet
und mich vom Anfang her geleitet,
wie es am besten war für mich, –

wenn Unmut oft mich anfocht: nun –
Es war der Unmut eines Knaben!
Des Mannes reife Blicke haben
die Kraft, voll Dank auf Dir zu ruhn.

Der Engel:

O wüßtest du, wie sehr dein Antlitz sich
verändert, wenn du mitten in dem Blick,
dem stillen reinen, der dich mir vereint,
dich innerlich verlierst und von mir kehrst!
Wie eine Landschaft, die noch eben hell,
bewölkt es sich und schließt mich von dir aus.
Dann warte ich. Dann warte schweigend ich
oft lange. Und wär ich ein Mensch wie du,
mich tötete verschmähter Liebe Pein.
So aber gab unendliche Geduld
der Vater mir und unerschütterlich
erwarte ich dich, wann du immer kommst.
Und diesen sanften Vorwurf selber nimm
als Vorwurf nicht, als keusche Botschaft nur.

SIEBTER CHOR DER ENGEL

GOTTESSTREITER – KÜNSTLER, KÄMPFER, KIRCHEN

„And with the morn those
angel faces smile,
Which I have loved long since,
and lost a while."

John Henry Newman

Jakob stand in der Lebensmitte, als er mit dem Engel am Jabbok kämpfte. Er war verantwortlich für Familie und Besitz. Der mit dem Engel kämpft, ringt um den Bestand seiner Berufung und um das Gelingen des weiteren Lebensweges. In kämpferischer Nacht werden einsame Entscheidungen durchgefochten. Streit- und Schlachtgesänge ertönen im siebten Chor der Engel, Lieder der Lebensmitte von Sieg und Niederlage. Der Erzengel Michael erscheint mit wehrhafter Rüstung, um das Böse zu besiegen. Eine Kirche erhebt die Stimme und entwickelt im geistigen Ringen die Lehre vom Wesen der Engel.

1 ZWISCHEN JABBOK UND GETHSEMANI

WARTEN AUF DEN KUSS DES ENGELS

ISTVÁN SZABÒ / GLENN CLOSE

Szabo: Sie müssen mir zugestehen, daß ich tief an die Kunst glaube. Was ist von der griechischen Demokratie stehengeblieben? Und was vom Römischen Reich? Was ist vom Mittelalter übrig? Kunst, Kirchen, Bilder, Theaterstücke, Musik. Daran glaube ich. Und ich liebe Opern, weil mich als Kind, ich war etwa zehn Jahre alt, mein Onkel, der Ingenieur war, aber ein großartiger Musiker und Pianist, einmal im Monat in die Oper mitgenommen hat.

Spiegel: Ihr Film handelt vor allem davon, wieviel persönliche, private Gefühle man in die Opernarbeit investieren muß.
Szabo: Es ist ganz einfach: Ohne eigenes Blut funktionieren Filme, Opern, Theater nicht. Nur durch eigene Gefühle erreicht man, daß der Zuschauer im entscheidenden Moment eine Gänsehaut bekommt. Unser Film versucht, etwas darüber zu erzählen. Natürlich muß man, erstens, proben und proben und muß, zweitens, wirklich professionell sein und

darf drittens nur mit einem ganz großen Wissen überhaupt anfangen zu arbeiten. Aber dann braucht man diesen Moment. Allein das Wissen, all die Arbeit und Professionalität erreichen, wie ich es sage, die Engel nicht.

Ich erlebe es immer wieder, wenn ich eine wichtige Einstellung drehe: Ich warte, drehe, drehe noch einmal und dann noch einmal. Ich merke nur, es ist noch nicht da. Ich warte und warte. Manchmal fragen meine Schauspieler, worauf ich denn warte. Und ich kann nicht einmal antworten. Ich sage nur: Ich warte auf den Engel. Und plötzlich ist er da.

Glenn Close in István Szabós Kino-Ereignis „Das Gesicht der Venus". Ein extrem europäischer Film, konventionell und aufsässig, spöttisch und tränenreich, im Mittelpunkt diese Amerikanerin von 43, die fünfzehn Jahre am Broadway hängengeblieben war, weil sie ihrer Kollegin Meryl Streep zu ähnlich sieht. In Europa findet sie Erfüllung, hat sie erkannt.

Sie begründet das so: „Die Leidenschaft, die wir spielten, ist zutiefst empfunden. Du siehst in die Augen eines Menschen und landest in seiner Seele. Regisseur István Szabó gab uns die Gelegenheit, Erotik darzustellen, ohne in voyeuristischen Sex abzudriften. Wir haben gerungen. Diese schöne, böse Liebesszene – wie sie jetzt im Film ist, hat mit der Erst-Version nichts mehr zu tun. Nach endlosen Diskussionen haben wir sie neu gedreht, zehn Tage später. Aus anderthalb Seiten Dialog wurden vier Zeilen. Statt Text jetzt Berührungen. Den Produzenten hat der zusätzliche Drehtag viel Geld gekostet. Diese Kompromißlosigkeit ist eine neue Erfahrung für mich. Mein Leben lang habe ich gesagt: Ich warte, bis ein Engel mich küßt. Jetzt ist er da."

JAKOB AM JABBOK

GENESIS 32,23–33

Und Jakob stand auf in der Nacht und nahm seine beiden Frauen und die beiden Mägde und seine elf Söhne und zog an die Furt des Jabbok, nahm sie und führte sie über das Wasser, so daß hinüberkam, was er hatte, und blieb allein zurück.
Da rang ein Mann mit ihm, bis die Morgenröte anbrach.
Und als er sah, daß er ihn nicht übermochte, schlug er ihn auf das Gelenk seiner Hüfte, und das Gelenk der Hüfte Jakobs wurde über dem Ringen mit ihm verrenkt.
Und er sprach: Laß mich gehen, denn die Morgenröte bricht an. Aber Jakob antwortete: Ich lasse dich nicht, du segnest mich denn.
Er sprach: Wie heißest du? Er antwortete: Jakob.
Er sprach: Du sollst nicht mehr Jakob heißen, sondern Israel; denn du hast mit Gott und mit Menschen gekämpft und hast gewonnen.
Und Jakob fragte ihn und sprach: Sage doch, wie heißest du? Er aber sprach: Warum fragst du, wie ich heiße? Und er segnete ihn daselbst.
Und Jakob nannte die Stätte Pnuël*; denn, sprach er, ich habe Gott von Angesicht gesehen, und doch wurde mein Leben gerettet.
Und als er an Pnuël vorüberkam, ging ihm die Sonne auf; und er hinkte an seiner Hüfte.
Daher essen die Israeliten nicht das Muskelstück auf dem Gelenk der Hüfte bis auf den heutigen Tag, weil er auf den Muskel am Gelenk der Hüfte Jakobs geschlagen hatte.

* Pnuël = Pniël bedeutet „Angesicht Gottes".

197

64   DA RANG EIN MANN MIT IHM
Eugène Delacroix: Jakob ringt mit dem Engel, um 1858.

65   UND ER SEGNTE IHN

Paul Gauguin: Vision nach der Predigt oder
Jakobs Kampf mit dem Engel, 1888.

VISION NACH DER PREDIGT – ODER: JAKOBS KAMPF MIT DEM ENGEL

PAUL GAUGUIN

Ich habe gerade ein religiöses Bild fertiggestellt, sehr schlecht gemacht, das mich aber interessiert hat und das mir gefällt. Ich wollte es der Kirche von Pont-Aven geben – natürlich wollte man es nicht.

Bretonische Frauen, in Gruppen, betend, mit Kleidern in sehr intensivem Schwarz. Die Hauben weiß-gelb, sehr leuchtend. Die beiden Hauben rechts erscheinen wie monströse Helme. Ein Apfelbaum durchquert schräg die Fläche, dunkel-violett, während das Laub, bestimmt als Masse, grünen Wolken gleicht, smaragdgrün mit den grün-gelben Lichtflecken der Sonne. Der Boden, reines Zinnoberrot. Er fällt zur Kirche hin ab und wird dann rot-braun. Der Engel ist in intensives Ultramarinblau gekleidet, Jakob flaschengrün. Die Flügel des Engels reines Chromgelb I, seine Haare Chrom II, und die Füße fleischfarben Orange. Ich glaube, in diesen Gestalten eine große bäuerliche, abergläubische Einheit erreicht zu haben. Es ist alles sehr streng. Die Kuh unter dem Baum ist zu klein im Vergleich mit der Wirklichkeit und richtet sich auf. Für mich entsprechen auf diesem Bild die Landschaft und der Kampf allein der Vorstellungskraft des betenden Volkes als Wirkung der Predigt. Daher der Gegensatz zwischen der Realität der Menschen und dem Kampf in der Landschaft, die unwirklich und auch unproportioniert ist.

GAUGUINS WALLFAHRT NACH NIZON

GUNDOLF WINTER

Pont-Aven im Sommer 1888, das war schon lange nicht mehr jener idyllische Flecken am „Ende der Welt" (Finistère), wo man sich einer ganz ursprünglichen Umgebung gegenüber glaubte, jenem „fernen und zugleich fremden Land mit magerem Vieh, kindlicher Kultur, verfallenden Ortschaften, sorglos, abergläubig, trübselig", wie Maxime du Camp, Freund und Begleiter auf Gustave Flauberts „Voyage en Bretagne" 1847 in seinen „Souvenirs littéraires" vermerkte. Denn in eben dem Maß wie die Bretagne durch die Eisenbahn verkehrsmäßig erschlossen wurde, wandelte sie ihr Gesicht, verflüchtigte sich ihre vormals archaische Identität, bestimmt durch die fremde Sprache, den tiefen Glauben, die urtümlichen Sitten, kurz, durch jene ganz eigene Kultur der gottergebenen Bedürfnislosigkeit.

Dabei waren es nicht zuletzt die Künstler selbst, die den Anstoß zur Zerstörung eines der letzten Paradiese der Ursprünglichkeit in Europa gaben. Verschlug es zunächst die Schriftsteller auf der Flucht vor der „Vie moderne" in diese abgelegene Gegend, so machten sie doch die Maler neugierig: „Quimperlé scheint mir auf die Welt gekommen, nur um als Motiv der Aquarellmalerei zu dienen" (Flaubert). Und die kamen auch rasch nach, um ihrerseits Pont-Aven – nicht weit von Quimperlé entfernt – als „Motiv" zu entdecken. Neben den Franzosen zog es vor allem amerikanische Maler in diese Hafenstadt, Engländer und Skandinavier folgten. 1867 zählte man noch vierzig bis fünfzig Maler in Pont-Aven, 1880 bereits vierzig bis fünfzig Maler in einer Unterkunft; und spätestens ab 1888 glich die 1000 Einwohner zählende Stadt im Sommer einem riesigen Freiluftatelier, in dem die Maler den Ton angaben, neugierig beäugt von zahllosen Touristen, die sich das Spektakel des Künstler-Sommers in Pont-Aven nicht entgehen lassen wollten.

Die ehemalige Aquarellidylle hatte sich rasch überlebt, das „Motiv" sich der Mode ergeben müssen. In einem Brief an seinen Freund Luce aus dem Jahre 1889 zieht dann auch der Maler Paul Signac schonungslos Bilanz: „Gestern war ich in Pont-Aven. Es ist ein lächerlicher Fleck mit kleinen Winkeln und Wasserfällen, wie geschaffen für Aquarelle malende Engländerinnen.

… Überall Maler in Samtjacken, betrunken und unflätig. Der Tabakhändler hat ein Aushängeschild in Form einer Palette: Artist's Material, die Kellnerinnen tragen kokette Bänder an ihren Hauben und sind wahrscheinlich syphilitisch." Und dennoch, Pont-Aven, das war im Sommer 1888 auch und ganz besonders der Ort einer entscheidenden Wende zur Malerei der Moderne, eine – wie Signac in jenem Brief ausführt – gleichwohl sehr „seltsame Wiege für den bildnerischen Symbolismus".

Natürlich – so könnte man fast sagen – waren auch jene drei Männer*, die gerade den Aven stadtauswärts überquerten, um dann nach rechts in die „Neue Straße nach Concarneau" (heutige Rue Émile Bernard) einzubiegen, Maler, gehörten sie zu den sommerlichen Künstler-Gästen des Jahres 1888. Die beiden jüngeren trugen vorsichtig ein Bild von ca. 80 x 100 cm Größe und gingen voraus; der eine, groß und schlank, mit blondem Bart und sanftem Blick aus hellen blauen Augen, der andere bebrillt, hager und leicht schwindsüchtig. Ihnen folgte ein älterer, d.h. genau 40 Jahre alter Mann von kräftiger Gestalt und sicherem Auftreten. Dabei bezeugte nicht nur das Gesicht mit der markanten Hakennase und den scharf blitzenden Augen unter den schweren Lidern Selbstbewußtsein und Überlegenheit, sondern auch die Wahl seiner ausgefallenen Kleidung: Vom grünen Barett mit Silberquaste über die bretonische, bestickte Weste bis hin zu den mit eigenen Schnitzereien dekorierten Holzschuhen schien alles auf eigenwillige Exklusivität angelegt. Er hatte in der Tat ein eigenes Auftreten, und obgleich er jetzt hinterherschritt, wußte man auf Anhieb, wer in dieser Gruppe den Ton angab, bzw. den Anführer oder Leiter stellte.

Die drei schritten schweigend dahin, einerseits weil der Weg bergan führte und Atem gespart werden mußte, andererseits, weil man in Gedanken dem Experiment vorauseilte, das zu unternehmen sie aufgebrochen waren. So konnte man den Eindruck gewinnen, es handele sich bei dieser Wanderung um einen sehr besonderen Gang, der Ernst und Sammlung erfordere, gemessenes Schreiten auch, ja, um eine Art Wallfahrt. Dies vielleicht umso mehr, als das Ziel der Wanderung wirklich eine Kirche war, die Dorfkirche von Nizon, etwa drei Kilometer von Pont-Aven entfernt, der man jenes Gemälde als Altarbild stiften wollte, das die drei so vorsichtig mit sich führten.

Gleichwohl muß ihr Unternehmen – um genau zu sein – weniger von religiös-frommen als vielmehr von künstlerisch-ästhetischen Motiven bestimmt genannt werden. Zwar sollte das Bild tatsächlich dem Pfarrer von Nizon für seine Kirche übergeben werden, wie auf dem Rahmen des Bildes, der extra für diesen Anlaß gefertigt, in blauer Schrift auf weißem Grund deutlich zu lesen war: „Don de Tristan de Moscoso". Doch wollte man in erster Linie sehen, wie sich das Bild in der archaisch-sakralen Umgebung dieser mittelalterlichen Landkirche ausmachen würde, und ob es sich inmitten der hölzernen Heiligenfiguren und der grotesken Köpfe an den Dachbalken würde behaupten können. Zumindest war dies die Absicht des Autors des Gemäldes, des eindrucksvollen Älteren: Ein künstlerisches Experiment also, keine fromme Anwandlung gab den Grund für die Stiftung des Gemäldes, wie ja überhaupt nur der jüngere der drei, der 20jährige, Blauäugig-Blondbärtige entschieden religiöse Auffassungen vertrat.

Man hatte nicht den direkten Weg nach Nizon genommen, sondern war einem längeren Fußpfad gefolgt, der durch Kastanienwälder und Buchweizenfelder und vorbei an den Ruinen des Schlosses von Rustephan den Hügel hinauf zur Kirche von Nizon führte. Natürlich war den Dreien der Ort vertraut, den sie nach etwa einer Stunde Fußmarsch erreichten, die alte Kirche mit dem sie umgebenden Friedhof und – besonders hervorzuheben – dem Calvaire, der sie immer wieder in seinen Bann zog. Nicht ohne Grund hatte man gerade diesen Ort für das Experiment ausersehen.

Sie traten in den dämmrigen Raum der Kirche, stellten das Bild in günstigem Licht auf und beobachteten seine Wirkung. In der Tat wird man den Wunsch kaum Künstlerlaune nennen können, dieses Bild gerade hier aufstellen zu wollen. Denn nicht allein die religiöse Thematik, sondern mehr noch die reduzierte und strenge Formgebung in Verbindung mit der starken, großflächigen Farbig-

* Paul Gauguin, Émile Bernard, Charles Laval

201

keit, die an Kirchenfenster gemahnt, brachte das Bild sogleich in einen lebhaften Dialog mit dem sakralen Ambiente. Und – das Bild bestand die Probe. Es konnte sich nicht nur halten, nicht nur ‚mitreden‘, sondern sogar den Ton angeben. Während der Autor des Bildes sich selbst noch an der Wirkung seines Werks erfreute, eilte der junge Blondbärtige bereits hinaus, den Pfarrer zu suchen, um ihn von dem bevorstehenden Ereignis einer hochherzigen Schenkung in Kenntnis zu setzen.

Er fand ihn nicht im Pfarrhaus, sondern im Garten daneben, das Brevier lesend; fand aber – vielleicht auch wegen seiner Jugend – wenig Widerhall auf seine Worte bzw. die Ankündigung, daß ein großer Künstler ihm und seiner Kirche ein bedeutendes Gemälde stiften wolle. Doch folgte ihm der Pfarrer in die Kirche, wenn auch – wie es schien – mit einigem Vorbehalt und ließ sich das Bild zeigen, stumm. Schließlich fragte er, was denn das Bild darstellen solle. Der Ältere ergriff das Wort und antwortete: „Die Vision der Predigt“. Der Pfarrer starrte auf das Bild, verständnislos und mißtrauisch zugleich. Die ungewohnt einfachen Formen und die starke Farbigkeit verwirrten ihn. Auch vermochte er nicht, die religiöse Thematik zu entdecken; die Unterscheidung dessen, was Haupt- und was Nebensache sein sollte, gelang ihm gleichfalls nicht, ebenso wenig wie die Zuordnung der Figuren und Dinge zueinander. In ihm keimte ein Verdacht auf: Wollte man ihn verulken? Natürlich war auch zu ihm die Kunde von den Spitzbübereien der Künstler in Pont-Aven gedrungen, kannte auch er jene Geschichte der nächtlichen Vertauschung der Ladenschilder, so daß morgens am Tabaksladen das Schild des Frisörs hing und dessen Schild wiederum am Tuchladen. Sollte er nun selbst das Opfer eines solchen Künstlerstreichs werden?

Der Pfarrer suchte einen Ausweg. Einerseits wollte er nicht schlankheraus sein Unverständnis modernen künstlerischen Äußerungen gegenüber zugeben, andererseits aber auch auf keinen Fall den Narren in einer Künstlerfarce spielen. So schüttelte er nur leicht den Kopf und sagte, daß er das Geschenk nicht annehmen könne, da seine Gemeinde das Bild nicht verstehen werde.

Daraufhin begann der Ältere und Autor des Bildes mit einer ausführlichen Erklärung; doch je länger sie dauerte und je mehr Verständniswege sie zu eröffnen suchte, desto stärker verfestigte sich die ablehnende Haltung des Pfarrers. Ja, es schien so, als hielte der Pfarrer von Nizon schließlich die „Vision der Predigt“ tatsächlich für die Vision eines Witzboldes. Jedenfalls bekräftigte er noch einmal seine Weigerung, das Geschenk anzunehmen, lehnte endgültig ab.

JAKOBS NÄCHTLICHER RINGKAMPF

ERNST JÜNGER

Jakobs nächtlicher Ringkampf mit dem Herrn. Hierzu zwei allgemeine Gedanken:

Der Mensch darf sich nicht billig besiegen lassen: Gott muß sich ihm aufzwingen. Der Mensch wird in Versuchung kommen, sich aus Mattigkeit niederzuwerfen, sich fallen zu lassen, ehe er völlig durchdrungen, ganz unterjocht ist von der hohen Kraft. Das ist eine besondere Gefahr unserer Zeit, in der die große Bedrohung die Menschen in Massen, doch verdienstlos zum Kreuze treiben wird.

Sodann: der Kampf ist nächtlich, weil der Mensch seit seinem Falle das Antlitz Gottes nicht ertragen kann. Erst in der Morgenröte erkennt er ihn und wird gesegnet durch ihn. Die Nacht ist hier das menschliche Leben, in dem der Arm des unsichtbaren Gottes oft grausam spürbar wird, die Morgenröte der Tod, in der sein Antlitz erscheint.

Wir müssen uns in unserer Eigenschaft als Rationalisten überwinden lassen, und dieser Ringkampf findet heute statt. Gott tritt den Gegenbeweis gegen uns an.

TAGEBUCH-EINTRAGUNG VOM 25.6.1914

FRANZ KAFKA

Vom frühen Morgen an bis jetzt zur Dämmerung ging ich in meinem Zimmer auf und ab. Das Fenster war offen, es war ein warmer Tag. Der Lärm der engen Gasse trieb ununterbrochen herein. Ich kannte schon jede Kleinigkeit im Zimmer durch das Anschauen während meines Rundganges. Alle Wände hatte ich mit den Blicken abgestreift. Dem Muster des Teppichs und seinen Altersspuren war ich bis in die letzten Verzweigungen nachgegangen. Den Tisch in der Mitte hatte ich vielemal mit Fingerspannen abgemessen. Zum Bild des verstorbenen Mannes meiner Wirtin hatte ich schon die Zähne oft gefletscht. Gegen Abend trat ich zum Fenster und setzte mich auf die niedrige Brüstung. Da blickte ich zufällig zum erstenmal ruhig von meinem Platz in das Innere des Zimmers und zur Decke auf. Endlich, endlich begann, wenn ich mich nicht täuschte, dieses so vielfach von mir erschütterte Zimmer sich zu rühren. An den Rändern der weißen, mit schwacher Gipsverzierung umzogenen Decke begann es. Kleine Mörtelstücke lösten sich los und fielen wie zufällig, hie und da mit bestimmtem Schlag, zu Boden. Ich streckte die Hand aus, und auch in meine Hand fielen einige, ich warf sie, ohne mich in meiner Spannung auch nur umzudrehn, über meinen Kopf hinweg in die Gasse. Die Bruchstellen oben hatten noch keinen Zusammenhang, aber man konnte ihn sich immerhin schon irgendwie bilden. Aber ich ließ von solchen Spielen ab, als sich jetzt dem Weiß ein bläuliches Violett beizumischen begann, es ging von dem weiß bleibenden, ja geradezu weiß erstrahlenden Mittelpunkt der Decke aus, in welchen knapp oben die armselige Glühlampe eingesteckt war. Immer wieder in Stößen drängte sich die Farbe, oder war es ein Licht, gegen den sich jetzt verdunkelnden Rand hin. Man achtete gar nicht mehr auf den fallenden Mörtel, der wie unter dem Druck eines sehr genau geführten Werkzeugs absprang.

Da drängten in das Violett von den Seiten her gelbe, goldgelbe Farben. Die Zimmerdecke färbte sich aber nicht eigentlich, die Farben machten sie nur irgendwie durchsichtig, über ihr schienen Dinge zu schweben, die durchbrechen wollten, man sah schon fast das Treiben dort in Umrissen, ein Arm streckte sich aus, ein silbernes Schwert schwebte auf und ab. Es galt mir, das war kein Zweifel; eine Erscheinung, die mich befreien sollte, bereitete sich vor. Ich sprang auf den Tisch, um alles vorzubereiten, riß die Glühlampe samt ihrem Messingstab heraus und schleuderte sie auf den Boden, sprang dann hinunter und stieß den Tisch aus der Mitte des Zimmers zur Wand hin. Das, was kommen wollte, konnte sich ruhig auf den Teppich niederlassen und mir melden, was es zu melden hatte. Kaum war ich fertig, brach die Decke wirklich auf. Noch aus großer Höhe, ich hatte sie schlecht eingeschätzt, senkte sich im Halbdunkel langsam ein Engel in bläulich violetten Tüchern, umwickelt mit goldenen Schnüren, auf großen, weißen, seidig glänzenden Flügeln herab, das Schwert im erhobenen Arm waagrecht ausgestreckt. ‚Also ein Engel!' dachte ich, ‚den ganzen Tag fliegt er auf mich zu, und ich in meinem Unglauben wußte es nicht. Jetzt wird er zu mir sprechen.' Ich senkte den Blick. Aber als ich ihn wieder hob, war zwar noch der Engel da, hing ziemlich tief unter der Decke, die sich wieder geschlossen hatte, war aber kein lebendiger Engel, sondern nur eine bemalte Holzfigur von einem Schiffsschnabel, wie sie in Matrosenkneipen an der Decke hängen. Nichts weiter. Der Knauf des Schwertes war dazu eingerichtet, Kerzen zu halten und den fließenden Talg aufzunehmen. Die Glühlampe hatte ich heruntergerissen, im Dunkel wollte ich nicht bleiben; eine Kerze fand sich noch, so stieg ich also auf einen Sessel, steckte die Kerze in den Schwertknauf, zündete sie an und saß dann noch bis in die Nacht hinein unter dem schwachen Licht des Engels.

66   ES ERSCHIEN IHM ABER EIN ENGEL
Christian Rohlfs: Gethsemane, 1917.

DER ÖLBAUM-GARTEN

RAINER MARIA RILKE

ER ging hinauf unter dem grauen Laub
ganz grau und aufgelöst im Ölgelände
und legte seine Stirne voller Staub
tief in das Staubigsein der heißen Hände.

Nach allem dies. Und dieses war der Schluß.
Jetzt soll ich gehen, während ich erblinde,
und warum willst Du, daß ich sagen muß
Du seist, wenn ich Dich selber nicht mehr finde.

Ich finde Dich nicht mehr. Nicht in mir, nein.
Nicht in den andern. Nicht in diesem Stein.
Ich finde Dich nicht mehr. Ich bin allein.

Ich bin allein mit aller Menschen Gram,
den ich durch Dich zu lindern unternahm,
der Du nicht bist. O namenlose Scham …

Später erzählte man: ein Engel kam –.

Warum ein Engel? Ach es kam die Nacht
und blätterte gleichgültig in den Bäumen.
Die Jünger rührten sich in ihren Träumen.
Warum ein Engel? Ach es kam die Nacht.

Die Nacht, die kam, war keine ungemeine;
so gehen hunderte vorbei.
Da schlafen Hunde und da liegen Steine.
Ach eine traurige, ach irgendeine,
die wartet, bis es wieder Morgen sei.

Denn Engel kommen nicht zu solchen Betern,
und Nächte werden nicht um solche groß.
Die Sich-Verlierenden läßt alles los,
und sie sind preisgegeben von den Vätern
und ausgeschlossen aus der Mütter Schooß.

IM GARTEN GETHSEMANI

LUKAS 22,39–46

Und er ging nach seiner Gewohnheit hinaus an den Ölberg. Es folgten ihm aber auch die Jünger. Und als er dahin kam, sprach er zu ihnen. Betet, damit ihr nicht in Anfechtung fallt!
Und er riß sich von ihnen los, etwa einen Steinwurf weit, und kniete nieder, betete und sprach: Vater, willst du, so nimm diesen Kelch von mir; doch nicht mein, sondern dein Wille geschehe!
Es erschien ihm aber ein Engel vom Himmel und stärkte ihn.
Und er rang mit dem Tode und betete heftiger. Und sein Schweiß wurde wie Blutstropfen, die auf die Erde fielen.
Und er stand auf von dem Gebet und kam zu seinen Jüngern und fand sie schlafend vor Traurigkeit und sprach zu ihnen: Was schlaft ihr? Steht auf und betet, damit ihr nicht in Anfechtung fallt!

2 DER ERZENGEL MICHAEL

„DAS LEBEN ADAMS UND EVAS": SATAN ERINNERT SICH

APOKRYPHE SCHRIFT DER JUDEN

Und Michael kam herauf
und rief allen Engeln zu:
Verehrt Gottes Ebenbild,
wie Gott, der Herr, befiehlt!

Und Michael verehrte ihn zuerst.
Dann rief er mich und sprach:
Verehre Gottes Ebenbild!
Ich sprach: Ich brauche nicht Adam zu verehren.

Als Michael mich zum Verehren drängte,
sprach ich zu ihm:
Weswegen drängst du mich?
Ich werde den doch nicht verehren,
der jünger und geringer ist als ich.
Ich ward vor ihm erschaffen.
Ehe er erschaffen ward, ward ich erschaffen.
Er sollte mich verehren.

Als dies die anderen Engel, die mir unterstanden,
hörten,
da wollten sie ihn nicht verehren.
Da sagte Michael: Verehre Gottes Ebenbild!
Tust du es nicht,
wird Gott, der Herr, in Zorn geraten über dich.

Ich sprach:
Gerät er über mich in Zorn,
erhebe ich meinen Thron über die Sterne des
Himmels
und bin dem Höchsten gleich.

Und Gott, der Herr, geriet über mich in Zorn
und verbannte mich von unserer Herrlichkeit
samt meinen Engeln.
So wurden wir um deinetwillen aus unseren
Wohnungen
in diese Welt vertrieben
und verstoßen auf die Erde.

Und alsbald wurden wir betrübt,
weil wir so großer Herrlichkeit entkleidet waren.
Und dich in solcher Freude und Wonne sehen
zu müssen,
betrübte uns.

Mit List umgarnte ich dein Weib
und brachte es dahin,
daß du aus deiner Freude und Wonne
vertrieben wurdest ihretwegen,
wie ich aus meiner Herrlichkeit vertrieben wurde.

EIN KAMPF
IM HIMMEL

OFFENBARUNG 12,1–18

Und es erschien ein großes Zeichen am Himmel: eine Frau, mit der Sonne bekleidet, und der Mond unter ihren Füßen und auf ihrem Haupt eine Krone von zwölf Sternen.

Und sie war schwanger und schrie in Kindsnöten und hatte große Qual bei der Geburt.

Und es erschien ein anderes Zeichen am Himmel, und siehe, ein großer, roter Drache, der hatte sieben Häupter und zehn Hörner und auf seinen Häuptern sieben Kronen, und sein Schwanz fegte den dritten Teil der Sterne des Himmels hinweg und warf sie auf die Erde. Und der Drache trat vor die Frau, die gebären sollte, damit er, wenn sie geboren hätte, ihr Kind fräße.

Und sie gebar einen Sohn, einen Knaben, der alle Völker weiden sollte mit eisernem Stabe. Und ihr Kind wurde entrückt zu Gott und seinem Thron.

Und die Frau entfloh in die Wüste, wo sie einen Ort hatte, bereitet von Gott, daß sie dort ernährt werde tausendzweihundertundsechzig Tage.

Und es entbrannte ein Kampf im Himmel: Michael und seine Engel kämpften gegen den Drachen. Und der Drache kämpfte und seine Engel, und sie siegten nicht, und ihre Stätte wurde nicht mehr gefunden im Himmel.

Und es wurde hinausgeworfen der große Drache, die alte Schlange, die da heißt: Teufel und Satan, der die ganze Welt verführt, und er wurde auf die Erde geworfen, und seine Engel wurden mit ihm dahin geworfen.

Und ich hörte eine große Stimme, die sprach im Himmel: Nun ist das Heil und die Kraft und das Reich unseres Gottes geworden und die Macht seines Christus; denn der Verkläger unserer Brüder ist verworfen, der sie verklagte Tag und Nacht vor unserm Gott.

Und sie haben ihn überwunden durch des Lammes Blut und durch das Wort ihres Zeugnisses und haben ihr Leben nicht geliebt, bis hin zum Tod.

Darum freut euch, ihr Himmel und die darin wohnen! Weh aber der Erde und dem Meer! Denn der Teufel kommt zu euch hinab und hat einen großen Zorn und weiß, daß er wenig Zeit hat.

Und als der Drache sah, daß er auf die Erde geworfen war, verfolgte er die Frau, die den Knaben geboren hatte.

Und es wurden der Frau gegeben die zwei Flügel des großen Adlers, daß sie in die Wüste flöge an ihren Ort, wo sie ernährt werden sollte eine Zeit und zwei Zeiten und eine halbe Zeit fern von dem Angesicht der Schlange.

Und die Schlange stieß aus ihrem Rachen Wasser aus wie einen Strom hinter der Frau her, um sie zu ersäufen.

Aber die Erde half der Frau und tat ihren Mund auf und verschlang den Strom, den der Drache ausstieß aus seinem Rachen.

Und der Drache wurde zornig über die Frau und ging hin, zu kämpfen gegen die übrigen von ihrem Geschlecht, die Gottes Gebote halten und haben das Zeugnis Jesu.

Und er trat an den Strand des Meeres.

DER
UNERSCHAFFNE
MICHAEL

JOHANN SEBASTIAN BACH

Der unerschaffne Michael
Und seiner Engel Heer
Den Drachen hat besiegt.
Wir stehen sicher und gewiß,
Und wenn uns gleich sein Brüllen schrecket,
So wird doch unser Leib und Seel
Mit Engeln zugedecket.

Wo wir itzo stehn und gehen,
Können wir in sicherer Ruh
Unserm Feind entgegenstehen.

67 MIT ENGELN ZUGEDECKT
William Blake: Adam und Eva
schlafend, 1808.

68 DOCH, DOCH, BESTIMMT!
Albrecht Dürer: Michaels Kampf
mit dem Drachen, 1498.

Es lagert sich so nah als fern
Um uns der Engel unsres Herrn
Mit Feuer, Roß und Wagen.

Bleibt, ihr Engel, bleibt bei mir!
Führet mich auf beiden Seiten,
Daß mein Fuß nicht möge gleiten.
Seid uns, wenn der Herr gebeut,
Dieser Welt Valet zusagen,
Zu unsrer Seligkeit
Auch unser Himmelswagen.

EINE PREDIGT ZUM MICHAELIS-SONNTAG 1991

PETER HÄRTLING

Liebe Gemeinde – und schon stocke ich und möchte Sie um Nachsicht bitten: Ich werde keine Predigt halten, wie Sie es gewohnt sind. Ich bin kein Pfarrer, ich habe einen Beruf, der den Zweifel gleichsam als Grundlage braucht und mit Verzweiflungen umzugehen lehrt. Ich glaube, doch ich zähle mich nicht zu jenen, die behaupten, fest im Glauben zu sein. Gott kann mir nah sein und unendlich fern, auch im Gebet.

Zum Glauben gehören nicht nur Gewißheiten, zu ihm gehören ebenso die Fragen. Kinderfragen oder Fragen von Menschen, die beinahe schon ausgefragt haben. Fragen, die Gott um Antwort bitten. Fragen, die Gott nur gefragt haben wollen.

Ich kann Ihnen, um zum Thema zu kommen, zu der Textpassage aus der Offenbarung und aus dem Matthäus-Evangelium nicht aus schierer Gewißheit erklären, daß es Engel gäbe. Ich kann mir nur und nicht zum ersten Mal, die Frage stellen: Engel, gibt's die? Und mit dem Kind in mir antworten: Doch, doch, bestimmt. Aber ich will hinzufügen, daß es mir gleichgültig ist, nach welchen Ordnungen sie existieren, nach welchen himmlischen oder irdischen Hierarchien und welche Erzengel eben regieren. Ich stelle mir die Engel vor, es sind mir viele Bilder von ihnen gemacht worden. Ich sehe sie in goldnen Gewändern, den Palmzweig in der Hand oder das Schwert; sie rauschen durch die Geschichte, verkünden und verbergen sich. Sie erscheinen einzeln oder, sehr martialisch, in Heerscharen. Sie offenbaren den Frieden und kämpfen und töten.

Keiner hat so viele Engel versammelt wie Johannes. Keiner Bilder gesehen, die so verzaubernd und entsetzlich zugleich über die Grenze unserer Vorstellung, unserer Existenz hinausweisen. Wie wunderbar ist das große Zeichen am Himmel, das den Kampf Michaels und seiner Engel ankündigt: „Eine Frau mit der Sonne bekleidet und der Mond unter ihren Füßen und auf ihrem Haupt eine Krone von zwölf Sternen. Und sie war schwanger." Als ihr Gegenbild steigt der Drache empor, groß und rot, mit sieben Häuptern. Er bedroht das noch ungeborene Kind der himmlischen Frau. Um sie und das Kind kämpfen Michael und der Drachen. Beide werden von Engeln unterstützt, von guten und bösen. Wir wissen, daß hinausgeworfen wurde der Drachen, „die alte Schlange". Mit dem Drachen wohl auch seine Engel.

Wieder muß ich meine Kindheit aufbieten, um solcher Teilung der Engelswelt gewachsen zu sein. Denn meine Engel sind heller und verstörter zugleich. Es ist zum einen jener Engel unter den Engeln, der die Hirten ansprach und sie die Geburt Jesu wissen ließ, und es ist zum andern jener Engel, den Walter Benjamin „Engel der Geschichte" nannte. Dieser Engel, der eine einzige Katastrophe sieht, „die unablässig Trümmer auf Trümmer häuft und sie ihm vor die Füße schleudert. Er möchte wohl verweilen", schreibt Benjamin, „die Toten wecken und das Zerschlagene zusammenfügen. Aber ein Sturm weht vom Paradiese her, der sich in seinen Flügeln verfangen hat und so stark ist, daß der Engel sie nicht mehr schließen kann. Dieser Sturm treibt ihn unaufhaltsam in die Zukunft, der er den Rücken kehrt, während der Trümmerhaufen vor ihm zum Himmel wächst. Das was wir Fortschritt nennen, ist dieser Sturm."

Es könnte sein, daß Benjamins Engel den sieben Engeln des Johannes folgt, die die sieben Plagen hatten und aus goldenen Schalen, „voll vom Zorn Gottes", Schrecken über Mensch, Tier und Natur gossen. Unendlich weit sind sie vom Bild der Kinderengel entfernt. Sind sie überhaupt noch Engel, sind sie nicht nur noch riesenhafte Schatten, Schreckensboten?

Um wieder zu den Engeln zurückzukehren, die sich rufen lassen, die hüten und wachen, denke ich an Bachs 19. Kantate (die Sie eben hörten). Nicht an den tumultuösen Anfang „Es erhub sich ein Streit", sondern an das 5. Stück, die Aria: „Bleibt, ihr Engel, bleibt bei mir." Sie folge, fand Albert Schweitzer, einem „Engelsrhythmus". Das stimmt. Und in dieser Schrittart halte ich die Engel im Gedächtnis, während ich von dem sprechen werde, was mir zusetzt, woran ich leide und was mir zu erklären auch himmlische Bilder und Zeichen nicht genügen.

Noch einmal: Gegen das, worauf ich komme, höre ich den Engelsrhythmus: Bleibt, ihr Engel, bleibt bei mir. Bleibt, wenn ich erzählend eine Reise wiederhole, auf der ich Eindrücke und Gedanken sammelte, die mich seither verfolgen. Sie haben mich nicht erschreckt, weil sie mir neu wären, das nicht, sie kamen mir mit einem Mal bloß wieder sehr nah. Wir neigen ja dazu, auf Distanz zu halten, was uns beunruhigt, uns in unserer Selbstgewißheit gefährdet.

Vor vier Monaten hielt ich mich für eine Woche in Jugoslawien auf. Ich war vom Goethe-Institut eingeladen, in Belgrad und Zagreb zu lesen. Die Unruhen, die Auseinandersetzungen hatten schon so heftige Züge angenommen, daß ein Krieg zu fürchten war. Ich flog, nicht ohne Angst, in die Hauptstadt Jugoslawiens, in die serbische Hauptstadt.

Auf den ersten Blick schienen die Nachrichten übertrieben. Die Stadt machte einen friedlichen Eindruck, Menschen flanierten, saßen an den Tischen der Straßencafés.

Die friedlichen Szenen trogen jedoch. Schon in den ersten Gesprächen wurden Gegensätze laut, Ängste ausgesprochen, Wut und Enge. Nur wenige meiner Gesprächspartner in Belgrad ergriffen nicht Partei. Wofür? Wogegen? Natürlich gegen die mit einem Mal fatal gewordene gemeinsame Geschichte. Der Titoismus habe alles mühsam zusammengezwungen, zusammengehalten, was nicht zusammengehöre und jetzt auseinanderstrebe.

Ich bitte Sie, warnte mich der Leiter des Goethe-Instituts, kommen sie auf keinen Fall auf das Kosowo und die Albaner zu sprechen. Da sehen die meisten Serben rot.

Ehe ich nach Jugoslawien reiste, habe ich mich noch etwas, und gewiß unzulänglich, mit der Geschichte dieses Staates befaßt, genauer gesagt: jener Länder, die ihn bilden. Mir wurde bei der Lektüre klar, daß sich hier manche Wunden kaum hatten schließen können. Die Erinnerung der Serben an den Terror der kroatischen Ustascha während der Hitler-Zeit. Die blutige Rache der Serben an den Kroaten danach. Wieviel Leid, wieviel Haß und wieviel über zwei Generationen weitergedachte und gelebte Rache.

Nein, ich würde nicht über Albaner sprechen, nicht über die kaum vorhandenen Unterschiede zwischen dem Serbischen und Kroatischen, obwohl ich gleich von einem serbischen Schriftsteller darauf aufmerksam gemacht wurde, meine Bücher seien keineswegs ins Serbokroatische übersetzt worden, vielmehr ins Serbische. Schließlich sei mein Übersetzer Serbe.

Was zutraf und auch wieder nicht. Um seinetwillen, des Übersetzers willen, erzählte ich von meiner Reise in einen nicht erklärten Krieg. Er begleitete mich durch die Stadt, schweigsam, leitete leise und klug meine Lesung ein, noch immer wenig von sich erzählend und erst während des Abendessens und kurz bevor wir uns voneinander verabschiedeten, sprach er. Was er sagte, redet in mir weiter.

Was tun wir uns an? begann er. Er sagte, was mir sogleich auffiel „wir" und „uns", und nicht, wie ich es inzwischen gewohnt war, was tun die Kroaten, die Slowenen, die Albaner uns Serben an. Er teilte seine Welt nicht in verschiedene Geschichten. Erinnerungen. Bindungen. Er maß nicht Entfernungen zwischen Menschen. Was tun wir uns an? klagte er. Und er fuhr fort: Sie müssen wissen, daß ich Jude bin, sonst können sie meine traurige Anekdote nicht verstehen. Ich bin Jude. Ich bin im Konzentrationslager gewesen, habe es überlebt. Ich bin auch Kommunist. Und ich weiß, daß ich als Kommunist gewiß nicht überleben werde. Er sah mich prüfend, voller Melancholie an. In den letzten Jahrzehnten habe ich vergessen, daß ich Jude bin. Ich war Belgrader, Jugoslawe, Serbe. Ich schrieb Artikel, Bücher, übersetzte aus dem Deutschen. Dichter, die ich schätze, bewundere, zum Beispiel Heinrich Böll. Ich hoffte, mein Alter halbwegs in Ruhe verbringen zu können. Sicher mit Verlusten und erstaunt über eine sich wandelnde Welt. Doch nun wiederholt sich der Schrecken von einst. Jetzt erst, glauben Sie mir, jetzt erst lernte ich alter Jude, was es bedeutet, Jude zu sein. Das muß sich für Sie sonderbar anhören. Er ist doch im Konzentrationslager gewesen, werden Sie denken. Ja, dorthin wurde ich verschleppt von den Deutschen, als ein Jude aus Belgrad. Aber nun lebe ich in meiner Stadt und lerne von neuem, daß ich ein Jude bin. Ganz einfach und ganz entsetzlich. Ich habe – er sah mich nicht mehr an, sondern schloß die Augen – seit vielen Jahren in meinem Mietsblock einen lieben Nachbarn. Einen Albaner. Wir unterhalten uns, wann immer wir uns begegnen. Wir tauschen uns ein bißl aus. Das haben wir auch jetzt nicht aufgegeben, selbstverständlich. Mit dem Unterschied, daß alle Leute im Haus uns plötzlich schneiden, wir uns, wenn wir auf der Gasse stehen und miteinander plaudern, vom blanken Haß förmlich eingeschlossen fühlen, und die Angst des Albaners mich lehrt, was es heißt, ein anderer, ein Jude zu sein.

Unvermittelt erhob er sich vom Tisch. Leben Sie wohl, mein Freund, behalten Sie mich in Erinnerung.

Darum mußte er mich nicht bitten. Ich sah ihm nach und nahm seine zierliche, gebrechliche Erscheinung in Gedanken mit. Als wär's ein Nachbar. Einer von jenen, die die Kraft haben, aus dem Ring der Unversöhnlichkeit zu springen, kein Weiser, ein Mensch, der den andern achtet oder wenigstens nicht gering achtet. Der mit seiner Fremde umgeht, ohne sie böse auszuspielen.

Bleibt, ihr Engel, bleibt bei uns.

Der alte Jude und seine bezwingende Freundlichkeit könnten mich in meinem Zorn bestärken und mich zu einer Philippika nötigen gegen alle Streitigkeiten und Kriege, die in einer scheinbar aufgeklärten Welt ständig aufbrechen. Kriege, die nicht erklärt, doch für rechtens gehalten werden. Kriege, die vorgeben, Ordnung zu schaffen und nichts hinterlassen als Verwüstung und Unordnung. Und alle alle die Unversöhnlichkeiten, die aus dem Nächsten den Andern machen, aus dem Nachbarn den Feind. Sind denn nur jene Engel bei uns geblieben, die mit dem Schwert umgehen? Nicht auch jene, die Frieden stiften? Offenbar trumpfen immer die auf, die am größten sein wollen, am stärksten, am besten, am serbischsten, am deutschesten, am christlichsten. Sie wollen auf nichts hören. Vor allem nicht auf den jeweils anderen, den Nachbarn.

Wer ist der Größte?

„Wer ist doch der Größte im Himmelreich?" fragen die Jünger Jesus und er gibt ihnen eine Antwort, die mich bestärkt und in ihrer Erläuterung verwirrt. Er ruft ein Kind zu sich und sagt: „Wenn ihr nicht umkehrt und werdet wie die Kinder, so werdet ihr nicht ins Himmelreich kommen."

Was Jesus den Jüngern androht, wenn sie seinem Wunsch, seiner Weisung nicht gehorchen, möchte ich hier auslassen. Das ist mir in seiner Metaphorik zu gewaltsam, zu kriegerisch. Matthäus schmückt hier unbezweifelt aus – der Evangelist verstärkt, macht aus der Weisung eine Drohung, um Gottes willen.

Doch da ist noch ein Satz, der sich mir sperrt, gegen den ich mich sperre, der mir widersätzlich vorkommt und den ich, da ich nicht als Theologe argumentiere, womöglich falsch verstehe und auslege. Dieser Satz folgt unmittelbar der Forderung Jesu an die Jünger, zu werden wie die Kinder. Jesus sagt weiter: „Wer nun sich selbst erniedrigt und wird wie dies Kind, der ist der Größte im Himmelreich." So lautet der Satz in der 1984 erschienenen revidierten Fassung der Lutherschen Übersetzung. Luther hat ihn ein wenig anders formuliert und er hilft mir, das ERNIEDRIGT, das mich schmerzt, besser zu verstehen. Bei ihm heißt es nämlich: „Wer nu sich selbst nidriget wie das Kind der ist der größest im Himmelreich." Ist das nicht genauer und den Jüngern wie dem Kind, das hier als Maß für Geist und Seele gewählt wird, angemessen? Erniedrigen bedeutet, sich krümmen, sich unterwerfen. Das kann Jesus nicht gemeint haben. Der, der den Kindern beistand, sie liebte. Nein, nicht erniedrigen, sondern sich auf die seelische Höhe des Kindes einstellen, auf seine Verwundbarkeit, seine Hoffnungen, seinen Anfang. Wie von selbst erscheinen da auch wieder die Engel: „Seht zu", mahnt Jesus, „daß ihr nicht einen von diesen Kleinen verachtet. Denn ich sage euch: Ihre Engel im Himmel sehen allezeit das Angesicht meines Vaters im Himmel." Die von ihm gerufenen Kinder werden für einen lichten Augenblick zu Spiegelbildern der Engel.

Bleibt, Engel, bleibt.

In dieser Zeit, in der die Kinder in aller Welt erniedrigt werden, durch die Kämpfe der Erwachsenen, durch Gleichgültigkeit, Selbstvergessenheit, Gier, durch alle jene, die sich eine Größe anmaßen, die Jesus für unmenschlich und himmelfern hielt.

Nein, nicht mehr der Engel mit dem Schwert, der himmlische Feldherr, sondern die Engel, die den Kindern zugesellt sind, sollten Inbilder unseres Glaubens sein. Sie begleiten, ich hoffe es, auch den alten Juden in Belgrad und seinen Nachbarn. Und schützen die beiden und uns und alle, die bei uns Zuflucht suchen.

Amen.

ANRUFUNG 1939

OTTO RIEDEL

Sankt Michael, du Fürst der Wächter,
des Bösen gläubiger Verächter,
zieh wieder aus mit blankem Schwert!
Wild hat die Hölle aufbegehrt.

Tritt in die Fronten deiner Mannen!
Nur du kannst ihre Feinde bannen,
die aller Guten Feinde sind.
Schirm Gottes Licht im Wirbelwind! …

Wo du bist, ruhn der Heimat Auen
in lichtem Schutz vor Todesgrauen.
Wo du kämpfst, wächst der große Sieg
der Engel aus der Teufel Krieg.

3 KIRCHLICHE LEHREN

WAS ENGEL WISSEN

AURELIUS AUGUSTIN

Die heiligen Engel erlangen ihre Kenntnis von Gott nicht durch vernehmbare Worte, sondern durch die unmittelbare Gegenwart der unwandelbaren Wahrheit, d.h. durch sein eingeborenes Wort. Und sie wissen um dieses Wort und um den Vater und den Heiligen Geist der beiden und daß dies eine untrennbare Dreifaltigkeit und jede Person in ihr eine Wesenheit ist und dennoch alle zusammen nicht drei Götter sind, sondern *ein* Gott. Das also wissen die Engel so, daß es ihnen genauer bekannt ist, als wir uns selbst kennen. Auch die Schöpfung erkennen sie dort, in der Weisheit Gottes als der Gestaltungskraft, durch die sie geworden ist, vollkommener als in ihr selbst; und demnach auch sich selbst dort vollkommener als in sich selbst, jedoch erkennen sie sich auch in sich selbst. Denn sie sind erschaffen und sind etwas anderes als der, der sie erschaffen hat. Dort also, in der Gestaltungskraft Gottes, erkennen sie die Dinge gleichsam in tagesheller Erkenntnis, in den Dingen selbst aber wie in dämmeriger Erkenntnis.

Es ist ja ein großer Unterschied, ob man etwas in der Idee erkennt, der gemäß es gemacht ist, oder ob man es in sich selbst erkennt; so wie das Wissen um die gerade Linie und um die Richtigkeit geometrischer Figuren verschieden ist, je nachdem man ihre Gesetze erfaßt oder die Figuren nur in den Sand zeichnet, und das Wissen um die Gerechtigkeit verschieden ist, je nachdem man sie in der unwandelbaren Wahrheit oder in der Seele des Gerechten erkennt. Dasselbe gilt ebenso auch von den übrigen Wesen: vom Firmament zwischen den oberen und unteren Gewässern, das den Namen Himmel und Erde erhalten hat; vom Zusammenströmen der Gewässer unterhalb des Firmaments, von der Freilegung der Erde, der Hervorbringung von Pflanzen und Bäumen, der Erschaffung der Sonne, des Mondes, der Sterne; von der Erschaffung der Tiere, die aus den Gewässern hervorgingen, d.h. der Vögel, der Fische und der schwimmenden Ungetüme; von der Erschaffung aller Tiere, die auf der Erde gehen oder kriechen, und von der des Menschen, der alles auf Erden überragen sollte. All das wird von den Engeln im Worte Gottes, worin die Ursachen und Ideen davon liegen, jene unwandelbar beständigen, denen gemäß es erschaffen worden ist, anders erkannt als in sich selbst. Jene Erkenntnis ist klarer, diese dunkler, ein Unterschied wie der zwischen der Erkenntnis der Gestaltungskraft und der Werke. Indem dann diese Werke zum Lobpreis und zur Verehrung des Schöpfers begeistern, leuchtet gleichsam der Morgen auf im Geist der Schauenden.

DIE HIMMLISCHEN HIERARCHIEN

DIONYSIOS AREOPAGITA

Auch das ist, wie ich denke, der geistigen Betrachtung wert: daß die Überlieferung der Schrift über die Zahl der Engel von tausendmal Tausenden und Myriaden von Myriaden spricht [Dan 7,10], indem sie die höchsten unserer Zahlen wiederholt und vervielfacht und dadurch deutlich zu verstehen gibt, daß die Ordnungen der himmlischen Wesen für uns nicht zählbar sind. Denn die seligen Heere der überweltlichen Geister sind viele; sie übersteigen den mäßigen und beschränkten Umfang unserer materiellen Zahlen und werden bloß von der ihnen eigenen überweltlichen und himmlischen Erkenntnis und Wissenschaft geistig bestimmt, die ihnen in allseliger Art von der urgöttlichen und unermeßlich erkenntnisreichen Weisheitswirkerin geschenkt ist, die überwesentlich aller Dinge Urgrund und wesenschaffende Ursache und zusammenhaltende Kraft und umfassende Abschließung ist.

Wie viele Ordnungen der überhimmlischen Wesen es gibt, wie beschaffen sie sind und wie ihre Hierarchien vollendet werden, das weiß nur, wie ich denke, ihr göttliches Urprinzip. Auch sie selbst erkennen meines Erachtens ihre eigenen Kräfte und Erleuchtungen und ihre heilige und überweltliche, schön abgestufte Ordnung. Für uns ist es unmöglich, die Geheimnisse der überhimmlischen Geister und ihre heiligsten Vollkommenheiten zu erkennen, außer insoweit, als uns die Urgottheit durch die Engel selbst, die ja mit den eigenen Eigentümlichkeiten wohl vertraut sind, in diese eingeweiht hat. Sonach wollen wir nichts aus eigenem Antrieb vorbringen; was aber die Verfasser der heiligen Schriften von den Engeln in Bildern schauten, wollen wir, nachdem wir darüber geheimnisvolle Lehren empfangen haben, nach besten Kräften auseinandersetzen.

Die Offenbarung hat den sämtlichen himmlischen Wesen neun Namen gegeben, die über sie Aufschluß bieten. Der göttliche Lehrer, der uns in die heilige Wissenschaft einweihte, gruppiert sie in drei dreiteilige Ordnungen. Die erste, sagt er, ist jene, die immerdar um Gott steht und, wie die Überlieferung sagt, ununterbrochen und den anderen voraus unmittelbar mit ihm vereinigt ist. Denn die Offenbarung der heiligen Schriften, sagt er, habe überliefert, daß die heiligsten Throne, die mit vielen Augen und vielen Flügeln versehenen Rangstufen, nach dem hebräischen Wort Cherubim und Seraphim genannt, gemäß ihrer alle übertreffenden Nähe unmittelbar um Gott aufgestellt sind. Diese dreiteilige Ordnung bezeichnete unser großer Meister gleichsam als eine gleichstufige und eigentlich erste Hierarchie. Keine andere ist Gott ähnlicher und den unmittelbaren Ausstrahlungen der Urgottheit unmittelbar näher unterstellt als diese. Die zweite Dreizahl, sagt er, sei jene, die von den Gewalten, Herrschaften und Mächten gebildet wird. Die dritte Dreizahl unter den letzten der himmlischen Hierarchien bestehe aus den Engeln, Erzengeln und Fürstentümern.

Indem wir die geschilderte Stufenfolge der heiligen Hierarchien gelten lassen, behaupten wir, daß jegliche Benennung der himmlischen Geister eine Offenbarung über die gottähnliche Eigentümlichkeit eines jeden enthält. Der heilige Name der Seraphim bedeutet nach den Kennern des Hebräischen „Entflammer" oder „Erglüher"; der Name „Cherubim" dagegen „Fülle der Erkenntnis" oder „Ergießung der Weisheit". Mit Recht wird nun der heilige [liturgische] Dienst in der ersten himmlischen Hierarchie von den allerhöchsten Wesen versehen; denn diese hat eine höhere Rangstufe als alle übrigen, und die unmittelbar gewirkten Gottesoffenbarungen und Einweihungen [in das Göttliche] werden ursprünglich auf sie übergeleitet, weil sie [Gott] am nächsten steht. „Erglüher" und „Ergießung der Weisheit" werden nun auch die Throne genannt, ein Name, der ihre gottähnliche Beschaffenheit offenbart. Denn der Name der Seraphim lehrt und offenbart ihre immerwährende und unaufhörliche Bewegung um das Göttliche, ihre Glut, ihre Schärfe, das Übereifrige ihrer beständigen, unablässigen, nie wankenden Immerbewegung, ihre Eigenschaft, die tieferstehenden Ordnungen, sofern sie diese zu einer ähnlichen Glut entfachen und entzünden, emporzuführen und wirksam sich anzugleichen, ihre Kraft in brennenden und alles verzehrenden Flammen zu reinigen, ihren Charakter, der kein Verhüllen und kein Erlöschen zuläßt, der immer sich gleichmäßig verhält, lichtartig und lichtspendend jede lichtlose Verdunkelung verscheucht und vernichtet.

Der Name der Cherubim offenbart ihre Gabe des Erkennens und Gottschauens, ihre Fähigkeit, die höchste Lichtmitteilung aufzunehmen und die urgöttliche Schönheit in ihrer unmittelbar wirkenden Macht zu schauen, ihr Geschaffensein für die erleuchtende Mitteilung und ihren Drang, durch Ergießung der von Gott geschenkten Weisheit neidlos mit den Wesen zweiter Ordnung in Gemeinschaft zu treten. Der Name der höchsten und erhabenen Throne bezeichnet, daß sie jeder erdhaften Niedrigkeit ungetrübt enthoben sind, daß sie überweltlich nach oben streben und von jedem untersten Gliede unerschütterlich weggerückt sind; daß sie um das wahrhaft Höchste mit ganzer Vollkraft ohne Wanken und sicher gestellt sind, daß sie die Einkehr Gottes in aller Freiheit von sinnlichen, materiellen Störungen genießen, daß sie für den Empfang der göttlichen Erleuchtungen ehrfurchtsvoll erschlossene Gottesträger sind.

DAS WESEN DER ENGEL

JOHANNES DAMASCENUS

Gott selbst ist der Schöpfer und Bildner der Engel. Er hat sie aus dem Nichtsein ins Sein gerufen, nach seinem Bilde hat er sie geschaffen als eine körperliche Natur, eine Art Wind und unstoffliches Feuer, wie der göttliche David sagt: „Er macht seine Engel zu Winden und seine Diener zu loderndem Feuer." [Ps 103,4] Damit beschreibt er die Leichtigkeit, Feurigkeit, Wärme, Eindringlichkeit und Schnelligkeit, womit sie sich Gott hingeben und ihm dienen, ihr Aufwärtsstreben und Freisein von jeder materiellen Gesinnung. Ein Engel ist demnach ein denkendes, allzeit tätiges, willensfreies, unkörperliches, Gott dienendes Wesen, dessen Natur die Unsterblichkeit aus Gnade empfangen hat. Die Form und Bestimmung seines Wesens kennt allein der Schöpfer. Unkörperlich aber und unstofflich heißt er in Beziehung auf uns. Denn verglichen mit Gott, dem allein Unvergleichbaren, erscheint alles grob und stofflich. Wahrhaft unstofflich und unkörperlich ist eben nur das göttliche Wesen.

Der Engel ist also ein vernünftiges, denkendes, willensfreies, in Gesinnung oder Willen wandelbares Wesen. Denn alles Geschaffene ist auch wandelbar, nur das Ungeschaffene ist unwandelbar. Und alles Vernünftige kann sich selbst bestimmen. Als vernünftig und denkend hat es darum freie Selbstbestimmung. Als geschaffen ist es jedoch wandelbar, es hat die Macht, sowohl im Guten zu bleiben und vorwärtszukommen, als sich zum Schlechten zu wenden. Unfähig ist der Engel einer Bekehrung, weil er ja unkörperlich ist. Denn der Mensch hat wegen der Schwachheit des Körpers Bekehrung erlangt. Unsterblich ist er nicht kraft seiner Natur, sondern durch Gnade. Denn alles, was einen Anfang hatte, hat naturgemäß auch eine Ende. Nur Gott ist immer, ja noch mehr, er ist sogar über dem Immer. Denn nicht unter der Zeit ist der Schöpfer der Zeiten.

Die Engel sind zweitrangig, geistige Lichter. Ihre Erleuchtung haben sie vom ersten, anfanglosen Licht. Sprache und Gehör brauchen sie nicht, sie teilen vielmehr ohne gesprochenes Wort einander ihre Gedanken und Entschlüsse mit. Durch den Sohn Gottes wurden alle Engel geschaffen und vom Heiligen Geiste durch die Heiligung vollendet; entsprechend ihrer Würde und ihrer Rangordnung sind sie der Erleuchtung und der Gnade teilhaftig geworden. Sie sind ortsgebunden. Denn wenn sie im Himmel sind, sind sie nicht auf der Erde, und werden sie von Gott auf die Erde gesandt, so bleiben sie nicht im Himmel zurück. Sie werden aber nicht begrenzt von Mauern und Türen, Riegeln und Siegeln, denn sie sind unbegrenzt. Unbegrenzt, sage ich. Denn nicht so, wie sie sind, erscheinen sie den Würdigen, denen sie Gott erscheinen lassen will, sondern in veränderter Gestalt, so, wie die Sehenden sie sehen können. Denn unbegrenzt von Natur aus und im eigentlichen Sinne ist nur das Ungeschaffene. Jedes Geschöpf wird ja von Gott, seinem Schöpfer, begrenzt.

Die Heiligung haben die Engel außerhalb ihrer Natur vom Heiligen Geist empfangen. Durch die göttliche Gnade weissagen sie. Eine Ehe haben sie nicht nötig, denn sie sind nicht sterblich. Sie sind Geister, darum sind sie auch an geistigen Orten. Sie haben ja ihrer Natur nach keine Körpergestalt noch dreifache Ausdehnung – sondern dadurch, daß sie dort, wo sie hinbefohlen werden, geistig zugegen sind und wirken und nicht zu gleicher Zeit da und dort sein und wirken können. Ob sie dem Wesen nach gleich oder voneinander verschieden sind, wissen wir nicht. Gott allein weiß es, der sie erschaffen hat, der alles weiß. Verschieden jedoch sind sie voneinander durch den Lichtglanz und den Stand, sei es, daß dem Lichtmaß ihr Stand oder dem Stand ihr Lichtmaß entspricht. Wegen der Überordnung des Ranges oder der Natur erleuchten sie sich gegenseitig. Es ist klar, daß die höheren den niederen das Licht und die Erkenntnis mitteilen.

Sie sind stark und bereit zur Erfüllung des göttlichen Willens; dank ihrer schnellen Natur finden sie sich sogleich überall ein, wo der göttliche Wink es befiehlt. Sie beschützen die Erdteile, sie stehen Völkern und Orten vor, wie es ihnen vom Schöpfer aufgetragen ist; sie besorgen unsere Angelegenheiten und helfen uns. Es ist sicher, daß sie nach dem göttlichen Willen und Gebot über uns stehen und beständig um Gott sind. Schwer beweglich sind sie zum Bösen, doch nicht unbeweglich. Jetzt sind sie

69 WINDE UND LODERND FEUER
Seraphim und Cherubim. Dom zu Cefalù/Sizilien, um 1148.

ja unbeweglich, nicht kraft ihrer Natur, sondern kraft der Gnade und dem Eifer, womit sie ausschließlich am Guten festhalten. Sie schauen Gott, soweit es ihnen möglich ist, und das ist ihre Nahrung. Sie stehen über uns, denn sie sind unkörperlich und frei von jeder körperlichen Leidenschaft, aber wahrlich nicht leidenschaftslos. Denn nur die Gottheit ist leidenschaftslos. Sie nehmen die Gestalt an, die Gott, der Herr, befiehlt, und so erscheinen sie den Menschen und enthüllen ihnen die göttlichen Geheimnisse. Sie weilen im Himmel, und ihre einzige Arbeit ist, Gott zu preisen und seinem göttlichen Willen zu dienen.

WIEVIELE ENGEL AUF EINER NADELSPITZE PLATZ HABEN

ROBERT GERNHARDT

Die bekannte Streitfrage der Scholastiker, wieviele Engel auf einer Nadelspitze Platz haben, erregte die Gemüter der Pariser Theologen so sehr, daß sich der Dekan 1289 zu einem damals ungewöhnlichen Schritt entschloß. Des Streites der drei sich befehdenden Gruppen müde, lud er sie am ersten Sonntag nach Trinitatis in die Aula der Universität ein.

„Wieviele Engel haben nach Eurer Meinung Platz auf einer Nadelspitze?" fragte er Le Varlin, den Sprecher der ersten Gruppe. „Kein einziger", antwortete dieser, „die ätherische Beschaffenheit dieser Wesen …"

„Das wissen wir", unterbrach ihn der Dekan und sah Grandgouche, den Sprecher der zweiten Gruppe an. „Was meinen Sie?"

„Natürlich 150", entgegnete dieser, „wer sich nur etwas in den Schriften des Thomas von Aquin …"

„Danke", sagte der Dekan und wandte sich an Batteux, den Verfechter des dritten Standpunkts. „Jeder", sagte dieser zornig, „der nur etwas Verstand hat, wird wissen, daß es unzählige sind. Diese immateriellen Geschöpfe …"

„Gut", sagte der Dekan laut, „wir kennen nun ihre Meinungen. Jetzt passen Sie mal auf." Er griff in seine Tasche, holte eine Nadel heraus und steckte sie mit dem stumpfen Ende in eine Tischritze. Darauf faltete er seine Hände, und nach kurzer Zeit kamen einige Engel in den Raum geschwebt. Sie kreisten eine Weile über der Nadel, dann setzte sich erst einer darauf, nach einigem Zögern ein zweiter, schließlich ein dritter. Ein vierter Engel versuchte es, er rutschte aus und fiel auf den Tisch. Er versuchte es ein zweites Mal, wieder mißlang es, die Nadel bot keinen weiteren Platz mehr. Die Engel blieben eine Weile, dann verließen sie lautlos die Aula.

„Bitte schön", sagte der Dekan nach einer Pause, „es sind drei Engel, keiner mehr, keiner weniger. Und jetzt beendet den Streit." Die Sprecher der Parteien schwiegen einen Moment.

„Das waren aber merkwürdige Engel", sagte Le Varlin schließlich.

„Sie waren viel zu groß", sagte Grandgouche.

„Jeder, der nur etwas von Engeln versteht", sagte Batteux, „wird wissen, daß das keine waren, da ihre immaterielle Substanz es ermöglicht, daß unzählige von ihnen auf einer Nadelspitze Platz haben."

„150", meinte Grandgouche.

„Keiner", sagte Le Varlin fest.

„Aber meine Herren", rief der Dekan, „nun ist doch bewiesen …"

„Bewiesen ist nur eines", sagten die Sprecher aus einem Munde, „daß das keine Engel waren."

Und da sie sich das erste Mal in ihrem Leben einig waren, marschierten sie schnurstracks zum Großinquisitor, dem der Dekan schon lange ein Dorn im Auge war. Am zweiten Sonntag nach Trinitatis sah man denn auch den schönsten Scheiterhaufen, der je vor Notre Dame gebrannt hatte.

VOM LEIB DER ENGEL

KARL MARKUS MICHEL

Kurzer Lehrgang der Angelologie

1

Ein Engel ging durch den Raum. Jeder hat seine Gegenwart wahrgenommen. Aber gesehen hat ihn keiner. Dennoch würde man, wenn man die Anwesenden ernsthaft befragte, welche Gestalt der Engel denn hatte, so etwas wie ein Phantombild erhalten. Freilich eines von hinten: Ein langes weißes Gewand hatte er an. (Oder eher einen Minirock?) Und barfuß war er. (Trug er nicht Sandalen?) Die schulterlangen Locken waren goldblond. (Genauer: zwischen Silber und Kastanie). Und die Flügel … – Flügel? Hatte er gar keine? – Aber sicher: ganz große, mit weißen Schwanenfedern. – Also höchstens so Stummel an den Schultern, wie bei einem Brathendl. – Nein, flach waren sie und schimmernd, wie bei einem Schmetterling. – Sie gingen kaum durch die offene Flügeltür! – Unsinn, er verschwand doch durch den engen Flur! – Nein, durchs Fenster!

Wir alle haben nichts gesehen, aber etwas geschaut. Im Banne einer vieltausendjährigen Tradition der Engelschau, die immer wieder zu Visualisierungen führte, besonders in der christlich-abendländischen Kultur. Diese Visualisierungen – das lehrten schon die alten Kirchenväter und bestätigten die Scholastiker – sagen nichts über das Wesen der Engel. Sie sind bloß Bilder, dem menschlichen Auffassungsvermögen angepaßt, und man kann sich allenfalls darüber streiten, ob die Engel von sich aus solche Erscheinungsformen annehmen, oder ob wir Sterblichen sie damit ausstatten.

Somit stehen wir in einem Dilemma. Wir wissen, daß es Engel gibt (geben muß), denn sie wirken, und sei es nur im Geist. Wir wissen aber nicht, wie Engel beschaffen sind und wodurch sie wirken. Das ist etwa so wie bei den Quarks und Schwarzen Löchern: es *muß* sie geben, aber ihre Existenz können die Physiker allein durch Theorien dartun, die selten lange unangefochten bleiben. Oder nehmen wir ein Beispiel aus uns näherliegenden Löchern: die Nachtmare, diese frechen Vettern der Engel (richtiger gesagt: ihre bösen Basen, denn Nachtmare sind in der Regel weiblichen Geschlechts). Gerade heuer ist um sie ein wissenschaftlicher Streit entbrannt, bei dem es darum ging, ob diese Incubi, Succubi, Zombi usw. biologisch oder nur psychisch dingfest zu machen seien. Die verfügbaren Daten lassen sich so oder so interpretieren, Theorie steht gegen Theorie, und eine Lösung ist nicht abzusehen, solange es keine Instanz gibt, die über richtig und falsch, über orthodox und heterodox entscheidet, wie es im Falle der Engel immer wieder die Kirche tat, wodurch uns leider einige der kühnsten Engelkunden verlorengingen, im Schwarzen Loch der Häresie.

Wer nun einwendet, Quarks und Nachtmare hätten doch nichts mit Engeln zu tun, der möge lieber Rilke lesen, bei dem die Engel golemisiert erscheinen. Verschlossen bleiben ihm die Geheimnisse der Angelologie, die von alters her mit denen der Kosmologie und der Psychologie verschwistert waren: Engel steigen auf der Himmelsleiter auf und nieder, wie die Chorus-girls in einer Ziegfeld-Revue – zwischen den Sternen und den Seelen. Sind sie selbst Sterne? Oder sind sie Seelen? Oder das Band zwischen beidem?

2

Wir können den tausendjährigen Gelehrtenstreit um die Natur der Engel, den das 4. Laterankonzil im Jahre 1215 autoritativ beendet, aber nicht entschieden hat, hier nicht nochmals aufrollen. Wir können nur ein paar Aspekte beleuchten und beginnen mit der Engel merkwürdigstem Merkmal: den Flügeln.

Das 4. Laterankonzil hatte die bildliche Darstellung von Engeln in Menschengestalt erlaubt. Sie wäre auch kaum noch zu unterdrücken gewesen. Tausende von Engeln hatten sich schon in Kirchen und Evangeliaren niedergelassen – in Menschengestalt und geflügelt. Wieso eigentlich geflügelt? Die Heilige Schrift bietet keine Rechtfertigung dafür. Wenn dort Engel in Menschengestalt auftreten, haben sie keine Flügel. Und wenn sie Flügel haben, sind es nicht zwei, sondern sechs, und sie zieren Tiere, Monster, Feuerbündel, keine menschenähnlichen Wesen. So wundert es nicht, daß Flügel in der früh

70 BRAUCHEN ENGEL FLÜGEL?
Himmlische Zitherspieler, um 1400.

71 LICHT UND ÄTHER – FEUER UND LUFT
Gott, umgeben von Engeln, 15 Jh.

christlichen Kunst keineswegs selbstverständliche Attribute der Engel waren. Erst im 5. Jahrhundert haben sie sich, von Byzanz her, allgemein durchgesetzt, nach dem Vorbild der griechischen Niken, Genien, Eroten und mancherlei orientalischer Geister. Aber im 9. und 10. Jahrhundert tauchen wieder flügellose Engel auf, als würden sie endlich christianisiert. Es war nun ein Zwischenspiel. Bald flatterte und rauschte es von neuem, aber die majestätisch strengen Paradiesengel von einst wurden zusehends menschlicher, auch kleiner. Seit dem 13. Jahrhundert versüßten ganze Schwärme musizierender Engel die fromme Andacht, es folgten die putzigen Kinderengel, Mädchen neben Knaben (während bisher nur Jünglinge englisch waren), sie vermischten sich seit der Frührenaissance mit den amourösen Putten, nahmen im Manierismus sogar die Gestalt von Kastraten und Hofdamen an: kurz, die Engel degenerierten und verloren dabei – ach! – oft wieder ihr Gefieder, während die Fledermausflügel der Satansengel sich kräftig entwickelten. Erst vom 17. Jahrhundert an traten die guten Engel stets geflügelt auf, zum Vergnügen der Dekorateure. (In der Wallfahrtskirche Wies z. B., so zählte ein gründlicher Angelologe, haben sich nicht weniger als zweihundert geflügelte Engelein niedergelassen.)

Natürlich brauchen Engel Flügel, wie sollten sie sich sonst als Engel zu erkennen geben? Dieses Argument sticht nicht. Sie hätten ein anderes Kennzeichen finden können, etwa den Nimbus der Heiligen, den viele frühe Engel selber trugen. Aber wenn man es recht bedenkt, konnten die christlichen Engel gar nicht umhin, sich Flügel zuzulegen. Es war ein notwendiger Evolutionsschritt in Richtung Transzendenz, der in anderen Religionen und Kulten längst vollzogen war. […]

3

Wir werden Engel sein. Oder werden wir ihnen nur ähnlich sein? Das ist eine Streitfrage der Angelologie, die nie endgültig entschieden wurde. Den Evangelisten Matthäus und Markus zufolge sagte Christus: „nach der Auferstehung werden die Menschen … sein wie die Engel im Himmel (*sicut angeli*). Paulus aber schrieb an die Korinther, „daß wir über Engel richten", d. h. ihnen übergeordnet sein werden. Was nun also? Der Kirchenvater Irenäus (im 2. Jahrhundert) hielt sich bedeckt; er meinte nur, wir würden im Paradies „Umgang in Gemeinschaft mit den heiligen Engeln" haben. Da er aber den Engeln jegliches Fleisch absprach, kann ihre Gemeinschaft mit den Menschen, die doch im Fleisch auferstehen sollen, keine sehr innige sein. Origenes (im 3. Jahrhundert) hingegen meint, wenn ein Mensch in diesem oder jenem Leben die Vollkommenheit erlangt habe, bedürfe er der geistigen Leitung durch Engel nicht länger, er sei dann nicht mehr „Braut eines Engels", sondern den Engeln gleich, ja sogar über sie gestellt. Die Sache mit dem Fleisch entschied er so, daß die Engel (und entsprechend wohl auch die Seligen) einen himmlischen, ätherischen Leib haben, denn nur der Dreifaltigkeit komme die absolute Körperlosigkeit zu. Anders der hl. Ambrosius (im 4. Jahrhundert), der den Engeln nicht nur einen Leib, sondern auch – daher ja ihr Sturz – sündhafte Sinnlichkeit zuschrieb. Doch der hl. Augustin (im frühen 5. Jahrhundert) bestritt das entschieden und forderte deshalb für die Menschen im Jenseits gleichfalls einen unsinnlichen Engelleib aus Licht und Äther, während der hl. Hieronymus (die beiden mochten einander nicht) eben dies für Häresie hielt: Wir werden den Engeln nur ähnlich sein.

Es war ein Streit wie später der um die Transsubstantiation, und erst in der Scholastik kam eine Art Kompromiß zustande, für den Dionysios Areopagita mit seiner Lehre von den neun hierarchisch geordneten Engelchören den Weg gebahnt hatte. Die Seele, sagt der hl. Bonaventura, ist ein Spiegel dieser Hierarchie. Durch neun Stufen der geistigen Erhebung wird sie den neun Engelchören gleich. Im künftigen Leben werden wir deshalb die Gemeinschaft jenes Engelchors teilen, zu dem wir geistig emporgestiegen sind. Einige von uns aber werden nicht einmal die niedrigste Stufe erreichen, sondern unterhalb ihrer einen zehnten Engelchor bilden. Was ja immer noch besser ist als nichts. Obschon nur wenig, gemessen an der maximalistischen Ansicht der hl. Hildegard von Bingen, daß dieser neu zu schaffende zehnte Chor in der Hierarchie nicht der niedrigste sei, sondern der höchste: der erlöste Mensch trete zur Seite Gottes an jenen ersten Platz, der durch den Sturz Luzifers freigeworden, werde also noch über die Sepharim gesetzt, die ständig in einem „excessus caritatis" für Gott verglühen.

Aber nicht einmal die Minimallösung des Bonaventura hatte Bestand. Thomas von Aquin beharrte auf der Ordnung von dreimal drei Engelhierarchien, weil nur sie dem alles durchwaltenden Trinitätsprinzip gemäß sei; ein zehnter Chor wäre ein Tort für die Dreifaltigkeit. Im übrigen verflüchtigte oder vergeistigte sich bei Thomas der Engelleib so sehr, daß in seiner Nachfolge die sprichwörtlichen scholastischen Fragen nach *locus, tempus, motus, actus* aufkommen mußten, also etwa die, ob ein Engel Zeit benötigte für seine Bewegung, ob er gleichzeitig an mehreren Orten sein könne oder, worüber noch Morgenstern grübelte, „wieviel Engel sitzen können / auf der Spitze einer Nadel". Gleichviel: Thomas zufolge werden in der Kirche der Zukunft Engel und Menschen Gemeinschaft haben, insofern dann der „appetitus sensitivus", das ist die Lust, die wir mit den Tieren teilen, abgestorben ist und nur noch die Lust, die wir mit den Engeln teilen, übrig bleibt, der „appetitus intellectivus, in quo communicamus cum angelis": die Lust am Allgemeinen.

4

Das alles zeigt klar, daß wir uns der Frage nach dem jenseitigen Dasein nur nähern können, wenn wir uns der Frage nach dem Engelleib stellen, die uns direkt zu der Frage nach dem Astralleib führt, wenn auch nicht im Steinerschen Sinn. Eher in dem neuplatonischen Sinn, daß die Gestirne durch ihnen innewohnende „Seelen" bewegt werden. Aber heißt das nun, daß Engel Sterne sind, oder heißt es, daß Sterne Engel sind? Oder sind nur beide vom selben Stoff? Die Kirchenväter haben jahrhundertelang um diese Fragen gerungen. Einigkeit bestand allein darin, daß Engel eine Art Körper haben – nur Gott ist reiner Geist, denn nur ihm kommt das Attribut der Unermeßlichkeit zu. Der Engel Geistigkeit hingegen ist eine relative: verglichen mit Gott sind sie materiell, verglichen mit den Menschen aber unkörperlich: „Feuer und Geist", sagt Gregor von Nazianz; „Licht und Äther", sagt Augustin; „Feuer und Luft", sagt Ephraim von Amida. Hippolyt differenziert: Engel sind aus Feuer und Luft gebildet, so wie die Sonne, der Mond, die Sterne, und deshalb diesen verwandt.

Um es kurz zu machen: In der Scholastik gelangte man zu eben der Idee, von der man sich einst abgesetzt hatte, die jetzt aber, durch die Autorität des Aristoteles, von der Hetero- in die Orthodoxie befördert wurde: Die Körperwelt wird von der Geisterwelt (den Intelligenzen, den Engeln) bewegt und gelenkt, sagte Thomas, und die Künstler malten bald darauf Planeten, deren Arme von Engeln gesteuert werden.

Aber die Engel selbst – haben sie nun einen Leib, der mehr ist als eine Art Pneuma? Denn ganz so körperlos, wie Thomas wollte, waren sie sicher nicht, sonst hätte eine Benediktinerregel den betenden Mönchen nicht auferlegt, nur nach *hinten* auszuspucken, wegen der Engel, die *vor* ihnen stehen. Wir müssen die Frage zurückstellen und nochmals bei der patristischen Lösung ansetzen, daß Engel Licht, Luft, Geist seien. Wenn sie das sind – und es ist kaum umstritten –, dann sind sie auch geschlechtslos. Umstritten ist nur, ob die Menschen, unter die Engel versetzt, ebenfalls geschlechtslos sein werden. Dieses delikate Problem der sogenannten Paradiesehe können wir hier nicht erörtern. Wir wollen aber, mit Cyrill von Jerusalem und Augustin, festhalten, daß die Menschen im Himmel für ihren Umgang mit den Engeln einen himmlischen Leib nötig haben, so wie ihr Leib in der Hölle den dortigen Umständen angepaßt sein wird. Kaum aber war man sich über den Ätherleib einigermaßen einig, traten neue Probleme auf: wie steht es mit Nahrung, Wachstum, Vermehrung der Engel? Die Engelspeise hatte schon Origenes als eine geistige bestimmt, die wohl restlos absorbiert wird, so daß sich die Frage der Verdauung und Entleerung nicht stellt. (Oder hat schon mal jemand etwas von Engelkot gehört? Anders die Teufel, die bekanntlich dauernd rülpsen, stinken, scheißen – am liebsten auf den größten Haufen – und deshalb seit dem späten Mittelalter auf dem Bauch oft eine schmatzende Fratze tragen, ihr wahres Gesicht, und den Frommen gern ihr Hinterteil zukehren.) Spätere Erörterungen der Engelspeise bringen nur Modifikationen der himmlischen Speisekarte, führen aber zu der dämonographisch interessanten Frage, ob die Engel, solcherart genährt, nicht auch zu wachsen vermögen, und ob das nur Zunahme an Vergeistigung und Erleuchtung oder auch Vermehrung bedeutet. Wenn es eine Engelfortpflanzung gibt, entschied Gregor von Nyssa im 4. Jahrhundert, dann allein auf nicht geschlechtlichem Wege (vielleicht in der Art der Zellteilung?), und er warnte alle Neugierigen, das lasse sich „nicht aussprechen und durch menschliche Überlegung nicht begreifen".

Dennoch müssen wir fragen, ob die Zahl der Engel von Anfang an festgesetzt war oder nicht. Warum schwanken die Zahlenangaben so sehr, nämlich zwischen sieben und unendlich? Und wenn, nach ältester Tradition, jeder einen Schutzengel hat (vielleicht auch zwei, gleichsam als gutes und als schlechtes Gewissen) – muß dann nicht, wenn die Menschheit sich vermehrt, auch die Zahl der Engel wachsen? Oder sitzen sie seit je im Himmel bereit? Wir stoßen hier auf ein Kernproblem der Angelologie: die Erschaffung der Engel. Die Genesis verliert kein Wort darüber, und auch sonst findet sich in der Heiligen Schrift nichts Erhellendes dazu. […]

5

Die in fast allen gnostischen Lehren stattfindende Explosion von himmlischen Sphären, diese Vervielfältigung der Äonen und Dämonen – lange bevor das kopernikanische Weltbild das ptolemäische aus den Angeln hebt – hat die antike Kosmologie nachhaltig erschüttert, und wäre ihr nicht die frühchristliche Genesis-Exegese zur Seite getreten – wer weiß? Sie bestand darauf, daß Gott allein die Welt erschaffen habe samt Engeln und Menschen, und zwar „am Anfang" und „aus Nichts", und daß das Böse nur durch den freien Willen dieser Geschöpfe in die Welt gekommen sei. Dieser Glaubensartikel, der von manchen Konzilien und Synoden bekräftigt werden mußte, erheischt nun freilich eine überzeugende Theorie der Engelerschaffung, damit Gott die „filii Dei", die guten wie die bösen, in der Hand behält, nachdem er sie erschaffen.

Zunächst: Wann geschah es? Vor dem Sechstagewerk? Oder am ersten Tag, zusammen mit Himmel und Erde? Oder am sechsten Tag, zusammen mit den Menschen? Oder gar, wie eine Stelle im Talmud (Chagega) es nahelegt, „durch jedes einzelne Wort, das aus dem Mund des Heiligen hervorgeht"? Die Kirchenväter brauchten lange, um sich hierüber zu verständigen. Die meisten neigten dazu, die Erschaffung der Engel vor der des Kosmos anzusetzen, kamen dadurch aber in Schwierigkeiten mit der Datierung und Begründung des Engelsturzes, der ja, ob nun durch geschlechtliche Verfehlung oder durch Neid auf die Menschen motiviert, *vor* der Schöpfung gar nicht denkbar war. Aber viel später durfte es auch nicht geschehen: man brauchte doch Luzifer (die Schlange) für den Sündenfall!

Die Datierung des Engelsturzes ist keineswegs eine akademische Frage, denn hier lag die Einbruchstelle für gnostische und manichäische Irrlehren. Diese Bresche mußte unbedingt geschlossen werden, und sei es um den Preis der Christianisierung der wundersam vermehrten Engelscharen, die in die christliche Kirche hereingeflattert waren und den Gläubigen den Kopf verdrehten. Was folgendermaßen geschah:

Im Jahre 325 wurde auf dem Konzil zu Nicäa die Lehre von der Schöpfung der Engel zum Dogma erhoben. 350 verbot die Synode von Laodicäa die Anbetung der Engel als Abgötterei. Aber der Engelkult griff um sich. Tempel wurden ihnen geweiht, Wallfahrten veranstaltet, Engelamulette und Engelmedizinen kamen auf, kurz, der Polytheismus kehrte zurück und spannte Himmel und Hölle für sich ein. Die Synode von Konstantinopel verdammte deshalb im Jahre 543 die Idee, daß „der Himmel, die Sonne, der Mond, die Sterne … belebte materielle Kräfte", also Engel seien. Das 2. Konzil von Konstantinopel hingegen verurteilte 553 die Lehre, daß Sonne, Mond und Sterne in die Materie gefallene Engel seien und der Fall des Menschen sich von dem der Engel herleite. Das Konzil von Brega wiederum verbot 561 die Meinung, die Engel seien aus der Substanz Gottes, der Teufel sei nicht geschaffen, sondern Urheber und Wesen des Bösen, und alles Fleisch sei die Schöpfung böser Engel. Es nutzte nichts. Vom 6. Jahrhundert an häuften sich die Engelheiligtümer, die Engelerscheinungen, die Engelanrufungen, die nicht nur den drei biblischen Erzengeln Michael, Raphael und Gabriel galten, sondern auch anderen, es waren ja genügend Engelnamen im Umlauf (das apokryphe Henochbuch z. B. nannte 150). So wurden zunächst, den sieben Planeten zugeordnet, sieben Erzengel benannt, und der oberste, der Sonnenlenker, hieß nicht immer Michael – Luzifer war viel faszinierender! Immer neue Bullen und Bänne versuchten diesen Kult einzudämmen, der vor allem in unseren Wäldern floriert haben muß, denn Bonifazius, der Bischof der Deutschen, betrieb die Einberufung des Konzils von Rom (745), das die Evokation von anderen als den drei biblischen Erzengeln verbot. Das Konzil von Aachen (789) bekräftigte dieses Verbot durch die Androhung des Banns.

Ein anderes Problem stellte sich derweil der Ostkirche. Dort mußte die Engelverehrung nicht in Schranken gehalten, sondern gegen die Angriffe der Ikonoklasten verteidigt werden. Das 2. Konzil von Nicäa (787) entschied schließlich sehr weise, daß Engel und Dämonen zwar unkörperlich seien, aber eine Art Leib besäßen und deshalb bildlich dargestellt werden dürften – weshalb nicht nur die Ikonenkunst unbehelligt blieb, sondern auch die oft so phantastische Engel- und Teufel-Folklore der Ostkirchen blühen konnte, bis hin zu dem äthiopischen Buch über die „Mysterien des Himmels und der Erde" (15. Jahrhundert), wo Michael für seinen letzten Kampf mit Luzifer rund zwei Millionen feuerspeiender und -schleudernder Engel mobilisiert. (Doch was ist schon die christliche Science-fiction, gemessen an der islamischen Mystik, die sich z. B. zu der Einsicht aufschwang, daß Gott in jeden Magen vier Engel gesetzt habe, für vier verschiedene Verdauungsfunktionen!) [...]

10

Jakob Böhme, der „Philosophus teutonicus", führt viele überlieferte Engelvisionen in widersprüchlicher Weise zusammen und gelangt dabei zu einer kühnen Hypothese. Seine Engel gibt es zwar seit je und für immer, und sie sind "alle auf einmal geschaffen", aber sie haben auch Anfang und Ende, was ihm selbst unbegreiflich ist. Engel sind eben keine Wesenheiten, sondern Kreaturen, geschaffen nicht nur aus Licht, sondern „aus dem Leibe der Natur". Sie können bald groß, bald klein sein und sich so schnell verändern wie ein Gedanke; und doch hat ein jeder seinen Körper für sich. Wie sehen diese Körper aus? Wie die der Menschen, nach Gottes Ebenbild; sonst könnten wir ihnen nach der Auferstehung ja nicht gleich sein, sondern müßten ein anderes Bildnis annehmen, was gegen die Schöpfung wäre. Doch erst im Paradies werden die Menschen ganz so gestaltet sein wie die Engel, ihre Brüder. Auf Erden aber offenbart sich ein Engel immer in einfacher Menschengestalt. Er hat auch einen Mund, mit dem er „von den himmlischen Früchten isset", denn er muß „den Geist in sich durch das Maul raffen, davon die Luft in dieser Welt entstehet" – wunderbar!

Und was bewirken die Engel des weiteren? Sie sind dazu geschaffen, „daß sie sollen für Gottes Herzen, welches ist der Sohn Gottes, loben, singen, klingen, jubilieren und die himmlische Freude vermehren". Bei dieser symphonischen Tätigkeit scheinen die Engel zu *einem* Leib, *einem* Klangkörper zusammenzuwachsen, denn „wenn man alle Umstände recht betrachtet, so findet sich's, daß das ganze Regiment in Seinem (Gottes) Revier in einem Königreich ist beschaffen wie ein Corpus eines Engels oder wie die Dreifaltigkeit". Damit kommt Dionysios nochmals zu Ehren. Aber das alles ist „ein großes Geheimnis", versichert Böhme, und: „So sieht es nur der Geist."

Emanuel Swedenborg, dem nordischen Geisterseher, wurde es ebenfalls „gegeben", die Engel zu sehen, und zwar „im Zustand des klaren Bewußtseins". Auch für ihn ist „der Engel ein Himmel in kleinster Gestalt, denn der Himmel ist nicht außerhalb des Engels, sondern innerhalb desselben", so daß ein einzelner Engel, die komplette Engelgesellschaft und der ganze Himmel kongruent sind. Äußerlich hingegen gleichen die Engel den Menschen, ja, sie sind „ihrer Gestalt nach völlig Menschen"; sie haben ein Angesicht, Augen, Ohren, Arme, Füße usw., sie atmen, sie reden miteinander, „es fehlt ihnen durchaus nichts, was zum Menschen gehört, als daß sie nicht mit einem materiellen Leib überkleidet sind". Deshalb können sie nur „durch die Augen des Geistes" gesehen werden, was Swedenborg (wie Böhme) „ex divina misericordia Domini" gegeben ward.

Er hat die Engel nicht nur gesehen, er hat auch mit ihnen gesprochen, sogar oft, von Freund zu Freund. Und zwar in *ihrer* Sprache, denn sie beherrschen die menschliche nicht, weil sie nur aussprechen können, was ganz mit dem Gefühl übereinstimmt. Wenn er dann wieder zurückversetzt wurde in die irdische Rede, hatte er leider keine Erinnerung mehr an die Engelsprache. Oder nur die, daß bei den beiden (nicht genauer charakterisierten) Engelgruppen, der himmlischen und der geistigen, die Intonation sich ein wenig unterscheidet: die Rede der ersteren ist mehr Moll (mit vielen A- und O-Lauten), die der letzteren mehr Dur (mit vielen E- und I-Lauten). Gemeinhin aber findet die Begegnung zwischen einem Menschen und einem Engel so statt, daß der Engel sich mit dem Menschen verbindet, sogar mit ihm identisch wird und dann von innen heraus spricht – durch den Mund des Menschen und in dessen Sprache. So war es jedenfalls bei den Menschen der Urkirche. Dann entfremdeten sich die Menschen vom Himmel, und seitdem hat nur noch selten jemand mit Engeln oder als Engel gesprochen, weiß Swedenborg. […]

Das wär's dann wohl. Oder sollten wir noch die dubiose Ansicht erwähnen, derzufolge die Engel nur Projektionen der Menschen sind, eine Idee unserer selbst? Dann müßten wir folgern, daß wir keine solche Idee von uns mehr haben, wenn wir keine Engel mehr schauen. Und das ist heute wirklich der Fall. Der Engelflucht seit dem 16. Jahrhundert korrespondiert eine stickige Engelfülle hienieden: Engel aus Gips und Marzipan, Engel in Oblaten und als Metaphern, Engel auf Friedhöfen und in Warenhäusern, Engel allenthalben, niedlich und süß – wie soll man da noch Engel *schauen*? Selbst die katholische Kirche teilt heute die „Angelologie des Achselzuckens" (Karl Barth); sie klammert sich nur noch an die Formel des 4. Laterankonzils (1215), daß Gott die Engel „zu Beginn der Zeit aus Nichts" geschaffen habe, und empfiehlt im übrigen den Gläubigen die Verehrung dieser offenbar nutzlosen Wesen. (Da ist Maria viel besser dran, obwohl sie erst zur Zeit des zweiten Kreuzzugs über die Engelchöre erhoben wurde.)

Vielleicht aber liegt es an den Engeln selbst? Wie, wenn am Ende der Kirchenvater Hieronymus recht behielte gegen Augustin: die Schutzengel können in der Erfüllung ihrer Aufgabe nachlässig sein! Oder machen sie gerade ihren tariflichen Urlaub, nur für ein paar Jahrhunderte? Oder sind sie in himmlischer Kur, um ihren zarten Engelleib zu pflegen? Ach, wir wissen es nicht, und die Forschungsgelder fließen ganz woanders hin, zu den Laser- statt zu den göttlichen Strahlen, von denen die Engel sich laben.

1985

ACHTER CHOR
DER ENGEL

WERDEN WIE DIE ENGEL –
STERBEN, TOD, GERICHT

„Ihr Engel in den Himmelshöhn,
Vernehmt mein Schluchzen und mein Flehn.“

Heinrich Heine

Engel begleiten den Menschen durch alle Lebensphasen. So verwundert es nicht, wenn die Sterbeforschung den Engel auch im Grenzbereich zwischen Leben und Tod entdeckt. Er ist Wegbegleiter ins himmlische Reich, wo Menschen wie Engel werden sollen.
Todesarten und Todesängste, Gewißheit und Vorfreude erklingen im achten Chor der Engel. Erfahrungen von Ärztinnen und Krankenschwestern, Kindern, Dichtern und jiddischen Erzählern gewähren Ausblicke auf den Gerichtstag im Himmel, wo deutlich erscheint, was der Mensch gewesen ist. Hier geschieht die Vorbereitung auf den Eintritt ins Reich der Engel.

1 ERWARTUNGEN

CHERUBIM

WERNER FRITSCH

Es ist ja schon ewig lang her. Sechzig oder gar siebzig Jahr. Daß ich ihn gesehen hätt herumfliegen zwischen den Häusern. Den Herrgott. Hat die Augen gehabt ganz gelb. Derselbe. Wie so ein Drach irgendmal. Und irgendmal schon wie ein Cherub. Und drüber hinaus.
Das Flügelrauschen irgendmal über den Lichtmasten.

Und der Tod – ein Muttergotteskuß ist es.
Wo wegnimmt den Atem von einem.
Wie Wind in Linden.
Und grabens einen auch ein.
Und ist doch wie Leben.
In Engerlingen und solchen Dingen.
Und eines Tages bin auch ich.
Irgendmal unter Cherubim.

AN DIE ENGEL

HEINRICH HEINE

Das ist der böse Thanatos*,
Er kommt auf einem fahlen Roß;
Ich hör den Hufschlag, hör den Trab,
Der dunkle Reiter holt mich ab –
Er reißt mich fort, Mathilden soll ich lassen,
O, den Gedanken kann mein Herz nicht fassen!

Sie war mir Weib und Kind zugleich,
Und geh ich in das Schattenreich,
Wird Witwe sie und Waise sein!
Ich laß in dieser Welt allein
Das Weib, das Kind, das, trauend meinem Mute,
Sorglos und treu an meinem Herzen ruhte.

Ihr Engel in den Himmelshöhn,
Vernehmt mein Schluchzen und mein Flehn:
Beschützt, wenn ich im öden Grab,

Das Weib, das ich geliebet hab;
Seid Schild und Vögte eurem Ebenbilde,
Beschützt, beschirmt mein armes Kind, Mathilde.

Bei allen Tränen, die ihr je
Geweint um unser Menschenweh,
Beim Wort, das nur der Priester kennt
Und niemals ohne Schauder nennt,
Bei eurer eignen Schönheit, Huld und Milde,
Beschwör ich euch, ihr Engel, schützt Mathilde.

* = Tod

WAS ICH MAL WERDEN MÖCHT, IST ENGEL

ANNA

Lieber Mister Gott!
Heut muß ich Dir schreiben, weil, wir haben in der Schule aufgekriegt, einen Brief schreiben an den besten Freund, den man hat, und ihm sagen, was ich mal werden möcht, wenn ich groß bin und keine Schularbeiten mehr machen muß. Deshalb schreib ich an Dich, denn Fynn ist ja hier, dem kann ich nicht schreiben, oder er würd drüber lachen. Du lachst aber nie, wenn Du mir beim Schreiben über die Schulter guckst. Das find ich prima, weil, sonst würd ich vielleicht rot werden.
Was ich mal werden möcht, ist Engel. Das hab ich noch niemand gesagt, auch Fynn nicht. Deshalb weiß ich auch noch nicht, wo man die Flügel herkriegt. Stimmt es, daß man da erst tot sein muß? Das hat der Robbie aus der Mortonstreet gesagt, der Torwart werden will. Der glaubt an überhaupt nichts außer Fußball. Und er sagt, ein Engel ist bloß dazu da, daß kein Ball ins Netz geht. Ich möcht aber mehr tun, wenn ich mal Engel bin. Und auch nicht erst tot sein müssen.

Ich schreib Dir, weil ich glaub, daß nur Du richtig weißt, wie man Engel wird. In der Bibel steht, daß Du die Engel selber machst. Da dacht ich, weil Du doch auch mich gemacht hast vor paar Jahren, kannst Du mich auch zum Engel machen. Später mal. Aber nicht zu spät. Jedenfalls bevor ich so alt bin wie Mrs. Cook. Dann ist man schon zu alt, um noch fliegen zu lernen oder um noch andauernd Gutes zu tun. Mrs. Cook tut oft nichts Gutes, wenn sie Noten gibt. Das möcht ich später mal nicht machen. Lieber für andere die Hausaufgaben machen, wenn sie's nicht können. Dann wär ich fast so nützlich wie Du. Ob Du mir dabei helfen kannst, würd ich gern von Dir wissen. Wenn Du mir zeigst, was man als Engel alles können muß, dann würd ich bestimmt für üben. Ganz sicher.

JANE EYRE

CHARLOTTE BRONTË

Ehe noch die halbe Stunde vorüber war, schlug es fünf. Die Schülerinnen wurden entlassen, und alle gingen zum Tee in den Speisesaal. Ich wagte es nun hinunterzusteigen. Es war schon tiefdunkel. Ich zog mich in eine Ecke zurück und setzte mich auf den Fußboden. Die zauberhafte Kraft, die mich bislang gestärkt hatte, begann zu schwinden, die Reaktion kam, und bald überwältigte mich solcher Kummer, daß ich fassungslos mit dem Gesicht auf den Boden niedersank und weinte. Helen Burns war nicht hier, nichts hielt mich aufrecht. Mir selbst überlassen, gab ich mich auf, und meine Tränen benetzten den Fußboden. Ich hatte in Lowood so brav sein und so viel arbeiten wollen, ich wollte Freunde gewinnen, mir Achtung verschaffen und Zuneigung erwerben. Schon hatte ich sichtbare Fortschritte gemacht: An jenem Morgen war ich an die Spitze meiner Klasse gerückt, Miß Miller hatte mich besonders gelobt, Miß Temple hatte beifällig gelächelt – sie hatte versprochen, wenn ich noch zwei Monate lang so fleißig bleiben würde, mir

Zeichen- und Französischunterricht erlauben zu wollen –, und schließlich mochten mich meine Mitschülerinnen gut leiden, meine Altersgenossinnen behandelten mich als ihresgleichen, und niemand quälte und ärgerte mich. Und nun lag ich gebrochen und zertreten hier! Konnte ich mich jemals wieder erheben?

„Niemals", dachte ich und hatte nichts weiter als den brennenden Wunsch zu sterben. Während ich dieses Begehren in gebrochenen Lauten hervorstammelte, näherte sich jemand: Ich schreckte hoch – wieder war es Helen Burns. Die niedergebrannten Feuer ließen mich gerade noch erkennen, wie sie durch das lange, leere Zimmer schritt; sie brachte mir Kaffee und Brot.

„Komm, iß etwas", sagte sie, doch ich schob beides beiseite. Ich fühlte, daß ich an einem einzigen Tropfen oder einem Bissen in meiner gegenwärtigen Verfassung hätte ersticken müssen. Helen betrachtete mich mit unverkennbarem Erstaunen. Trotz all meiner Bemühungen gelang es mir nicht, meiner Erregung Herr zu werden, und ich fuhr fort, laut zu weinen. Sie setzte sich neben mich auf den Fußboden, umfaßte ihre Knie mit beiden Armen und legte ihren Kopf darauf. In dieser Stellung verharrte sie schweigend wie ein Inder. Ich begann als erste zu sprechen: „Helen, warum bleibst du bei einem Mädchen, das jeder für eine Lügnerin hält?"

„Jeder, Jane? Es haben doch nur achtzig Menschen gehört, wie du so genannt wurdest, und die Erde bevölkern doch Hunderte von Millionen."

„Aber was habe ich mit diesen Millionen zu tun? Die achtzig, die ich kenne, verachten mich."

„Jane, du irrst, kaum eine in der Schule verachtet oder haßt dich; ich glaube vielmehr, daß dich viele sehr bedauern."

„Wie können sie mich bedauern nach dem, was Mr. Brocklehurst gesagt hat?"

„Mr. Brocklehurst ist kein Gott, nicht einmal ein großer und bewunderter Mann. Keiner mag ihn besonders leiden, denn er hat nie etwas getan, um sich beliebt zu machen. Hätte er dich als seinen besonderen Liebling bevorzugt, so könntest du um dich herum offene und heimliche Feinde entdecken, so aber würden die meisten gern für dich eintreten, wenn sie es nur dürften. Sollten dich tatsächlich Lehrerinnen und Schülerinnen ein oder zwei Tage kühl behandeln, so verbergen sie nur ihre ehrliche Zuneigung, und wenn du dich im Unterricht weiter so gut machst, werden sie ihre wahren Gefühle bald um so deutlicher zeigen, weil sie eine Zeitlang zurückhaltend sein mußten. Und außerdem, Jane …", sie hielt inne.

„Nun, Helen? sagte ich und legte meine Hand in die ihre. Sie rieb sanft meine Finger, um sie zu wärmen, und fuhr fort:

„Und wenn dich die ganze Welt haßte und für gottlos hielte, dein Gewissen aber gäbe dir recht und spräche dich von jeglicher Schuld frei, wärest du dennoch nicht allein."

„Nein, ich weiß, ich würde auch dann gut von mir denken, aber das genügt mir nicht. Wenn ich nicht von anderen geliebt werde, so würde ich lieber sterben. Einsam zu sein und gehaßt zu werden, kann ich nicht ertragen, Helen. Sieh, um von dir oder Miß Temple oder von sonst jemand, den ich aufrichtig liebe, auch ehrlich geliebt zu werden, würde ich mir gern einen Arm brechen oder mich von einem Stier umherschleudern lassen oder mich hinter ein ausschlagendes Pferd stellen und mir die Brust von seinem Huf zertrümmern lassen."

„Still, Jane! Du hältst zuviel von menschlicher Liebe, du bist zu impulsiv, zu heftig. Die Hand des Allmächtigen, die deinen Körper geschaffen und ihn mit Leben erfüllt hat, hat dir noch gewaltigere Stützen geschenkt als dein schwaches Ich oder als andere Lebewesen, die genauso hilflos sind wie du. Außer dieser Welt, außer dem Menschengeschlecht gibt es eine unsichtbare Welt und ein Reich der Geister. Diese Welt umgibt uns, denn sie ist überall. Diese Geister bewachen uns; ihre Aufgabe ist es, uns zu beschützen. Und wenn wir in Kummer und Schande stürben, wenn Verachtung uns erdrückte und Haß unsere Kraft lähmte, so wissen wir doch, es gibt Engel, die unsere Qualen sehen und unsere Unschuld erkennen – so wir wirklich unschuldig sind. Und ich weiß, auf dich trifft diese Anklage nicht zu, mit der Mr. Brocklehurst so wichtigtuerisch und wirkungslos das aufgewärmt hat, was er von Mrs. Reed erfuhr. Denn deine feurigen Augen und deine reine Stirn lassen mich deine aufrichtige Natur erkennen. Gott wird uns jedoch für unsere Taten erst dann Gerechtigkeit widerfahren lassen, wenn sich unser Geist vom Körper gelöst hat. Warum sollten wir uns dann jemals von Kummer überwältigen lassen, wenn unser Leben so rasch vorüber ist und der Tod uns ewiges Glück und ewige Herrlichkeit eröffnet?"

Ich entgegnete nichts. Helen hatte mich beruhigt, aber die Ruhe, die sie mir einflößte, war gleichzeitig mit einer unsäglichen Traurigkeit gepaart. Ich spürte, daß ihre Worte von Schmerz erfüllt waren, aber ich konnte nicht sagen, weshalb. Doch als sie nun etwas rascher atmete und bisweilen hustete, vergaß ich für einen Augenblick meine eigenen Sorgen und gab einem unbestimmten Gefühl der Unruhe und Anteilnahme für sie nach.

Ich legte meinen Kopf auf Helens Schulter und umschlang sie mit beiden Armen. Sie zog mich an sich, und so verharrten wir schweigend.

73 ENGEL – BOTEN DER LEBENSDICHTE
Giovanni Bellini († 1516): Christus am Ölberg.

227

2 STERBE-ERFAHRUNGEN

DER ENGEL DES TODES

PERSISCHES MÄRCHEN

Es war einmal ein altes Ehepaar, das hatte einen Sohn. Der Vater war Schreiner, der Sohn war Schneider. Eines Tages bat der Sohn seinen Vater um die Erlaubnis, eine Reise nach einem weit entfernten Heiligtum zu unternehmen. Als er nun unterwegs war, traf er einen Derwisch, und die beiden wurden Reisegefährten. Eines Tages ließen sie sich zum Mittagessen nieder, und der Jüngling lud den Derwisch ein, sein Essen mit ihm zu teilen. Der Derwisch lehnte es ab, aber der Jüngling bestand nochmals darauf, so daß der Derwisch schließlich notgedrungen mitaß. Als der Derwisch nach einigen Tagen seinen Weg allein fortsetzen wollte, fragte ihn der Jüngling: „Wie heißt du? Woher kommst du und wohin gehst du?" Der Derwisch erwiderte: „Mein Name ist schrecklich. Wenn ich ihn dir sage, wirst du Angst bekommen." – „Nein", entgegnete der Jüngling, „warum sollte ich mich fürchten. Ich werde keine Angst haben, denn ich habe das Salz mit dir geteilt und ich weiß, daß mir von dir kein Unheil zustoßen wird." Da sprach der Derwisch: „Mein Bruder! Ich bin Azra'il, der Todesengel." – „Wenn du wirklich Azra'il bist", meinte da der Jüngling, „sage mir, wann ich denn sterben werde." – „Dein Tod", sprach der Derwisch, „wird in deiner Hochzeitsnacht sein." – „Gut", meinte der Jüngling, und beide verabschiedeten sich voneinander. Vorher aber bat der Jüngling den Derwisch noch: „Mein Bruder! Bei dem Salz, welches wir zusammen gegessen haben! Wenn du kommst, um meine Seele zu holen, dann zeige dich mir in deiner jetzigen Gestalt." Dem stimmte der Derwisch zu. Der Jüngling setzte seine Reise fort. Als er wieder nach Hause kam, wollten seine Eltern ihn verheiraten. Er aber wehrte ab mit den Worten: „Ich will keine Frau." So ging es eine Weile, bis der Sohn dreißig Jahre alt wurde. Da sprach sein Vater zu ihm: „Mein Söhnchen! Mittlerweile ist mein Bart weiß geworden. Ich würde dich gerne als Bräutigam sehen!" Der Sohn aber erwiderte: „Mein Vater! Wünsche dir nicht, mich als Bräutigam zu sehen; denn wenn ich heiraten sollte, werde ich in der Hochzeitsnacht sterben." Hierauf erzählte er ihm sein Erlebnis mit Azra'il. Der Vater aber warf ein: „Was sind das für Worte! Was erzählst du mir denn da! Erstens einmal kann man Azra'il nicht sehen; und zweitens, wenn er vom Himmel herabsteigen sollte, um deine Seele zu holen, dann werde ich meine Seele statt dessen anbieten." Und ebenfalls boten seine Mutter und seine Schwester an, ihre Seelen statt seiner zu geben.

Auf jeden Fall wurde die Hochzeit vorbereitet und die Hochzeitsnacht fand statt. Aber gerade, als Braut und Bräutigam die Hände ineinanderlegten, öffnete sich die Tür, der Derwisch trat ein und sagte: „Habe ich dir nicht gesagt, Jüngling, du sollest nicht heiraten, denn deine Hochzeitsnacht werde die letzte Nacht deines Lebens sein?" – „Gewähre mir eine kurze Frist", erwiderte der Jüngling, „damit ich meine Eltern rufen kann." Er rief sie beide, und als sie gekommen waren, erinnerte er sie an ihr Versprechen: „Ihr habt doch versprochen, daß ihr zu dem Zeitpunkt, wenn Azra'il komme, bereit seid, eure Seele anstelle meiner zu geben. Hier nun ist Azra'il gekommen. Gebt ihm eure Seele!" Da bot der Vater sich an: „Komm,

Azra'il, und nimm meine Seele!" Sogleich machte Azra'il sich daran, die Seele des Vaters aus seinem Körper zu ziehen. Er hatte sie schon bis zur Brust herausgezogen, da rief der Vater: „Azra'il! Es ist doch zu schwer, die Seele herzugeben. Nimm lieber seine eigene Seele!" Gerade als Azra'il den Sohn zum Schlafen legte, rief nun die Mutter: „Der Bräutigam ist doch noch so jung, nimm statt seiner lieber meine Seele!" Also machte sich Azra'il daran, die Seele der Mutter herauszuziehen. Aber als er sie schon bis zur Kehle herausgezogen hatte, rief die Mutter auch: „Es ist so schwer! Ich will lieber auf der Welt bleiben. Nimm doch seine eigene Seele!" Da lief aber sogleich die Braut herbei und sprach: „Wenn heute der Bräutigam stirbt, wird man morgen zu mir sagen, mein Schritt bringe Unheil. Also nimm gleich heute meine Seele, damit ich Ruhe finde vor den Anschuldigungen der Leute."

So machte sich Azra'il nun daran, die Seele des Mädchens herauszuziehen. Aber gerade, als er sie schon bis zur Nase herausgezogen hatte, ertönte eine Stimme vom Himmel, die rief: „Laß sie beide in Frieden! Wegen der Opferbereitschaft der Braut schenk ich ihnen beiden dreißig Jahre Leben zusammen!"

So beendete Gott alles mit Wohlgefallen.

74 WOHER KOMMST DU – WOHIN GEHST DU?
Milan Kunc: Der Engel des Todes, 1980.

75 DAS LETZTE MAHL
Justus van Gent († 1480):
Die Einsetzung
des Heiligen Abendmahls.

TOD EINES ENGELS

JEAN PAUL

Zum Engel der *letzten* Stunde, den wir so hart den Tod nennen, wird uns der weichste, gütigste Engel zugeschickt, damit er gelinde und sanft das niedersinkende Herz des Menschen vom Leben abpflücke und es in warmen Händen und ungedrückt aus der kalten Brust in das hohe wärmende Eden trage. Sein Bruder ist der Engel der *ersten* Stunde, der den Menschen zweimal küsset, das erste Mal, damit er dieses Leben anfange, das zweite Mal, damit er droben ohne Wunden aufwache und in das andere lächelnd komme, wie in dieses Leben weinend.

Da die Schlachtfelder voll Blut und Tränen standen und da der Engel der letzten Stunde zitternde Seelen aus ihnen zog: so zerfloß sein mildes Auge, und er sagte: „Ach, ich will einmal sterben wie ein Mensch, damit ich seinen letzten Schmerz erforsche und ihn stille, wenn ich sein Leben auflöse." Der unermeßliche Kreis von Engeln, die sich droben lieben, trat um den mitleidigen Engel und verhieß dem Geliebten, ihn nach dem Augenblick seines Todes mit ihrem Strahlenhimmel zu umringen, damit er wüßte, daß es der Tod gewesen; – und sein Bruder, dessen Kuß unsere erstarrten Lippen wie der Morgenstrahl kalte Blumen öffnet, legte sich zärtlich an sein Angesicht und sagte: „Wenn ich dich wieder küsse, mein Bruder, so bist du gestorben auf der Erde und schon wieder bei uns."

Gerührt und liebend sank der Engel auf das Schlachtfeld nieder, wo nur ein einziger schöner feuriger Jüngling noch zuckte und die zerschmetterte Brust noch regte: um den Helden war nichts mehr als seine Braut, ihre heißen Zähren konnt' er nicht mehr fühlen, und ihr Jammer zog unkenntlich als ein fernes Schlachtgeschrei um ihn. Oh, da bedeckte ihn der Engel schnell und ruhte in der Gestalt der Geliebten an ihm und sog mit einem heißen Kusse die wunde Seele aus der zerspaltenen Brust – und er gab die Seele seinem Bruder, der Bruder küßte sie droben zum zweiten Mal, und dann lächelte sie schon. Der Engel der letzten Stunde zuckte wie ein Blitzstrahl in die öde Hülle hinein, durchloderte den Leichnam und trieb mit dem gestärkten Herzen die erwärmten Lebensströme wieder um. Aber wie ergriff ihn die neue Verkörperung! Sein Lichtauge wurde im Strudel des neuen Nervengeistes untergetaucht – seine sonst fliegenden Gedanken wateten jetzt träge durch den Dunstkreis des Gehirns – an allen Gegenständen vertrocknete der feuchte, weiche Farbenduft, der bisher herbstlich über ihnen wogend gegangen, und sie stachen auf ihn aus der heißen Luft mit einbrennenden, schmerzlichen Farbenflecken – alle Empfindungen traten dunkler, aber stürmischer und näher an sein Ich und dünkten ihm Instinkt zu sein, wie uns die der Tiere – der Hunger riß an ihm, der Durst brannte an ihm, der Schmerz schnitt an ihm … Oh, seine zertrennte Brust hob sich blutend auf, und sein erster Atemzug war sein erster Seufzer nach dem verlassenen Himmel! – „Ist dieses das Sterben der Menschen!" dacht' er; aber da er das versprochene Zeichen des Todes nicht sah, keinen Engel und keinen umflammenden Himmel: so merkt' er wohl, daß dieses nur das Leben derselben sei.

Abends vergingen dem Engel die irdischen Kräfte, und ein quetschender Erdball schien sich über sein Haupt zu wälzen; – denn der *Schlaf* schickte seine Boten. Die innern Bilder rückten aus ihrem Sonnenschein in ein dampfendes Feuer, die ins Gehirn geworfenen Schatten des Tages fuhren verwirrt und kolossalisch durcheinander, und eine sich aufbäumende unbändige Sinnenwelt stürzte sich über ihn; – denn der *Traum* schickte seine Boten. Endlich faltete sich der *Leichenschleier* des Schlafes doppelt um ihn, und in die Gruft der Nacht eingesunken, lag er einsam und starr, wie wir armen Menschen, dort. Aber dann flogest du himmlischer Traum, mit deinen tausend Spiegeln vor seine Seele und zeigtest ihm in allen Spiegeln einen Engelkreis und einen Strahlenhimmel; und der erdige Leib schien mit allen Stacheln von ihm loszufallen. „Ach", sagt' er in vergeblicher Entzückung, „mein Entschlafen war also mein Verscheiden!" – Aber da er wieder mit dem eingeklemmten Herzen, voll schweren Menschenbluts aufwachte und die Erde und die Nacht erblickte, so sagt' er: „Das war nicht der Tod, sondern bloß das Bild desselben, ob ich gleich den Sternhimmel und die Engel gesehen."

Die Braut des emporgetragenen Helden merkte nicht, daß in der Brust ihres Geliebten nur ein Engel wohne: sie liebte noch die aufgerichtete Bildsäule der verschwundnen Seele und hielt noch fröhlich die Hand dessen, der so weit von ihr gezogen war. Aber der Engel liebte ihr getäuschtes Herz mit einem Menschenherzen wieder, eifersüchtig auf seine eigne Gestalt – er wünschte nicht früher als sie zu sterben, um sie so lange zu lieben, bis sie ihm es einmal im Himmel vergäbe, daß sie an *einer* Brust zugleich einen Engel und einen Geliebten umfangen. Aber sie starb früher: der vorige Kummer hatte das Haupt dieser Blume zu tief niedergebogen, und es blieb gebrochen auf dem Grabe liegen. Oh, sie ging unter vor dem weinenden Engel, nicht wie die Sonne, die sich prächtig vor der zuschauenden Natur ins Meer wirft, daß seine roten Wellen am Himmel hinaufschlagen, sondern wie der stille Mond, der um Mitternacht einen Duft versilbert und mit dem bleichen Dufte ungesehen niedersinkt. – Der Tod schickte seine sanftere Schwester, die Ohnmacht, voraus – sie berührte das Herz der Braut, und das warme Angesicht gefror – die Wangenblumen krochen ein – der bleiche Schnee des Winters, unter dem der Frühling der Ewigkeit grünet, deckte ihre Stirn und Hände zu … Da zerriß das schwellende Auge des Engels in eine brennende Träne; und als er dachte, sein Herz mache sich in Gestalt einer Träne, wie eine Perle aus der mürben Muschel, los: so bewegte die Braut, die zum letzten Wahnsinn erwachte, noch einmal die Augen und zog ihn an ihr Herz und starb, als sie ihn küßte und sagte: „Nun bin ich bei dir, mein Bruder." – Da wähnte der Engel, sein Himmelbruder hab' ihm das Zeichen des Kusses und Todes gegeben; aber ihn umzog kein Strahlenhimmel, sondern ein Trauerdunkel, und er seufzete, daß das nicht sein Tod, sondern nur die Menschenqual über einen fremden sei.

„Oh, ihr gedrückten Menschen", rief er, „wie überlebt ihr Müden es, oh, wie könnt ihr denn alt werden, wenn der Kreis der Jugendgestalten zerbricht und endlich ganz umliegt, wenn die Gräber eurer Freunde wie Stufen zu euerem eignen hinuntergehen und wenn das Alter die stumme, leere Abendstunde eines erkalteten Schlachtfeldes ist; oh, ihr armen Menschen, wie kann das euer Herz ertragen?"

Der Körper der aufgeflogenen Heldenseele stellte den sanften Engel unter die harten Menschen – unter ihre Ungerechtigkeiten – unter die Verzerrungen des Lasters und der Leidenschaften – auch seiner Gestalt wurde der Stachelgürtel von verbundenen Zeptern angelegt, der Weltteile mit Stichen zusammendrückt und den die Großen immer enger schnüren – er sah die Krallen gekrönter Wappentiere am entfiederten Raube hacken und hörte diesen mit matten Flügelschlägen zucken – er erblickte den ganzen Erdball von der Riesenschlange des Lasters in durchkreuzenden, schwarzbunten Ringen umwickelt, die ihren giftigen Kopf tief in die menschliche Brust hineinschiebt und versteckt … Ach, da mußte durch sein weiches Herz, das eine Ewigkeit lang nur an liebevollen warmen Engeln gelegen war, der heiße Stich der Feindschaft schießen, und die heilige Seele voll Liebe mußte über eine innere Zertrennung erschrecken. „Ach", sagt' er, „der menschliche Tod tut wehe." – Aber es war keiner: denn kein Engel erschien.

Nun wurd' er eines Lebens, das wir ein halbes Jahrhundert tragen, in wenigen Tagen müde und sehnte sich zurück. Die Abendsonne zog seine verwandte Seele. Die Splitter seiner verletzten Brust matteten ihn durch Schmerzen ab. Er ging, mit der Abendluft auf den blassen Wangen, hinaus auf den Gottesacker, den grünen *Hintergrund* des Lebens, wo die Hüllen aller schönen Seelen, die er sonst angekleidet hatte, auseinandergenommen wurden. Er stellte sich mit wehmütiger Sehnsucht auf das nackte Grab der unaussprechlich geliebten, eingesunkenen Braut und sah in die verblühende Abendsonne. Auf diesem geliebten Hügel schauete er seinen schmerzenden Körper an und dachte: „Du würdest auch schon hier dich auseinander legen, lockere Brust, und keine Schmerzen mehr geben, wenn ich dich nicht aufrecht erhielte." – Da überdachte er sanft das schwere Menschenleben, und die Zuckungen der Brustwunde zeigten ihm die Schmerzen, mit denen die Menschen ihre Tugend und ihren Tod erkaufen und die er freudig der edlen Seele dieses Körpers ersparte. – Tief rührte ihn die menschliche Tugend, und er weinte aus unendlicher Liebe gegen die Menschen, die unter dem Anbellen ihrer eigenen Bedürfnisse, unter herabgesunkenen Wolken, hinter langen Nebeln auf der einschneidenden Lebensstraße dennoch vom hohen Sonnenstern der Pflicht nicht wegblicken, sondern die liebenden Arme in ihrer Finsternis ausbreiten für jeden gequälten Busen, der ihnen begegnet, und um die nichts schimmert als die Hoffnung, gleich der Sonne in der alten Welt unterzugehen, um in der neuen aufzugehen. – Da öffnete die Entzückung seine Wunde, und das Blut, die Träne der Seele, floß aus dem Herzen auf den geliebten Hügel – der zergehende Körper sank süßverblutend der Geliebten nach – Wonne-Tränen brachen die fallende Sonne in ein rosenrotes schwimmendes Meer – fernes Echo-Getöne, als wenn die Erde von weitem im klingenden Äther vorüberzöge, spielte durch den nassen Glanz. –

Dann schoß eine dunkle Wolke oder eine kleine Nacht vor dem Engel vorbei und war voll Schlaf. – Und nun war ein Strahlenhimmel aufgetan und überwallete ihn, und tausend Engel flammten: „Bist du schon wieder da, du spielender Traum!" sagte er. – Aber der Engel der ersten Stunde trat durch die Strahlen zu ihm und gab ihm das Zeichen des Kusses und sagte: „Das war der Tod, du ewiger Bruder und Himmelfreund!" – Und der Jüngling und seine Geliebte sagten es leise nach.

76 DER ENGEL KENNT
    DIE TRÄNE DER SEELE
    Ernst Barlach, Der Schwebende,
    1926/27.

77 DAS WAR DER TOD
    Aus dem Stundenbuch
    des Herzogs von Rohan:
    Das Totengricht, um 1420.

SCHUTZENGEL DER STERBENDEN

ELISABETH KÜBLER-ROSS

Was die Kirchen den kleinen Kindern hinsichtlich ihrer Schutzengel erzählen, beruht auch auf Tatsachen, denn es ist ebenfalls bewiesen, daß jeder Mensch von seiner Geburt bis zu seinem Tod von Geistwesen begleitet wird. Jeder Mensch hat solche Begleiter, ob Sie daran glauben oder nicht, ob Sie Jude oder Katholik oder ohne Religion sind, spielt überhaupt keine Rolle. Denn jene Liebe ist bedingungslos, weshalb ein jeder Mensch dieses Geschenk eines Begleiters erhält. Kinder haben die größte Angst davor, in den Momenten des Sterbens allein sein zu müssen und niemanden um sich zu wissen. Doch in dem Augenblick, wo die Umwandlung stattfindet, ist man niemals allein. Man ist auch im täglichen Leben nicht allein, aber man weiß nichts davon. Doch zur Zeit der Verwandlung werden unsere Geistführer, Schutzengel und solche Wesen, die wir geliebt hatten und die schon vor uns hinübergegangen waren, uns zur Seite stehen und uns bei unserer Umwandlung behilflich sein. Wir haben dies immer wieder bestätigt gefunden, so daß wir an dieser Aussage nicht mehr zweifeln. Diese Aussage machte ich, wohl gemerkt, als Wissenschaftlerin! Immer ist jemand als Helfer zugegen, wenn wir jene Verwandlung durchmachen.

Es ist gerade während dieser Austritte aus dem Körper, von denen uns die sterbenden Kinder und Erwachsenen erzählen, daß sie sich der Gegenwart der sie umgebenden Wesen gewahr werden, von denen sie geführt werden und Hilfe bekommen. Kleine Kinder nennen sie oft ihre ‚Spielkameraden‘. Die Kirchen haben ihnen den Namen ‚Schutzengel‘ gegeben, während sie von den meisten Forschern ‚Geistführer‘ bezeichnet werden. Es ist unwichtig, welche Bezeichnung wir ihnen geben. Aber es ist wichtig zu wissen, daß jeder einzelne Mensch von dem Augenblick an, wo er den

78 ENGEL DES KOMMENS UND GEHENS
Engel des Jüngsten Gerichts.
Kathedrale von Straßburg, 1235.

233

ersten Atemzug tut, bis zu dem Augenblick, wo er sich der Verwandlung übergibt und somit seine physische Existenz beendet, von Geistführern und Schutzengeln umgeben wird, die auf ihn warten und ihm bei der Umwandlung von einem Leben in das andere jenseits des Todes behilflich sein werden.

FAUSTS GRABLEGUNG

JOHANN WOLFGANG VON GOETHE

Meph. Der Körper liegt, und will der Geist entfliehn,
Ich zeig' ihm rasch den blutgeschriebnen Titel; –
Doch leider hat man jetzt so viele Mittel,
Dem Teufel Seelen zu entziehn.
Auf altem Wege stößt man an,
Auf neuem sind wir nicht empfohlen;
Sonst hätt' ich es allein getan,
Jetzt muß ich Helfershelfer holen.
Uns geht's in allen Dingen schlecht!
Herkömmliche Gewohnheit, altes Recht,
Man kann auf gar nichts mehr vertrauen.
Sonst mit dem letzten Atem fuhr sie aus,
Ich paßt' ihr auf und, wie die schnellste Maus,
Schnapps! hielt ich sie in fest verschloßnen Klauen.
Nun zaudert sie und will den düstern Ort,
Des schlechten Leichnams ekles Haus nicht lassen;
Die Elemente, die sich hassen,
Die treiben sie am Ende schmählich fort.
Und wenn ich Tag' und Stunden mich zerplage,
Wann? wie? und wo? das ist leidige Frage;
Der alte Tod verlor die rasche Kraft,
Das Ob? sogar ist lange zweifelhaft;
Oft sah ich lüstern auf die starren Glieder –
Es war nur Schein, das rührte, das regte sich wieder.

Phantastisch-flügelmännische Beschwörungs-gebärden.

Nur frisch heran! verdoppelt euren Schritt,
Ihr Herrn vom graden, Herrn vom krummen Horne,
Von altem Teufelsschrot und -korne,
Bringt ihr zugleich den Höllenrachen mit.
Zwar hat die Hölle Rachen viele! viele!
Nach Standsgebühr und Würden schlingt sie ein;
Doch wird man auch bei diesem letzten Spiele
Ins künftige nicht so bedenklich sein.

Der greuliche Höllenrachen tut sich links auf.

Eckzähne klaffen; dem Gewölb des Schlundes
Entquillt der Feuerstrom in Wut,
Und in dem Siedequalm des Hintergrundes
Seh' ich die Flammenstadt in ewiger Glut.
Die rote Brandung schlägt hervor bis an die Zähne,
Verdammte, Rettung hoffend, schwimmen an;
Doch kolossal zerknirscht sie die Hyäne,
Und sie erneuen ängstlich heiße Bahn.
In Winkeln bleibt noch vieles zu entdecken,
So viel Erschrecklichstes im engsten Raum!
Ihr tut sehr wohl, die Sünder zu erschrecken;
Sie halten's doch für Lug und Trug und Traum.

Zu den Dickteufeln vom kurzen, graden Horne.

Nun, wanstige Schuften mit den Feuerbacken!
Ihr glüht so recht vom Höllenschwefel feist;
Klotzartige, kurze, nie bewegte Nacken!
Hier unten lauert, ob's wie Phosphor gleißt:
Das ist das Seelchen, Psyche mit den Flügeln,
Die rupft ihr aus, so ist's ein garstiger Wurm;
Mit meinem Stempel will ich sie besiegeln,
Dann fort mit ihr im Feuerwirbelsturm!
Paßt auf die niedern Regionen,
Ihr Schläuche, das ist eure Pflicht;
Ob's ihr beliebte, da zu wohnen,
So akkurat weiß man das nicht.
Im Nabel ist sie gern zu Haus –
Nehmt es in acht, sie wischt euch dort heraus.

Zu den Dürrteufeln vom langen, krummen Horne.

Ihr Firlefanze, flügelmännische Riesen,
Greift in die Luft, versucht euch ohne Rast!
Die Arme strack, die Klauen scharf gewiesen,
Daß ihr die Flatternde, die Flüchtige faßt.
Es ist ihr sicher schlecht im alten Haus,
Und das Genie, es will gleich obenaus.

Glorie von oben rechts.

Himmlische Heerschar. Folget, Gesandte,
Himmelsverwandte,
Gemächlichen Flugs:
Sündern vergeben,
Staub zu beleben;
Allen Naturen
Freundliche Spuren
Wirket im Schweben
Des weilenden Zugs!

Meph. Mißtöne hör' ich, garstiges Geklimper,
Von oben kommt's mit unwillkommnem Tag;
Es ist das bübisch-mädchenhafte Gestümper,
Wie frömmelnder Geschmack sich's lieben mag.
Auch mir! Was zieht den Kopf auf jene Seite?
Bin ich mit ihr doch in geschwornem Streite!
Der Anblick war mir sonst so feindlich scharf.
Hat mich ein Fremdes durch und durch
gedrungen?
Ich mag sie gerne sehn, die allerliebsten Jungen;
Was hält mich ab, daß ich nicht fluchen darf? –
Und wenn ich mich betören lasse,
Wer heißt denn künftighin der Tor?
Die Wetterbuben, die ich hasse,
Sie kommen mir doch gar zu lieblich vor! –

Ihr schönen Kinder, laßt mich wissen:
Seid ihr nicht auch von Luzifers Geschlecht?
Ihr seid so hübsch, fürwahr ich möcht' euch küssen,
Mir ist's, als kämt ihr eben recht.
Es ist mir so behaglich, so natürlich,
Als hätt' ich euch schon tausendmal gesehn;
So heimlich-kätzchenhaft begierlich;
Mit jedem Blick aufs neue schöner schön.
O nähert euch, o gönnt mir einen Blick!

Engel. Wir kommen schon, warum weichst du
zurück?
Wir nähern uns, und wenn du kannst, so bleib!

*Die Engel nehmen, umherziehend, den ganzen
Raum ein.*

*Mephistopheles, der ins Proszenium gedrängt
wird.*
Ihr scheltet uns verdammte Geister
Und seid die wahren Hexenmeister;
Denn ihr verführt Mann und Weib. –

Welch ein verfluchtes Abenteuer!
Ist dies das Liebeselement?
Der ganze Körper steht in Feuer,
Ich fühle kaum, daß es im Nacken brennt. –
Ihr schwanket hin und her, so senkt euch nieder,
Ein bißchen weltlicher bewegt die holden Glieder;
Fürwahr, der Ernst steht euch recht schön;
Doch möcht' ich euch nur einmal lächeln sehn!
Das wäre mir ein ewiges Entzücken.
Ich meine so, wie wenn Verliebte blicken:
Ein kleiner Zug am Mund, so ist's getan.

Dich, langer Bursche, dich mag ich am liebsten
leiden,
Die Pfaffenmiene will dich gar nicht kleiden,
So sieh mich doch ein wenig lüstern an!
Auch könntet ihr anständig-nackter gehen,
Das lange Faltenhemd ist übersittlich –
Sie wenden sich – von hinten anzusehen! –
Die Racker sind doch gar zu appetitlich!

Chor der Engel. Wendet zur Klarheit
Euch, liebende Flammen!
Die sich verdammen,
Heile die Wahrheit;
Daß sie vom Bösen
Froh sich erlösen,
Um in dem Allverein
Selig zu sein.

Mephistopheles sich fassend.
Wie wird mir! – Hiobsartig, Beul' an Beule
Der ganze Kerl, dem's vor sich selber graut,
Und triumphiert zugleich, wenn er sich ganz
durchschaut,
Wenn er auf sich und seinen Stamm vertraut;
Gerettet sind die edlen Teufelsteile,
Der Liebespuk, er wirft sich auf die Haut;
Schon ausgebrannt sind die verruchten Flammen,
Und wie es sich gehört, fluch' ich euch
allzusammen!

Chor der Engel. Heilige Gluten!
Wen sie umschweben,
Fühlt sich im Leben
Selig mit Guten.
Alle vereinigt
Hebt euch und preist!
Luft ist gereinigt,
Atme der Geist!

*Sie erheben sich, Faustens Unsterblichkeit
entführend.*

Mephistopheles, sich umsehend.
Doch wie? – wo sind sie hingezogen?
Unmündiges Volk, du hast mich überrascht,
Sind mit der Beute himmelwärts entflogen;
Drum haben sie an dieser Gruft genascht!
Mir ist ein großer, einziger Schatz entwendet:
Die hohe Seele, die sich mir verpfändet,
Die haben sie mir pfiffig weggepascht.

Bei wem soll ich mich nun beklagen?
Wer schafft mir mein erworbenes Recht?
Du bist getäuscht in deinen alten Tagen,
Du hast's verdient, es geht dir grimmig schlecht.
Ich habe schimpflich mißgehandelt,
Ein großer Aufwand, schmählich! ist vertan;
Gemein Gelüst, absurde Liebschaft wandelt
Den ausgepichten Teufel an.
Und hat mit diesem kindisch-tollen Ding
Der Klugerfahrne sich beschäftigt,
So ist führwahr die Torheit nicht gering,
Die seiner sich am Schluß bemächtigt.

79   ALLEN NATUREN FREUNDLICHE SPUREN
Szenen aus dem Leben der Erzengel. Altarbild, 13. Jh.

3 GERICHTSTAG IM HIMMEL

DAS ERINNERN

FRIEDRICH HÖLDERLIN

Viel, viel sind meiner Tage
Durch Sünd entweiht gesunken hinab
O, großer Richter frage
Nicht wie, o lasse ihr Grab
Erbarmende Vergessenheit
Laß, Vater der Barmherzigkeit
Das Blut des Sohns es deken.
Ach wenig sind der Tage
Mit Frömmigkeit gekrönt entflohn,
Sie sinds mein Engel, trage
Sie vor des Ewigen Thron,
Laß schimmern die geringe Zahl
Daß einsten mich des Richters Wahl
Zu seinen Frommen zähle.

BONZIE SCHWEIG

ISAAC LEIB PEREZ

Hier auf *dieser* Welt hat Bonzie Schweigs Tod gar keinen Eindruck gemacht. Vergeblich werdet Ihr fragen, wer Bonzie Schweig war, wie er lebte, woran er starb. Hat ihm das Herz versagt, starb er an Erschöpfung oder brach sein Rückgrat unter einer schweren Last entzwei, wer weiß es? Vielleicht starb er gar vor Hunger …

Wenn ein Trambahnpferd tot umstürzt, erregt es gleich einiges Aufsehen. Zeitungen berichten darüber, Hunderte neugieriger Menschen rennen aus allen Gassen herbei, um das tote Pferd und den Ort seines Sturzes zu sehen … Doch wenn es so viele Trambahnpferde auf der Welt gäbe wie Menschen – tausend Millionen – würde auch der Tod eines Pferdes kein Aufsehen mehr erregen.

Bonzie lebte still und starb einsam. Wie ein Schatten glitt er durch die Welt, durch unsere Welt.

Bei Bonzies Beschneidungsfeier trank man keinen Wein, und es klirrten keine Gläser. Bei seiner Bar Mitzwah hat er auch keine Ansprache bei der Thoralesung gehalten … Er lebte wie ein kleines, graues Sandkörnchen am Meeresufer unter Millionen Sandkörnchen; und als dann der Wind dieses Körnchen aufhob und aufs andere Ufer hinübertrug, merkte es niemand.

Zu Bonzies Lebzeiten hinterließen seine Schritte keine Spur auf der feuchten Erde. Nach seinem Begräbnis riß der Wind die kleine Holztafel von seinem Grabe weg; die Frau des Totengräbers fand das Brettchen und kochte auf seinem Feuer ein Töpfchen Kartoffeln … Drei Tage nach Bonzies Tod würdet Ihr vergeblich den Totengräber fragen, wo sein Grab ist …

Hätte Bonzie einen Grabstein gehabt, hätte vielleicht ein Altertumsforscher nach Hunderten von Jahren das Grabmal gefunden, und der Name *Bonzie Schweig* wäre noch einmal erklungen.

Ein Schatten nur! Niemand bewahrte sein Bild im Gedächtnis, und keine Seele trauerte um ihn. Kein Kind, kein Rind. Er lebte elend und er starb elend. Wenn es im menschlichen Leben nicht so lärmend zuginge, hätte vielleicht jemand gehört, wie Bonzies Rückgrat unter der schweren Last krachte. Hätten die Menschen mehr Zeit, hätte vielleicht jemand bemerkt, wie blaß und erloschen Bonzies Augen waren und wie furchtbar eingefallen seine Wangen; wie sein Kopf zu Boden gesenkt war, auch wenn er mal keine Last auf dem Rücken trug. Es schien, als würde er bei Lebzeiten sein Grab suchen. Würde es so wenige Menschen auf der Welt geben wie Trambahnpferde, so hätte vielleicht jemand gefragt: Wo kam Bonzie hin?

Als man Bonzie ins Krankenhaus brachte, blieb seine Schlafstelle in der Kellerstube nicht lange leer. Zehn Arme seinesgleichen warteten bereits darauf. Als man ihn vom Spitalbett in die Leichenkammer trug, warteten auf dieses Bett auch schon andere zwanzig Kranke … Als man ihn aus der Leichenkammer hinaustrug, wurden zwanzig Leichen aus den Trümmern eines eingestürzten Hauses dorthin gebracht … Wer weiß, wie lange er in seinem Grabe ruhen wird, wer weiß, wie viele auf dieses kleine Fleckchen Erde warten …

Im Verborgenen kam er zur Welt, still lebte er, so still starb er, und noch stiller wurde er zu Grabe getragen.

Doch nicht so war es in *jener* Welt! Dort machte Bonzies Tod einen gewaltigen Eindruck.

Der große Schofar, der für die Zeit der Ankunft des Messias bereitlag, verkündete in allen sieben Himmeln: „Bonzie Schweig verließ seine körperliche Hülle auf Erden!"

Die größten Engel mit den breitesten Flügeln riefen in ihrem Fluge einander zu: „Bonzie wurde zum Sitz der Heiligen im Paradiese berufen!" Im Paradiese herrschte eitle Freude und Erregung.

Junge Engelchen mit funkelnden Äuglein, mit gold-durchwebten Flügelchen und silbernen Pantöffelchen flogen freudig dem Bonzie entgegen. Das Geräusch der Flügel und das Klappern der Pantoffeln erfüllte alle Himmel und drang bis zum Throne des Allerhöchsten vor, und selbst Gott wußte schon, daß Bonzie Schweig naht.

Der Erzvater Abraham stellte sich vor die Himmelspforte, die rechte Hand zu einem freundlichen *Scholem Alejchem* ausgestreckt, und ein mildes Lächeln leuchtete auf seinem alten Antlitz.

Was rollt da durch den Himmel?

Zwei Engel rollen einen goldenen Großvaterstuhl für Bonzie ins Paradies.

238 | Was hat so hell aufgeblitzt?

Eine goldene, edelsteinbesetzte Krone wird vorbeigetragen. Sie ist für Bonzie bestimmt.

„Noch vor dem Urteilsspruch des Himmlischen Gerichtes?" fragen die Zaddikim verwundert und nicht ohne stillen Neid.

„Oh", antworten die Engel, „es wird doch nur eine reine Formsache sein. Gegen Bonzie Schweig wird auch der Ankläger nichts vorbringen können. Der Prozeß wird kaum fünf Minuten dauern!"

Als die Engelchen Bonzie Schweig in der Luft abfingen und ihm eine Hymne sangen, als Vater Abraham ihm wie einem alten Gefährten die Hand drückte, als er hörte, daß ein Stuhl im Garten Eden für ihn bereitstehe, daß eine Krone für ihn vorbereitet sei, daß im Himmlischen Gerichtshof über ihn fast nicht verhandelt werden wird, da hat Bonzie, wie er es immer zu seinen Lebzeiten tat, vor lauter Schreck geschwiegen. Das Herz stand ihm still. Er war überzeugt, daß es nur ein Traum war oder ein Irrtum.

War er doch an beides gewöhnt: Oft, wenn er noch auf *jener* Welt lebte, träumte er, daß er vom Boden Geld aufhebt, ganze Schätze – und wenn er dann erwachte, war er noch ärmer als zuvor. Manchmal lächelte ihn jemand aus Versehen an, sagte ihm ein freundliches Wort, aber sobald der Mensch dann seinen Irrtum merkte, wandte er sich ab und spie aus. „Solch ein Glück habe ich schon", denkt jetzt Bonzie traurig.

Und er fürchtet die Augen aufzuschlagen, der Traum soll nicht entrinnen; er könnte noch in einer Hölle mitten unter Schlangen und Skorpionen erwachen. Er fürchtet auch nur ein Wort zu sagen, auch nur ein Glied zu rühren, auf daß man ihn nicht erkenne und bestrafe.

Er zittert und hört nicht die Lobesworte der Engel; er sieht nicht, wie sie einen Reigen um ihn tanzen; er beantwortet nicht Erzvater Abrahams herzlichen Willkommensgruß, und als er vor das Himmlische Gericht tritt, begrüßt er es mit keinem Wort.

Er ist außer sich vor Schreck.

Und sein Schreck wird noch größer, als sein Blick auf den Fußboden des Gerichtssaales fällt: lauter Alabaster und Diamanten! ,Auf solchem Fußboden stehen jetzt meine Füße', denkt er ganz bestürzt. ,Wer weiß, welchen vornehmen Mann, welchen Rabbi oder Zaddik man erwartet. Und wenn er kommt, wird es mein bitteres Ende sein.'

Vor Schreck hört er nicht einmal, wie der Gerichtspräsident laut verkündet: „Der Fall Bonzie

Schweig", und indem er dem Verteidiger die Akten übergibt, denselben ermahnt: „Lies, doch mache es kurz!"

Dem armen Bonzie wird schwindlig vor den Augen, der ganze Saal dreht sich um ihn im Kreise, und nur allmählich unterscheidet er schärfer und deutlicher die Stimme seines Verteidigers, die so süß wie eine Geige klingt: „Sein Name paßte ihm wie ein Gewand, das von einem genialen Meister angefertigt einem schlanken Körper paßt."

„Was redet er da?" fragt sich Bonzie und hört, wie eine ungeduldige Stimme den Verteidiger unterbricht: „Ohne Gleichnisse bitte!"

„Er hat niemals", fährt der Verteidiger fort, „über jemanden geklagt, weder über Gott noch über Menschen. In seinen Augen flammte niemals ein Funke des Hasses auf, und niemals hob er seine Augen anklagend gegen den Himmel."

Bonzie versteht wieder kein Wort, doch eine harte Stimme unterbricht den Verteidiger:

„Ohne Rhetorik!"

„Hiob hielt es nicht aus, doch Bonzie war unglücklicher als Hiob."

„Tatsachen, bitte, trockene Tatsachen!" ruft mit steigender Ungeduld der Präsident des Gerichtshofes aus.

„Mit acht Tagen wurde er beschnitten …"

„Ohne Realismus, bitte!"

„Mohel, der Beschneider, war ein Pfuscher und konnte das Blut nicht stillen."

„Weiter."

„Doch er schwieg noch immer", fährt der Verteidiger fort, „sogar als er seine Mutter verlor und mit dreizehn Jahren eine Stiefmutter bekam, die böse und giftig wie eine Schlange war."

„Vielleicht meint man doch mich?" denkt Bonzie.

„Bitte ohne Anspielungen gegen dritte Personen", spricht der Präsident mit grollender Stimme.

„Sie kargte ihm jeden Bissen. Sie gab ihm altes, verschimmeltes Brot, und statt Fleisch bekam er Sehnen. Sie selbst aber trank Kaffee mit Sahne", setzte der Verteidiger unbeirrt seine Ansprache fort. „Zur Sache!" ruft der Präsident.

„Sie geizt nicht mit rohen Schlägen, und sein braun und blau unterlaufener Körper sah aus allen Löchern seiner zerrissenen, schäbigen Kleider hervor. Im größten Frost mußte er barfuß Holz auf dem Hofe spalten; seine Hände waren zu schwach, die Holzklötze zu dick und die Axt zu stumpf … Oft renkte er sich dabei den Arm aus, oft froren seine Füße wund, doch er *schwieg* immer, selbst vor seinem Vater …"

„Vor dem Trunkenbold?" lacht der Ankläger dazwischen, und Bonzie durchläuft es kalt in allen Gliedern.

„… klagte er niemals", beendet der Verteidiger seinen Satz. „Und immer elend, immer alleine", fährt er weiter fort, „keinen Freund hatte er, keine Schule, kein einziges ganzes Gewand … keine freie Minute …"

„Tatsachen!" ermahnte wieder der Präsident.

„Er schwieg sogar später, als sein betrunkener Vater ihn einmal in einer frostigen Winternacht an den Haaren faßte und aus dem Haus hinauswarf. Er erhob sich rasch aus dem tiefen Schnee und ging, wohin ihn seine Augen führten.

Auch auf seinen Wanderwegen schwieg er … und sogar wenn er den größten Hunger verspürte, bettelte er nur mit den Augen.

Erst in einer nebligen, feuchtkalten Winternacht kam er in eine große Stadt. Wie ein Wassertropfen im Meer war er dort, doch verbrachte er gleich die erste Nacht im Arrest. Er schwieg und fragte nicht warum und wofür. Als er aus dem Gefängnis herauskam, suchte er sogleich die schwerste Arbeit. Und schwieg. Immerzu schwieg er.

In kaltem Schweiß gebadet, unter den schwersten Lasten gebeugt, Hungerkrämpfe im leeren Magen … schwieg er.

Von fremdem Kot bespritzt, von fremden Mündern bespien, vom Bürgersteig auf die Straße gestoßen, zwischen Droschken, Equipagen und Trambahnen wankend, jeden Augenblick dem Tod in die Augen sehend – schwieg er.

Er rechnete niemals nach, welche Menge Last auf einen Groschen seines Lohnes kam, wie oft er bei einem Gange hinfiel, für den er nur einen Pfennig Lohn bekam; wie oft er beinahe die Seele aushauchte, wenn er um seinen Lohn bat. Er rechnete niemals nach, weder seinen eigenen Verdienst noch den eines anderen … Er schwieg.

Selbst seinen eigenen Lohn forderte er niemals laut. Er stand wie ein Bettler vor der Tür, und nur seine Augen bettelten still und ergeben. ‚Komm später', hörte er oft, und er entfernte sich leise wie ein Schatten, um später noch stiller um seinen Lohn zu betteln.

Er schwieg sogar, wenn er seinen Lohn nicht vollständig erhielt oder wenn man ihm eine falsche Münze gab."

80 NIEMAND BLEIBT IM TOD ALLEIN
Altarbild von Simon Marmilon,
um 1480.

81 DIE ZWEITE GEBURT
Das Paradies. Flügelaltar
von Hieronymus Bosch, um 1500.

„Man meint also doch mich!" tröstete sich Bonzie.

„Einmal", fährt der Verteidiger fort, nachdem er einen Schluck Wasser zu sich genommen hatte, „einmal trat in seinem Leben eine Wendung ein. Eine Equipage auf Gummirädern raste mit wildscheuen Pferden durch die Straße. Der Kutscher lag schon längst mit zerbrochenem Schädel irgendwo auf dem Straßenpflaster. Schaum spritzte aus den Mäulern der erschrockenen Pferde, Funken stieben unter ihren Hufen; ihre Augen glühten wie brennende Fackeln in einer finsteren Nacht, und in der Equipage sitzt, mehr tot als lebendig, ein Mensch.

Und Bonzie hielt die Pferde auf!

Der Gerettete war ein Jude, ein bekannter Wohltäter, und er vergaß nicht Bonzies mutige Tat.

Er übergab ihm die Peitsche des getöteten Kutschers, und Bonzie wurde nun zum Kutscher des reichen Mannes. Ja, mehr noch – er verheiratete ihn und versorgte ihn sogar mit einem Kinde …

Und Bonzie schwieg immer noch."

„Mich meint man, mich!" Bonzie zweifelt nicht mehr daran, und doch hat er nicht den Mut, einen Blick auf den Himmlischen Gerichtshof zu werfen.

Er hört, wie sein Verteidiger im Himmel fortfährt:

„Er schwieg auch, als sein Wohltäter kurze Zeit darauf sein Vermögen verlor und ihm seinen Lohn nicht mehr zahlen konnte.

Er schwieg sogar, als seine Frau ihm davonlief und ihn mit einem Säugling zurückließ.

Er schwieg auch fünfzehn Jahre später, als dieses Kind bereits groß und stark geworden war – und Bonzie aus dem Hause hinauswarf …"

„Mich meint er, mich!" freut sich Bonzie.

„Er schwieg auch", beginnt der Verteidiger aufs neue, und diesmal war seine Stimme weicher und trauriger, „als der gleiche Wohltäter mit allen seinen Gläubigern Vergleiche schloß und nur ihm, Bonzie, keinen Groschen von seinem Lohn zurückzahlte. Ja, er schwieg sogar dann, als derselbe, wieder in einer Equipage mit Gummirädern und löwenstarken Pferden durch die Straßen rasend, ihn, Bonzie, überfuhr. Er schwieg immer noch. Auf der Polizei sagte er nicht einmal, wer ihn überfahren und so schwer verletzt hatte …

Er schwieg auch im Spital, wo man doch schreien darf.

Er schwieg sogar, als der Arzt sich weigerte, ohne ein Entgelt von fünfzehn Kopeken an sein Bett zu treten, und der Krankenwärter ohne fünf Kopeken Lohn ihm die Wäsche nicht wechseln wollte.

Er schwieg in der Agonie, er schwieg auch im Sterben.

Kein Wort gegen Gott, kein Wort gegen Menschen! Ich habe gesprochen."

Bonzie fängt wieder an, am ganzen Leibe zu zittern. Weiß er doch, daß nach dem Verteidiger der Ankläger das Wort haben wird. Wer weiß, was *der* sagen wird! Bonzie selbst hat von seinem Leben nur weniges im Gedächtnis behalten. Erst sein Verteidiger brachte ihm jetzt das alles in Erinnerung. Wer weiß, woran ihn der Ankläger erinnern wird.

„Meine Herren!" fängt der Ankläger mit scharfer, stechender Stimme an, doch er bricht jäh ab.

„Meine Herren!" beginnt er wieder, diesmal schon mit weicher Stimme. Und wieder gerät er ins Stocken.

Schließlich erklingt es mild aus seinem Munde:

„Meine Herren, er schwieg. So will auch ich jetzt schweigen."

Es wird still – und eine neue, sanfte, bebende Stimme erklingt.

„Bonzie, mein Kind, Bonzie", klingt diese Stimme, die einer Harfe gleicht. „Mein Herzenskind Bonzie."

In Bonzie schluchzt das Herz. Er möchte jetzt die Augen aufschlagen, doch sie sind voller Tränen. Niemals war ihm so süß und zugleich so traurig ums Herz. „Mein Kind, mein Bonzie." Seit seine Mutter gestorben ist, hat er niemals wieder solch eine Stimme und solche zärtlichen Worte gehört.

„Mein Kind", wendet sich der Himmlische Richter an Bonzie. „Du hast immer gelitten und geschwiegen. Jedes deiner Glieder, jeder Knochen in deinem Leibe ist eine blutende Wunde. Es gibt keine noch so verborgene Stelle deiner Seele, die nicht blutet und schmerzt, und du schweigst?

Dort auf Erden wußtest du vielleicht selbst nicht, daß du schreien kannst und daß von deinem Schrei die Mauern Jerichos erzittern und einstürzen. Du wußtest selbst nicht, welch verborgene Kraft in dir schlummert.

In *jener* Welt wurde dein Schweigen nicht belohnt, denn dort ist die Welt der Lüge; hier aber, in der Welt der Wahrheit, wirst du deinen Lohn bekommen.

Der Himmlische Gerichtshof wird dich nicht richten, über dich wird kein Urteil gefällt werden. Dein Verdienst kann nicht gemessen und gewogen, kann nicht als Lohn dir zugeteilt werden. Nimm dir, was du willst! Alles ist dein!"

241

Bonzie schlägt zum ersten Mal die Augen auf. Er wird geblendet vom hellen Licht, das von allen Seiten auf ihn eindringt. Alles blitzt und funkelt, und von allen Seiten strahlt es – von den Wänden, von den Geräten, von den Engeln und von den Himmlischen Richtern.

Und Bonzie senkt die Augen zu Boden.

„Ist es wirklich wahr?" fragt er zweifelnd und verschämt.

„Gewiß!" antwortet laut und klar der Himmlische Richter. „Ich sage dir doch: alles ist dein! Alles im Himmel gehört dir! Wähle und nimm, was du willst, denn du nimmst nur das, was dir gehört."

„Wirklich?" fragte Bonzie wieder, doch schon mit einer sicheren Stimme.

„Gewiß! Gewiß! Gewiß!" antwortet man ihm von allen Seiten.

„Nun, wenn dem so ist", sagt Bonzie lächelnd, „dann wünsche ich mir jeden Morgen eine warme Semmel mit frischer Butter darauf!"

Richter und Engel lassen verlegen die Köpfe hängen, der Ankläger aber lacht.

JOSUA BEN LEVI UND DER BOTE DES TODES

BORN JUDAS

Diese Geschichte hat sich mit Josua, dem Sohne Levis, zugetragen.

Er saß einst und forschte in der Schrift. Da kam der Todesengel, blieb an seiner Tür stehen und sprach: Friede mit dir, Meister! R. Josua erwiderte nicht den Gruß. Erst als er zu Ende gelesen hatte, sprach er zu dem Boten: Mit dir sei Friede! Da fragte der Bote: Warum bist du so hochmütig und antwortest nicht, wenn man dir den Friedensgruß bietet? Der Meister erwiderte: Das sei ferne von mir; ich tat es nur, weil ich den Abschnitt voll-enden wollte. Der Bote sprach weiter: Kennst du mich nicht? Der Meister antwortete: Du bist mir nicht bekannt. Der Bote sprach: Ich bin der Todesengel; der Herr hat mich geschickt, deine Seele von dir zu nehmen. Der Meister entgegnete: Bei meinem Leben! Und stehst du auch tausend Jahre hier, ich geb dir meine Seele nicht.

Da stieg der Engel in den Himmel, kam vor den Herrn und sagte: Herr der Welt! Josua ließ mich nicht an ihn herantreten. Der Herr sprach darauf: Geh und schmücke dich mit allen Merkmalen des Todes. Da schmückte sich der Todesengel und kam abermals vor die Tür Josuas. Er sprach zu ihm: Der Herr hat mich gesandt, daß ich deine Seele von dir nehme. Josua erwiderte: Bewahre, ich gebe meine Seele nicht in deine Hand; wenn du sie aber dennoch haben willst, so führe mich in den Garten Eden und zeige mir den Platz, wo ich dereinst ruhen werde. Also fuhr der Engel wieder in den Himmel und berichtete: Herr der Welt! Josua ließ mich nicht seine Seele nehmen und sprach zu mir so und so. Der Herr antwortete: So geh denn und bringe ihn in den Garten Eden; laß Hiram, den König von Zur, aus dem Paradiese gehen und führe Josua statt seiner hinein. Da nahm der Engel den Josua auf seine Flügel und brachte ihn vor das Paradies. Josua sprach: Hebe mich noch einmal hoch, daß ich den ganzen Garten übersehe; danach laß mich hinuntersteigen, damit ich meinen Platz darin wahrnehme. Der Engel tat so, zeigte dem Lehrer seinen Platz und sagte: Das ist der Ort, wo du weilen wirst. Josua sprach weiter zu dem Boten: Zeige mir das Schwert, womit du die Seelen tötest. Der Engel reichte ihm das Messer. R. Josua fragte: So ist dies das Schwert, mit dem du die Seelen würgst? Der Bote erwiderte: Ja, das ist es. Während aber Josua das Schwert von allen Seiten besah, ließ er sich auf seinen Platz nieder. Da rief der Todesengel: Deine Seele hast du mir verweigert, so gib mir doch mein Schwert wieder. Josua aber antwortete: So wahr ich lebe, ich gebe es dir nicht.

Nun fuhr der Engel wieder zu dem Herrn empor und sprach: Herr der Welt! Josua nahm mir mein Schwert ab und stieg selbst in das Paradies. Da erwiderte der Herr: Geh überallhin, wo R. Josua gewandert ist; hat er in meinem Namen einen Schwur getan, so ficht diesen an, führe Josua aus dem Garten Eden und nimm seine Seele, wo aber nicht, so hole nur dein Schwert zurück, ihn aber laß bleiben, wo er ist.

TOD UND URTEIL

RAFAEL ALBERTI

1
(Tod)
Ach, ein Kind, ein einsames Kind, das da ging zu
einem nächtlichen Stein.
Zu einem gleichgültigen Engel auf einer Leiter
ohne Himmel …
Seht. Haltet zurück das Blut, die Augen.
Seine Füße, es selber, ohne Leben.

Weder Atemhauch erlöschender Laterne
noch gekeuchte Blässe ersterbender Nacht,
sondern zwei feste Leuchten blitzenden Albs
starr auf seine stauberfüllte Erde gerichtet,
sie richtend.
Es selber, Glanz ohne Ausgang. Totenblässe ohne
Entkommen, ausgestreckt, sich richtend.

2
(Urteil)
Verkohlter Stock, meine Kindheit aus Asche, zu
meinen Füßen ausgestreckt ausgeglühter Stock.
Hohler Karfunkel, schwarz, abgetrennt von einem
Engel, der zu einem nächtlichen Stein ging,
zur Grenze zwischen Tod und dem Nichts.
Du: ich: ein Kind.

Es wiegte der Wind einen Leib mit vorweltlichen
Schreien,
vor dem Erstaunen des Lichts in den Augen der
Neugeborenen,
vor dem Sinken der Milchstraße in die irdischen
Kehlen.
Kind.

Eine Wiege von Flammen, von Nord nach Süd,
von Kreidekälte aufgebahrt in den Frösten,
von Fieber einer Taube, die im Bereich einer
Kerze stirbt,
eine Wiege von Flammen, alle Lächeln dir
wiegend und die Tränen:
Kind.

Die ersten Worte, offen im Halbdunkel der Träume
von niemandem,
und im Schweigen gekräuselter Zisternen oder im
Echo der Gärten,
verschlungen vom Meer und heut verborgen
in einem windleeren Loch.
Tot, wie der erste Gehversuch deiner Füße
im kalten Ermüden einer Treppe.
Kind.

Die Blumen ohne Füße, um den grausamen Lüften
zu entfliehen
und ihrem unablässigen Sporn des unsteten
Herzens der Schneetreiben und der Vögel,
leergeblutet im Überdruß an Fibeln und
Schiefertafeln.
4 und 4 sind 18. Und das X, ein K, ein H, ein J.
Kind.

In einer Verwirrnis von dämmerungslosen
Seestädten,
von verwechselten Land- und öden Spielarten,
achtet auf ein paar Augen, die nach den Zuflüssen
des Himmels fragen,
ein irregeführtes Gedächtnis zwischen Namen und
Daten.
Kind.

Zwischen Gleichungen, Dreiecken, Formeln und
voreiligen Bläuen verloren,
zwischen dem Ereignis des Blutes, der Trümmer
und gestürzten Kronen,
zur Zeit der Goldjäger und des Banküberfalls,
beim verspäteten Schamgefühl der Dachterrassen
kündigten Engelsstimmen dir den Stapellauf und
den Verlust deiner Seele an.
Kind.

Und weil du hinabstiegst auf den Grund
der Gezeiten,
zu den Urnen, wo Quecksilber, Blei und Eisen
vorgaben Menschenwesen zu sein,
Lebensrang zu haben,
bei der Abtrift der Nacht ließ dein Kleid dich allein.
Kind.

Nackt, ohne die in seine Taschen geflüchteten
Unschuldsscheine,
hingestürzt in seinem Herzen und einsam sein
erster Stuhl,

243

82–84   DANN WERDEN WIR ERKENNEN
Hans Memling († 1494):
Das Jüngste Gericht – Flügelaltar.

du glaubtest nicht an Venus, die im offenen Zirkel
deiner Arme geboren wurde,
noch an die Leiter aus Federn, die Jakobs Traum
den von Jules Verne einschließt.
Kind.

Um in die Hölle zu gehen ist es nicht nötig Ort und
Haltung zu wechseln.

DE PROFUNDIS

GEORG TRAKL

Es ist ein Stoppelfeld, in das ein schwarzer
Regen fällt.
Es ist ein brauner Baum, der einsam dasteht.
Es ist ein Zischelwind, der leere Hütten umkreist.
Wie traurig dieser Abend.

Am Weiler vorbei
Sammelt die sanfte Waise noch spärliche
Ähren ein.
Ihre Augen weiden rund und goldig in der
Dämmerung
Und ihr Schoß harrt des himmlischen Bräutigams.

Bei der Heimkehr
Fanden die Hirten den süßen Leib
Verwest im Dornenbusch.

Ein Schatten bin ich ferne finsteren Dörfern.
Gottes Schweigen
Trank ich aus dem Brunnen des Hains.

Auf meine Stirne tritt kaltes Metall
Spinnen suchen mein Herz.
Es ist ein Licht, das in meinem Mund erlöscht.

Nachts fand ich mich auf einer Heide,
Starrend von Unrat und Staub der Sterne.
Im Haselgebüsch
Klangen wieder kristallne Engel.

SCHWANENLIED

CLEMENS BRENTANO

Wenn die Augen brechen,
Wenn die Lippen nicht mehr sprechen,
Wenn das pochende Herz sich stillet
Und der warme Blutstrom nicht mehr quillet:
O dann sinkt der Traum zum Spiegel nieder,
Und ich hör' der Engel Lieder wieder,
Die das Leben mir vorüber trugen,
Die so selig mit den Flügeln schlugen
Ans Geläut der keuschen Maiesglocken,
Daß sie all die Vöglein in den Tempel locken,
Die so süße wildentbrannte Psalmen sangen:
Daß die Liebe und die Lust so brünstig rangen,
Bis das Leben war gefangen und empfangen;
Bis die Blumen blühten;
Bis die Früchte glühten,
Und gereift zum Schoß der Erde fielen,
Rund und bunt zum Spielen;
Bis die goldnen Blätter an der Erde rauschten,
Und die Wintersterne sinnend lauschten,
Wo der stürmende Sämann hin sie säet,
Daß ein neuer Frühling schön erstehet.
Stille wird's, es glänzt der Schnee am Hügel
Und ich kühl' im Silberreif den schwülen Flügel,
Möcht' ihn hin nach neuem Frühling zücken,
Da erstarret mich ein kalt Entzücken –
Es erfriert mein Herz, ein See voll Wonne
Auf ihm gleitet still der Mond und sanft die Sonne
Unter den sinnenden, denkenden, klugen Sternen
Schau' ich mein Sternbild an in Himmelsfernen;
Alle Leiden sind Freuden, alle Schmerzen scherzen
Und das ganze Leben singt aus meinem Herzen:
Süßer Tod, süßer Tod
Zwischen dem Morgen- und Abendrot.

NEUNTER CHOR DER ENGEL

HALLELUJA IN EWIGKEIT – SINGEN, SCHAUEN, JUBELN

„Jubel und Ruhm aufsinge
zustimmenden Engeln."

Rainer Maria Rilke

Es ist vollbracht. Das Leben ist in Gott geborgen. Anfang und Ende fallen zusammen. Der Ring des Lebens wird geschlossen. Engel singen in Chören, und so stimmen auch die Menschen im Himmel das große Halleluja in Ewigkeit an.
Vom Lieben und Loben ohne Ende singt Augustinus. Das bayrische Volkslied preist mit kindlichem Gemüt den himmlischen Wein und das Engelbrot. Hildegard von Bingen führt noch einmal zu einer Gesamtschau der neun Engelchöre und darüber hinaus in das Geheimnis Gottes, dem das Singen und Sagen der gesamten Schöpfung gilt.

1 AUFERSTEHUNG

DAS LEERE GRAB

LUKAS 24,1–12

Aber am ersten Tag der Woche sehr früh kamen sie zum Grab und trugen bei sich die wohlriechenden Öle, die sie bereitet hatten.
Sie fanden aber den Stein weggewälzt von dem Grab und gingen hinein und fanden den Leib des Herrn Jesus nicht.
Und als sie darüber bekümmert waren, siehe, da traten zu ihnen zwei Männer mit glänzenden Kleidern.
Sie aber erschraken und neigten ihr Angesicht zur Erde. Da sprachen die zu ihnen: Was sucht ihr den Lebenden bei den Toten?
Er ist nicht hier, er ist auferstanden. Gedenkt daran, wie er euch gesagt hat, als er noch in Galiläa war: Der Menschensohn muß überantwortet werden in die Hände der Sünder und gekreuzigt werden und am dritten Tage auferstehen.
Und sie gedachten an seine Worte.
Und sie gingen wieder weg vom Grab und verkündigten das alles den elf Jüngern und den andern allen.
Es waren aber Maria von Magdala und Johanna und Maria, des Jakobus Mutter, und die andern mit ihnen; die sagten das den Aposteln.
Und es erschienen ihnen diese Worte, als wär's Geschwätz, und sie glaubten ihnen nicht.
Petrus aber stand auf und lief zum Grab und bückte sich hinein und sah nur die Leinentücher und ging davon und wunderte sich über das, was geschehen war.

HIMMELFAHRT

APOSTELGESCHICHTE 1,1–14

Den ersten Bericht habe ich gegeben, lieber Theophilus, von all dem, was Jesus von Anfang an tat und lehrte bis zu dem Tag, an dem er aufgenommen wurde, nachdem er den Aposteln, die er erwählt hatte, durch den heiligen Geist Weisung gegeben hatte.

Ihnen zeigte er sich nach seinem Leiden durch viele Beweise als der Lebendige und ließ sich sehen unter ihnen vierzig Tage lang und redete mit ihnen vom Reich Gottes.

Und als er mit ihnen zusammen war, befahl er ihnen, Jerusalem nicht zu verlassen, sondern zu warten auf die Verheißung des Vaters, die ihr, so sprach er, von mir gehört habt; denn Johannes hat mit Wasser getauft, ihr aber sollt mit dem heiligen Geist getauft werden nicht lange nach diesen Tagen.

Die nun zusammengekommen waren, fragten ihn und sprachen: Herr, wirst du in dieser Zeit wieder aufrichten das Reich für Israel?

Er sprach aber zu ihnen: Es gebührt euch nicht, Zeit oder Stunde zu wissen, die der Vater in seiner Macht bestimmt hat; aber ihr werdet die Kraft des heiligen Geistes empfangen, der auf euch kommen wird, und werdet meine Zeugen sein in Jerusalem und in ganz Judäa und Samarien und bis an das Ende der Erde.

Und als er das gesagt hatte, wurde er zusehends aufgehoben und eine Wolke nahm ihn auf vor ihren Augen weg.

Und als sie ihm nachsahen, wie er gen Himmel fuhr, siehe, da standen bei ihnen zwei Männer in weißen Gewändern.

Die sagten: Ihr Männer von Galiläa, was steht ihr da und seht zum Himmel? Dieser Jesus, der von euch weg gen Himmel aufgenommen wurde, wird so wiederkommen, wie ihr ihn habt gen Himmel fahren sehen.

Da kehrten sie nach Jerusalem zurück von dem Berg, der heißt Ölberg und liegt nahe bei Jerusalem, einen Sabbatweg entfernt.

Und als sie hineinkamen, stiegen sie hinauf in das Obergemach des Hauses, wo sie sich aufzuhalten pflegten: Petrus, Johannes, Jakobus und Andreas, Philippus und Thomas, Bartholomäus und Matthäus, Jakobus, der Sohn des Alphäus, und Simon der Zelot und Judas, der Sohn des Jakobus.

Diese alle waren stets beieinander einmütig im Gebet samt den Frauen und Maria, der Mutter Jesu, und seinen Brüdern.

DIE AUFERSTANDENEN

ROSE AUSLÄNDER

Wo sind
die Auferstandenen
die ihren Tod
überwunden haben
das Leben liebkosen
sich anvertrauen
dem Wind

Kein Engel
verrät
ihre Spur

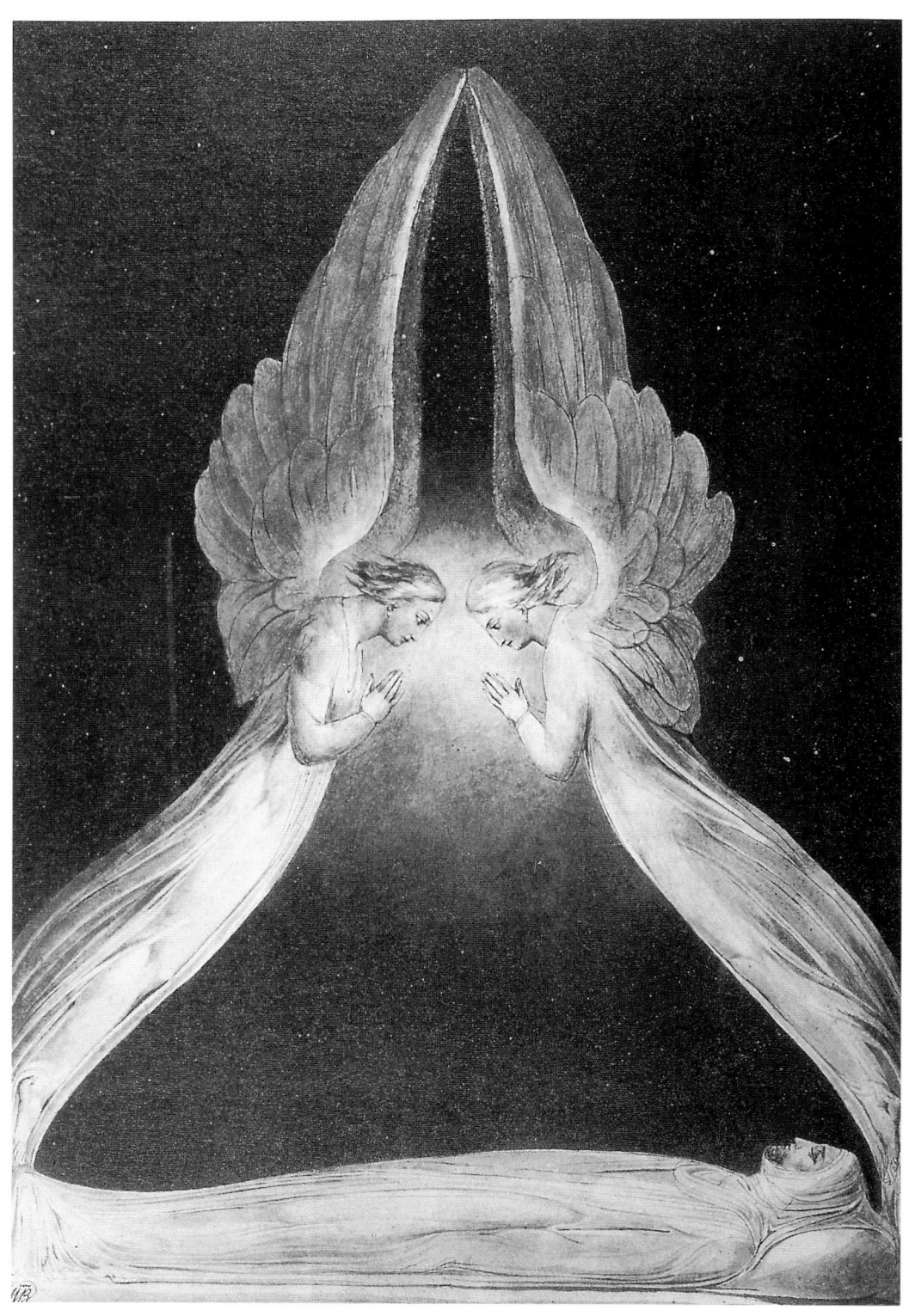

86　KEIN ENGEL VERRÄT IHRE SPUR
William Blake: Engel über dem Grab Christi wachend, um 1806.

87 WAS SCHAUT IHR ZUM HIMMEL?
Rembrandt: Die Himmelfahrt Christi, 1636.

WILLEHALM

WOLFRAM VON ESCHENBACH

Nun sollt Ihr aber auch glauben, daß die Menschen
jenen Engeln ihren Platz abgewonnen haben,
die uns nun nachstellen
und doch einst ihren Sitz
im zehnten Himmelschor gehabt hatten.
Die empörten sich so gegen Gott,
daß sie seine ewige Macht und Herrlichkeit
verrieten.
Diese Gefährten des Teufels
wurden schon wegen ihrer Gedanken gestürzt.
Zur Tat ließ sie Gott,
der die geheimen Gedanken kennt, gar nicht erst
kommen.
Deshalb wurde der Mensch erschaffen.

Die Menschen wurden wie die Engel
Gottes Feinde.
Warum darf nun der Mensch
mehr Hoffnung haben als der Engel?
Das will ich Euch sagen:
Der Mensch wurde verführt,
der Engel aber hat sich selbst
die ewige Verdammnis
durch seine Arglist zugezogen.
Und alle, die sich ihm anschlossen,
traf die gleiche Strafe.

Noch heute begleiten sie den Menschen,
als ob der Chor ihnen zustehe,
der doch denen bestimmt ist,
die alles meiden,
was Gott erzürnt,
den Herrn der ewigen Seligkeit.

MENSCH UND ENGEL WIEDER VEREINT

HANS-WERNER SCHROEDER

Am Schluß dieses Buches soll von dem Zukunftsbild des Menschen gesprochen werden, das in dem
heutigen Menschheitszustand noch kaum zu ahnen
ist. Es ist in seiner ganzen Größe heute noch verhüllt; erst in Zukunft wird es hervortreten. Dann
aber wird sich zeigen, daß unendlich viel in die
Entwicklung des Menschen „investiert" worden ist,
was erst langsam seine Früchte tragen kann. Paulus spricht von dem zukünftigen „Offenbarwerden
der Söhne Gottes" – womit er gerade auf das Zukunftsbild des Menschen hinweist –, und Johannes
sagt im ersten seiner Briefe: „Es ist noch nicht erschienen, was wir sein werden." An diese noch
verborgene Zukunftskraft des Menschen knüpft
sich im christlichen Sinne „das Prinzip Hoffnung"
(Ernst Bloch).
Die Menschheitsentwicklung steht in einem großen
kosmischen Zusammenhang; die Menschen sind zu
Trägern einer schöpferischen Freiheit und eines
höheren Guten berufen und damit zu „Söhnen Gottes", deren „Offenbarwerden" Paulus ankündigt.
Diesem Pauluswort tritt ein noch kühneres Wort an
die Seite; es ist ein Wort, das der Christus aus dem
Alten Testament aufgreift und bestätigt; es lautet
„Ihr seid Götter." Damit ist an das alte Wissen von
der Ebenbildlichkeit des Menschen mit der Gottheit
angeknüpft. Wenn alles dies zunächst auch verhüllt
und durch den Sündenfall wie verloren ist, es ist
doch im Menschen „investiert" und verborgen; wie
man der Raupe und Puppe nicht ansieht, daß
sich darin eine Schmetterlingsgestalt geheimnisvoll

wirksam vorbereitet, so dem Menschen nicht das Zukunftsbild, das in ihm verborgen ist. (…)

Der Zeitpunkt der geistigen Mündigkeit ist für die Menschheit in unserem Jahrhundert gekommen. Die hierarchischen Wesen beginnen, sich zurückzuziehen.

Das bedeutet für die Menschheitsentwicklung zweierlei: Zunächst ist der Mensch als einzelner und die Menschheit als Ganzes dem Ansturm der Widersacher ungleich stärker preisgegeben als früher. Diese Tatsache ist klar erlebbar. Die Menschheit wird zeigen müssen, ob sie die in ihr schlummernden, reifgewordenen Kräfte im Sinne der geistigen Mündigkeit gebrauchen lernt. Hierin liegt eine unglaubliche Herausforderung; aber zugleich liegt darin auch von Seiten der Gottheit ein Beweis des unendlichen Vertrauens in das, was im Menschen wirklich lebt.

Andererseits bahnt sich aber auch ein neues Verhältnis zu den Engelwesen selber an; denn nun wächst der Mensch in eine „Partner-Stellung" zu den Wesen hinein, die doch weit über ihm stehen. Die Engel, Erzengel und Urkräfte beginnen, das vom Menschen Kommende mehr und mehr als etwas Wertvolles zu empfinden. Was sich der Mensch abzuringen vermag, wird zu einer bedeutungsvollen Substanz für die geistigen Wesen.

Erlebbar wird dies neue Verhältnis zu den Engeln wohl am ehesten im eigenen Schicksal. Auch hier wird man in der Gegenwart ein zartes oder auch deutlicheres Zurücktreten der Schicksalsführung bemerken; besonders um das 28. Lebensjahr, spätestens um die Lebensmitte, verändert sich oft das Verhältnis zum eigenen Engel. Ja, wir mußten sogar sagen, daß die Schicksalsführung unwirksam werden kann, wenn der Mensch durch rein materialistisches Verhalten seinem Engel des Nachts nicht mehr voll zu begegnen vermag.

Mehr und mehr muß auch hier die Initiative vom Menschen selbst ergriffen werden. Nicht als würde der Engel ihm untreu; seine Treue bleibt unverbrüchlich; aber er muß in wachsendem Maße die Treue fordern, die der Mensch selbst aufbringen kann und muß, damit dieser in den ihm zukommenden Rang eines frei und schöpferisch mit dem Geiste verbundenen Wesens hereinwachsen kann. Auf keine andere Art findet der Mensch die Selbständigkeit seines innersten Wesens, und auf keine andere Art entfaltet er die moralischen, schöpferischen Kräfte, die ihn weiterführen.

Mit dem so Geschilderten ist ein Anfang bemerkbar, der in eine weite Zukunft führt, wenn der Mensch nach den beiden geschilderten Richtungen seine Aufgabe ergreift: am Ringen mit den Widersachermächten zu erstarken, und in der bewußten Hinwendung und Treue zu den geistigen Wesen immer mehr zu erwachen.

Der Mensch macht auf diesem seinem Wege Erfahrungen, welche kein anderes Wesen der Welt so haben kann. Und er entwickelt Fähigkeiten, die nur er allein in die Zukunft der Welt hereinzutragen vermag. So wird er nicht nur zu einem wertvollen Gliede der Schöpfung, er entwickelt auch selbst schöpferische Kräfte: Er wird – nach dem Worte des Paulus – ein „Sohn Gottes". Die ursprüngliche Ebenbildlichkeit des Menschen mit Gott soll auf einer höheren Stufe, nämlich frei und bewußt, wiedererlangt werden. Damit steigt er in die Ordnung der schaffenden Wesen auf; er schickt sich an, das zehnte Reich der hierarchischen Wesen zu bilden.

Nicht nur für den Menschen selbst, für die ganze Schöpfung wird diese Entwicklung von weittragender Bedeutung sein; sie wird einen „Weltenfortgang" bringen. Am Ende der „Offenbarung des Johannes" erscheint in dem Bilde einer zukünftigen Welt nicht nur eine neue Erde, sondern auch ein neuer Himmel. Indem der Mensch in die Reihe der hierarchischen, der himmlischen Wesen als die zehnte Ordnung im Reiche der Geister aufzurücken beginnt, wird sein Wesen nicht mehr nur hinabreichen auf die Erde; es kann gleichsam in den Himmel „emporwachsen" und dort die Schöpferkraft entfalten, die nur ihm und keinem anderen Wesen der Welt eigen sein wird; eine Kraft der Erneuerung für den ganzen Kosmos.

88   NEUE ERDE – NEUER HIMMEL
      Jan und Hubert van Eyck: Die Anbetung des Lammes, 1432.

89   WIR WERDEN ENGEL SEIN?
      Anselm Kiefer: Resumptio, 1974.

3 AUGENBLICKE AUS EWIGKEIT

FRANZ VON ASSISI UND DER ENGEL MIT DER GEIGE

FIORETTI

Während nun St. Franziskus, wie schon erzählt, die genannten Fasten einhielt, empfing er, obschon er viele Kämpfe mit dem Teufel zu bestehen hatte, doch auch viele Tröstungen von Gott, nicht nur in Gestalt von englischen Besuchen, sondern auch von den Vögeln des Waldes. Denn während der ganzen Fastenzeit weckte ihn ein Falke, der in der Nähe seiner Zelle nistete, jede Nacht kurz vor der Mette durch seinen Schrei und mit Flügelschlägen an seine Zelle und flog nicht eher davon, als bis er sich erhob, um die Mette zu sprechen. Und wenn der heilige Franz von einem zum andern Mal immer müder, schwächer und elender wurde, so ließ der Falke, gleich einem verständigen und mitfühlenden Menschen, seinen Schrei später ertönen. So fand St. Franziskus großes Gefallen an diesem Stundenkünder, denn die große Sorglichkeit des Falken bewahrte ihn vor jeder Versäumnis und ermunterte ihn zum Gebet; und überdies setzte er sich zuweilen am Tage zutraulich zu ihm.

Endlich gehört noch zu dieser Betrachtung, daß der heilige Franziskus, der von der großen Enthaltsamkeit und den Kämpfen mit dem Teufel sehr geschwächt war und daher mit der geistigen Nahrung für die Seele auch den Körper zu kräftigen hoffte, seine Gedanken auf die unermeßliche Herrlichkeit und die Freude der Seligen des ewigen Lebens zu richten begann. Auch hub er an, Gott zu bitten, er möge ihm einen Vorgeschmack dieser Freude als eine Gnade gewähren. Während er sich in diesen Gedanken vertiefte, erschien ihm auf einmal ein Engel in herrlichem Glanz, der eine Geige in der Linken und einen Bogen in der Rechten trug. Als noch St. Franziskus starr vor Staunen über den Anblick des Engels dastand, führte dieser einmal den Bogen über die Saiten; und augenblicklich vernahm er eine solche wonnevolle Melodie, daß sie seine Seele mit Süßigkeit erfüllte und jeder körperlichen Empfindung enthob. Und er vermeinte, wie er später seinen Jüngern erzählte, seine Seele würde vor unertragbarer Wonne aus dem Körper entflohen sein, wenn der Engel den Bogen herabgestrichen hätte. [...]

Seitdem begann der heilige Franziskus noch überschwenglicher die Wonnen göttlicher Betrachtungen und Heimsuchungen zu fühlen und zu schmecken. Unter diesen letzteren war eine unmittelbar auf die Empfängnis der heiligen Wundmale vorbereitende, in folgender Form: Am Tag vor dem Fest der Kreuzerhöhung im Monat September verweilte St. Franziskus in seiner Zelle in stillem Gebet, als ihm der Engel Gottes erschien und ihm in seinem Namen sagte: „Ich komme, dich zu stärken und zu mahnen, daß du dich bereit und geschickt machst, in Geduld das zu empfangen, was Gott dir geben und an dir tun wird." Da antwortete der heilige Franz: „Ich bin bereit, alles in Geduld zu ertragen, was mir mein Herr antun will"; und nach diesen Worten verschwand der Engel. [...]

Nachdem der heilige Franziskus dieses Versprechen erhalten hatte, begann er in Andacht sich in Betrachtung über die Passion Christi und seine grenzenlose Liebe zu versenken. Und die Leidenschaft der Hingabe steigerte sich in ihm derart, daß er sich in Liebe und Mitleid ganz in Jesus verwandelte. Als er sich noch an dieser Betrachtung entflammte, sah er einen Seraph mit sechs glänzenden feurigen Flügeln vom Himmel kommen. Dieser näherte sich ihm in schnellem Fluge, so daß er unterscheiden konnte, daß er das Bild des Gekreuzigten in sich trug. Die Flügel aber waren so angeordnet, daß zwei sich über seinem Haupt breiteten, zwei zum Fliegen sich ausspannten und die letzten zwei den ganzen Körper bedeckten. Bei diesem Anblick erschrak St. Franziskus sehr, zugleich aber war er voller Freude und voller Schmerz mit Bewunderung gemengt. Denn es erfaßte ihn Freude über den kostbaren Anblick Christi, der ihm so vertraut erschien und den er so wonnig empfand; andrerseits überkam ihn, als er ihn so ans Kreuz geheftet sah, schmerzliches Mitleid. Besonders aber wunderte er sich über eine so erstaunliche und ungewöhnliche Vision, da er wußte, daß das Hinsiechen in der Passion nicht mit der Unsterblichkeit des seraphischen Geistes vereinbar war.

In dieser Verwunderung wurde ihm von dem, der ihm erschien, enthüllt, daß diese Vision ihm durch die göttliche Vorsehung deshalb in dieser Form gezeigt wurde, damit er begriffe, daß er in dieser wunderbaren Erscheinung nicht durch ein körperliches Martyrium, sondern durch eine innere Glut ganz zu der völligen Gleichheit mit dem gekreuzigten Christus gewandelt werden solle.

Zugleich schien der ganze Berg La Vernia in einer hellglänzenden Flamme aufzulodern, die alle Berge und Täler ringsum erhellte, als ob die Sonne über der Erde schwebte. Die Schäfer, die in der Gegend wachten, hatten, wie sie später den Brüdern erzählten, große Furcht, als sie den Berg rings von solchem Licht entflammt sahen; und sie versicherten, die Flamme habe eine Stunde und länger über dem Berg La Vernia gestanden. Gleicherweise erhoben sich bei dem Schein dieses Lichtes, das in die Herbergsfenster rings im Lande fiel, eine Anzahl Maultiertreiber, die nach der Romagna zogen, und sattelten und beluden ihre Tiere, da sie glaubten, die Sonne sei aufgegangen; auf dem Marsch sahen sie dann erst das Licht schwinden und wirklich die Sonne aufgehn.

In dieser seraphischen Erscheinung aber gab Christus, der darin sichtbar wurde, dem heiligen Franziskus einige geheimnisvolle und hohe Dinge kund, die dieser zu seinen Lebzeiten niemandem hat enthüllen wollen; nach seinem Tode aber offenbarte er sie, wie sich weiter unten zeigen wird. Die Worte aber waren folgende:

„Weißt du", sprach Christus, „was ich dir getan habe? Ich habe dir die Wundmale verliehen, welche die Zeichen meiner Passion sind, damit du mein Bannerträger seiest. Und wie ich am Tage meines Todes zur Vorhölle hinabstieg und alle Seelen, die ich dort fand, kraft dieser meiner Wundmale herauszog, so gewähre ich dir, daß du jedes Jahr am Tage deines Todes in das Fegefeuer niedersteigst und alle Seelen deiner drei Orden, der Minoriten, Clarissinnen und Continenten, und auch die andern, welche dir ergeben waren und die du dort finden wirst, kraft deiner Wundmale erlösest und zur Herrlichkeit des Paradieses führst. Denn du sollst mir gleich sein im Tode, wie du mir im Leben gleich bist."

Als darauf diese wunderbare Erscheinung nach einer langen Weile geheimen Gesprächs verschwand, ließ sie im Herzen des heiligen Franz eine unvergleichliche Glut und Flamme der göttlichen Liebe zurück; auf seinem Fleisch aber ließ sie ein wunderbares Abbild und sichtbare Spur der Passion Christi. Denn alsbald begannen an seinen Händen und Füßen die Nägelmale zu erscheinen, so wie er sie zuvor am Leib des gekreuzigten Christus gesehn hatte, als er sich in Gestalt des Seraph ihm zeigte: Hände und Füße waren in der Mitte von Nägeln durchbohrt, deren Köpfe sich auf den Handflächen und den Fußsohlen über dem Fleisch befanden. Die Nagelspitzen traten am Rücken der Hände und Füße wieder hervor und schienen dort so weit umgebogen und umgeschlagen, daß man in die umgebogene oder umgeschlagene Stelle, die über das Fleisch herausragte, wohl den Finger hätte legen können, wie in einen Ring; und die Köpfe der Nägel waren rund und schwarz. Gleicherweise erschien an der rechten Seite der Rippen das Abbild eines Lanzenstichs, unverheilt, rot und blutig. Aus dieser Wunde ergoß sich oftmals Blut von der heiligen Brust des St. Franziskus, das seine Gewandung rötete.

DIE FLÜGEL DES GLAUBENS

HILDEGARD VON BINGEN

Und wiederum hörte ich die Stimme vom Himmel. Sie sprach zu mir:
Der allmächtige, unaussprechliche Gott, der vor aller Zeit war, der keinen Anfang hatte, noch auch nach dem Ende der Zeiten aufhören wird zu sein, hat jegliches Geschöpf nach seinem Willen wunderbar ins Dasein gerufen und jedem nach seinem Willen wunderbar seine Aufgabe gesetzt. Die einen hat Er der Erde, die anderen dem Himmel zugewiesen. Er hat die seligen Engel zum Heile der Menschen und zur Ehre seines Namens berufen. Die einen hat Er bestimmt, den Menschen in ihren Nöten zu helfen, die anderen, ihnen die Gerichte seiner geheimen Ratschlüsse zu offenbaren.
Du siehst daher in der Höhe himmlischer Geheimnisse die beiden Reihen erhabener, in großer Herrlichkeit leuchtender Geister. In der entrückten Höhe, die Fleischesblick nicht durchdringt, die aber der Blick des innerlichen Menschen erschaut, wird dir die Bedeutung dieser beiden Reihen klar. Sie sinnbilden, daß Leib und Seele des Menschen Gott dienen müssen, bei dem ihnen mit den Himmelsbürgern das Licht ewiger Beseligung leuchtet.
Die Geister der ersten Reihe sind an der Brust beflügelt und haben Antlitze wie Menschen, in denen wie in einem ungetrübten Wasserspiegel Menschengesichter erscheinen. Das sind die Engel. Flügeln gleich spannen sie das Verlangen, das sich aus der Tiefe ihrer Erkenntnis ringt. Nicht als ob sie Flügel hätten wie die Vögel, sondern schnell, wie der Gedanke des Menschen dahinfliegt, drängt ihre Sehnsucht sie, den Willen Gottes zu erfüllen. Daß sie Antlitze haben, deutet auf die Schönheit ihres vernünftigen Geistes, in dem Gottes alldurchforschender Blick zugleich die Werke des Menschen erschaut. Denn wie der Knecht, kaum daß er den Befehl seines Herrn vernimmt, ihm nachkommt, so haben die Engel auf die Erfüllung des göttlichen Willens in den Menschen acht und stellen deren Handlungen in sich selber Gott dar.

Die Geister der zweiten Reihe haben ebenfalls Flügel an der Brust und Gesichter wie Menschen. In ihnen leuchtet wie in einem Spiegel das Bild des Menschensohnes auf. Das sind die Erzengel. Auch sie sind in der Sehnsucht ihres Erkennens auf den Willen Gottes hingerichtet und offenbaren in sich die Schönheit des vernünftigen Geistes. Auf eine ganz reine Weise verherrlichen sie das fleischgewordene Wort Gottes, da sie die verborgenen Ratschlüsse Gottes schauen und durch ihre Botendienste dem Geheimnisse der Menschwerdung den Weg bereiten durften.
Weder bei ihnen noch bei den ersten kannst du Weiteres von ihrer Gestalt erkennen, denn viele tiefe Geheimnisse umschließt das Sein der Engel und Erzengel, die der vom sterblichen Leibe beschwerte Menschenverstand nicht zu begreifen vermag.
Die beiden Reihen schließen sich in Kranzesform um fünf andere Reihen. Das bedeutet, daß Leib und Seele des Menschen die fünf Sinne, die durch die fünf Wunden meines Sohnes gereinigt sind, mit starker Kraft zügeln und auf den geraden Weg der inneren Gebote leiten müssen.
Von diesen Geistern haben die der ersten Reihe wieder Antlitze wie Menschen, und von der Schulter an abwärts erstrahlen sie in hellem Glanz. Das sind die „Kräfte". Sie steigen auf in den Herzen der Gläubigen und bauen in ihnen mit brennender Liebe den hohen Turm ihrer Werke. So spiegeln sie in ihrem geistigen Sein die Werke der Auserwählten und führen diese durch ihre Kraft zum guten Ende helleuchtender Seligkeit. Wenn nämlich den Auserwählten die Klarheit innerer Erkenntnis aufgeht, so schütteln sie alle Bosheit ihrer Sünden ab wegen des Lichtes, das von den „Kräften" nach meinem Willen auf sie herabstrahlt und sie umleuchtet. Tapfer kämpfen sie wider die Nachstellungen des Teufels. Alle diese Schlachten wider die höllische Heerschar stellen die Kräfte unaufhörlich Mir, ihrem Schöpfer, dar. Denn die Menschen tragen in sich den Entscheidungskampf der Bejahung und der Verneinung. Inwiefern? Der eine bekennt Mich, der andere leugnet Mich. Die Frage bei diesem Kampfe ist: Gibt es einen Gott oder nicht? Darauf antwortete der Heilige Geist im Menschen: Es ist ein Gott, der dich erschaffen hat. Er hat dich auch erlöst. Solange die Frage diese Beantwortung im Menschen findet, wird die Kraft Gottes ihn nicht verlassen, denn auf solches Fragen

und Antworten folgt die Buße. Wo aber die Frage im Menschen nicht ist, da ist auch nicht die Antwort des Heiligen Geistes. Ein solcher Mensch stößt die Gabe Gottes zurück, und ohne Frage nach Buße stürzt er sich in den Tod. Alle diese Kämpfe bringen die „Kräfte" Gott dar, denn diese Geister sind vor Gott ein Siegel, an dem offenbar wird, in welcher Absicht Gott verehrt oder verleugnet wird.

Die Geister der zweiten Reihe stehen da in so lichter Klarheit, daß du sie nicht anzuschauen vermagst. Es sind die „Mächte". Sie deuten an, daß die Huld und Schönheit der göttlichen Macht von der Ohnmacht der Sterblichen, Sündenbefangenen nie begriffen noch berührt werden kann, denn nie zerfällt die Macht Gottes.

Weißem Marmor gleich erscheinen die Geister der dritten Reihe. Sie haben Häupter wie Menschen, und über ihnen siehst du Feuerflammen. Eine eisenfarbige Wolke umhüllt von der Schulter an abwärts ihre Gestalt. Das sind die „Fürstentümer". Sie sind die Urbilder derer, die aus Gottes Gabe in der Welt über die Menschen herrschen. Mit der unangetasteten Kraft der Gerechtigkeit sollen sie sich umkleiden, damit sie nicht dem Wankelmut der Unbeständigkeit verfallen. Sie sollen auf ihr Haupt schauen, das Christus ist, und ihre Regierung nach seinem Willen zum Nutzen der Menschen führen. In glühendem Eifer für die Wahrheit sollen sie lauschen auf die über ihnen waltende Gnade des Heiligen Geistes, damit sie bis zu ihrem Ende fest und beständig in der Kraft der Gerechtigkeit verharren.

Daher haben auch die Geister der vierten Reihe Antlitze wie Menschenantlitze und Füße wie Menschenfüße. Auf ihrem Haupte tragen sie einen Helm und sind mit marmorgleichen Tuniken bekleidet. Es sind die „Herrschaften", die zur Darstellung bringen, daß der Herr aller Dinge die Vernunft des Menschen, die befleckt in menschlicher Verwesung lag, von der Erde zum Himmel erhob, als er seinen Sohn auf die Erde sandte, der den alten Verführer durch seine Gerechtigkeit niedertrat. Ihn also, der das Haupt aller Gläubigen ist, sollen seine Getreuen getreulich nachahmen, ihre Hoffnung auf das Himmlische setzen und stark werden im hochherzigen Verlangen nach guten Werken.

Die Geister der fünften Reihe haben gar nichts Menschenähnliches, sondern erglühen wie das Morgenrot. Es sind die „Throne". Ihre Erscheinung will besagen, daß die Gottheit Sich zur Menschheit neigte, als der Eingeborene Gottes zum Heile der

Menschen einen Menschenleib anzog, unberührt von aller Menschenschuld. Denn vom Heiligen Geiste empfangen, nahm Er ohne jeden Makel der Befleckung Fleisch an aus der Morgenröte, aus der seligen Jungfrau.

Weiter kannst du von ihrer Gestalt nichts erkennen. Denn zahlreich sind die Geheimnisse himmlischer Verborgenheiten, die die menschliche Gebrechlichkeit nicht zu ergründen vermag.

Daß aber auch diese Reihen zwei weitere Reihen in Form eines Kranzes umschließen, deutet darauf hin, daß die Gläubigen, die in dem Bewußtsein, daß sie durch die fünf Wunden des Sohnes Gottes erlöst sind, die fünf Sinne ihres Leibes auf das Himmlische richten, zur Liebe Gottes und des Nächsten hineilen. Denn in dem Maße, wie sie das eigene Herzensbegehren hintansetzen und ihre Hoffnung allein auf das Ewige richten, umkreisen sie mit jeglicher Zuneigung des Geistes Gott und den Nächsten in der Liebe.

Die Geister der [nun folgenden] ersten Reihe siehst du voller Augen und Flügel. In jedem Auge erscheint ein Spiegel und darin ein Menschengesicht. Die Schwingen haben diese Geister wie zum Fluge in die himmlischen Höhen erhoben. Das sind die „Cherubim". Sie sinnbilden das Wissen Gottes. In ihm schauen sie die Mysterien himmlischer Geheimnisse und verhauchen, so wie Gott es will, ihr innerstes Hinstreben [zu Ihm]. In der Tiefe ihres Wissens erschauen sie mit reinstem, durchdringendem Blick wunderbar die Menschen, die in der Erkenntnis des wahren Gottes gleich ihnen die Flügel ihrer Herzenssehnsucht in gutem und gerechtem Streben auf den spannen, der über allen ist. Stärker ist in solchen die Liebe zum Himmlischen als das Trachten nach dem Vergänglichen. So tun es diese Geister im Fluge ihrer Sehnsucht dar.

Die Geister der zweiten Reihe brennen wie Feuer. Sie haben sehr viele Flügel, und auf diesen erscheinen, wie in einen Spiegel eingezeichnet, die Sinnbilder aller Rangstufen der verschiedenen Stände in der Kirche. Das sind die „Seraphim". Wie sie selbst in flammender Liebe zu Gott brennen und ihr ganzes Begehren auf seine Anschauung gerichtet ist, so stellen sie in diesem ihrem Sinnen und Trachten die weltlichen und geistlichen Würden dar, die in dem geheimnisvollen Leben der Kirche in vieler Reinheit blühen, denn in ihnen offenbaren sich wunderbar die geheimen Rat-

90   LEUCHTENDE GEISTER IM DIENSTE DER MENSCHEN
Hildegard von Bingen: Die Chöre der Engel, 1141–1151.

schlüsse Gottes. So mögen alle, die mit der Aufrichtigkeit eines reinen Herzens liebend das himmlische Leben suchen, in Liebe zu Gott entbrennen, Ihn mit ganzer Begier umfangen, damit sie zu den Freuden derer gelangen, die sie gläubig nachahmen.

Daß du aber weder bei ihnen noch auch bei den früheren nichts Weiteres von ihrer Gestalt erkennen kannst, bedeutet, daß in den seligen Geistern viele Geheimnisse sind, die der Mensch nicht wissen soll. Denn solange er sterblich ist, kann er das Ewige nicht vollkommen erkennen.

All diese Reihen tönen, wie du hörst, in jeglicher Art von Musik und künden in wundersamen Harmonien die Wunder, die Gott in heiligen Seelen wirkt – ein Hochgesang der Verherrlichung Gottes. In unbeschreiblichem Jubel frohlocken die seligen Geister durch Gottes Kraft über die Wunder, die Er in seinen Heiligen tut.

Denn das ist der herrlichste Gottespreis, wenn diese Seelen Gott suchen in den Tiefen der Heiligkeit, jubelnd in der Freude des Heils, wie David, mein Knecht, der himmlische Geheimnisse schauen durfte, sagt: „Rufe des Jubels und des Heils ertönen in den Zelten der Gerechten" (Psalm 117). Das heißt: Das Lied der Freude und Seligkeit darüber, daß das Fleisch überwunden ist und der Geist zu unversieglichem Heile emporsteigt, wird in den Wohnungen derer vernommen, die die Ungerechtigkeit abschütteln und Gerechtigkeit wirken. Obschon sie auf teuflische Einflüsterung das Böse tun könnten, vollziehen sie doch durch den Hauch Gottes das Gute. Zwar trägt der Mensch häufig eine falsche Freude zur Schau, wenn er ungehörig die Sünde vollbracht und seine Begierde befriedigt hat. Aber es ist ihm nicht zum Heil, weil es dem Gebote Gottes zuwider ist. Doch zum Freudenreigen in der Beseligung des wahren Heiles wird zugelassen, wer das Gute glühend verlangt, im Eifer vollbringt, und, solange er im Körper weilt, die Wohnung derer liebt, die sich vom Irrpfad der Lüge fernhalten und den Weg der Wahrheit laufen.

Wer immer Erkenntnis im Heiligen Geiste und die Flügel des Glaubens besitzt, der gehe nicht achtlos an meiner Ermahnung vorüber, sondern er koste, umfange und trage sie in seiner Seele. Amen. (…)

AUS DEN DUINESER ELEGIEN

RAINER MARIA RILKE

DIE ERSTE ELEGIE

Wer, wenn ich schriee, hörte mich denn aus der Engel
Ordnungen? und gesetzt selbst, es nähme
einer mich plötzlich ans Herz: ich verginge von seinem
stärkeren Dasein. Denn das Schöne ist nichts
als des Schrecklichen Anfang, den wir noch grade ertragen,
und wir bewundern es so, weil es gelassen verschmäht,
uns zu zerstören. Ein jeder Engel ist schrecklich.
Und so verhalt ich mich denn und verschlucke den Lockruf
dunkelen Schluchzens. Ach, wen vermögen
wir denn zu brauchen? Engel nicht, Menschen nicht,
und die findigen Tiere merken es schon,
daß wir nicht sehr verläßlich zu Haus sind
in der gedeuteten Welt. [...]
Aber Lebendige machen
alle den Fehler, daß sie zu stark unterscheiden.
Engel (sagt man) wüßten oft nicht, ob sie unter
Lebenden gehn oder Toten. Die ewige Strömung
reißt durch beide Bereiche alle Alter
immer mit sich und übertönt sie in beiden.
[...]

DIE ZWEITE ELEGIE

Jeder Engel ist schrecklich. Und dennoch, weh mir,
ansing ich euch, fast tödliche Vögel der Seele,
wissend um euch. Wohin sind die Tage Tobiae,
da der Strahlendsten einer stand an der einfachen Haustür,
zur Reise ein wenig verkleidet und schon nicht mehr furchtbar;

(Jüngling dem Jüngling, wie er neugierig hinaussah).
Träte der Erzengel jetzt, der gefährliche, hinter den Sternen
eines Schrittes nur nieder und herwärts: hochaufschlagend erschlüg uns das eigene Herz. Wer seid ihr?

Frühe Geglückte, ihr Verwöhnten der Schöpfung,
Höhenzüge, morgenrötliche Grate
aller Erschaffung, – Pollen der blühenden Gottheit,
Gelenke des Lichtes, Gänge, Treppen, Throne,
Räume aus Wesen, Schilde aus Wonne, Tumulte
stürmisch entzückten Gefühls und plötzlich, einzeln,
Spiegel: die die entströmte eigene Schönheit
wiederschöpfen zurück in das eigene Antlitz.

Denn wir, wo wir fühlen, verflüchtigen; ach wir
atmen uns aus und dahin; von Holzglut zu Holzglut
geben wir schwächern Geruch. Da sagt uns wohl einer:
ja, du gehst mir ins Blut, dieses Zimmer, der Frühling
füllt sich mit dir … Was hilfts, er kann uns nicht halten,
wir schwinden in ihm und um ihn. Und jene, die schön sind,
o wer hält sie zurück? Unaufhörlich steht Anschein
auf in ihrem Gesicht und geht fort. Wie Tau von dem Frühgras
hebt sich das Unsre von uns, wie die Hitze von einem
heißen Gericht. O Lächeln, wohin? O Aufschaun:
neue, warme, entgehende Welle des Herzens –;
weh mir: wir *sinds* doch. Schmeckt denn der Weltraum,
in den wir uns lösen, nach uns? Fangen die Engel
wirklich nur Ihriges auf, ihnen Entströmtes,
oder ist manchmal, wie aus Versehen, ein wenig
unseres Wesens dabei? Sind wir in ihre
Züge soviel nur gemischt wie das Vage in die Gesichter
schwangerer Frauen? Sie merken es nicht in dem Wirbel
ihrer Rückkehr zu sich. (Wie sollten sie's merken.)
[…]

DIE SIEBENTE ELEGIE

[…]
Hiersein ist herrlich. Ihr wußtet es, Mädchen, *ihr* auch,
die ihr scheinbar entbehret, versankt –, ihr, in den ärgsten
Gassen der Städte, Schwärende, oder dem Abfall
Offene. Denn eine Stunde war jeder, vielleicht nicht
ganz eine Stunde, ein mit den Maßen der Zeit kaum
Meßliches zwischen zwei Weilen –, da sie ein Dasein
hatte. Alles. Die Adern voll Dasein.
Nur, wir vergessen so leicht, was der lachende Nachbar
uns nicht bestätigt oder beneidet. Sichtbar
wollen wirs heben, wo doch das sichtbarste Glück uns
erst zu erkennen sich giebt, wenn wir es innen verwandeln.
Nirgends, Geliebte, wird Welt sein, als innen. Unser
Leben geht hin mit Verwandlung. Und immer geringer
schwindet das Außen. Wo einmal ein dauerndes Haus war,
schlägt sich erdachtes Gebild vor, quer, zu Erdenklichem
völlig gehörig, als ständ es noch ganz im Gehirne.
[…]

War es nicht Wunder? O staune, Engel, denn *wir* sinds,
wir, o du Großer, erzähls, daß wir solches vermochten, mein Atem
reicht für die Rühmung nicht aus. So haben wir dennoch
nicht die Räume versäumt, diese gewährenden, diese
unseren Räume. (Was müssen sie fürchterlich groß sein,
da sie Jahrtausende nicht unseres Fühlns überfülln.)
Aber ein Turm war groß, nicht wahr? O Engel, er war es, –
groß, auch noch neben dir? Chartres war groß –, und Musik
reichte noch weiter hinan und überstieg uns. Doch selbst nur
eine Liebende –, oh, allein am nächtlichen Fenster

reichte sie dir nicht ans Knie –?
Glaub *nicht*, daß ich werbe.
Engel, und würb ich dich auch! Du kommst nicht. Denn mein
Anruf ist immer voll Hinweg; wider so starke
Strömung kannst du nicht schreiten. Wie ein ge-
streckter
Arm ist mein Rufen. Und seine zum Greifen
oben offene Hand bleibt vor dir
offen, wie Abwehr und Warnung,
Unfaßlicher, weitauf.

DIE NEUNTE ELEGIE

[...]
Aber weil Hiersein viel ist, und weil uns scheinbar
alles das Hiesige braucht, dieses Schwindende, das
seltsam uns angeht. Uns, die Schwindendsten. *Ein*
Mal
jedes, nur *ein* Mal. *Ein* Mal und nicht mehr. Und
wir auch
ein Mal. Nie wieder. Aber dieses
ein Mal gewesen zu sein, wenn auch nur *ein* Mal:
irdisch gewesen zu sein, scheint nicht widerrufbar.

Und so drängen wir uns und wollen es leisten,
wollens enthalten in unsern einfachen Händen,
im überfüllteren Blick und im sprachlosen Herzen.
Wollen es werden. – Wem es geben? Am liebsten
alles behalten für immer ... Ach, in den andern
Bezug,
wehe, was nimmt man hinüber? Nicht das An-
schaun, das hier
langsam erlernte, und kein hier Ereignetes. Keins.
Also die Schmerzen. Also vor allem das Schwer-
sein,
also der Liebe lange Erfahrung, – also
lauter Unsägliches. Aber später,
unter den Sternen, was solls: *die* sind *besser*
unsäglich.
Bringt doch der Wanderer auch vom Hange des
Bergrands
nicht eine Hand voll Erde ins Tal, die Allen
unsägliche, sondern
ein erworbenes Wort, reines, den gelben und blaun
Enzian. Sind wir vielleicht *hier*, um zu sagen: Haus,
Brücke, Brunnen, Tor, Krug, Obstbaum, Fenster, –
höchstens: Säule, Turm ... aber zu *sagen*, verstehs,
oh zu sagen *so*, wie selber die Dinge niemals

innig meinten zu sein. Ist nicht die heimliche List
dieser verschwiegenen Erde, wenn sie die
Liebenden drängt,
daß sie sich in ihrem Gefühl jedes und jedes
entzückt?
Schwelle: was ists für zwei
Liebende, daß sie die eigne ältere Schwelle der
Tür
ein wenig verbrauchen, auch sie, nach den vielen
vorher
und vor den Künftigen ..., leicht.

Hier ist des *Säglichen* Zeit, *hier* seine Heimat.
Sprich und bekenn. Mehr als je
fallen die Dinge dahin, die erlebbaren, denn,
was sie verdrängend ersetzt, ist ein Tun ohne Bild.
Tun unter Krusten, die willig zerspringen, sobald
innen das Handeln entwächst und sich anders begrenzt.
Zwischen den Hämmern besteht
unser Herz, wie die Zunge
zwischen den Zähnen, die doch,
dennoch, die preisende bleibt.
Preise den Engel die Welt, nicht die
unsägliche, *ihm*
kannst du nicht großtun mit herrlich Erfühltem; im
Weltall,
wo er fühlender fühlt, bist du ein Neuling. Drum
zeig
ihm das Einfache, das, von Geschlecht zu Geschlechtern gestaltet,
als ein Unsriges lebt, neben der Hand und im Blick.
Sag ihm die Dinge. Er wird staunender stehn; wie
du standest
bei dem Seiler in Rom, oder beim Töpfer am Nil.
Zeig ihm, wie glücklich ein Ding sein kann, wie
schuldlos und unser,
wie selbst das klagende Leid rein zur Gestalt sich
entschließt,
dient als ein Ding, oder stirbt in ein Ding –, und
jenseits
selig der Geige entgeht. – Und diese, von Hingang
lebenden Dingen verstehn, daß du sie rühmst;
vergänglich,
traun sie ein Rettendes uns, den Vergänglichsten,
zu.
Wollen, wir sollen sie ganz im unsichtbarn Herzen
verwandeln
in – o unendlich – in uns! Wer wir am Ende auch
seien.

262

Erde, ist es nicht dies, was du willst: *unsichtbar*
in uns erstehn? – Ist es dein Traum nicht,
einmal unsichtbar zu sein? – Erde! unsichtbar!
Was, wenn Verwandlung nicht, ist dein drängender
Auftrag?
Erde, du liebe, ich will. Oh glaub, es bedürfte
nicht deiner Frühlinge mehr, mich dir zu gewinnen
– *einer*,
ach, ein einziger ist schon dem Blute zu viel
Namenlos bin ich zu dir entschlossen, von weit her.
Immer warst du im Recht, und dein heiliger Einfall
ist der vertrauliche Tod.

Siehe, ich lebe. Woraus? Weder Kindheit noch
Zukunft
werden weniger … Überzähliges Dasein
entspringt mir im Herzen.

DIE ZEHNTE ELEGIE

Daß ich dereinst, an dem Ausgang der grimmigen
Einsicht,
Jubel und Ruhm aufsinge zustimmenden Engeln.
Daß von den klar geschlagenen Hämmern des
Herzens
keiner versage an weichen, zweifelnden oder
reißenden Saiten. Daß mich mein strömendes
Antlitz
glänzender mache; daß das unscheinbare Weinen
blühe.

MEIN BLAUES KLAVIER

ELSE LASKER-SCHÜLER

Ich habe zu Hause ein blaues Klavier
Und kenne doch keine Note.

Es steht im Dunkel der Kellertür,
Seitdem die Welt verrohte.

Es spielen Sternenhände vier
– Die Mondfrau sang im Boote –
Nun tanzen die Ratten im Geklirr.

Zerbrochen ist die Klaviatür …
Ich beweine die blaue Tote.

Ach liebe Engel öffnet mir
– Ich aß vom bitteren Brote –
Mir lebend schon die Himmelstür –
Auch wider dem Verbote.

91 JUBEL UND RUHM AUFSINGE ZUSTIMMENDEN ENGELN
Stefano da Zevio (17. Jh.): Der Rosengarten Mariae.

92   MUTTER UND KIND – ERDE UND ENGEL
Raffael: Sixtinische Madonna, 1512/13.

4 EIN HIMMLISCHES LEBEN

DER HIMMEL HÄNGT VOLL GEIGEN

BAIRISCHES VOLKSLIED

Wir genießen die himmlischen Freuden,
Drum thun wir das Irdische meiden,
Kein weltlich Getümmel
Hört man nicht im Himmel,

Lebt alles in sanftester Ruh;
Wir führen ein englisches Leben,
Sind dennoch ganz lustig daneben,
Wir tanzen und springen,
Wir hüpfen und singen,
Sanct Peter im Himmel sieht zu.

Johannes das Lämmlein auslasset,
Der Metzger Herodes drauf passet,
Wir führen ein geduldigs,
Unschuldigs, geduldigs,
Ein liebliches Lämmlein zum Tod.
Sanct Lucas den Ochsen thut schlachten,
Ohn einigs Bedenken und Achten,
Der Wein kost't kein Heller
Im himmlischen Keller,
Die Engel, die backen das Brod.

Gut Kräuter von allerhand Arten,
Die wachsen im himmlischen Garten,
Gut Spargel, Fisolen,
Und was wir nur wollen,
Ganze Schüssel voll sind uns bereit
Gut Aepfel, gut Birn und gut Trauben,
Die Gärtner, die alles erlauben.

Willst Rehbock, willst Hasen?
Auf offner Straßen,
Zur Küche sie laufen herbei.

Sollt' etwa ein Fasttag ankommen,
Die Fische mit Freuden anströmen,
Da laufen Sanct Peter
Mit Netz und mit Köder
Zum himmlischen Weiher hinein;
Willst Karpfen, willst Hecht, willst Forellen,
Gut Stockfisch und frische Sardellen?
Sanct Lorenz hat müssen
Sein Leben einbüßen,
Sanct Marta die Köchin muß seyn.

Kein Musik ist ja nicht auf Erden,
Die unsrer verglichen kann werden,
Eilftausend Jungfrauen
Zu tanzen sich trauen,
Sanct Ursula selbst dazu lacht,
Cecilia mit ihren Verwandten,
Sind treffliche Hofmusikanten,
Die englische Stimmen
Ermuntern die Sinnen,
Daß Alles für Freuden erwacht!

IM HIMMEL – VISION EINER KRANKENSCHWESTER

JOÉ SNELL

Der Pfad, auf dem ich meinen Sorgen entrinnen sollte, hatte sich noch nicht geöffnet, und eines Nachts lag ich wieder einmal in verzweifelter Stimmung schlaflos im Bett. Ich betete innig um Hilfe. Da hörte ich eine sehr liebe Stimme zart meinen Namen aussprechen, und ein Engel – mein Schutzengel, wie ich dann erfuhr – beugte sich über mich. „Komm mit mir", sagte er, umarmte mich und hob mich in die Höhe. Das Zimmer verschwand vor mir, den Arm um meine Taille, wurde ich schnell – ich möchte sagen – empor*getragen*, und wie es schien, immer höher und höher. Als wir über das Stadtzentrum kamen, konnte ich, als ich hinuntersah, trotzdem es Nacht war und wir sehr hoch waren, die Gesichter der Leute in der wimmelnden Verkehrsader ganz deutlich erkennen. Auch den Verkehrslärm konnte ich ganz deutlich wahrnehmen, als wäre ich selbst mitten darin. Mit zunehmender Höhe nahmen die Geräusche nach und nach ab. Die große Stadt entschwand meinem Blick. Immer höher stiegen wir, schien mir, über Städte, Flüsse, große Wasserflächen hinweg, bis auch die Erde meinem Blick entschwand, und ich einen Augenblick überhaupt nichts mehr sah. Als wir dann anhielten, stand ich mit dem Engel inmitten einer Szene von wunderbarer Schönheit, und ich kam spontan, also nicht nach und nach, in einen Zustand des Entzückens. „Wo sind wir?" fragte ich den Engel. „Das ist der Himmel, wo wir uns aufhalten", antwortete er, „und wenn wir hierherkommen, haben wir alle Sorgen und Nöte hinter uns gelassen. Und nun ruhe aus." Wir setzten uns zusammen nieder, und ein großes Glücksgefühl, wie ich es nie gekannt hatte, nahm von mir Besitz. Alle Nöte, die so schwer auf mir gelegen hatten,

lagen hinter mir. Ich sagte zu dem Engel: „Welch wundervolles Gefühl von Frieden und Ruhe überkommt mich! Kann ich hier immer bleiben?" – „Nein, noch nicht", antwortete er, „deine Aufgabe auf der Erde ist noch nicht erfüllt. Aber du hast hier viele Freunde, und ich werde immer mit dir sein, denn ich bin dein Schutzengel." Der Engel hatte mir bis dahin nichts davon gesagt, daß ich unter seiner besonderen Obhut stand, und die Zusicherung, daß sein Schutz und Führung von nun an immer mit mir sein werde, war für mich ein Geschenk von unbeschreiblichem Wert. Dann wurde ich mir auch einer neuen Sehergabe bewußt, denn ich konnte meine eigenen Züge sehen. Aber es waren nicht die Gesichtszüge, wie ich sie im Spiegel sehe, sondern ich sah das Gesicht meines Geistkörpers, strahlend wie die Gesichter der verklärten Wesen, die ich so oft hatte aufsteigen sehen über den Körpern, aus denen das irdische Leben entflohen war, und wie bei diesen war auch ich in ein Geistkleid gehüllt.

Da war mir auch klar, daß ich die Erde als Geist verließ und in meinen noch lebenden Erdkörper zurück mußte, um meine irdischen Pflichten zu Ende zu führen. Es geht weit über mein Vermögen, um die Herrlichkeit des Ortes zu beschreiben, an den mich mein Schutzengel gebracht hatte. Ich war wie in einem großen parkähnlichen Garten, weit weg, begrenzt von schwach sichtbaren Bergen. Verglichen mit Gärten auf Erden war er so, wie der verherrlichte Geistkörper gegenüber einem irdischen Körper. In großartiger Fülle: Blumen, Bäume, Sträucher, Grünflächen, Bäche und Flüsse. Viele Blätter und auch manche Blumen ähnlich wie auf der Erde, aber eben mit dem erstaunlichen Unterschied, den ich andeutete. Manchen der Blumen wüßte ich nichts Vergleichbares auf Erden gegenüberzustellen, und an Lieblichkeit übertrafen sie die irdischen weitaus. Das gleiche gilt auch für Bäume und Sträucher. Einige Bäume trugen Früchte, einige ähnlich wie auf der Erde. Andere, wie ich sie auf Erden nie gesehen habe.

Es gibt auch vielerlei Vögel in den himmlischen Gefilden, aber ihr Federkleid und ihr Gesang sind viel, viel schöner als die irgendeines gefiederten Sängers auf Erden. Der ganze Raum ist erfüllt von ausgewähltem und erfrischendem Wohlgeruch. Auch das Licht war so, wie ich es nie zu Lande oder Wasser sah. Das wundervolle Glühen bei Sonnenuntergang, wenn die ganze Natur ein Lobgesang Gottes zu sein scheint, gibt einen schwachen Begriff davon. Große Maler versuchen die Landschaften, die sie malen, zu realisieren, aber hier fasziniert alles den Blick. Licht, Farben, Formen sind idealisiert weit über irgendeines Menschen Vermögen, deren Schauen auf irdische Szenerie beschränkt ist. Überall waren Engelgestalten von verklärten Männern und Frauen, junge und alte, heiter und rüstig, in den Gesichtszügen verschieden wie die Erdbewohner, aber alle Gesichter strahlend von Freude, wie man sie auf dieser Erde nicht kennt. Und von einem Charme, der jede Körperschönheit übertrifft. Welch ein Unterschied zwischen diesen fröhlichen Gesichtern und den vielen sorgenbeschwerten und leidvollen Gesichtern, wie ich sie bei dem Überfliegen von London in dem Menschengewühl gesehen hatte. Aber der Gedanke tröstete mich, daß auch von ihnen manche, die jetzt tapfer im Leben kämpfen, eines Tages auch so aussehen werden wie die, welche um mich herum waren. Diese Engel, schien mir, verhielten sich so, wie es glückliche Menschen auf Erden tun, sitzend, herumwandelnd, einzeln, paarweise oder in Gruppen, hin und wieder anhaltend, um Grüße auszutauschen oder mit Freunden zu sprechen. Da bemerkte man nichts von einem Gefühl ehrfürchtiger Überraschung, die, wenn gewisse Ansichten über das Leben nach dem Tode richtig wären, einige Zeit nach einer Umwandlung jenseits jeder menschlichen Ähnlichkeit herrschen würde.

Engel sind sie, aber immer noch menschlich-verherrlichte Menschenwesen. Auf der Erde stört oft die Gegenwart einer Menge von Menschen und läßt die Schönheiten der Natur weniger genießen. In den himmlischen Gefilden aber scheint jeder von den Tausenden von Engeln etwas zu den Schönheiten und der Harmonie der Szene und zu dem Gefühl heiligen Friedens und der Freude beizutragen, von denen man bei ihrer Betrachtung ergriffen wird. Aber oh, diese Musik! Wie sie anschwillt und dröhnt, schallt und widerhallt und dann wieder in zarten und lieblichen Harmonien abklingt. Und Tausende von Stimmen vereinigen sich zu Lobgesängen. Da wurde mir klar, woher die Musik kam, die ich oft auf der Erde gehört hatte, nun aber bei meinen Freunden hören konnte, doch viel schöner und begeisternder. Die Allvereinigung in Gesang und Harmonie war vollkommen. Es war, als triebe alle ein unwiderstehlicher Drang,

ihrer Liebe und ihrem Dank an den himmlischen Vater Ausdruck zu geben, Gefühle, die aus ihren Herzen quollen. Oh, diese Freude und Fröhlichkeit dabei! Es war der hörbare Ausdruck für jene Gefühle, die einige von uns in den seltenen und erhabenen Augenblicken ergreifen, wenn wir das Gefühl haben, näher zu Gott gekommen zu sein und die auszudrücken wir so unfähig sind. Einige der Gesänge waren mir vertraut, aber hier mit einer solchen Wonne und harmonischen Vollkommenheit wiedergegeben, wie ich solche auf Erden nie hörte. Ich nahm an dem Gesang teil, denn ich hätte, selbst wenn ich es gewollt hätte, nicht still bleiben können unter dem Eindruck, der alle beherrschte. Viele der Gesänge waren mir unbekannt, aber es waren alles Dank- und Lobgesänge. In der großen Menge der Engel erkannte ich manche, die ich schon auf Erden kannte. Einige davon hatte ich gepflegt. Sie begrüßten mich mit Lächeln und freundlichen Worten. Für sie war ich eine wie sie selbst – eben von denen, die durch das Tor des Todes in den Himmel gelangt sind. Ich weiß nicht, wie lange ich dablieb, denn ich hatte kein Gefühl für die Flucht der Zeit. Aber als ich mich wieder in meinem Zimmer befand, wußte ich, daß es kein Irrtum gewesen war, der meine düsteren Gedanken verscheucht hatte.

Etwa zwei Monate seitdem ich in den himmlischen Garten – wie ich ihn nenne – geführt worden war, wartete ich am offenen Fenster meines Schlafzimmers auf den Aufgang der Sonne. Als sie erschien, fiel auf meine Seele ein tiefes Gefühl für die Kraft und Güte des Schöpfers. Plötzlich bemerkte ich, daß meine Engelführerin neben mir stand. „Komm mit mir", sagte sie und legte einen Arm um mich. Dann, wie das erstemal, entschwand das Zimmer, und wir eilten schnell durch den Raum. Das Panorama der Erde kam außer Sicht, und wieder stand ich in dem himmlischen Garten, und wieder erfüllten seine Herrlichkeit, die prächtige Musik und die frohen Lobhymnen mein innerstes Wesen mit Frieden und Freude. „Warte hier", sagte meine Begleiterin, „ich werde einige Freunde holen, die du glücklich sein wirst wiederzusehen." Sie verschwand, war aber im Augenblick wieder zurück mit meinem Vater und meiner Mutter. Tod bringt manchen traurigen Abschied auf Erden, aber er bringt auch frohe Begegnungen im Himmel. Die Last und Sorge, die er auf Erden bringt, hatte ich reichlich kennengelernt, und nun genoß ich die

Freuden der Begegnungen im Himmel, ohne daß ich selbst gestorben war. Meinen Vater erkannte ich sofort. Er war so, wie ich ihn im Leben zuletzt gesehen hatte, nur, daß er jetzt in seinem verherrlichten Geistkörper vor mir stand. Aber wunders zu sagen, auch meine Mutter, die ja von mir gegangen war, als ich erst drei Jahre alt war, und obgleich meine Rückerinnerungen an ihre Gestalt und Züge unsicher und dunkel waren, erkannte ich sie sofort, wie meinen Vater, und mit der gleichen Erregung und Freude. In all den Jahren, seit sie mich verlassen hatte, war das Andenken an sie wertvoll für mich gewesen, da ich immer das Gefühl hatte, daß sie irgendwo aus der Ferne über mich wache. Es dämmerte mir sofort, daß sie mich nicht begrüßte als eine, deren Leben von ihr genommen wurde, als sie starb, sondern als die, der mein Lebensschicksal bekannt war, wie der intimsten Freundin auf Erden. Ebenso stellte ich auch fest, daß mein Vater über alles Bescheid wußte, was mir das Leben an Erfahrungen gebracht hatte, seit er mich verließ. Nach einer Umarmung, so wirklich und zart wie sie nur je zwischen Mutter und Tochter nach langer Trennung stattfand, sagte ich: „Oh, liebe Mutter, jetzt wo ich dich endlich wiedergefunden habe, möchte ich dich nie wieder verlassen. Wie oft habe ich nach dir in den vergangenen Jahren geschrien, wenn meine Nöte und Sorgen schwer zu tragen waren!" – „Nun, nachdem wir uns wiedergefunden haben", antwortete sie, „werden wir nie mehr lange getrennt sein. In Zukunft soll dein Name ‚Joy' (Freude) sein, denn Freude wirst du vielen traurigen, hungrigen Herzen auf Erden bringen."

Bald nach meinem zweiten Besuch in den Himmelsgärten änderten sich meine Verhältnisse, und meine Belastungen wurden von mir genommen. Meiner Mutter Versprechen, daß wir nie mehr lange getrennt bleiben würden, wurde reichlich erfüllt. Schon am Tag nach unserem Treffen in dem Himmelsgarten erschien sie bei mir auf der Erde, begleitet von meinem Schutzengel. Sie war vollkommen sichtbar für mich und auch unbehindert, mit mir zu sprechen. Es sind nur wenige Tage seit dieser ersten Begegnung, daß ich sie nicht gesehen und mit ihr gesprochen hätte, Unterredungen, bei denen alles Freude, Friede und Harmonie ist. Durch sie erhielt ich den Beweis dafür, daß die, welche uns zu Lebzeiten innig liebten, weiter lieben, mag die Trennung auch noch so lang sein. Die

Bande reiner Anhänglichkeit werden durch den Tod nicht geschwächt, sondern verstärkt. Nach dem zweiten Besuch in dem Himmelsgarten kamen auch mein Vater und mein Bruder oft zu mir. Alte Freunde, teilweise schon lange verstorben, zählten jetzt zu meinen Engelbesuchern. Unter ihnen waren auch solche, welche ich auf Erden nicht kannte, die mir aber sehr liebgeworden sind, denn es verhält sich damit wie sonst bei Freundschaften. Man bringt gegenseitig seine Freunde in Kontakt, und unter einigen von ihnen können sich engere Herzensbande entwickeln. Manchmal, seit mir meine Mutter den Namen „Joy" gab, habe ich für meine Seele Erfrischung gefunden inmitten der Schönheiten und Harmonien jener Behausung, wohin nichts von den widrigen Zwistigkeiten der Erde dringt. Gewöhnlich wurde ich nachts dahin gebracht, wenn ich im Schlaf lag. Auch an andere Orte wurde ich gebracht, während mein Körper hier lag, und eigenartige, prachtvolle Visionen wurden mir.

Gesegnet, wahrlich, bin ich! Oft habe ich mich anfangs, als ich mit den Schönheiten des Himmelsgartens bekannt und in die Kameradschaft der Engel einbezogen wurde, gefragt, wieso gerade mir diese köstlichen Vorzüge verliehen wurden? Ich hatte doch nichts getan, um sie zu verdienen. Die psychischen Kräfte, die es mir möglich machten, so weit jenseits dieses Erdenlebens einzudringen, kamen nicht von jenen fleischabtötenden und selbstverleugnenden Praktiken, von denen ich hörte, daß einige Anhänger des Okkultismus sie erreichen, nämlich ihre Körper beliebig zu verlassen. Aber ich hatte nicht lange über diese Frage nachgedacht, als auch schon die Antwort dazu mir von meinem Schutzgeist gegeben wurde. „Viel ist dir gezeigt worden von dem Dienst der Engel auf Erden, und gerne bist du zugelassen worden zu ihrem Aufenthalt im Himmel", sagte er, „damit du der Welt etwas von deinen Erlebnissen erzählen kannst. Auf Erden sind viele Kummerverwirrte und Beunruhigte, die, wenn sie den Weg dahin wüßten, Hilfe, Trost und Licht empfangen könnten, durch die ihre Verzagtheit sich in Freude und ihr Zweifel in die Gewißheit sich wandeln würde, daß Gott wirklich die Liebe ist. Dann werden sie wissen, was es bedeutet, das himmlische Königreich in sich zu haben." Dieser Trost und das Erhebende, das solche Erfahrung bringt, war ihr, wie sie mir sagte, in ihrem Erdenleben gegeben worden, besonders

93   EINE GROSSE FÜLLE VON GESANG

Paradies – Aus einem Gemälde von Benozzo Gozzoli, 15. Jh.

in den langen Jahren, da sie Invalide war. Auch sie hatte die Gabe, Engel zu sehen und mit ihnen zu reden. Es erfüllte mich mit großen Bedenken, daß ich ein Buch über das schreiben sollte, was mir offenbart worden war. Meine Arbeit als Pflegerin hatte mir wenig Muße zum Lesen gelassen, und meine Schreiberei war beschränkt auf gelegentliche kurze Briefe; aber es war für mich bestimmt, daß ich in enge Verbindung mit jemandem kam, der mir helfen sollte, die Aufgabe zu erfüllen, für die ich mich unfähig hielt.

An mein Ohr klangen viele herrliche Stimmen und eine große Fülle von Gesang, der unvermittelt aus Tausenden von in göttlicher Liebe überfließenden Herzen ausbrach. „Rühmet Gott den Allerhöchsten!" sangen sie, und der Widerhall verlor sich in melodischem Geflüster zwischen den Bäumen. Ich war wieder einmal in dem Himmelsgarten mit meinem Schutzengel, dessen Gesicht, wie es mir schien, in einer neuen Schönheit erstrahlte. „Hier ist gut sein", sagte er, „und nun komm mit mir." Er führte mich zu einem wie ich vergleichsweise sagen möchte, langen Durchgang (oder Straße), der sich in weite Ferne zog. Bedeckt war er mit weichem, elastischem Torf und darauf hauchzartes Grün, wie man es im Frühling hat, aber noch viel schöner. Auf jeder Seite standen, eines am anderen, was wir auf Erden als Häuser bezeichnen würden. Sie hatten, wie mir schien, alle die gleiche Breite und Höhe und waren von marmorartiger Weiße. Sie hatten einen hohen Eingang, aber nichts, das man als Fenster bezeichnen könnte. Mein Schutzengel leitete mich durch einen solchen Eingang, und ich kam in ein großes Zimmer, in dem sich Licht verschiedener Farbtöne in solcher Harmonie mischte, wie wenn schöne, zarte Musik sichtbar geworden wäre. Die Wände waren mit wolkenartigen Draperien behangen, bei denen verschiedene Grün, Rosa, Karmin und Gold sich so kunstvoll mischten, daß auch nicht der geringste Farbton störte. Die Draperien hatten aber keinerlei Ähnlichkeit mit irdischen Textilfabrikaten. Obwohl deutlich sichtbar, boten sie nichts Greifbares. Es war, als ob ich meine Hand in eine Wolke steckte. Verschiedene Sitzgelegenheiten zeigten die gleiche wohltuende Färbung. Allerlei Pflanzen und schöne Blumen schmückten den Raum. „Das ist meine Ruhekammer", sagte mein Schutzengel, „wohin ich komme, wenn ich ruhe und meditiere. Und du

sollst oft hierher kommen, um mit mir zu ruhen." Wir setzten uns auf eines von den Ruhelagern und unterhielten uns. „Wer baut diese schönen Ruheräume?" fragte ich. „Sie entstehen durch den Willen des Allerhöchsten", antwortete er, „und wir finden sie fertig vor, wenn wir hierher kommen, jeder Engel einen." – „Meine Liebe", sagte ich, „ich dachte immer, daß ein erlöster Geist, wenn er die Erde verläßt, direkt in einem Zustand der Glückseligkeit zu Gott aufsteigt und da in alle Ewigkeit bleibt. Ist das nicht so?" – „O nein", antwortete sie, „niemand erreicht sofort nach dem Tode den Grad der Vollkommenheit. Manche hier kamen erst durch andere Sphären, bevor sie diese erreichten. Das dem Tode folgende unendliche Leben ist für die, welche streben, gut und nicht übel, ein Leben der Entwicklung. Man hat dich, wie du weißt, gelehrt: ‚In meines Vaters Hause sind viele Wohnungen.' Da sind Welten und Zustände, die weit höher sind als die hier. Aber wir finden hier unsere Glückseligkeit im Gottdienen, eine Seligkeit, wie wir sie auf der Erde nur träumten. Erst hier erkennen wir, was wir auf Erden nicht konnten, was die Liebe Gottes bedeutet." An einigen meiner späteren Besuche begleitete mich meine Mutter hierher. Gelegentlich nahm sie mich auch mit zu ihrem Ruheraum. Dort waren die Farben etwas anders verteilt, karmin und hellblau herrschten vor, wirkten auf mich gleich besänftigend und ruhevoll. Die Farben entsprechen den geistigen Eigenschaften der Bewohner. Oft war ich in den Himmelsgärten gewesen, bevor mir einging, was ihnen eigentlich die Himmelqualität verleiht. Nicht die erhabene Schönheit, nicht die herrliche Musik, nicht die wunderbare Lichtfülle, nicht die Düfte, auch nicht die strahlenden Gestalten und Gesichter der Engel, die da wohnen, nichts von alledem, auch nicht ihre Gesamtheit ist es, was das Himmlische ausmacht, es ist das tiefe, dauernde Gefühl der Liebe Gottes, welche alle Herzen hier erfüllt. So verschieden die Geister auf Erden bis zuletzt waren an Typen und Angesicht, an Rasse, Nationalität, Religion der verschiedensten Ausdrucksformen, hier in dem Wissen um die Liebe Gottes und in dem dadurch erwachten gegenseitigen Gefühl, das ihnen allen gemein ist, sind sie verbunden in Brüderlichkeit. Manchen von ihnen interessierten noch lebhaft Angelegenheiten auf der Erde, besonders Entdeckungen, Erfindungen und soziale Bewegungen, durch welche die Zivilisation gefördert werden soll. Ich habe verschiedentlich einer Gruppe zugehört, welche über so etwas diskutierte, vielleicht über die letzten Fortschritte in der Anwendung der Elektrizität und die zu erwartenden Wunder; oder über das, was noch mit den Flugmaschinen zu machen sei, um sie für den Luftverkehr sicher und geschäftlich rentabel zu gestalten. Mitten in solcher Unterhaltung konnte man aber wieder einen von diesen großartigen Ausbrüchen von Musik hören, die immer wieder im Himmelsgarten widerhallen und der sich alle anschließen im Lobgesang, aber nicht oberflächlich, wie oft in religiösen Versammlungen auf der Erde, sondern freudig und mit ganzem Herzen. Einer, den ich verschiedentlich hatte an solchen Diskussionen teilnehmen gehört und der auf Erden ein tüchtiger Ingenieur und Wissenschaftler gewesen war, sagte zu mir: „Gottes Liebe ist für uns gleichsam, was die Luft ist für die Irdischen. Wenn das nicht wäre, hätte der Aufenthalt hier für uns wenig Wert, und wir würden danach verlangen, uns wieder in die Kämpfe und Zerstreuungen auf der Erde zu stürzen. Ich interessiere mich immer noch sehr für die Dinge, welche auf Erden mein Denken so stark in Anspruch nahmen, aber noch viel mehr – weit mehr – beschäftigt mich jetzt alles, was zum geistigen Aufstieg der Menschheit dienen kann. Davon hängt viel mehr ab, als vom materiellen Fortschritt." Bei einem der vielen Besuche wandelte ich einmal mit meiner Führerin neben einem prachtvollen Strom, während ich mich dankbar in den Geist des Friedens, der Ruhe und Andacht versenkte, welcher hier wehte, bemerkten wir das Nahen eines Schwarmes von Geistern. Sie gingen reihenweise wie in einer Prozession, manches Tausend, Loblieder singend, wie es nur Engel können. Als die Spitze näherkam, sah ich vornan jemand, der sichtbar in Herrlichkeit gekleidet war. Von seinem weißen Kleid strahlte Licht und um sein Haupt war ein großer Heiligenschein. „Jesu, salvator hominum!" rief mein Schutzengel aus, und wir fielen auf die Knie. Als der Heiland bei uns vorbeikam, lächelte er uns zu und gab uns mit erhobener Hand den Segen. Wir blieben noch eine Weile auf unseren Knien.

DIE NEUN HIERARCHIEN

HANS-WERNER SCHROEDER

I. Hierarchie (dem Vater zugeordnet)

Seraphim	„Geister der Liebe"
	Die Gott-Schauenden (Jesajas 6,1ff.)
	Die Brennenden (Psalm 104,4)
Cherubim	„Geister der Harmonie"
	Verwalter der Opfersubstanz
	(Hesekiel 10)
Throne	„Geister des Willens" (Kolosser 1,16)

II. Hierarchie (dem Sohne zugeordnet)

Kyriotetes	„Geister der Weisheit"
Weltenlenker	lat. dominationes – Luther: Herrschaften (Kolosser 1,16; Epheser 1,21)
Dynameis	„Geister der Bewegung"
Weltenkräfte	lat. virtutes – Luther: Mächte, Tugenden (Römer 8,38; Epheser 1,21)
Exusiai	„Geister der Form"
Offenbarer	hebr. Elohim – lat. potestates
	Luther: Obrigkeiten, Gewalten
	(Kolosser 1,16; 2,11; Epheser 1,21)

III. Hierarchie (dem Geist zugeordnet)

Archai	„Geister der Persönlichkeit", „Zeit-
Urkräfte	geister", „Urbeginne", lat. principatus – Luther: Fürstentümer (Römer 8; Kolosser 1 und 2; Epheser 1,21)
Archangeloi	„Feuergeister", „Volksgeister"
Erzengel	lat. archangeli
Angeloi	„Söhne des Lebens", Schutzengel
Engel	lat. angeli

Erzengel-Epochen

Michael	700–200 v. Chr.
Oriphiel	200 v. Chr.–150 n. Chr.
Anael	150–500 n. Chr.
Zachariel	500–850 n. Chr.
Raphael	850–1190 n. Chr.
Samael	1190–1510 n. Chr.
Gabriel	1510–1879 n. Chr.
Michael	seit 1879

FAUSTS HIMMELFAHRT

JOHANN WOLFGANG VON GOETHE

[…]

Engel, schwebend in der höheren Atmosphäre,
Faustens Unsterbliches tragend.
Gerettet ist das edle Glied
Der Geisterwelt vom Bösen,
Wer immer strebend sich bemüht,
Den können wir erlösen.
Und hat an ihm die Liebe gar
Von oben teilgenommen,
Begegnet ihm die selige Schar
Mit herzlichem Willkommen.
[…]

Chorus mysticus.
Alles Vergängliche
Ist nur ein Gleichnis;
Das Unzulängliche,
Hier wird's Ereignis;
Das Unbeschreibliche,
Hier ist's getan;
Das Ewig-Weibliche
Zieht uns hinan.

FINIS.

DANKSAGUNG

Plötzlich war die Stimme des Engels wieder da. Ich wurde offen für Anregungen von Wegbegleitern. Zu danken für Gespräche oder Hinweise habe ich Manfred Kwiran, Ulrich Baron, Monika Wollschläger, Rüdiger Glockemann, Jochen Pabst, Eva Schichtel, Karin Sautter, Klaus Modick, Ulrich Horstmann, Friedrich Ohly, Hans Blumenberg, Karl-Ernst Nipkow, Siegfried Dammrath und vielen Leser/innen, die mir ihre Engelerlebnisse anvertrauten. Wie überall im fortschreitenden Leben, so hallt besonders bei diesem Thema ein Stück Kindheit nach und sucht eine neue Gestalt. Dank auch an Ingrid Wolff und Anneliese Winkenhoff. In Brahms' „Wiegenlied" trat mir der Engel der Kindheit jeden Abend entgegen. Ende der Fünfziger Jahre entließ der katholische Kindergarten Sankt Ida „das Kind aus der Mischehe" zur Mittagszeit mit einem Schlußgebet:

„Lieber Gott, einen Engel sende,
der mit uns nach Hause geht.
Bei jedem Schritt, bei jedem Tritt,
geh Du, mein guter Engel, mit."

Solschen, am Tag des Erzengels Gabriel 1994

Uwe Wolff

94   DER ENGEL LÄCHELN GLÄNZT AM TOR
Frederico Barocci († 1612): Das Abendmahl.

95   ALLE FREUEND ZUGLEICH, TEILE DAS HIMMLISCHE SICH
Krönung Mariä – Französischer (?) Meister, 1457.

BILDNACHWEIS

Wir danken allen Rechtsinhabern, Nachlaßverwaltern, Fotografen und Museen für die freundliche Abdruckerlaubnis. Wir bitten um Nachsicht, wenn es uns nicht möglich war, in allen Fällen die Rechtsinhaber ausfindig zu machen, und sind selbstverständlich bereit, gegebenenfalls nachzuhonorieren.

1: Der Thron Gottes. Este-Bibel, Ferrara vor 1434 (?). Illuminiert von Bebello da Pavia, Jacopino d'Arezzo. Barb. Lat. 613, Biblioteca Apostolica Vaticana, Rom.

2: Erschaffung der Welt. Aus dem ersten Band der Bibel des Matteo de Planisio, Neapel 1362 (?), fol. 5ᵛ. Vat. Lat. 3550, Biblioteca Apostolica Vaticana, Rom.

3: Miniatur aus der Bibel des Matteo de Planisio, aaO. (s. Nr. 2; Detail).

4: Gott Vater, umgeben von einigen der neun Chöre der Engel. Aus dem Visconti-Stundenbuch, um 1430. Florenz, Biblioteca Nazionale.

5: Gisela Röhn, Der Rhein – Ein Rätsel ist Reinentsprungenes. Aquarell 1973. Privatbesitz. Veröffentlicht in: Gisela Röhn, Julias Alphabet. Ein Künstlerbuch, Friedrich Wittig Verlag, Hamburg, 1980.

6: Synaxis der Erzengel. Ikone, 18. Jh. Palecher Schule, Moskau.

7: Wim Wenders, Himmel über Berlin. Foto aus: Der Himmel über Berlin von Wim Wenders. Ein Filmbuch von Wim Wenders und Peter Handke. Suhrkamp Verlag, Frankfurt am Main ³1989, S. 6. © 1987 Road Movies Filmproduktion GmbH, Berlin.

8: Aus: ebd., S. 169.

9: Das ptolemäische Universum, aus: Robert Fludd, Geschichte des Makrokosmos, 1617.

10: William Blake, Lucifer, um 1810. London, Tate Gallery.

11: Fra Angelico, Die Verkündigung. Altartafelbild, um 1433, bekannt als „Pala di Cortona". Cortona, Museo Diocesano.

12: Leiko Ikemura, Verkündigung, 1985. Privatsammlung.

13: William Blake, Die Engelglorie, 1809. Manchester, Withworth Art Gallery.

14: Marc Chagall, Der Engelsturz, 1923. © VG Bild-Kunst, Bonn 2002.

15: Marc Chagall, Meiner Frau, 1933 (hier Detail). Paris, Musée National d'Art Moderne. © VG Bild-Kunst, Bonn 2002.

16: Marc Chagall, Die Hochzeit, 1918. © VG Bild-Kunst, Bonn 2002.

17: Andrej Rublev, Heilige Dreifaltigkeit, 1411. Aus der Ikonostase der Dreifaltigkeitskathedrale des Dreifaltigkeits-Sergius-Klosters Zagorsk. Moskau, Tretjakov-Galerie.

18: Die Vertreibung aus dem Paradies. Tafelbild von Giovanni di Paolo, um 1445. New York, Metropolitan Museum of Art.

19: Gisela Röhn, T-Zeichnung, 1979. Veröffentlicht in: aaO. (s. Nr. 5).

20: Engel begleiten Maria in den Himmel. Miniatur aus dem Visconti-Stundenbuch, um 1430. Florenz, Biblioteca Nazionale.

21: Gustave Doré († 1883), Dante und Beatrice unter dem Reigen der Engel. (Genaue Quelle leider unbekannt.)

22: Gisela Röhn, Kraft, Anmut, Harmonie, 1971. Veröffentlicht in: aaO. (s. Nr. 5).

23: Gabriele Domay, Ohne Titel. Aquarell, 1990. Privatbesitz. © Gabriele Domay.

24: Ein Engel trägt einen Prinzen davon, türkische Miniatur. Istanbul, Topkapi Saray Museum.

25: Hans Memling, Musizierende Engel, um 1490. Detail eines Triptychons, Tafelmalerei der ehem. Orgeltribüne der Kirche S. Maria la Real in Najera (Kastilien). Antwerpen, Musie des Beaux-Arts.

26: Hendrick Terbrugghen (1588–1629), Die Befreiung des Petrus. Den Haag, Mauritshuis.

27: Der Schutzengel. Gouache von Georges Rouault († 1958). Paris, Privatbesitz. © VG Bild-Kunst, Bonn 2002.

28: Beate Heinen, Schutzengel, 1984. © ars liturgica Kunstverlag, D-56653 Maria Laach, Nr. 5413.

29: Wim Wenders, Himmel über Berlin. Foto aus: Der Himmel über Bcrlin von Wim Wenders. Ein Filmbuch von Wim Wenders und Peter Handke. Suhrkamp Verlag, Frankfurt/M. ³1989, S. 8f. © Road Movies Filmproduktion GmbH, Berlin.

30–35: Engelmotive aus der Werbung.

36: Rembrandt Harmensz van Rijn († 1669), Die Opferung Isaaks. Leningrad, Eremitage.

37: Versuchung Christi auf dem Berg. Tafelgemälde von Duccio di Buoninsegna, um 1310. Washington, National Gallery.

38–39: Andachtsbilder aus Irland.

40: Aus: Peter Härtling/Arnulf Rainer, Engel – Gibt's die? 28 Gedichte – 30 Übermalungen. Radius-Verlag, Stuttgart 1992. Bild: © Arnulf Rainer.

41: © Arnulf Rainer.

42: Paul Klee, Engel, noch tastend, 1939, 1193 (MN 13); Fettkreide, Kleisterfarben und Aquarell auf Papier; 29,4 x 20,8 cm; Privatbesitz Schweiz. © VG Kunst-Bild, Bonn 2002.

43: Aus der Werbung.

44: Hugo Simberg, Der verwundetc Engel, 1903. Ateneumin Taidemuseuo, Helsinki.

45: Der Saki (Kelchträger). Bild: Arthur A. Houghton Jr. (Genauere Quelle leider unbekannt).

46: Adam Elsheimer (1578–1610), Tobias und der Engel. London, National Gallery.

47: Rembrandt Harmensz van Rijn († 1669), Raphael verläßt die Familie des Tobias. Paris, Louvre.

48: Engel drehen die Räder des Universums. Französische Miniatur, 14. Jh.

49: Francesco Cozza (1605–1682), Hagar und Ismael in der Wüste. Amsterdam, Rijksmuseum.

50: Sturz der Engel. Detail aus: Les Très Riches Heures du Duc de Berry, um 1490. Chantilly, Musée Condé.

51: Joseph Mallord William Turner (1775–1851), Der Engel, in der Sonne stehend. London, Tate Gallery.

52: Rembrandt Harmensz van Rijn, Der Prophet Bileam und die Eselin, 1626. Paris, Musée Cognacq-Jay.

53: Pfauenengel mit himmlischer Mandorla. Blatt 5 einer um 1400 entstandenen westflämischen Apokalypse (der ältesten aus dem niederländischen Sprachgebiet). Paris, Bibliothèque National, néerl. 3.

54: Govaert Flinck (1615–1660), Die Verkündigung an die Hirten. Paris, Louvre.

55: Berufungsvision des Propheten Jesaja. Linke Seite einer Doppelminiatur vor dem Text des Propheten, Malerschule der Reichenau, vor 1000. Bamberg, Staatliche Bibliothek.

56: Die Vision Ezechiels. Aus einer Bibel des 17. Jh., Ort unbekannt.

57: Mohammed reitet in den Himmel. Paris, Bibliothèque National.

58: Marc Chagall, Die Erscheinung. Selbstporträt mit Muse, 1917–1918. © VG Bild-Kunst, Bonn 2002.

59: Jakobs Traum von der Himmelsleiter. Hayley, 18. Jh.

60: Ferdinand Bol, Jakobs Traum von der Himmelsleiter, 1604. Dresden, Staatliche Kunstsammlungen, Gemäldegalerie Alte Meister.

61: Traum der Heiligen Drei Könige. Kapitell von Meister Giselbertus im Lapidarium der Kathedrale von Autun, um 1125.

62: Rembrandt Harmensz van Rijn, Matthäus und der Engel, 1661. Paris, Louvre.

63: Kreuzikone „Kreuzigung mit Beistehenden, Festtage", 19. Jh. Moskau, Staatliche Eremitage.

64: Eugène Delacroix, Jakob ringt mit dem Engel, um 1858. Paris, Kirche Saint Sulpice (Foto: Foto Giraudon, Paris).

65: Paul Gauguin, Vision nach der Predigt oder Jakobs Kampf mit dem Engel, 1888. Edinburgh, National Gallery of Scotland.

66: Christian Rohlfs, Gethsemane, 1917. Privatbesitz.

67: William Blake, Adam und Eva schlafend, 1808. Boston, Museum of Fine Arts.

68: Michaels Kampf mit dem Drachen. Holzschnitt, Blatt 10 der Apokalypse von Albrecht Dürer, 1498.

69: Seraphim und Cherubim. Mosaik im Gewölbe der Apsis des Domes zu Cefalù/Sizilien, um 1148.

70: Die Zornesschalen und die Zitherspieler auf dem Kristallenen Meer. Blatt 16 der westflämischen Apokalypse, um 1400. Paris, Bibliothèque National, neerl. 3.

71: Gott, der große Baumeister, umgeben von Engeln. Französische Handschrift, 15. Jh. London, British Library.

72: Hieronymus Bosch († 1516), Der Tisch der Weisheit. Prado, Madrid.

73: Giovanni Bellini (um 1430–1516), Christus am Ölberg. London, National Gallery.

74: Milan Kunc, Der Engel des Todes, 1980. © VG Bild-Kunst, Bonn 2002.

75: Justus van Gent, (um 1435–1480), Die Einsetzung des Heiligen Abendmahls. Urbino, Palazzo Ducale.

76: Ernst Barlach, Der Schwebende, 1926/27. Nachguß in der Antoniterkirche, Köln. © Ernst und Hans Barlach Lizenzverwaltung.

77: Das Totengericht. Miniatur aus dem Stundenbuch des Herzogs von Rohan, um 1420. Paris, Bibliothèque National.

78: Engel des Jüngsten Gerichts. Detail des Engelpfeilers in der Cathédrale de Straßbourg, 1235.

79: Szenen aus dem Leben der Erzengel. Altar aus einer Werkstatt von Vich (?), 13. Jh. Barcelona, Museum Katalanischer Kunst.

80: Engel tragen die Seele des heiligen Bertin zum Himmel empor. Ausschnitt aus einem Altarbild von Simon Marmlion, um 1480. London, National Gallery.

81: Das Paradies. Aus einem Flügelaltar von Hieronymus Bosch (1450–1516). Venedig, Palazzo Ducale.

82–84: Hans Memling (um 1430/40–1494), Das Jüngste Gericht. Mittelteil des Weltgerichtstriptychon. Danzig, Muzeum Pomorskie.

85: Der Erlöser inmitten himmlischer Mächte. Ikone, 1. Drittel 18. Jh. Aus der Kirche der Twerer Altgläubigengemeinde, Moskau. Petersburg, Staatliches Museum für Religionsgeschichte.

86: William Blake, Engel über dem Grab Christi wachend, um 1806. London, Victoria und Albert Museum.

87: Rembrandt Harmensz van Rijn, Die Himmelfahrt Christi, 1636. München, Alte Pinakothek.

88: Jan und Hubert van Eyck, Die Anbetung des Lammes. Bildtafel des Genter Altars, vollendet 1432. Gent, Kathedrale St. Bavo.

89: Anselm Kiefer, Resumptio, 1974. © Anselm Kiefer.

90: Hildegard von Bingen, Die Chöre der Engel, 1141–1151. Aus: Scivias, Tafel 9, Schau I 6.

91: Der Rosengarten Mariae. Detail eines Gemäldes von Stefano da Zevio. Verona, Castelvecchio.

92: Raffael, Sixtinische Madonna, 1512/13. Dresden, Staatliche Kunstsammlung, Gemäldegalerie.

93: Paradies. Ausschnitt aus einem Gemälde von Benozzo Gozzoli, 15. Jh.

94: Federico Barocci (um 1526–1612), Das Abendmahl. Urbino, Duomo.

95: Krönung Mariä durch die Dreieinigkeit. Französischer(?) Meister I. M., 1457.

TEXTQUELLEN

ERSTER CHOR

S. 14: *Rafael Alberti*, Die Schülerengel, aus: Ders., Von den Engeln (Sobre los Angeles). Übertragen von Erich Arendt, Insel Verlag, Leipzig 1980, S. 95 f. © der deutschen Übersetzung Rimbaud Verlag, Aachen.

S. 15: *Johann Wolfgang von Goethe*, Die Sonne …, aus: Ders., Faust, V. 243–270.

S. 15 ff: *Aurelius Augustinus*, Erschaffung …, aus: Ders., Vom Gottesstaat (De civitate dei), XI. 9, 19, 33; X. 7. Übersetzung von Wilhelm Thimme. © Artemis Verlags AG, Zürich 1955 und 1978.

S. 20 ff: *Leo Perutz*, Englische Küsse … (Originaltitel: „Der Engel Asael"), aus: Ders., Nachts unter der steinernen Brücke. © Paul Zsolnay Verlag, Wien 1975 und 2000.

S. 23 ff: *Charles Bukowski*, „Der Baseball-Engel", aus: Ders., Stories und Romane. Copyright © 1977 by Zweitausendeins, Postfach, D-60381 Frankfurt am Main, S. 596–604.

S. 28 ff: *Äthiopisches Henochbuch*, Über den Fall der Engel, aus: Emil Kautzsch (Hrsg.), Die Apokryphen und Pseudoepigraphen des Alten Testaments, 2 Bde., Tübingen 1900. 2. Reprint: Hildesheim 1975.

S. 33 ff: *Wim Wenders/Peter Handke*, Es wird eine Geschichte …, aus: Der Himmel über Berlin. © Suhrkamp Verlag, Frankfurt am Main 1989, S. 49 ff, 124, 166 ff.

S. 35: *Herta Kräftner*, Und deine Lippen … (Originaltitel: „Oh, du verlorener Engel"), aus: Dies., Das Werk. Edition Roetzer, Eisenstadt 1973, S. 24. © Burgenland-Verlags-Ges. mbH, Eisenstadt 1977.

S. 36 ff: *Aurelius Augustinus*, Es waren keine Engel, aus: Ders., Vom Gottesstaat, XV. 23, aaO.

S. 38: *Rose Ausländer*, Trost I, aus: Dies., Hügel aus Äther unwiderruflich. Gedichte und Prosa 1966–1975. © S. Fischer Verlag GmbH, Frankfurt/M. 1984.

S. 40: *Michail Lermontow*, Der Engel, aus: Ders., Ausgewählte Werke, Band I. (it 1223, S. 37), übersetzt von Uwe Grüning, Insel Verlag, Frankfurt/M. 1989. © Verlag Philipp Reclam jun., Stuttgart.

S. 40: *Christian Morgenstern*, Der Engel, aus: Ders., Jubiläumsausgabe in vier Bänden, hrsg. von Clemens Heselhaus, Band II. R. Piper Verlag, München 1979, S. 202.

S. 46: *Rafael Alberti*, Verlorene Paradies, aus: Ders., aaO., S. 7 f.

ZWEITER CHOR

S. 48 f: *Marius Müller-Westernhagen*, Engel, laß die Zeit stillstehn, aus: Ders., Halleluja CD 2292–46149-2. © WEA Musik GmbH 1989.

S. 50: *Paul Gerhardt*, Nun ruhen alle Wälder, aus: Evangelisches Kirchengesangbuch, Nr. 361.

S. 50: *Marie Luise Kaschnitz*, Auszug aus: Schnee, aus: Dies., Überallnie. © Classen Verlag, Düsseldorf 1965 (jetzt München).

S. 50: *Heimo Schwilk*, Paradies (Erstveröffentlichung). © Autor.

S. 50: *Rose Ausländer*, „Komm Engel …", aus: Dies., Ich spiele noch. © S. Fischer Verlag GmbH, Frankfurt am Main 1987.

S. 52: *Uschi Neuhauser*, Ein fauler Hund, aus: Stern Nr. 48 vom 23. 11. 1989: „Himmelherrgottssakra? Engel, gibt's die?" (Umfrage).

S. 52: *Nelly Sachs*, Ihr seht sie nicht, aus: Dies., Späte Gedichte. © Suhrkamp Verlag, Frankfurt am Main 1965.

S. 52 ff: *Jürg Federspiel*, Geographie der Lust, aus: Ders., Geographie der Lust. © Suhrkamp Verlag, Frankfurt am Main 1989, S. 76–84, 92 f, 99 f, 143 f.

S. 57 f: *Gottfried Benn*, Menschen getroffen, aus: Ders., Sämtliche Werke. Stuttgarter Ausgabe. In Verb. mit Ilse Benn hrsg. von Gerhard Schuster. Band I: Gedichte 1. Klett-Cotta, Stuttgart 1986.

S. 60 f: *Hans Henny Jahnn*, Jeden ereilt es, aus: Ders., Späte Prosa, hrsg. von Uwe Schweikert. Copyright © 1987 by Hoffmann und Campe Verlag, Hamburg.

S. 61: *Ders.*, Engel haben Schwänze, aus: aaO., S. 460 f.

S. 61 ff: *Ders.*, Die Begegnung, aus: Ders., Fluß ohne Ufer III., herausgegeben von Uwe Schweikert und Ulrich Bitz. Copyright © 1986 by Hoffmann und Campe Verlag, Hamburg.

S. 66: *Ernst Bloch*, Engel in Gestalt einer Hure, aus: Ders., Gesamtausgabe, Band I: Spuren. © Suhrkamp Verlag, Frankfurt am Main 1969, S. 78–80.

S. 67 f: *Legenda Aurea*, Caecilias römische Brautnacht, aus: Ferdinand Holböck, Vereint mit den Engeln und Heiligen. Christiana Verlag, Stein am Rhein ²1986, S. 130–132.

S. 68 f: *Emanuel bin Gorion*, aus: Born Judas. © Insel Verlag, Frankfurt am Main 1981, „Mathia ben Cheresch".

S. 70: *Jorge Luis Borges*, Nicht der Sinne wüste Lust (Originaltitel: „Der Engel"), aus: Ders., Gesammelte Werke. Gedichte. Aus dem Spanischen von Gisbert Haefs. © 1994 Carl Hanser Verlag, München – Wien.

S. 71: *Rudolf Otto Wiemer*, Es müssen nicht …, aus: Der Augenblick ist noch nicht vorüber. Kreuz Verlag, Stuttgart. © Rudolf Otto Wiemer Erben, Hildesheim.

S. 71 ff: *Marie Luise Kaschnitz*, aus: Dies., Ferngespräche. © Insel Verlag, Frankfurt am Main 1992, „Ja, mein Engel".

S. 80: *Mechthild von Magdeburg*, Gabriel als Liebesbote, aus: Dies., Das fließende Licht der Gottheit, LVIII–LIX.

DRITTER CHOR

S. 82 f: *Erwin Wickert*, Die Begegnung mit dem Engel, aus: Ders., Mut und Übermut. Geschichten aus meinem Leben, Deutsche Verlagsanstalt, Stuttgart 1991, S. 13 f.

S. 83 ff: *Wilhelm von Kügelgen*, Jugenderinnerungen …, aus: Ders., Jugenderinnerungen eines alten Mannes. Verlag von Richard Wöpke, Leipzig 1901, S. 1 f.

S. 85: *Hermann Sudermann*, Gottes Gegenwart, aus: Ders., Das Bilderbuch meiner Jugend. Langen Müller Verlag in der F. A. Herbig Verlagsbuchhandlung GmbH, München.

S. 86: *Winfried Maas*, Jemand nahm mich bei der Hand, aus: Stern Nr. 48, aaO.

S. 90 ff: *Joé Snell*, Heilengel … (Erlebnisse einer Krankenschwester), aus: Ders., Der Dienst der Engel diesseits und jenseits. Turm Verlag, Bietigheim ⁵1985, S. 24–36.

S. 93 ff: *Hans C. Moolenburgh*, Haben Sie schon mal …?, aus: Ders., Engel als Beschützer und Helfer des Menschen. Übersetzung von Felicitas Schätzel, Hermann Bauer Verlag, Freiburg ²1986, S. 18 f, 33–36, 51–55, 76–79, 48 f.

S. 101: *Rose Ausländer*, Gipfel, aus: Dies., Mein Atem heißt jetzt. Gedichte. © S. Fischer Verlag GmbH, Frankfurt am Main 1981.

S. 101: *Rafael Alberti*, Der gute Engel, aus: aaO., S. 25.

S. 102: *Wim Wenders/Peter Handke*, Der Engel Daniel spricht, aus: Der Himmel über Berlin, aaO., S. 4.

S. 103 f: *Ernst Heimeran*, Das Engelgespräch, aus: Ders., Sonntagsgespräche mit Nele. (dtv 25055, S. 9–14). Deutscher Taschenbuch Verlag, München 1991. © Margit Heimeran.

S. 104 ff: *Schalom Ben-Chorin*, Der Engel mit der Fahne. (dtv 11087, S. 48–51). Deutscher Taschenbuch Verlag, München 1989. © Bleicher Verlag, Gerlingen 1985.

S. 106 f: *Kinderlied*, Gebt dem Engel Bratkartoffel, aus: Quelle leider unbekannt.

S. 108 f: *White Eagle*, Der geistige Pfad, aus: Ders., Der geistige Pfad. Geistige Entwicklung und Entfaltung der Seelenkräfte des Menschen, Aquamarin Verlag, Grafing b. München ⁵1985, S. 54–57, 124 f.

S. 110: *Nikolaus Lenau*, Stimme des Kindes, aus: Nicolaus Lenau's sämtliche Werke in einem Band, hrsg. von G. Emil Barthel. Verlag Philipp Reclam jun., Leipzig 1905.

VIERTER CHOR

S. 116 f: *Rose Ausländer*, Kindheit I, aus: Dies., Die Sichel mäht die Zeit zu Heu. Gedichte 1957–1965. © S. Fischer Verlag GmbH, Frankfurt am Main 1985.

S. 117: *Marie Luise Kaschnitz*, aus: Dies., Tage, Tage, Jahre. © Insel Verlag, Frankfurt am Main 1968, „Ein Häufchen Unglück".

S. 117: *Rose Ausländer*, Sehwebend auf Weltenbahnen, aus: Dies., Ich spiele noch. © S. Fischer Verlag, Frankfurt/M. 1987.

S. 118 ff: *Ilse Aichinger*, Engel in der Nacht, aus: Dies., Der Gefesselte. © S. Fischer Verlag GmbH, Frankfurt am Main 1954.

S. 122: *Else Lasker-Schüler*, Meine Mutter, aus: Sämtliche Gedichte. © Suhrkamp Verlag, Frankfurt 1996.

S. 123: *Dies.*, Gebet, aus: Dies., Sämtliche Gedichte. © Suhrkamp Verlag, Frankfurt 1996.

S. 123: *Nelly Sachs*, Chor der Tröster, aus: Dies., Fahrt ins Staublose. © Suhrkamp Verlag, Frankfurt am Main 1977.

S. 123 f: *Rafael Alberti*, Kündigung, aus: Ders., Von den Engeln, aaO., S. 11.

S. 124: *Ders.*, Die beiden Engel, aus: ebd., S. 43 f.

S. 124: *Walter Benjamin*, Ein Sturm …, aus: Gershom Scholem, Walter Benjamin und sein Engel. © Suhrkamp Verlag, Frankfurt am Main 1983, S. 64, 42 f.

S. 125 ff: *Patrick McGrath*, Wer weiß schon …? (Originaltitel: „Der Engel"), aus: Ders., Wasser und Blut. © 1988 by Patrick McGrath. © der deutschsprachigen Ausgabe 2000 by Wilhelm Goldmann Verlag, München, in der Verlagsgruppe Random House GmbH. Für die deutsche Übersetzung: © S. Fischer Verlag, Frankfurt am Main.

S. 128 ff: *Gwendolin Fischer*, Kind und Engel – Ein Gespräch, aus: Wolfgang Weihrauch (Hg.), Flensburger Hefte Nr. 23 (1988), S. 146–154.

S. 132 f: *Rafael Alberti*, Die toten Engel, aus: Ders., Von den Engeln, aaO., S. 111 f.

S. 133: *Ders.*, Der überlebende Engel, aus: ebd., S. 117.

S. 133: *Wolf Biermann*, Das Barlach-Lied, aus: Ders., Alle Lieder. © 1991 by Verlag Kiepenheuer & Witsch, Köln.

S. 134: *Walter Benjamin*, Agesilaus Santander, aus: Gershom Scholem, aaO., S. 42 f.

S. 136: *FAZ*, „Engel als Anhalter undenkbar", aus dem „Aktuellen Basisdienst" Nr. 245 vom 21. 10. 1982. © KNA, Bonn.

S. 137 f: *Nina Hagen*, LSD-Engel, aus: Ich bin ein Berliner. © Goldmann Verlag GmbH, München 1988.

S. 138: *Ernst Jünger*, Eine unbestimmte Sehnsucht (Überschrift vom Hrsg.), aus: Ders., Aladins Problem. Klett-Cotta, Stuttgart 1983.

S. 138 f: *Franz Kafka*, Eine kaiserliche Botschaft, aus: Ders., Erzählungen. © by Schocken Verlag Berlin. © 1946, 1963 by Schocken Books Inc., New York City, USA. Alle Rechte vorbehalten S. Fischer Verlag GmbH, Frankfurt am Main.

S. 140: *Gerald Zschorsch*, Elegie, aus: Ders., Spitznasen. Gedichte. Verlag Klett-Cotta, Stuttgart 1990.

FÜNFTER CHOR

S. 152: *Rose Ausländer*, Nicht wahr, aus: Dies., Im Aschenregen die Spur deines Namens. Gedichte und Prosa 1976. © S. Fischer Verlag GmbH, Frankfurt am Main 1984.

S. 153 ff: *Franz Werfel*, Stern der Ungeborenen, aus: Ders., Stern der Ungeborenen. Copyright 1946 by Alma Mahler-Werfel. Alle Rechte vorbehalten S. Fischer Verlag GmbH, Frankfurt am Main.

S. 162: *John Henry Newman*, Unter der Hülle …, aus: Ders., Gebete und Betrachtungen. © Kösel-Verlag, München ³1955.

S. 163 ff: *Dora von Gelder*, Im Reich der Naturgeister, aus: Dies., Im Reich der Naturgeister, Aquamarin Verlag, Grafing b. München o. J., S. 140–146.

S. 168: *Christian Morgenstern*, Wasserfall bei Nacht. aus: Ders., Jubiläumsausgabe, Band II. R. Piper Verlag, München 1979, S. 208 f.

S. 171 f: *Flower A. Newhouse*, Engel und Devas, aus: Dies., Engel und Devas. Aquamarin Verlag, Grafing b. München ²1985, S. 13, 17.

SECHSTER CHOR

S. 179: *Äthiopisches Henochbuch*, Der himmlische Hofstaat, aus: Emil Kautzsch (Hrsg.), aaO. (s. zu S. 28 ff).

S. 180: *Rafael Alberti*, Die Engel der Hast, aus: Ders., Von den Engeln, aaO., S. 47.

S. 180 f: *Sahih al-Buhari*, Mohammed …, aus: Ders., Nachrichten von Taten und Aussprüchen des Propheten Muhammad. Übersetzt von Dieter Ferchl. Verlag Philipp Reclam jun., Stuttgart 1991, S. 23–26.

S. 182 ff: *Joseph Smith*, Der Besuch Morinis, aus: Das Zeugnis des Propheten Joseph Smith. Kirche Jesu der Heiligen der letzten Tage, 1984.

S. 185: *Marc Chagall*, Petersburger Engel, aus: Ders., Mein Leben. Verlag Gerd Hatje, Stuttgart 1959, S. 81 f.

S. 188 ff: *David Warren Sabean*, Ein Prophet …, aus: Ders., Das zweischneidige Schwert. © Dietrich Reimer Verlag, Berlin 1987.

S. 194: *Christian Morgenstern*, Wir fanden einen Pfad, aus: Ders., Jubiläumsausgabe, Band II. R. Piper Verlag, München 1979, S. 187.

SIEBTER CHOR

S. 196 f: *István Szabò / Glenn Close*, Warten auf den Kuß des Engels, aus: Spiegel 40/1991 und Hör zu 32/1991.

S. 200: *Paul Gauguin*, Vision …, aus: Paul Gauguin, it 1387. © Insel Verlag, Frankfurt am Main 1992, S. 23 f, 11–17.

S. 200 ff: *Gundolf Winter*, Gauguins Wallfahrt nach Nizzon, aus: ebd., S. 11–17.

S. 202: *Ernst Jünger*, Gottes Gegenbeweis (Auszug aus dem Tagebucheintrag: 23. 12. 1943/S. 348 f), aus: Ders., Sämtliche Werke, Band 3: Tagebücher III: Strahlungen II. Verlag Klett-Cotta, Stuttgart 1979.

S. 203: *Franz Kafka*, Tagebucheintragung …, aus: Ders., Tagebücher 1910–1923. © s. zu S. 138 ff.

S. 205: *Rainer Maria Rilke*, Der Ölbaum-Garten, aus: Ders., Sämtliche Werke. Insel Verlag, Frankfurt am Main 1955.

S. 206: *Das Leben Adams und Evas*, aus: Paul Riessler, Altjüdisches Schrifttum außerhalb der Bibel. Übers. und erl. v. P. Riessler. F. H. Kerle Verlag, Freiburg i. Br. ⁶1988.

S. 207 f: *Johann Sebastian Bach*, Der unerschaffene Michael (Kantate Nr. 19).

S. 208 ff: *Peter Härtling*, Eine Predigt …, aus: Kunst und Kirche 4/1991, S. 260 f. Verlag Das Beispiel, Darmstadt. © Peter Härtling.

S. 211: *Otto Riedel*, Anrufung 1939; Quelle leider unbekannt.

S. 212: *Aurelius Augustinus*, Was Engel wissen, aus: Ders., Vom Gottesstaat XI, 29, aaO.

S. 212 ff: *Dionysios Areopagita*, Die Himmlischen Hierarchien, aus: Alfons Herlin, Texte der Kirchenväter, Band 1. Kösel-Verlag, München 1963, S. 251 f.

S. 214 f: *Johannes Damascenus*, Das Wesen der Engel, aus: Alfons Herlin, Texte der Kirchenväter, Band 1. Kösel-Verlag, München 1963, S. 241–243.

S. 216: *Robert Gernhardt*, Wieviele Engel …? (Überschrift vom Herausgeber), aus: Ders., Die Blusen des Böhmen. Verlag Zweitausendeins, Frankfurt/M., S. 21 f. © Robert Gernhardt.

S. 217 ff: *Karl Markus Michel*, Vom Leib der Engel …, aus: Ders., Von Eulen, Engeln und Sirenen. Athenäum Verlag, Frankfurt/M. 1988, S. 234–258; hier etwas gekürzt.

ACHTER CHOR

S. 224: *Werner Fritsch*, Cherubim, aus: Ders., Cherubim. © Suhrkamp Verlag, Frankfurt/M. 1987, S. 22, 254.

S. 224 f: *Heinrich Heine*, An die Engel, aus: Ders., Werke, Band I. Insel Verlag, Frankfurt/M. 1968, S. 187 f.

S. 225: *Fynn*, Was ich einnmal werden möcht …, aus: Fynn, Anna schreibt an Mister Gott. © 1987 alle deutschsprachigen Rechte by Scherz Verlag, Bern, München, Wien.

S. 225 ff: *Charlotte Brontë*, Jane Eyre. (detebe 21581, S. 91–94). Diogenes Verlag, Zürich 1988. © Paul List Verlag, Leipzig.

S. 228 f: *Persisches Märchen*, Der Engel des Todes, aus: „Persische Märchen Miniaturen" erzählt von Maschdi Galin Chanom, hrsg. und übers. von Ulrich Marzolph, erschienen bei Eugen Diederichs im Heinrich Hugendubel Verlag, Kreuzlingen/München.

S. 230 ff: *Jean Paul*, Tod eines Engels, aus: Anne Marie Fröhlich, Engel. Manesse Verlag, Zürich 1991, S. 236–243.

S. 233 f: *Elisabeth Kübler-Ross*, Schutzengel der Sterbenden, zit. nach: Gerhard Adler, Erinnerung an die Engel. (Herderbücherei 1245, S. 167), Verlag Herder, Freiburg 1986. Übersetzung von Tom Hockemeier. © Verlag „Die Silberschnur", Neuwied.

S. 234 ff: *Johann Wolfgang von Goethe*, Fausts Grablegung, aus: Ders., Faust II, V. 11612–11843.

S. 237: *Friedrich Hölderlin*, Das Erinnern, aus: Ders., Sämtliche Werke. „Frankfurter Ausgabe" (FHA). Historisch-kritische A. Hg. von D. E. Sattler. Band 1. Copyright © 1978 ff Stroemfeld Verlag Basel und Frankfurt am Main.

S. 237 ff: *Isaac Leib Perez*, Bonzie Schweig, aus: Ders., Seelenwanderung einer Melodie. © by Weitbrecht Verlag in K. Thienemanns Verlag, Stuttgart-Wien.

S. 242 f: *Emanuel bin Gorion*, aus: Born Judas, „Mathia ben Cheresch", aaO., S. 84–88.

S. 243 ff: *Rafael Alberti*, Tod und Urteil, aus: Ders., Von den Engeln, aaO., S. 89 f.

S. 246: *Clemens Brentano*, Schwanenlied, aus: Quelle leider unbekannt.

NEUNTER CHOR

S. 249: Rose *Ausländer*, Die Auferstandenen, aus: Dies., Mein Atem heißt jetzt. Gedichte. © S. Fischer Verlag GmbH, Frankfurt am Main 1981.

S. 252: *Wolfram von Eschenbach*, Willehalm, aus: Ders., Willehalm. Text der Ausgabe von Werner Schröder. Völlig neu bearb., Übers., Vorw. und Reg. von Dieter Kartschoke. 308,1–30. © Verlag Walter de Gruyter, Berlin, New York 1989.

S. 252 f: *Hans-Werner Schroeder*, Mensch und Engel…, aus: Ders., Mensch und Engel. Verlag Urachhaus, Stuttgart 1979, S. 226–231.

S. 255 f: *Fioretti*, Franz von Assisi …, aus: Franz von Assisi und der Engel mit der Geige. Ü: Rudolf G. Binding. © Insel Verlag, Frankfurt am Main 1976, S. 172 f, 177–181.

S. 257 ff: *Hildegard von Bingen*, Die Flügel des Glaubens, aus: Dies., Scivias - Wisse die Wege. Otto Müller Verlag, Salzburg ⁹1996, S. 141–145.

S. 260 ff: *Rainer Maria Rilke*, Aus den Duineser Elegien, aus: Ders., Sämtliche Werke. Insel Verlag, Frankfurt am Main 1955.

S. 263: *Else Lasker-Schüler*, Mein blaues Klavier, aus: Sämtliche Gedichte. © Suhrkamp Verlag Frankfurt 1996.

S. 266: *Bairisches Volkslied*, Der Himmel hängt voller Geigen, aus: Achim von Arnim/Clemens von Brentano, Des Knaben Wunderhorn. Kommentierte Gesamtausgabe, Band I. Verlag Philipp Reclam jun., Stuttgart 1987, S. 275 f.

S. 267 ff: *Joé Snell*, Im Himmel … (Vision einer Krankenschwester), aus: Ders., Der Dienst der Engel. Erlebnisse einer Krankenschwester, TURM Verlag, S. 43–52.

S. 272 f: *Hans-Werner Schroeder*, aus: aaO., 252 f.

S. 273: *Johann Wolfgang von Goethe*, Fausts Himmelfahrt, aus: Ders., Faust II, V. 11918–12111 (stark gekürzt).